D0558400

Les Éditions du Boréal
4447, rue Saint-Denis
Montréal (Québec) H2J 2L2
www.editionsboreal.qc.ca

La Bataille
de Londres

DU MÊME AUTEUR

Relations particulières. La France face au Québec après de Gaulle, Boréal, 1999.

Le Poids de la coopération. Le rapport France-Québec, Québec Amérique, 2006.

Frédéric Bastien

La Bataille de Londres

Dessous, secrets et coulisses du rapatriement constitutionnel

Boréal

© Les Éditions du Boréal 2013
Dépôt légal : 2ᵉ trimestre 2013
Bibliothèque et Archives nationales du Québec

Diffusion au Canada : Dimedia
Diffusion et distribution en Europe : Volumen

*Catalogage avant publication de Bibliothèque et Archives nationales du Québec
et Bibliothèque et Archives Canada*

Bastien, Frédéric, 1969-

La bataille de Londres : dessous, secrets et coulisses du rapatriement constitutionnel

Comprend des réf. bibliogr. et un index.

ISBN 978-2-7646-2227-8

1. Histoire constitutionnelle – Canada. 2. Séparation des pouvoirs – Canada. 3. Canada – Politique et gouvernement – 1980-1984. 4. Grande-Bretagne – Politique et gouvernement – 1979-1997. 5. Fédéralisme – Canada. I. Titre.

KE4199.B37   2013   342.7102'9   C2013-940227-6

ISBN PAPIER 978-2-7646-2227-8

ISBN PDF 978-2-7646-3227-7

ISBN ePUB 978-2-7646-4227-6

À ma femme Marie-Ève,
et à mes enfants Sacha, Rafaelle et Mickaël

Introduction

Avant de plonger dans la bataille de Londres, commençons par une scène familière, qui a marqué les esprits. Nous sommes le 17 avril 1982. Il est midi passé à Ottawa et, en ce jour historique de rapatriement de la Constitution, la capitale fédérale a revêtu ses plus beaux atours. Tandis qu'une foule de quelque 30 000 personnes se presse devant le parlement malgré le temps maussade, neuf chasseurs de l'aviation fendent l'air en rugissant au-dessus de la colline parlementaire. L'allée centrale, qui mène à la tour de la Paix, a été couverte d'un interminable tapis rouge, lequel est relié à une immense scène dressée au milieu de l'esplanade[1]. Quelques minutes plus tôt, c'est sur cette structure digne d'un concert rock qu'Élisabeth II, reine du Canada, a signé officiellement la nouvelle Constitution. Un geste qui restera le symbole de cette journée folle.

Celle-ci a commencé beaucoup plus tôt pour les milliers de spectateurs, qui sont venus des quatre coins du pays. Déjà à sept heures, ils arrivaient en grand nombre et prenaient possession des meilleurs emplacements pour assister à la cérémonie. Çà et là des banderoles sont déployées, avec des slogans comme « Fier d'être canadien » ou « *Thank you*, merci Pierre ».

Si certaines de ces manifestations patriotiques sont sincères, d'autres cachent en réalité un effort de propagande. Interrogés

---

1.   *The Globe and Mail*, 19 avril 1982.

par les journalistes, certains porteurs de pancartes avouent candidement être en service commandé pour leur employeur : le Parti libéral du Canada[2].

Spontanée ou pas, la ferveur de la foule ne manque pas d'attirer les marchands du temple. Il y a les vendeurs de t-shirts et de macarons où l'on peut lire : « La séparation, non merci ! » Pour ceux qui préfèrent la lecture, des copies de la nouvelle loi constitutionnelle sont offertes au coût de 2,75 dollars, tandis que des exemplaires de la Charte canadienne des droits et libertés se vendent pour la modique somme de 1 dollar.

Mais les acheteurs en quête d'érudition juridique semblent peu nombreux parmi les spectateurs qui se pressent le long du parcours de la reine et du prince Philippe. Ces derniers, dans un rituel hérité d'une autre époque, arrivent dans un carrosse tiré par des chevaux et flanqué d'une escorte d'agents de la Gendarmerie royale du Canada, vêtus de leur légendaire tunique rouge. La clameur monte au passage des souverains – lui arborant l'uniforme du Régiment royal du Canada, elle portant une robe turquoise et une fourrure de vison –, tandis que la foule agite de petits drapeaux unifoliés, qui ont été distribués gratuitement. Certains sont tellement émus qu'ils pleurent à chaudes larmes à la vue de la reine qui, arrivée sur la colline, abaisse l'unifolié pour hisser le drapeau de la maison de Windsor tout en haut de la tour de la Paix.

À l'époque, personne ne souligne cet étrange paradoxe. Le vieux Canada a déployé les plus beaux ornements de sa tradition pour un rituel où, en quelque sorte, il se sacrifie au profit d'un « nouveau » pays, un pays que Trudeau veut voir profondément refondé. Un hara-kiri qui aura lieu symboliquement sur cet autel de la nouvelle nation.

Car aucun doute n'est possible malgré le protocole royal et la présence de la reine. Ce qui se passe à ce moment va bouleverser le Canada, et le responsable de ce changement est bien sûr Pierre

---

2.   *Ibid.*

Elliott Trudeau, qui, dans le défilé des dignitaires, arrive juste derrière la souveraine. Il est accompagné pour l'occasion de ses trois fils, chacun vêtu d'un complet bleu marine, ainsi que d'une paire de baskets dans le cas de Sacha et de Michel. Le premier ministre prend ensuite place dans l'estrade des dignitaires, où le rejoignent bientôt neuf des dix premiers ministres provinciaux. À l'instar de Trudeau, ils ont tous revêtu leurs habits des moments solennels, chapeau haut de forme et complet avec veston à queue – à l'exception de l'Albertain Peter Lougheed, qui a enfilé son complet-veston de tous les jours. « Ils n'ont pas le sens du protocole, dans l'Ouest », explique un apparatchik à ceux qui s'interrogent devant cet accroc à la bienséance[3].

Mais ce petit incident n'empêche pas le premier ministre fédéral de savourer le moment ; les messages de félicitations arrivent de partout dans le monde. Ainsi, le président américain Ronald Reagan écrit à « Sa Majesté » pour « adresser au Canada et à tous les Canadiens les félicitations du peuple américain ». Le premier ministre de l'Afrique du Sud de l'apartheid, P. W. Botha, envoie lui aussi ses congratulations, tout comme le président de la Communauté européenne, Gaston Thorn, et le premier ministre algérien, Mohamed Ben Ahmed Abdelghani.

L'événement résonne jusqu'à La Havane, où Fidel Castro, vieil ami de Trudeau, se rend à la résidence de l'ambassadeur canadien pour assister à un concert et prendre part à une réception soulignant l'événement[4]. À l'instar du dictateur cubain, c'est pour le rapatriement que les leaders du monde félicitent Trudeau, c'est-à-dire pour le fait que le Canada peut désormais modifier seul sa Constitution, sans passer par le Parlement de Westminster, coupant ainsi l'une des dernières attaches le liant

---

3.   Robert Sheppard et Michael Valpy, *The National Deal: The Fight for a Canadian Constitution,* Toronto, MacMillan, 1982, p. 304.

4.   Archives du ministère des Affaires étrangères du Canada, RG 25-A-3-C 25-6, 20-CDA-16-1-4, vol. 11478, partie 34.

au Royaume-Uni. Cette situation nouvelle attire l'attention des médias du monde entier, qui en font leurs manchettes. Le *Los Angeles Times,* par exemple, titre à la une : « Canada : rupture du dernier lien colonial ».

En somme, c'est de cette nouvelle indépendance que le monde se réjouit. Mais dans la brève missive qu'il fait parvenir aux chefs de gouvernement qui lui ont écrit, ce n'est pas sur ce fait qu'insiste le premier ministre fédéral. Celui qui se désintéressait jadis du rapatriement en disant que c'était « un panier de crabes[5] » souligne plutôt à ses vis-à-vis sa fierté d'avoir mis au monde la Charte canadienne des droits et libertés, qui protège les libertés et énonce nos valeurs communes. Suivant les mots de Michael Kirby, qui était alors l'un de ses proches conseillers, « l'élément crucial était la Charte des droits [...], à l'exception des premiers ministres provinciaux, tout le monde s'en fichait, du rapatriement[6] ».

C'est donc de la sacro-sainte Charte que Trudeau parlera lors du discours qu'il prononce en cette journée d'avril, et aussi de l'absence du Québec à la cérémonie. Après avoir insisté sur les nouveaux droits qui garantissent aux francophones hors Québec et aux Anglo-Québécois une éducation dans leur langue, il dit prendre l'histoire à témoin : « Rien d'essentiel dans ce qui fait l'originalité du Québec n'a été sacrifié. Le gouvernement du Québec a décidé que cela ne suffisait pas... Je sais que cette décision est déchirante pour beaucoup de Québécois. Mais on n'a qu'à examiner les résultats du référendum de mai 1980 pour comprendre la force du sentiment d'attachement de la population québécoise pour le Canada. Par définition, la majorité silencieuse ne fait pas beaucoup de bruit ; elle se contente de faire l'histoire[7]. »

---

5.   Gordon Robertson, *Memoirs of a very Civil Servant, Mackenzie King to Trudeau,* Toronto, University of Toronto Press, 2000, p. 269.

6.   Entrevue avec Michael Kirby, 14 mai 2010.

7.   *The Globe and Mail,* 19 avril 1982.

Tandis que sont prononcées ces paroles, un vent de plus en plus furieux vient ébouriffer ce qu'il reste de chevelure au premier ministre[8] – une tempête soudaine pointe dangeureusement à l'horizon, en provenance du côté québécois de la rivière des Outaouais. La voix de Trudeau est couverte par le grondement répété du tonnerre, le crépitement d'une pluie qui commence, le cliquetis des parapluies ainsi que le froissement des imperméables et des sacs verts qu'enfilent les spectateurs. En l'absence du Québec, la colère de dame nature semble annoncer une revanche du destin. Plusieurs des convives y voient un signe. Même Trudeau se demande s'il ne s'agit pas de présages d'événements à venir[9].

L'orage est particulièrement menaçant pour les nombreux députés, ministres, premiers ministres provinciaux et autres dignitaires qui ont pris place sur une estrade dénuée de toute protection ; peu d'entre eux sont pourvus de vêtements adéquats pour faire face à l'orage. Certains brandissent des chaises abandonnées par leurs voisins pour se protéger. D'autres font comme Jeanne Sauvé, présidente de la Chambre des communes, qui endure stoïquement la pluie se déversant sur son manteau de suède.

Si la fête tombe à l'eau, rien n'empêche la signature officielle de la Constitution, quitte à ce que des gouttelettes délavent l'encre du premier mot de l'auguste texte et de la signature du ministre André Ouellet, l'une des trois personnes qui, aux côtés de la reine, paraphent le document[10]. L'autre ministre signataire, Jean Chrétien, s'exclame : « Merde ! » lorsque son stylo refuse d'obéir. L'interjection n'échappe pas à Sa Majesté, qui ne peut réfréner un sourire.

---

8.   John English, *The Life of Pierre Elliott Trudeau*, vol. 2 : *Just Watch Me, 1968-2000*, Toronto, Knopf Canada, 2009, p. 527.

9.   Pierre Elliott Trudeau, *Mémoires politiques*, Montréal, Éditions Le Jour, 1993, p. 297.

10.   Robert Sheppard et Michael Valpy, *The National Deal*, p. 304.

Outre Chrétien et Ouellet, Trudeau signe également le texte, de sorte que les trois signataires canadiens de la Constitution sont tous des Québécois – histoire, peut-être, de répondre à l'absence du Québec. Quant à la reine, la dernière à apposer sa griffe, elle fera écho à cette situation lors de son allocution. Ses notes s'envoleront presque à cause d'une bourrasque bien sentie, tandis que dans un spectacle dantesque la grêle s'abat sur l'assistance. L'envolée de 500 pigeons déguisés en colombes, censée être le clou du discours, en perd complètement son effet. « Au moins ne neige-t-il pas », remarque avec un flegme très *british* le duc d'Édimbourg. La reine, plus tard dans la soirée, lancera pour sa part une boutade à ses convives : « *I was dry*[11] ! »

Une réécriture en catastrophe

Mais le discours que prononce la souveraine en ce jour historique n'est pas seulement la cible de dame Nature. Il a aussi fait l'objet d'une réécriture en catastrophe afin de mettre du baume sur les plaies des nombreux Québécois qui désapprouvent la tournure des événements. Ainsi, le week-end précédant la cérémonie, insatisfait d'une ébauche de son rédacteur Jim Moore, Trudeau convoque son conseiller André Burelle pour corriger le tir, même si les réserves de celui-ci sur l'opération constitutionnelle lui ont valu d'être écarté du dossier. Devant les deux hommes réunis, le premier ministre lit à voix haute le premier jet de Moore :

> C'est un jour de réjouissances pour les Canadiens qui sont sans cesse à la recherche d'une plus grande unité d'esprit et de dessein. Ils sont venus des quatre coins du pays [...] ils sont venus parler de dignité, de droits et d'égalité pour les femmes, ils sont venus donner leur appui aux législateurs dans leur combat pour déloger

---

11. *The Globe and Mail*, 19 avril 1982.

les tenaces balanes de la discrimination qui déparaient les flancs majestueux du navire canadien [...] Ils sont venus faire résonner les nombreuses langues de nos nombreuses communautés[12].

Sur ces mots, Trudeau s'arrête de lire et se tourne vers Moore : « J'eusse préféré que vous décriviez les choses comme elles se sont passées, mais, soyons franc, ce fut une affaire assez vilaine [*a mean process*]. » S'adressant ensuite à André Burelle, il déclare : « [Même] si je sais votre refus initial de collaborer à ces textes, je vous demande de réécrire en fin de semaine mon discours et celui de la reine pour que nos propos soient moins décrochés de la réalité[13]. »

Burelle sent qu'il ne peut se récuser. Il explique que les discours doivent reconnaître le déchirement des Québécois, et qu'il faut aussi évoquer le changement à venir pour le Québec. Il termine son travail la veille de la cérémonie et court le présenter au 24, Sussex. Alors qu'il examine avec satisfaction le nouveau texte, l'ancien polémiste de *Cité Libre* se laisse aller à une confidence rarissime. « Trudeau m'expliqua que la lecture de mes notes dénonçant avec force sa stratégie postréférendaire l'avait troublé au point qu'il risquait d'en être paralysé. Voilà pourquoi il avait décidé de m'écarter et de s'entourer de conseillers favorables au coup de force qu'il jugeait nécessaire pour briser l'impasse où l'impossible unanimité des provinces et du fédéral avait enfermé le pays[14]. »

Après avoir éloigné l'empêcheur de tourner en rond, le père du rapatriement constitutionnel a donc décidé de calmer le jeu. Et c'est surtout à la reine qu'échoit cette tâche, ce qui amènera cette dernière à évoquer « l'absence regrettée du premier ministre du Québec », malgré laquelle « il n'est que juste d'associer les

---

12. André Burelle, *Pierre Elliott Trudeau. L'intellectuel et le politique*, Montréal, Fides, 2005, p. 370.

13. *Ibid.*

14. *Ibid.*, p. 81.

Québécois et les Québécoises à cette célébration du renouveau, car sans eux le Canada ne serait pas ce qu'il est aujourd'hui[15] ». Quand un journaliste lui demande de commenter le boycott du Québec, elle répond simplement, et non sans empathie : « C'est triste[16]. »

De fait, le 17 avril n'est pas une journée de célébration au Québec, notamment à Montréal, où la pluie va aussi s'abattre sur la manifestation que dirige René Lévesque pour dénoncer l'événement. Le contraste entre Montréal et Ottawa, entre le Québec et le reste du Canada, entre les péquistes et les libéraux fédéraux, entre Lévesque et Trudeau n'a jamais été aussi frappant. Ils sont environ 15 000 manifestants venus arpenter les rues de la métropole, du parc La Fontaine jusqu'au mont Royal, René Lévesque en tête, vêtu d'un t-shirt, d'un veston gris et d'une paire de jeans, flanqué de sa femme Corinne, de plusieurs de ses ministres et du chef de la Fédération des travailleurs et travailleuses du Québec, Louis Laberge. Une forêt de fleurdelisés de toutes tailles s'élève au-dessus des marcheurs, tandis qu'une fourgonnette munie de haut-parleurs scande : « Le Québec aux Québécois ! » La foule répond par des slogans imagés : « Trudeau au poteau ! » « Élisabeth, *go home* ! » Un concert de klaxons accompagne les manifestants, réponse ironique à l'invitation du gouvernement fédéral de klaxonner pour célébrer cette journée[17].

Les ministres péquistes sont tout aussi furieux que le reste de la foule. « On se fait royalement fourrer », lance Jacques-Yvan Morin, tandis que Bernard Landry fouette le moral des troupes en déclarant qu'un jour le drapeau québécois flottera aux Nations Unies[18]. Pendant qu'ils parlent, un avion survole les marcheurs,

---

15. Archives du ministère des Affaires étrangères du Canada, RG 25-A-3-C 25-6, 20-CDA-16-1-4, vol. 11478, partie 34.

16. André Burelle, *Pierre Elliott Trudeau*, p. 377.

17. Robert Sheppard et Michael Valpy, *The National Deal*, p. 304.

18. *Ibid.*, p. 305.

tirant une banderole qui accuse le gouvernement péquiste d'avoir perdu le droit de veto du Québec et demande qu'il quitte le pouvoir. La suggestion déchaîne les huées.

Cette distraction, qui s'ajoute à la pluie battante, n'empêche pas les manifestants de poursuivre jusqu'à la statue de George-Étienne Cartier, dont le profil sert de décor au discours que prononce alors René Lévesque. « Cette horreur de Constitution, fabriquée sans nous, contre nous et dans notre dos, c'est le pays des autres », lance-t-il[19].

Mais ce n'est pas seulement parmi les Québécois que s'élèvent des fausses notes. La Fraternité nationale des Indiens a aussi jeté l'anathème sur la célébration, déclarant que tout Amérindien qui y participerait se rendrait coupable de trahison. De fait, les autochtones sont furieux. Ils gardent leurs enfants à la maison au lieu de les envoyer à l'école, portent des brassards noirs et ont mis les drapeaux en berne dans les réserves[20]. Plusieurs groupes font aussi entendre leur désaccord un peu partout au pays. C'est le cas à Halifax, où cinquante Micmacs se sont donné rendez-vous devant la résidence du lieutenant-gouverneur, lequel assiste plutôt aux cérémonies officielles dans la capitale fédérale. C'est donc son chauffeur qui reçoit cette délégation inattendue[21]. L'un des porte-parole accuse la Grande-Bretagne, dont le Parlement a voté le rapatriement de la Constitution, d'avoir renié un traité d'amitié de 1752 avec la nation micmaque. Dans la nouvelle Constitution, dit le porte-parole, cette nation n'est plus reconnue.

Si les autochtones blâment l'Angleterre, c'est qu'ils ont bien mesuré le rôle qu'ont joué les autorités britanniques dans cette affaire. En octobre 1980, quand Pierre Trudeau a lancé ses

---

19. Tiré d'un extrait diffusé à la radio de Radio-Canada le 17 avril 2012.

20. Michael Mandel, *The Charter of Rights and the Legalization of Politics in Canada*, Toronto, Thompson Educational Publishing, 1994, p. 357.

21. *The Globe and Mail*, 19 avril 1982.

propositions unilatérales pour rapatrier la Constitution, les provinces opposées à son projet ont tout de suite songé à lui livrer bataille sur le sol anglais. « Nous comptons faire en sorte que le Parlement du Royaume-Uni rejette cette résolution », explique sans détour une note confidentielle préparée pour le premier ministre albertain, Peter Lougheed[22].

À l'instar de l'Alberta, les provinces rebelles n'avaient guère d'autre possibilité que de miser sur le Royaume-Uni. La volonté initiale de Trudeau étant de modifier la Constitution malgré leur opposition, personne du côté canadien de l'Atlantique ne pouvait vraiment y faire obstacle. Comme l'a écrit Roy Romanow, alors ministre des Affaires intergouvernementales de la Saskatchewan, « seules trois instances avaient le pouvoir d'enrayer le projet du gouvernement fédéral consistant à rapatrier la Constitution de manière unilatérale : la Cour suprême, le Parlement du Canada et le Parlement du Royaume-Uni ». Et de ces trois institutions, « c'est Westminster qui représentait la plus grande menace. Sans le moindre doute, il pouvait en toute légalité contrecarrer les plans du gouvernement fédéral. La position constitutionnelle formulée par le Royaume-Uni stipulait que son Parlement avait le pouvoir de promulguer, ou de refuser de promulguer, toute disposition dont il était saisi[23]… ».

Pour Romanow, l'importance des Britanniques dans le rapatriement de la Constitution canadienne est « un des aspects les plus intéressants de cette histoire[24] ». En fait, le choc des visions a été si violent, l'antagonisme des deux camps si fort et leur lutte

---

22. Document rédigé par Dick Johnston, ministre des Affaires intergouvernementales, pour Peter Lougheed, premier ministre de l'Alberta, daté du 11 mai 1981 ; obtenu du ministère des Affaires intergouvernementales du Manitoba à la suite d'une demande d'accès à l'information.

23. Roy Romanow, John Whyte et Howard Leeson, *Canada… Notwithstanding: The Making of the Constitution, 1976-1982*, Agincourt, Carswell/Methuen, 1984, p. 134.

24. *Ibid.*

si totale que la bataille de Londres, on le verra, demeure la dimension la plus importante de toute cette saga. Pour plusieurs lecteurs, il sera difficile d'admettre que la naissance du nouveau régime constitutionnel s'est jouée en Grande-Bretagne. Comment, en effet, un tel changement a-t-il pu être déterminé dans les corridors de Whitehall, dans les coulisses de Westminster ? Et n'est-ce pas faire ombrage à la sacro-sainte Charte que de dire que les Canadiens se sont entredéchirés à son sujet, à tel point qu'ils ont dû, en quelque sorte, faire appel aux Britanniques pour dénouer l'impasse dans laquelle ils s'étaient placés ?

Les trois héroïnes du rapatriement

Bien sûr, telle n'est pas l'histoire comme elle a été racontée jusqu'à ce jour, même si Pierre Trudeau lui-même corrobore l'interprétation du présent ouvrage. « Je répète souvent que nous devons à trois femmes le succès de notre réforme constitutionnelle : la reine, qui s'est montrée favorable à cette entreprise, Margaret Thatcher, qui s'est engagée à mettre en œuvre toutes les recommandations de notre Parlement, et Jean Wadds, qui a si bien représenté, à Londres, les intérêts du Canada[25] », écrit-il une dizaine d'années après les événements. Mais pourquoi est-ce à ces trois représentantes du sexe féminin que nous devons le rapatriement ? En quoi leur rôle atteste-t-il de l'importance de la Grande-Bretagne dans cette affaire ?

D'abord, deux membres de ce trio sont britanniques. La première est un personnage dont nous avons déjà parlé, Élisabeth II. Dès le départ, elle s'est montrée favorable au projet de rapatriement. Ses conseillers l'ont tenue informée du début à la fin du processus. Elle a toujours été disponible pour le gouvernement Trudeau.

---

25. Pierre Elliott Trudeau, *Mémoires politiques,* p. 281.

La deuxième, moins connue, est Jean Wadds, la seule Canadienne parmi les trois héroïnes. À titre de haut-commissaire du Canada au Royaume-Uni, elle se retrouve en première ligne de la bataille de Londres. Bête politique, fille de l'ancien chef des conservateurs ontariens William Rowe, avec qui elle a siégé à la Chambre des communes, elle recevra l'Ordre du Canada pour son rôle de premier plan lors du rapatriement de la Constitution.

Il faut dire que sa tâche n'a pas été facile. Pendant plus de dix-huit mois, elle a vogué d'une crise à l'autre. Mieux que personne, Wadds a constaté à quel point les relations canado-britanniques ont souffert de cette épreuve. Un mois avant les festivités du 17 avril, elle câble ce message à Ottawa : « On est fermement d'avis à Londres que Westminster devrait être invité et représenté à la cérémonie. » Le moment est venu d'exprimer des remerciements et d'entreprendre « une nécessaire réconciliation avec Westminster et le gouvernement britannique. Pour le meilleur ou pour le pire, seul Westminster avait le pouvoir d'adopter le projet de loi sur le Canada[26] ». Et Wadds de conclure qu'il convient d'inviter à la cérémonie le président de la Chambre des communes, celui de la Chambre des lords de même que de nombreux ministres du gouvernement.

Cette recommandation n'est pas reçue favorablement dans la capitale fédérale. Dans la marge du télégramme de Wadds, quelqu'un a même griffonné un « Wow ! » sarcastique, ironisant sur l'attitude des politiciens britanniques dans l'ensemble du processus de rapatriement. Plusieurs d'entre eux n'ont pas apprécié outre mesure la méthode Trudeau. « Il nous a joué de sales tours », lance à l'époque Ian Gilmour, Lord Privy Seal, l'un des ministres les plus impliqués dans le dossier du rapatriement, tan-

---

26. Télégramme diplomatique du Haut-Commissariat du Canada à Londres, envoyé à Ottawa, daté du 15 mars 1982. Archives du ministère des Affaires étrangères du Canada, RG 25-A-3-C 25-6, 20-CDA-16-1-4, vol. 11478, partie 33.

dis qu'un de ses collègues renchérit : « vraiment, seul un goujat [*a cad*] pouvait agir ainsi[27]. » À la fin de la bataille de Londres, le député travailliste George Cunningham résumera ainsi les événements : « J'estime que M. Trudeau s'est montré extrêmement outrecuidant. Mais nous lui avons rendu la monnaie de sa pièce, et même plus. Notre outrecuidance a largement surpassé la sienne[28]. »

Aucun doute possible, cette histoire a laissé un arrière-goût amer dans la bouche de plusieurs députés et ministres, incluant la première d'entre eux, Margaret Thatcher. Car c'est elle, la troisième femme qui a permis le rapatriement. Et c'est à elle que Trudeau est le plus redevable, de très loin. Même dans les pires moments de cette interminable foire d'empoigne, alors qu'elle faisait face aux doutes de son cabinet et à une révolte de ses députés, cette femme politique hors du commun a tenu Trudeau et sa Charte à bout de bras. Immensément reconnaissant, ce dernier aurait d'ailleurs tant aimé qu'elle assiste à la cérémonie officielle qu'il n'a ménagé aucun effort pour la convaincre de venir à Ottawa. Mais le 2 avril 1982, celle-ci lui a répondu poliment :

Cher Pierre,

Je vous suis profondément reconnaissante de m'avoir invitée au Canada pour la proclamation de la loi constitutionnelle de 1982 par Sa Majesté la reine. J'aurais bien aimé être à vos côtés pour cet événement historique, mais je regrette vivement que mes obligations ici vont m'en empêcher. Mes pensées vous accompagneront, vous et le Canada, en cette occasion[29].

---

27. Robert Sheppard et Michael Valpy, *The National Deal*, p. 204.

28. Edward McWhinney, *Canada and the Constitution, 1979-1982*, Toronto, University of Toronto Press, 1982, p. 135.

29. Note datée du 26 mars 1982. Document obtenu du Cabinet Office à la suite d'une demande d'accès à l'information.

En fait, la Dame de fer ne tenait pas particulièrement à faire ce voyage, comme en témoigne une note de son conseiller Michael Alexander : « Clive et moi estimons qu'un déplacement en Amérique du Nord pour ce seul motif n'en vaudrait probablement pas la peine, mais il pourrait donner l'occasion d'effectuer un bref séjour à Washington, si vous souhaitez discuter de la politique économique des États-Unis avec le président Reagan[30]. »

Malheureusement pour le gouvernement fédéral, Reagan ne pourra recevoir Thatcher à ce moment, privant du coup le Canada de sa présence. Ce sera finalement le *Lord Chancellor* qui se rendra à Ottawa. Et pour expliquer l'absence du chef du gouvernement de Sa Majesté, il invoquera l'excuse parfaite : l'invasion des îles Falklands par l'Argentine. Un pieux mensonge que personne ne questionnera parmi l'aréopage des dignitaires réunis dans la capitale fédérale, tous déçus de l'absence de la première ministre.

Mais quelle est donc la véritable raison de l'absence de Thatcher ? Une rencontre fortuite avec James McKibben, délégué général de l'Alberta à Londres, permettra de mieux comprendre son état d'esprit. Croisant la première ministre dans un cocktail après le rapatriement, McKibben lui lance à la blague : « Alors, je ne vous embêterai plus », en référence à la période où l'Alberta menait la charge à Londres contre le projet de Trudeau. Thatcher, qui n'a jamais été reconnue pour son sens de l'humour, ne la trouve pas drôle. « Votre premier ministre m'avait affirmé qu'il aurait l'appui des deux chambres au Parlement, que cela ne poserait aucun problème. Il avait tort[31] ! »

Il faut dire que, malgré les dix-huit demandes faites précédemment à Westminster pour modifier la Constitution, jamais

---

30.   Note datée du 26 mars 1982. Document obtenu du Cabinet Office à la suite d'une demande d'accès à l'information.

31.   Entrevue avec James McKibben, 13 octobre 2009.

l'exercice n'avait suscité un tel déluge de critiques, alimenté par une offensive diplomatique menée par huit provinces rebelles. L'ancien diplomate Daniel Gagnier, alors en poste au Haut-Commissariat du Canada à Londres, était aux premières loges.

> Chacune des provinces « rentrait dans le tas » de temps en temps : elles étaient soit pour, soit contre… Chaque ministre, chaque député avait son opinion. Certains étaient très pro-provincial, parce qu'une Constitution écrite était contre les traditions britanniques ; d'autres étaient très conservateurs et n'aimaient pas l'idée de la Charte, c'était contre leur idéologie. D'autres encore n'aimaient pas M. Trudeau, car ils le voyaient comme un socialiste[32].

Au départ, presque personne à Londres ne croyait que cette affaire deviendrait si difficile. Mais au fil des mois, la rébellion provinciale a pris de l'ampleur, étendant même ses ramifications à l'Allemagne, à la France, à l'Australie et au Commonwealth, causant pour le gouvernement Thatcher des complications inattendues, invraisemblables, inextricables. Martin Berthoud, alors responsable de la direction Amérique du Nord au Foreign Office, se souvient de cette période intense : « J'ai consacré beaucoup plus de temps au problème du Canada qu'à mes autres responsabilités… J'ai dû produire des tonnes de notes destinées à Lord Carrington, le ministre des Affaires étrangères. Un jour […] j'ai demandé au *Private Secretary* de m'indiquer le problème le plus brûlant du moment. À ma grande surprise (et à mon grand plaisir), il a répondu : "la Constitution canadienne"[33]. »

Et quand un diplomate du Haut-Commissariat britannique à Ottawa lui demande, en s'excusant presque, s'il n'est pas en train de le surcharger avec l'envoi de nombreux comptes rendus, notes, analyses et revues de presse sur la Constitution, la réponse qu'il reçoit de Berthoud est sans équivoque : « La mobilisation

---

32. Entrevue avec Daniel Gagnier, 14 avril 2008.
33. Correspondance avec Martin Berthoud, 22 février 2007.

est totale sur le front de la Constitution canadienne. Les ministres et d'autres personnes concernées dévorent toute nouvelle information ou tout avis éclairé quant à l'évolution effective ou probable de la situation[34]... »

On le comprendra, la bataille qui s'est déroulée à Londres a ainsi été d'une extrême intensité. L'examen des archives permet même de conclure qu'elle a été l'épisode décisif du rapatriement constitutionnel : l'opposition du Parlement britannique était telle qu'elle a forcé Pierre Trudeau à faire des compromis. Le lecteur canadien découvrira ici une foule d'événements se déroulant sur la scène politique britannique et impliquant souvent des personnalités inconnues chez nous. Mais il ne faut pas s'y méprendre. Le sujet central de ce livre demeure le Canada, vu et compris à travers les yeux de notre ancienne mère patrie, arbitre involontaire de nos conflits internes, souvent confidente de l'un ou l'autre des deux camps en présence, gardienne de secrets d'État parmi les mieux conservés à ce jour.

---

34.   Lettre confidentielle de Martin Berthoud à Emery Davies, du Haut-Commissariat de Grande-Bretagne à Ottawa, datée du 3 février 1981. Document obtenu du Cabinet Office à la suite d'une demande d'accès à l'information.

CHAPITRE 1

Premières escarmouches

Lors de la mise en place de la Loi constitutionnelle de 1867, la Constitution canadienne n'a pas été dotée d'une formule d'amendement, suivant vraisemblablement la volonté de Londres. Les provinces et le gouvernement fédéral ont dû composer avec ce vice formel, et une pratique s'est rapidement mise en place permettant d'exercer le pouvoir constituant. Quand une modification constitutionnelle était nécessaire, le Parlement fédéral, après un vote des deux chambres, envoyait au souverain britannique une requête d'amendement, laquelle était transmise au gouvernement impérial, introduite au Parlement de Westminster et éventuellement adoptée par celui-ci.

Dès le départ, cependant, les provinces ont vivement contesté à Ottawa le droit de se livrer seul à cet exercice, objection qui a été retenue par le pouvoir fédéral. Par conséquent, la pratique du changement constitutionnel s'est effectuée par l'envoi d'une requête à Londres seulement lorsque Ottawa obtenait le consentement unanime des provinces (du moins lorsque les changements proposés touchaient leur compétence)[1].

Au tournant des années 1930, lors des négociations qui vont

---

1.   En 1907, la Constitution a été modifiée pour changer une disposition garantissant à la Colombie-Britannique le versement de certains subsides par Ottawa. Victoria s'est opposée fermement mais, fort de l'aval des huit autres provinces, Ottawa a demandé et obtenu que la clause soit modifiée.

mener au Statut de Westminster, l'heure de l'indépendance complète est venue pour le Canada. Il faut donc trouver une formule d'amendement en bonne et due forme afin que le pays « rapatrie » sa Constitution, c'est-à-dire qu'il soit désormais le seul à pouvoir modifier cette loi suprême. Le hic, c'est que les provinces et le fédéral n'arrivent pas à se mettre d'accord. De prime abord, l'affaire paraît terriblement technique et peu susceptible de soulever les passions. Mais attention : comme le fera remarquer le constitutionnaliste Barry Strayer, « [l']avis de chacun sur la formule d'amendement dépendra fortement de sa façon de concevoir la nature et l'objectif de la Constitution elle-même[2] ». Autrement dit, décider du niveau d'approbation nécessaire pour changer la loi suprême vient concrétiser la vision qu'ont les uns et les autres de la nature du pays. Les questions sont nombreuses, et les réponses possibles le sont encore davantage. Par exemple, l'appui des provinces devra-t-il toujours être unanime ou seulement majoritaire ? À moins que cet appui varie selon les circonstances ? Certaines provinces auront-elles un droit de veto ? Si oui, lesquelles ? Et si un veto est octroyé à certaines entités provinciales, au nom de quel principe justifie-t-on la mise de côté de l'égalité entre les provinces : l'idée des deux peuples fondateurs, les droits acquis, le poids démographique, la communauté historique, le concept de pacte, toutes ces réponses ?

À l'époque, malgré le talent du premier ministre Mackenzie King, ancien expert en médiation du travail, Ottawa ne réussit pas à obtenir l'appui unanime des provinces à une formule d'amendement. King estimant que le gouvernement fédéral ne peut parler au nom du pays tout entier en matière constitutionnelle, il est finalement convenu que le Parlement britannique conservera – temporairement – le pouvoir de modifier notre

---

2.   Michael Mandel, *The Charter of Rights and the Legalization of Politics in Canada*, Toronto, *Thompson Educational Publishing*, 1994, p. 87.

Constitution[3]. Cette situation est reconnue en vertu de l'article 7(1) du Statut de Westminster de 1931. Avec cette loi, tous les dominions deviennent *de jure* pleinement indépendants, à quelques nuances près. Tous, sauf le Canada, en matière constitutionnelle.

Mais comme souvent en politique, ce qui devait être temporaire est pratiquement devenu permanent. Après Mackenzie King, ni Bennett, ni St-Laurent dans les années 1950, ni Diefenbaker ou Pearson dans les années 1960 n'ont réussi à obtenir l'accord de toutes les provinces, ce qui aurait résolu le problème. Il faut dire qu'à partir de cette époque la montée du nationalisme québécois bouleverse l'échiquier politique canadien, donnant au problème constitutionnel une acuité nouvelle. D'abord sous Jean Lesage, puis encore davantage sous Daniel Johnson père, le gouvernement du Québec affirme désormais qu'il constitue l'un des deux peuples fondateurs du pays[4], reprenant à son compte l'idéologie néo-nationaliste qui se développe à l'époque. Suivant ce courant, le pouvoir fédéral a été insensible pendant des décennies à l'infériorité économique des Canadiens français, situation qui menaçait à terme la survie de la nation. Il importait donc que l'État intervienne pour corriger la situation, et seul le gouvernement provincial pouvait agir en la matière, étant contrôlé par une majorité francophone[5]. Le Québec réclame donc plus de pouvoirs, quitte à obtenir un statut particulier. Avant que la province donne son accord à une formule d'amendement, le partage des compétences doit être révisé de façon satisfaisante.

---

3.   Peter H. Russell, *Constitutional Odyssey: Can Canadians Become a Sovereign People?*, 3e édition, Toronto, University of Toronto Press, 2004, p. 55.

4.   Jean-Louis Roy, *Le Choix d'un pays. Le débat constitutionnel Québec-Canada, 1960-1976*, Montréal, Leméac, 1978, p. 63-66 et 70-71.

5.   Michael D. Behiels, *Prelude to Quebec's Quiet Revolution: Liberalism Versus Neo-nationalism, 1945-1960*, Montréal/Kingston, McGill/Queen's University Press, 2003, p. 38.

Un héros entre en scène

C'est ici qu'entre en scène le personnage central de cette histoire, Pierre Elliott Trudeau. Ministre de la Justice sous Lester Pearson à partir de 1967, il devient responsable de la question constitutionnelle et conserve la mainmise sur ce dossier après son accession au poste de premier ministre un an plus tard. Mais qui est-il, celui que plusieurs perçoivent comme un John F. Kennedy canadien, porteur du renouveau, gravissant la plus haute marche du podium politique ?

C'est d'abord un homme au parcours singulier. Né en 1919, il a pour père un nationaliste convaincu nommé Charles Trudeau, l'un des rares francophones de l'époque ayant fait fortune en affaires… en pleine crise des années 1930, de surcroît. Plus effacée, sa mère, Grace Elliott, d'origine écossaise, est issue de la bonne société anglophone. C'est elle qui lui transmet la langue de Shakespeare, et ce, dès le berceau. Après une enfance dorée, Trudeau se jette corps et âme dans la cause nationaliste, combattant la conscription lors de la Seconde Guerre mondiale, flirtant avec l'extrême droite et poussant la provocation jusqu'à conduire sa moto sur les routes des Laurentides avec sur la tête un casque de soldat allemand. Et tandis qu'il multiplie les frasques, il songe secrètement à devenir premier ministre tout en rêvant à un Québec indépendant, dont il espère l'émergence en 1976[6].

C'est aussi un homme chez qui s'est opérée une rupture décisive. Au tournant de la trentaine, lorsqu'il revient au pays après des études et de nombreux voyages, celui qui hier comptait parmi les nationalistes de la ligne dure est devenu le plus acharné de leurs adversaires. Et il n'y aura pas de retour en arrière. Tour à tour, les gouvernements de Duplessis, de Lesage et de Johnson père subissent ses foudres, au point que, en 1965, le polémiste

6.   John English, *The Life of Pierre Elliott Trudeau*, vol. 1 : *Citizen of the World, 1919-1968*, Toronto, Knopf Canada, 2006, p. 34-35.

de *Cité Libre* décide de faire le saut en politique fédérale pour mieux combattre une idéologie qu'il considère désormais comme détestable.

Trudeau est également un personnage comme le Canada n'en a jamais vu auparavant. Au pire de la guerre froide, l'homme tente de rallier Cuba depuis la Floride. Ministre, puis premier ministre, il continue d'enfiler les coups d'éclat, qui donnent naissance à la « trudeaumanie » : il s'affiche au bras de Barbra Streisand, effectue une pirouette derrière la reine ou un salto arrière sur le tremplin d'une piscine, parcourt les rues d'Ottawa au volant de sa Jaguar décapotable.

Enfin, Trudeau est un politique doublé d'un intellectuel. Il a lu, parlé, écrit et polémiqué, puis a laissé tomber la plume pour la lutte politique, exercice où il se révèle encore plus brillant, affrontant les séparatistes tandis que les bombes du FLQ explosent et que le pays retient son souffle.

Son champ de bataille favori, c'est la Constitution. C'est là qu'il s'oppose à l'octroi de pouvoirs supplémentaires pour le Québec sur la base que celui-ci constitue une nation. Il s'oppose également à une éventuelle décentralisation vers les provinces. Son arme : le bilinguisme intégral, qu'il compte étendre à l'échelle du Canada pour que les Canadiens français se sentent chez eux partout au pays, et pas seulement au Québec. Au fil des générations, les francophones ont développé un vif attachement pour cette province. Lui arrive avec une vision abstraite, aux antipodes de cet enracinement historique. Et il compte bien l'imposer, pour peu qu'on lui en donne l'occasion.

Telle est, pour Trudeau, la marche constitutionnelle à suivre. Il lance la machine dès son arrivée au pouvoir, les premières années de son mandat de premier ministre donnant lieu à une activité frénétique. En 1971, une rencontre des premiers ministres à Victoria mène à un accord unanime des provinces pour le rapatriement constitutionnel. L'entente prévoit l'enchâssement d'une charte des droits et libertés dans la Constitution, mais qui demeure très limitée en regard de celle sur laquelle on s'entendra

dix ans plus tard. Les droits linguistiques se résument au renfor-
cement du statut du français et de l'anglais au niveau fédéral et
dans certaines provinces. Il n'est question nulle part de droits
linguistiques en éducation pour les Anglo-Québécois ou les francophones hors Québec. Quant à la formule d'amendement, elle
prévoit un veto pour toute province constituant ou ayant constitué 25 % de la population, ce qui signifie le Québec et l'Ontario.
Il est aussi nécessaire d'obtenir l'appui d'au moins deux des
quatre provinces maritimes et de deux des quatre provinces de
l'Ouest. Finalement, les provinces obtiennent d'être consultées
lors de la nomination de juges de la Cour suprême.

L'encre n'est toutefois pas encore sèche que le premier
ministre du Québec, Robert Bourassa, fait marche arrière. Le
Québec souhaite obtenir plus de pouvoirs. Et Trudeau a refusé
de bouger sur ce point. Critiqué de toutes parts pour cette raison,
Bourassa retire son accord. L'entente avorte.

Le premier ministre fédéral doit donc attendre des circonstances plus favorables pour relancer les grandes manœuvres, ce
qu'il finit par faire cinq ans plus tard. Nous sommes alors
le 6 mai 1976. Trudeau a convoqué les premiers ministres à
Ottawa pour une durée de deux jours afin de discuter du prix du
pétrole, dont son gouvernement s'est mis dans l'idée de contrôler
les variations. La veille des discussions, il annonce qu'il est prêt à
relancer les pourparlers constitutionnels, mais qu'il compte sonder ses homologues provinciaux[7]. Il leur donne jusqu'au 15 septembre pour réfléchir à la question.

Évidemment, l'affaire est trop importante pour ne pas soulever de débat dans l'intervalle. La rencontre des premiers
ministres n'est même pas terminée que *Le Journal de Montréal*,
citant une source britannique, affirme que la Grande-Bretagne
ne consentira pas au rapatriement sans l'appui des provinces
– approche que Trudeau envisage, selon les rumeurs. Le Parti

---

7.   *The Globe and Mail*, 5 juillet 1976.

québécois récupère l'affaire à l'Assemblée nationale et demande des explications au consul britannique.

À Ottawa, John Johnston, le haut-commissaire britannique (poste qui équivaut à celui d'ambassadeur dans le cadre des relations entre les pays membres du Commonwealth), est loin d'être enchanté par cette situation. Il faut dire que cet ancien administrateur colonial est devenu, par la force des choses, un expert en gestion de crise auprès des anciennes colonies. En 1965, notamment, il était haut-commissaire en Rhodésie, qui était alors contrôlée par le gouvernement ouvertement raciste du premier ministre Ian Smith et avait déclaré son indépendance. Rien à voir avec le Canada, certes, mais Johnston pense que le fait qu'un parti indépendantiste comme le PQ se serve de la Grande-Bretagne aux fins de sa propagande politique est une très mauvaise chose. « Il paraît nettement préférable d'arrêter net toute autre conjecture et de dissiper toute confusion par le biais d'une déclaration ou d'une question soumise au Parlement[8] », câble-t-il à Londres. Au Foreign Office, tout le monde est d'accord avec cette proposition, à l'instar de Gordon Robertson, le greffier du Conseil privé à Ottawa que Johnston consulte régulièrement. Il ne reste plus qu'à décider de la façon de livrer le message. Le gouvernement de Sa Majesté opte pour une petite mise en scène à la Chambre des communes. Le 10 juin 1976, le député John Cartwright demande donc au ministre Roy Hattersley, désigné responsable du dossier constitutionnel canadien, si le gouvernement a reçu une demande de rapatriement et quelle serait sa réaction dans un tel cas.

Je n'ai reçu aucune proposition à ce sujet de la part du gouvernement canadien. L'Acte de l'Amérique du Nord britannique (AANB), qui contient la Constitution du Canada, ne peut être

---

8. Note du Haut-Commissariat britannique à Ottawa, envoyée au Foreign Office, datée du 8 mai 1976. Archives du Foreign Office, FCO 82/501.

amendé, dans certains cas importants, que par une loi du Parlement du Royaume-Uni… Si le Parlement canadien devait nous faire parvenir une requête pour un tel amendement, il serait conforme à la pratique établie que le gouvernement du Royaume-Uni dépose au Parlement un projet de loi pertinent qui satisfasse à cette requête et que le Parlement adopte ce projet de loi[9].

La déclaration est envoyée au Parti québécois, tandis que les médias en font largement état, l'interprétant comme un feu vert donné à Ottawa en vue d'un rapatriement unilatéral. Toutefois, ce n'est pas exactement le cas : tout en faisant la part belle au gouvernement fédéral, la déclaration vise aussi à ne pas engager explicitement le gouvernement et le Parlement britannique[10].

Dans les jours qui suivent tous ces événements, les premiers ministres se rencontrent à nouveau. Si elles semblent d'accord avec l'idée de se replonger dans le dossier du rapatriement, plusieurs provinces demandent encore un peu temps. Trudeau rétorque qu'il est prêt à attendre leurs propositions jusqu'à la fin de l'été.

Bourassa, de son côté, n'attend pas. Il pose d'emblée ses conditions, demandant que le Québec ait autorité sur les télécommunications, la culture et l'immigration. Ces revendications seront reprises quelques semaines plus tard par les autres provinces, qui ajouteront aussi des exigences relativement à la Cour suprême et au pouvoir de dépenser[11].

---

9. Document daté du 17 mai 1976. Archives du Foreign Office, FCO 82/816.

10. C'est ce qu'explique à Johnston un diplomate du Foreign Office dans une note datée du 17 mai 1976. Archives du Foreign Office, FCO 82/816.

11. Roy Romanow, John Whyte et Howard Leeson, *Canada… Notwithstanding: The Making of the Constitution, 1976-1982*, Agincourt, Carswell/Methuen, 1984, p. 4.

Pierre Trudeau et le bouc émissaire

À la fin de l'été, le cul-de-sac est évident. Mais Trudeau est décidé à agir sans les provinces, s'il le faut. Quelle sera alors la réaction des Anglais ? Le hasard faisant bien les choses, il se trouve justement que le premier ministre britannique, James Callaghan, est en visite au Canada pour une semaine. Arrivé en Alberta, où il rencontre notamment le premier ministre, Peter Lougheed, le chef du gouvernement britannique fait ensuite un saut à Montréal, histoire d'assister avec Trudeau à une partie de hockey opposant le Canada et la Tchécoslovaquie (ce sera un match nul, 4-4).

Les deux hommes prennent ensuite le chemin d'Ottawa, dont l'ambiance feutrée convient davantage aux rencontres étatiques. Trudeau souligne à quel point la situation actuelle concernant la Constitution est vue au Canada comme un vestige colonial, auquel il importe de mettre fin. Cette mise au point étant faite, il poursuit avec une suggestion qui, c'est le moins qu'on puisse dire, laisse Callaghan perplexe. « M. Trudeau a indiqué que ce serait utile pour les Canadiens si nous affichions une certaine réticence à ce sujet, car ils se rallieraient alors tous à sa suggestion. Le premier ministre a remercié M. Trudeau de sa suggestion, mais il a précisé que nous n'avions nullement l'intention de jouer le rôle du bouc émissaire[12]. » Certes, Pierre Elliott Trudeau était reconnu pour ses plaisanteries d'étudiant quand il fréquentait le Collège Brébeuf ; mais quarante ans plus tard, une telle suggestion est pour le moins étonnante de la part d'un homme qui est devenu le premier ministre du pays.

S'il repousse cette idée du revers de la main, Callaghan n'est apparemment pas trop offusqué, si bien qu'il poursuit bientôt son voyage en direction de Québec, où il passera sept heures en compagnie de Robert Bourassa. Pour cette visite dans la capitale

---

12. Note du secrétaire privé du premier ministre datée du 15 septembre 1976. Archives du Foreign Office, FCO 82/814.

d'un premier ministre britannique, la première depuis les célèbres rencontres Churchill-Roosevelt de 1943-1944, le gouvernement québécois n'a évidemment rien ménagé pour charmer son visiteur. Après une visite du Vieux-Québec, on amène Callaghan au Lac à l'Épaule, site champêtre où est érigé un magnifique chalet, idéal pour admirer les couleurs de l'automne et prendre un repas gastronomique. C'est le moment que Bourassa choisit pour ouvrir son jeu. Callaghan est-il en mesure de promettre de ne pas rapatrier la Constitution sans l'accord unanime des provinces ? demande en substance le premier ministre québécois[13].

Callaghan, qui en est alors à sa quatrième rencontre avec un premier ministre provincial, ne tombe pas des nues. Sa visite au Québec a été précédée par des rencontres en Saskatchewan, en Ontario et en Alberta, et la conversation prend ici encore la même tournure, tout comme celle qui s'est déroulée à Banff quelques jours plus tôt avec Peter Lougheed et qui a été résumée ainsi par un adjoint de Callaghan :

> Le premier ministre a réitéré la position prise par le Parlement sur cette question (c'est-à-dire la Constitution) et a souligné que nous ne souhaitions pas intervenir sur un sujet auquel il incombe exclusivement au gouvernement fédéral et aux premiers ministres provinciaux de s'entendre. Le premier ministre provincial Lougheed s'est dit préoccupé par l'idée que le gouvernement fédéral puisse tenter d'aller de l'avant sans avoir d'abord obtenu l'accord des provinces […] De graves problèmes se profilaient à l'horizon, selon lui. Le premier ministre lui a répondu que, si cette situation se présentait, il serait peut-être préférable que nous

---

13. J. L. Granatstein et Robert Bothwell, *Pirouette: Pierre Trudeau and Canadian Foreign Policy,* Toronto, University of Toronto Press, 1991, p. 341.

obtenions un avis juridique. Mais il a insisté sur la nécessité que nos discussions en la matière soient menées avec le gouvernement fédéral[14].

Bourassa, qui reçoit la même réponse que Lougheed, n'est pas ébranlé. Il songe même de plus en plus à déclencher des élections sur le thème du rapatriement ; il se présenterait alors comme le meilleur rempart contre un éventuel coup de force d'Ottawa. Le fait qu'il envisage ce scénario reflète bien la détérioration de sa relation avec son vis-à-vis fédéral : le refus de l'accord de Victoria n'a été que le premier d'une série de malentendus entre les deux hommes. Un nouveau sommet est atteint en 1974-1975 avec la mise en place de la loi 22[15]. Le gouvernement québécois décrète que le français sera la seule langue officielle du Québec, impose des mesures de francisation aux entreprises et restreint l'accès à l'école anglaise par l'entremise de tests linguistiques. Ces mesures suscitent une immense controverse au Québec, mais elles sont aussi en contradiction flagrante avec le bilinguisme qu'Ottawa tente de mettre en place à l'échelle du pays.

Trudeau n'apprécie guère le geste, et l'année 1976 ne sera pas celle de la réconciliation. Le 5 mars, alors qu'il est de passage à Québec, Trudeau profite de l'occasion pour faire une visite éclair au bunker, le siège du gouvernement. Bourassa est alors aux prises avec un chantier olympique paralysé par les grèves, le sabotage et la corruption, qui ont pour effet de faire monter les coûts en flèche. Tout de go, un journaliste guettant l'arrivée du premier ministre fédéral lui demande s'il apporte un cadeau pour les Olympiques. « Non, mais j'ai amené mon lunch, rétorque Trudeau. Il paraît qu'il ne mange que des hot-dogs *all dressed*, celui-

---

14. Note d'un conseiller du premier ministre datée du 15 septembre 1976. Archives du Foreign Office, FCO 82/814.

15. John English, *The Life of Pierre Elliott Trudeau*, vol. 2 : *Just Watch Me, 1968-2000*, Toronto, Knopf Canada, 2009, p. 301.

là[16] », faisant allusion à la une du magazine *Macleans* montrant le premier ministre du Québec en train d'avaler un hot-dog, le tout coiffé du titre « Le nouveau Bourassa ».

Quelques mois plus tard, au début d'octobre, la ronde du mépris se poursuit lors d'une rencontre à l'hôtel Hilton de Québec, où, ironiquement, les deux hommes se rencontrent pour se réconcilier. « Tu ne me parles pas de constitution ? » interroge un Trudeau narquois durant le face-à-face. Bourassa répond qu'il préférerait obtenir 200 millions pour éponger une partie du déficit olympique. Je n'ai pas un sou, rétorque Trudeau, qui enchaîne en affirmant qu'il peut rapatrier la Constitution sans le Québec – commentaire qu'il répétera en bombant le torse au sortir de la rencontre, déclarant aux journalistes qu'il n'a besoin ni de Bourassa, ni du pape, ni de Callaghan pour modifier la loi suprême[17].

Même si la moitié de son cabinet est contre l'idée, le premier ministre québécois est plus décidé que jamais : il en appellera au peuple pour stopper Ottawa. Le 18 octobre, il déclenche des élections pour le 15 novembre suivant, confiant de rallier les indécis à sa cause[18]. Les sondages lui sont pourtant défavorables, et, depuis la dernière élection, le PQ a adopté un programme étapiste, promettant aux Québécois un bon gouvernement ; le projet de souveraineté sera soumis au peuple au cours d'un référendum.

Comme pour ajouter aux malheurs de son gouvernement, le chef du Parti libéral mène une mauvaise campagne. Bourassa s'est isolé, ne se déplaçant qu'avec plusieurs gardes du corps et ne s'adressant plus aux reporters que par messages préenregistrés, une habitude qui lui vaut le surnom de « Bourassa la cassette[19] ».

---

16.   Pierre Godin, *René Lévesque. L'espoir et le chagrin*, Montréal, Boréal, 2001, p. 15.

17.   *Ibid.*, p. 16.

18.   *Ibid.*, p. 17.

19.   *Ibid.*, p. 30-31.

Le journal *La Presse* ne l'appuie plus, et l'opinion publique comprend mal pourquoi il a devancé les élections alors qu'il compte cent députés.

La campagne péquiste, au contraire, respire la confiance. Lévesque est en pleine forme, et l'actualité des dernières années lui fournit bien assez de munitions pour critiquer les libéraux. Il y a la question de la langue, avec la loi 22, et le combat que mènent les pilotes et contrôleurs aériens francophones pour utiliser leur langue entre eux au Québec, alors qu'on veut le leur interdire sous prétexte de raisons de sécurité. Lévesque ne se prive pas non plus pour dénoncer la corruption du gouvernement, éclaboussé par plusieurs scandales depuis 1974. Finalement, le chef péquiste accuse son rival de s'écraser devant Pierre Trudeau.

À deux semaines du jour J, les libéraux doivent recourir à la crainte du séparatisme, agitant une fois encore le même épouvantail dans l'espoir de gagner du terrain. Raymond Garneau, ministre des Finances, parle de la perte des pensions de vieillesse pour les aînés, tandis que Jean Marchand, candidat-vedette dans la région de Québec, compare René Lévesque à Staline et à Castro[20]. De son côté, l'homme d'affaires juif anglophone Charles Bronfman déclare que les péquistes sont « une bande de salauds qui essaient de nous tuer[21] », comme si le Parti québécois était l'héritier de l'Allemagne nazie.

Les libéraux ne savent plus à quel saint se vouer. Bourassa annonce même en catastrophe qu'il va amender la loi 22 et enlever les fameux tests linguistiques. Malgré tout, le 15 novembre, les jeux sont faits. Les premiers résultats annoncent tout de suite une victoire péquiste majoritaire. De sa conscription de Taillon, sur la Rive-Sud, où il a commencé sa soirée électorale, René Lévesque prend le chemin de Montréal en empruntant le pont Jacques-Cartier, où l'on avance pare-chocs à pare-chocs parmi le

---

20. *Ibid.*, p. 56.
21. *Ibid.*, p. 61.

défilé spontané de partisans péquistes qui savourent la victoire. Certains sont montés sur les voitures et agitent des drapeaux. Un concert de klaxons accompagne la scène, et l'enthousiasme redouble encore quand certains reconnaissent René Lévesque, dont le cortège tente de se frayer un chemin dans la cohue[22]. La fièvre électorale est même plus forte que celle du hockey : en pleine partie Canadien contre Blues, une clameur monte du Forum à l'annonce de la victoire du Parti québécois.

L'enthousiasme atteint son apogée lors de l'arrivée de Lévesque au centre Paul-Sauvé. Le futur premier ministre peine à calmer la foule, qui l'acclame sur la scène pendant de longues minutes. S'il a le regard grave, les mots qu'il prononce semblent lui venir naturellement : « Nous ne sommes pas un petit peuple, nous sommes peut-être quelque chose comme un grand peuple. Jamais dans ma vie j'ai pensé que je pourrais être aussi fier d'être Québécois que ce soir[23]. »

Trudeau s'adresse à la nation après Lévesque. Pour le chef des libéraux fédéraux, qui a déclaré l'été précédent que le séparatisme était mort, la victoire du PQ est un camouflet. Depuis la capitale fédérale, où l'atmosphère semble encore plus tranquille qu'à l'habitude, il rappelle, les traits figés et le regard froid, que l'élection ne signifie pas l'avènement de l'indépendance québécoise, option qui sera rejetée par la majorité, prédit-il[24].

Quelques jours plus tard, l'ennemi juré des nationalistes effectue un virage à 180 degrés. Lui qui menaçait, un mois plus tôt, de rapatrier la Constitution de façon unilatérale se déclare soudainement ouvert aux revendications des provinces, affirmant qu'il a déjà négocié par le passé dans la perspective d'un fédéralisme fonctionnel – une belle lancée qui a malheureusement été

---

22. *Ibid.*, p. 75.

23. *Ibid.*, p. 77.

24. John English, *The Life of Pierre Elliott Trudeau*, vol. 2 : *Just Watch Me*, p. 308.

interrompue « parce qu'il a été décidé de tenter de rapatrier la Constitution et de consentir à une formule d'amendement en premier lieu. Mais les négociations pourraient reprendre à condition que les provinces acceptent de débattre de la séparation des pouvoirs ». Il conclut en disant que la séparation équivaut « à un péché contre l'esprit, à un péché contre la race humaine[25] ».

L'esprit de Lord Durham

Péché contre la race humaine ou non, il n'y a pas qu'à Ottawa que la victoire péquiste crée la stupeur. La nouvelle se répand comme une traînée de poudre dans le monde entier, et la Grande-Bretagne n'y échappe pas. Les médias britanniques y consacrent leur une au lendemain de l'événement, de même que plusieurs articles dans les jours qui suivent. La nouvelle situation interpelle aussi le consul britannique à Montréal, Simon Dawbarn. Consterné par les événements, il partage avec Londres son point de vue quant à l'éventualité de l'indépendance québécoise :

> C'est à coup sûr un espoir vain. Le Québec est simplement trop petit et trop exposé à l'influence nord-américaine pour préserver sa pureté. En ce qui concerne la culture québécoise, il est inutile de prévoir une renaissance, car, en termes clairs, les arts ne sont pas florissants au Québec. Uniquement au cours des dernières semaines, l'Orchestre symphonique de Montréal (dont les meilleurs musiciens sont américains) a chassé son chef, une sanglante lutte interne a fait rage et un pamphlétaire politique a reçu le prix David. Il n'y a pas si longtemps, l'Opéra du Québec a fermé ses portes. L'enseignement non plus ne s'y épanouit pas

---

25. Note de Bertram Anthony Flack, conseiller politique au Haut-Commissariat britannique à Ottawa, au Foreign Office. Document obtenu du Foreign Office à la suite d'une demande d'accès à l'information.

avec grande vigueur. Deux des trois universités de langue française sont fermées depuis plusieurs mois… Les politiques du PQ
ne feront que perpétuer et intensifier cet esprit de clocher.
Au moins suis-je moins pessimiste que Bougainville, qui (il y a
fort longtemps) a écrit : « Malheur à cette terre ! Elle périra victime de ses préjugés, de sa confiance aveugle, de la stupidité ou
de la malhonnêteté de ses chefs. Cet oracle est plus sûr que ne le
fut celui de Calchas[26]. »

Si les collègues de Dawbarn connaissent peu l'amiral Louis
Antoine de Bougainville, ils semblent partager son opinion sur
la petitesse d'esprit des Québécois en général, et des péquistes en
particulier. C'est le cas du moins de Terry Empson, qui, du siège
du Haut-Commissariat britannique à Ottawa, en rajoute une
couche : « Cela me semble être une excellente description de l'état
de la "culture" québécoise, laquelle, hormis quelques *chan-
sonniers,* n'a pas grand-chose à faire valoir. Le repli sur soi et
l'esprit de clocher que Simon détecte s'avèrent, en fait, encore
plus évidents depuis l'extérieur de la province[27]. »

On croirait presque relire le rapport Durham, dont l'esprit
semble toujours imprégner les représentants de Sa Majesté au
Canada. Mais que le peuple québécois soit sans histoire et sans
littérature ne change rien au fait que son éventuelle indépendance, inimaginable en 1839, ne serait pas sans conséquence. Une
analyse est préparée à cet égard pour Anthony Crosland, le
Foreign Secretary. Son auteur, Bertram Anthony Flack, conseiller
politique au Haut-Commissariat britannique à Ottawa, a été surpris non seulement par la victoire péquiste, mais aussi par son
ampleur. Il fait toutefois valoir que le PQ n'a rien à voir avec le

---

26. *The Parti québécois Victory: A Personal View,* note de Simon Dawbarn
datée du 8 décembre 1976. Document obtenu du Foreign Office à la suite
d'une demande d'accès à l'information.
27. *Ibid.*

Front de libération du Québec, que son équipe est expérimentée et qu'il n'a pas été élu avec le mandat de proclamer l'indépendance. Il n'y a donc pas lieu de s'alarmer, du moins pour le moment :

> La bataille entre le Québec et le gouvernement fédéral ne s'est pas encore véritablement amorcée, et il est impossible d'en prévoir l'orientation avec la moindre précision, et encore moins le dénouement. Le Canada se retrouve dans une période d'incertitude aussi difficile qu'inquiétante. Les amis du Canada ne peuvent assister aux événements qu'avec anxiété, notamment ses alliés membres de l'OTAN, puisque le programme du PQ prévoit qu'un Québec indépendant (et républicain) va se retirer de l'alliance. Aux yeux du gouvernement des États-Unis, le fait qu'un voisin nouveau et instable à sa frontière septentrionale s'est engagé à se retirer également du Commandement de la défense aérienne de l'Amérique du Nord ne peut être que préoccupant. Pour autant, cette question ne regarde que le Canada, et il n'est pas question que le gouvernement de Sa Majesté au Royaume-Uni cherche à influencer le débat à ce sujet. Si jamais un Québec indépendant était sur le point de devenir une réalité, nous devrions alors consulter nos partenaires de l'OTAN et de la Communauté économique européenne afin d'en évaluer les conséquences[28].

Pour le moment, il s'agit donc d'attendre la suite des événements. Mais cette attitude ne sera pas nécessairement celle qui prévaudra dans l'avenir, s'il faut en croire le directeur du bureau nord-américain au Foreign Office, Ramsay Melhuish, qui précise

---

28. *The Separatists Take Power in Quebec,* note de Bertram Anthony Flack pour Anthony Crosland, datée du 16 décembre 1976. Document obtenu du Foreign Office à la suite d'une demande d'accès à l'information.

que « si la campagne de M. Lévesque en faveur de l'indépendance semblait avoir le vent dans les voiles, nous devrions alors très sérieusement examiner la possibilité de faire quelque chose pour contribuer au maintien de l'unité du Canada[29] ». À quoi songe-t-il exactement ? Impossible de le savoir. Mais apparemment l'affaire ne va pas plus loin.

Pendant ce temps, une première réunion fédérale-provinciale a lieu à Ottawa, deux semaines après l'élection. Trudeau est moins morose et espère mettre Lévesque sur la défensive, tandis que ce dernier entend expliquer ses intentions à ses interlocuteurs du reste du Canada. Peter Lougheed lui en donne l'occasion au cours d'un dîner : « Que veut le Québec ? » Du tac au tac, le chef péquiste répond fermement et calmement qu'il compte faire sortir le Québec du Canada, point à la ligne[30].

Cet événement arrive aux oreilles du haut-commissaire John Johnston : « Lors du dîner tenu au 24, Sussex Drive à l'occasion de la rencontre organisée en décembre avec les premiers ministres provinciaux, plusieurs d'entre eux ont voulu sonder la détermination de M. Lévesque quant à la séparation… Lévesque a on ne peut plus clairement affirmé sa volonté de retirer le Québec de la fédération[31]… »

Les plans du nouveau premier ministre québécois n'ont rien pour aider au déblocage du dossier constitutionnel, objectif que Trudeau n'abandonne pas. Le 10 janvier 1977, Johnston fait le point avec le greffier du conseil privé, Gordon Robertson, qui lui relate les derniers développements. Par la voix de

29.   Note de Ramsay Melhuish, à Londres, pour Bertram Anthony Flack, du Haut-Commissariat britannique à Ottawa, datée du 23 décembre 1976. Document obtenu du Foreign Office à la suite d'une demande d'accès à l'information.

30.   Pierre Godin, *René Lévesque. L'espoir et le chagrin*, p. 116.

31.   Note de John Johnston datée du 10 janvier 1977. Archives du Foreign Office, FCO 82/689.

Peter Lougheed, les provinces ont demandé une nouvelle fois d'obtenir plus de pouvoirs. Trudeau, explique Robertson, leur a à son tour réitéré « sa conviction que la meilleure option consiste à achever le rapatriement *tout court* et à ne s'occuper de la répartition des pouvoirs que par la suite[32] ». Songeur, Johnston rétorque que, du point de vue britannique, « il apparaît primordial d'effectuer le rapatriement avant de procéder à toute modification constitutionnelle, surtout si les modifications envisagées concernent le Québec : ce débat-là doit avoir lieu au Parlement canadien, et non à Westminster[33] ». Robertson le rassure : il est parfaitement d'accord, et il ne fait aucun doute que le premier ministre fédéral partage ce point de vue…

Le haut-commissaire semble se satisfaire de cette réponse. La situation n'est peut-être pas aussi inextricable qu'elle n'y paraît au premier abord. Après tout, note-t-il dans un message du temps des fêtes, René Lévesque s'est déclaré publiquement en faveur du rapatriement à certaines conditions, l'une étant que soit reconnu le droit du peuple québécois à l'autodétermination. Quelques jours plus tard, une nouvelle rencontre avec Robertson renforce la satisfaction des Britanniques :

> M. Robertson a clairement indiqué que M. Trudeau ne procéderait pas maintenant à un rapatriement unilatéral. Je lui ai répondu que, à mon avis, cette décision traduisait sa volonté ferme […] de ne fournir à Lévesque aucun motif qu'il pourrait exploiter. M. Robertson a confirmé qu'il en était ainsi, et cela, pour deux raisons.
>
> M. Lévesque stigmatiserait un rapatriement unilatéral en y voyant une preuve de plus de l'arrogance du gouvernement fédéral et de son intention de rendre la vie dure aux provinces. Il pourrait aussi le considérer comme une démarche visant à mettre

---

32. *Ibid.*
33. *Ibid.*

d'autres bâtons dans les roues du PQ, puisque le rapatriement, tel que proposé maintenant, aurait pour effet que toute proposition d'amendement à la Constitution concernant le Québec pourrait désormais faire l'objet d'un veto de la part des autres provinces[34].

Il n'y aura donc pas de grandes manœuvres pour l'instant, et c'est ce que Trudeau explique à James Callaghan le 12 mars 1977. De retour de Washington, le premier ministre britannique fait une visite éclair à son homologue canadien, qui le reçoit dans sa résidence officielle du lac Harrington, dans le parc de la Gatineau. Bien que les journalistes n'en aient que pour les déboires matrimoniaux de Trudeau et de sa femme, Margaret, c'est tout de même la Constitution qui est au centre des discussions entre les deux hommes d'État. Trudeau explique que, si l'idée du rapatriement fait consensus au sein des provinces anglophones, l'arrivée du PQ complique la situation. Il préfère attendre que son vis-à-vis québécois se compromette davantage[35].

Que ce soit à Ottawa ou à Londres, on est donc en mode attente. Mais l'idée de l'indépendance continue de susciter la crainte des Britanniques, qui notent toutefois avec satisfaction que Lévesque a commencé à s'attaquer aux gauchistes et autres rêveurs de son parti, prenant résolument ses distances avec certains éléments du programme, comme le retrait du North American Aerospace Defense Command (NORAD) et de l'Organisation du traité de l'Atlantique Nord (OTAN), ou la nationalisation de larges secteurs industriels. Cependant, ces garanties ne pèsent pas très lourd dans la balance géopolitique, et l'hostilité du gouvernement de Sa Majesté ne semble pas sur le

---

34. Note confidentielle de John Johnston, datée du 21 janvier 1977. Archives du Foreign Office, FCO 82/689.

35. Compte rendu d'entretien daté du 21 mars 1977. Archives du Foreign Office, FCO 82/689.

point de se résorber, comme l'explique John Johnston dans une note confidentielle en mars 1977 :

> L'éclatement du Canada serait indubitablement contraire aux intérêts du gouvernement de Sa Majesté et du monde occidental. La présence d'une petite puissance indépendante sur le continent nord-américain, centrée sur ses propres affaires et difficultés intérieures, tentée par la neutralité et indifférente aux intérêts généraux de l'Occident, serait préoccupante pour les Américains comme pour nous, ainsi que pour l'ensemble de l'OTAN. Tant les Britanniques que l'Occident ont donc un intérêt spécifique à faire échouer les desseins de M. Lévesque[36].

Johnston poursuit en disant que les Anglais ne peuvent toutefois pas faire grand-chose pour prévenir l'éclatement du Canada, si ce n'est de garder leurs distances par rapport au gouvernement péquiste. Il est d'ailleurs convaincu que Trudeau lui-même ne souhaite pas d'intervention extérieure, à supposer qu'une telle chose puisse avoir le moindre impact positif sur la cause fédéraliste au Québec, ce dont Johnston doute.

Quoi qu'il en soit, la situation devrait rester calme pour un certain temps, car le PQ n'a pas encore annoncé la date du référendum. Aucune inquiétude à court terme non plus sur le front de la Constitution. La seule chose susceptible de causer des surprises dans l'immédiat, écrit le diplomate, c'est la législation linguistique promise par le PQ : c'est la priorité de l'heure, une affaire que le gouvernement fédéral et la communauté anglophone du Québec attendent avec inquiétude.

---

36. Note confidentielle de John Johnston, datée du 28 mars 1977. Archives du Foreign Office, FCO 82/689.

CHAPITRE 2

Le branle-bas de combat

Début 1977, un affrontement politique se dessine à l'horizon. Comme l'écrit Denis Symington, consul britannique à Québec, « la ligne de front n'est pas encore nettement fixée, nous n'en sommes qu'au branle-bas de combat[1] ».

Le sujet qui met le feu aux poudres : la langue. René Lévesque a tardé à condamner la loi 22 alors que le Parti québécois était dans l'opposition[2]. Au cours de la campagne électorale, il a tout de même promis d'abolir les tests linguistiques qui déterminent quels enfants pourront aller à l'école anglaise. Il s'est engagé par ailleurs à ce que le Québec soit aussi français que l'Ontario est anglais.

Le chef péquiste est toutefois à la remorque de son parti sur ce sujet. La question linguistique constituera plus tard le nœud central de la discorde qui l'opposera à Trudeau. Lévesque n'en est pas là au moment de son accession au pouvoir. Comme il l'a dit à Bourassa auparavant, « les lois et la langue, ça se mélange mal[3] ». Le nouveau premier ministre reste tout de même conscient du

---

1. *Quebec, a Final Outlook,* note confidentielle de Denis Symington, datée du 18 août 1977. Document obtenu du Foreign Office à la suite d'une demande d'acccès à l'information.

2. Pierre Godin, *René Lévesque. L'espoir et le chagrin,* Montréal, Boréal, 2001, p. 167.

3. *Ibid.*

problème linguistique, qui, si rien n'est fait, fera du Québec « une deuxième Louisiane[4] ». De plus, plusieurs membres de son Conseil des ministres, de son entourage et de sa base militante souhaitent une intervention énergique dans ce dossier. Lévesque décide donc de confier à Camille Laurin la tâche de revoir la loi 22 (ironiquement, ce dernier est un vieil ami de Pierre Trudeau).

Lévesque songe surtout à remplacer les tests linguistiques : il ne se doute pas, au début du moins, que son ministre souhaite donner au Québec un véritable électrochoc dont le but est d'éradiquer la progression de l'anglais dans la province. Il faut dire que Laurin, le père de la future loi 101, garde son jeu pour lui, avançant à pas feutrés, comptant les appuis, anticipant les réactions. Ce n'est qu'en février 1977 qu'il fait part de ses objectifs au Conseil des ministres. Entre autres mesures, le français deviendrait la seule langue des tribunaux, les grandes entreprises devraient obtenir un certificat de francisation et, pièce de résistance, l'accès à l'école anglaise serait réservé aux enfants de parents ayant étudié dans cette langue au Québec au niveau primaire ou secondaire.

Vers un exode colonial ?

S'il y a des réserves au sein du gouvernement, dont celles de Lévesque, il est vite évident qu'une majorité appuie Laurin. Ce dernier annonce ses intentions publiquement le 1er avril, lors du dépôt d'un livre blanc à l'Assemblée nationale. Les réactions hostiles ne tardent pas, dont celle de la communauté des affaires. Bernard Finestone, le PDG de la chambre de commerce de Montréal, prédit l'effondrement de l'économie québécoise, affirmant qu'« il suffirait que 13 grandes entreprises quittent la province

---

4. *Ibid.*, p. 169.

pour entraîner 13 000 pertes d'emplois ». De son côté, Earle
McLaughlin, patron de la Banque Royale, menace de déménager[5].

Ces déclarations fracassantes n'ont rien pour rassurer les Britanniques, qui s'inquiètent entre autres de l'impact de la loi 101
sur leurs intérêts économiques dans la province, où ils sont le
deuxième investisseur étranger, après les États-Unis. À Montréal,
leur consulat est pris d'assaut à la fois par des citoyens britanniques et des Canadiens dont les parents ou les grands-parents
sont britanniques. Un exode semble se dessiner, à la manière des
colons européens habitant sur un territoire en voie d'obtenir son
indépendance. Tous semblent prêts à rentrer en catastrophe en
Grande-Bretagne. Comme le note un diplomate britannique sur
place, « ces réactions étaient vives et parfois très émotives, fondées sur la conviction que la loi vise à faire disparaître la communauté anglophone du Québec. On peut sentir une grande
amertume et la crainte qu'il en résulte des incidents violents[6]... ».

Par ailleurs, l'affirmation de Trudeau selon laquelle la loi 101
ramènerait le Québec au Moyen Âge n'aide en rien à calmer le
jeu, bien sûr. C'est le genre de commentaire qui hérisse Lévesque,
à l'instar de la réaction qu'il avait eue lors de sa première rencontre avec Trudeau, à la cafétéria de Radio-Canada dans les
années 1950, alors que Gérard Pelletier les avait présentés un à
l'autre. Devant la vedette du petit écran qu'était alors Lévesque,
le polémiste de *Cité Libre* avait immédiatement donné le ton :

> — Vous êtes René Lévesque, vous parlez très bien vous savez.
> Mais êtes-vous capable d'écrire ?
> — Pourquoi cette question ?

---

5. *Ibid.*, p. 190.
6. *Reactions to the Quebec Language Bill,* document confidentiel de B. P.
Austin à David Lyscom, du Haut-Commissariat britannique à Ottawa,
daté du 9 mai 1977 ; obtenu du Foreign Office à la suite d'une demande
d'accès à l'information.

— On vous a demandé de collaborer à *Cité Libre* et vous n'avez jamais donné suite.

— Écoutez, ça demanderait du temps.

— Oui. Et des idées aussi, je comprends ça. Mais si vous essayiez, peut-être que vous seriez capable[7].

Cet échange en forme de boutade donnera le ton de la relation entre les deux hommes. Et même s'ils font alors cause commune contre Duplessis et que Lévesque admire l'intelligence de Trudeau, il le traite de « faiseux de la gauche caviar », maudissant le fait qu'il parte des mois à Pékin, à Paris ou à Tombouctou, pour ensuite faire un petit tour lors d'une grève et repartir à nouveau pendant des mois[8].

Pour Lévesque, Duplessis incarnait la tyrannie ; pour Trudeau, il était un inculte. Et l'inculture, tel est bien ce dont il est question avec la loi 101 selon le premier ministre fédéral, qui maudit cette loi de toutes ses forces.

Mais les hauts cris de Trudeau n'empêchent pas les Britanniques de voir que le projet de charte de la langue française recueille l'appui de la majorité francophone. Et si Trudeau n'a pas de mots assez forts pour dénoncer ce qui se passe, il se garde bien d'utiliser son pouvoir de désaveu, qui lui permet d'invalider une loi provinciale. « M. Trudeau comprend sans doute que le PQ serait trop heureux d'axer la campagne référendaire sur la question de la politique linguistique, note-t-on rue Elgin, question qui vaudrait probablement au PQ l'appui franc de la plupart des Québécois francophones[9]. »

---

7. Témoignage de Gérard Pelletier dans *The Campions*, documentaire de l'ONF, 1986.

8. Pierre Godin, *René Lévesque. L'homme brisé*, Montréal, Boréal, 2005, p. 183.

9. *Quebec Language White Paper*, document confidentiel rédigé par David Lyscom, daté du 27 avril 1977 ; obtenu du Foreign Office à la suite d'une demande d'accès à l'information.

Non, Trudeau n'attaquera pas la loi 101 de front. Il cherche plutôt un moyen d'instaurer un régime linguistique unique dans tout le Canada, ce dont discutent justement les premiers ministres provinciaux lors de leur réunion annuelle, qui a lieu à St. Andrews, au Nouveau-Brunswick, en juillet 1977. Lévesque en profite pour faire une offre à ses vis-à-vis provinciaux, qu'il appelle une « clause de réciprocité ». Il propose que les ressortissants des provinces anglophones où les francophones peuvent étudier dans leur langue aient accès à l'école anglaise au Québec. Les autres devront aller à l'école française.

Trudeau réagit aussitôt en affirmant que les droits linguistiques constituent la base de la Confédération. Ils ne peuvent donc faire l'objet d'un marchandage entre provinces : ce serait « un troc de prisonniers[10] ». De plus, de telles ententes reconnaîtraient officiellement l'asymétrie linguistique qui existe de fait dans le Canada, alors que le premier ministre fédéral rêve d'un pays uniformément bilingue, du Yukon jusqu'à Terre-Neuve. Les fédéraux souhaitent la mise en place de nouveaux droits linguistiques en éducation, disposition qui sera reprise finalement dans la Charte des droits en 1982. Le gouvernement central affirmera alors qu'il s'agit d'une clause identique à la proposition de réciprocité de Lévesque de 1977.

Rien n'est plus faux. Lors de la conférence de St. Andrews, le premier ministre québécois affirme haut et fort qu'il n'abandonnera pas la compétence québécoise en éducation en laissant la Cour suprême décider qui ira à l'école anglaise au Québec, exercice auquel les magistrats canadiens se livreraient en interprétant des droits linguistiques dans une charte. Une telle chose serait « impensable », affirme alors Lévesque[11], qui fait d'ailleurs valoir

10. Pierre Godin, *René Lévesque. L'espoir et le chagrin,* p. 216.

11. Michael Mandel, *The Charter of Rights and the Legalization of Politics in Canada,* Toronto, Thompson Educational Publishing, 1994, p. 144.

qu'en matière linguistique, les injonctions de la Cour suprême sont souvent restées lettre morte au Canada anglais, comme le démontre notamment l'histoire du Manitoba. Avec le système de réciprocité qu'il propose, le gouvernement québécois resterait maître du jeu et serait en mesure de réagir face à d'autres provinces qui briseraient leur engagement[12]. Devant des provinces anglophones qui ne permettraient pas aux francophones d'étudier dans leur langue, le Québec fermerait les portes de l'école anglaise aux ressortissants de ces provinces.

Trudeau reçoit cette proposition comme une gifle, d'autant plus que Québec marque un point avec cette idée. Comme on le note rue Elgin, « cette proposition est bizarre, mais elle tient la route, c'est-à-dire qu'elle est prise au sérieux[13] ». De fait, la Fédération des francophones hors Québec appuie Lévesque, et l'offre interpelle certains de ses vis-à-vis provinciaux. Cependant, comme l'expliquera un an plus tard le Néo-Brunswickois Richard Hatfield, « certains premiers ministres en étaient à accepter la réciprocité, mais Trudeau nous a téléphoné pour nous menacer de réduire les paiements de transferts fédéraux[14] ». Devant de telles pressions, les provinces anglophones reculent. Elles se contentent finalement d'une déclaration de principe qui affirme sans autre forme de garantie qu'elles feront tout pour offrir une éducation en français là où le nombre le justifie.

René Lévesque décide donc d'imposer la « clause Québec » : les ressortissants des autres provinces canadiennes n'auront pas le droit de fréquenter les réseaux scolaires anglophones dans la province. Le 26 août, la loi 1, devenue loi 101, est adoptée par l'Assemblée nationale.

---

12.   Pierre Godin, *René Lévesque. L'espoir et le chagrin*, p. 143.
13.   Note de David Lyscom datée du 28 juillet 1977. Document obtenu du Foreign Office à la suite d'une demande d'accès à l'information.
14.   Pierre Godin, *René Lévesque. L'espoir et le chagrin*, p. 217.

Le temps d'agir

Pendant ce temps, les craintes qu'inspire la victoire péquiste ont fait passer les appuis au gouvernement Trudeau de 29 % à 50 %[15]. Le premier ministre fédéral se dit prêt à discuter d'une révision globale de la Constitution, incluant la répartition des pouvoirs. Il souhaite offrir une autre possibilité aux Québécois lors du référendum et pense qu'un accord constitutionnel lui fournirait une précieuse carte à jouer.

Trudeau charge donc son lieutenant, Marc Lalonde, du dossier. L'homme a la réputation d'être froid et ne s'est pas fait connaître pour sa sensibilité envers les provinces. Sa nomination n'a rien pour rassurer ces dernières. De plus – ou peut-être, surtout –, la situation se complique en raison de la nouvelle politique énergétique d'Ottawa. Celle-ci soulève de plus en plus d'opposition, particulièrement en Saskatchewan et en Alberta, toutes deux productrices de gaz et de pétrole, des ressources naturelles dont la propriété est garantie aux provinces dans la Constitution.

Malgré cela, le gouvernement Trudeau fait voter le Petroleum Administration Act, dont le but avoué est de fixer le prix du pétrole en dessous du prix mondial. Les automobilistes et camionneurs peuvent donc faire le plein d'essence à meilleur marché.

Évidemment, une telle approche ne peut fonctionner sans une forte dose d'autorité étatique, plus précisément un ensemble de mesures strictes visant à soumettre à la fois les provinces productrices et l'industrie pétrolière, et qui leur est imposé par les fédéraux. On crée d'abord une taxe à l'exportation, empêchant les producteurs canadiens de vendre leur pétrole plus cher sur le marché international, leur occasionnant la perte de milliards de dollars. De plus, Ottawa ne permet plus aux pétrolières de déduire de leur impôt fédéral les redevances qu'elles paient aux

---

15. *Ibid.,* p. 350.

provinces. Et comment le gouvernement Trudeau justifie-t-il pareille intervention ? « Parce qu'une ressource provinciale est aussi une ressource nationale[16]. »

Cette conception centralisatrice sous-tend les propositions constitutionnelles que Marc Lalonde présente en 1978 dans un document intitulé *Le Temps d'agir*. De façon inattendue, il suggère d'abord de diviser les discussions en deux temps. Dans l'immédiat, celles-ci porteraient sur une charte comportant des droits linguistiques, plus étoffée que celle présentée à Victoria, et à laquelle les provinces seraient libres d'adhérer ou non. Parallèlement, Ottawa se réserverait le pouvoir de modifier les institutions centrales comme la Cour suprême et le Sénat. Pour atteindre cet objectif, Trudeau n'attend même pas l'opinion des provinces et présente en chambre le projet de loi C-60, qui propose notamment de transformer la Chambre haute en Chambre des régions, ce qui éliminerait la légitimité régionale des provinces au profit du Parlement et du gouvernement fédéral. Finalement, Ottawa s'arroge le droit de passer par-dessus l'autorité des provinces et d'en appeler directement au peuple par référendum[17].

Voilà pour la première partie des négociations, dont l'échéance est fixée au 1er juillet 1979, à la fin du mandat libéral. Aucun des sujets prioritaires pour les provinces, comme le partage des pouvoirs, n'aura été discuté à ce stade. Ce n'est que dans la deuxième partie de l'exercice, qui se déroulerait entre juillet 1979 et juillet 1981, qu'une telle chose se ferait. Évidemment, nul ne sait si Trudeau sera toujours là ou si un éventuel successeur se sentira lié par les engagements de son prédécesseur, ce qui donne à cette proposition un caractère éminemment aléatoire.

---

16.   Roy Romanow, John Whyte et Howard Leeson, *Canada… Notwithstanding: The Making of the Constitution, 1976-1982*, Agincourt, Carswell/Methuen, 1984, p. 14.

17.   Pierre Godin, *René Lévesque. L'espoir et le chagrin*, p. 352.

De façon prévisible, les mois qui suivent le dépôt du projet fédéral donnent lieu à un flot de récriminations. Il y a d'abord le fait que la transformation du Sénat en Chambre de la Fédération déplaît aux provinces. Celles-ci demandent plutôt de meilleures garanties sur leur autorité quant à leurs ressources naturelles, une plus grande consultation dans la nomination des juges de la Cour suprême ainsi que des limites au pouvoir fédéral de conclure des traités[18].

La réprobation ne s'arrête pas là. Aux Lougheed et Lévesque, il faut maintenant ajouter Brian Peckford, de Terre-Neuve, parmi les premiers ministres ouvertement hostiles à Trudeau. La dernière colonie britannique à intégrer le Canada réclame pour elle les ressources sous-marines, riches en pétrole, au large de ses côtes, ce qu'Ottawa lui refuse. Il y a aussi Sterling Lyon, premier ministre du Manitoba, partisan avoué du Canada traditionnel, qui accuse Trudeau de saborder la démocratie parlementaire avec sa Charte des droits et libertés, en plus de le taxer de républicanisme, les propositions fédérales ne contenant pas, selon lui, d'engagement ferme en faveur de la monarchie.

Lyon l'ignore à l'époque, mais les diplomates de la rue Elgin partagent entièrement son point de vue. De plus, ils ne sont guère impressionnés par la stratégie d'Ottawa :

> La situation actuelle est un gâchis, et un gâchis inquiétant […]
> En publiant ses propositions sous la forme d'un projet de loi, le gouvernement fédéral a fait ce qu'il avait toujours dit vouloir éviter : il s'est cantonné lui-même dans une série de propositions précises qui prêtent le flanc aux attaques de ses opposants. Que le gouvernement a insisté sur le fait qu'il était encore ouvert à la discussion n'y change rien […] La publication du projet de loi 60 […], qui vise à reconnaître la situation actuelle, a déclenché un débat plein d'émotivité.

---

18. *Ibid.,* p. 13.

> Le dilemme de Trudeau est très concret [...] Il est primordial pour lui que la promesse claire d'un fédéralisme revu et corrigé soit faite aux électeurs québécois avant la tenue du référendum prévu. Mais, en réalité, rien n'indique que les électeurs québécois aient accordé un quelconque intérêt à ces propositions. Même s'ils s'étaient montrés intéressés par celles-ci, l'opposition qu'elles ont suscitée dans le reste du Canada leur a enlevé tout attrait (en vérité, elles sont plutôt sans rapport avec le vrai problème constitutionnel, soit la répartition des pouvoirs entre les provinces et Ottawa). Quoi qu'il en soit, la position de M. Lévesque s'en trouve en fait renforcée, puisqu'il peut faire cause commune avec les autres premiers ministres provinciaux contre le gouvernement fédéral [...] Il paraît peu probable que les rencontres entre M. Trudeau et les premiers ministres provinciaux donnent lieu à l'amorce même d'un consensus[19]...

Terry Empson ne croit pas si bien dire. Il a à peine envoyé son message à Londres que Trudeau convoque les premiers ministres pour le 30 octobre 1978. Son regain de popularité qui a suivi la victoire péquiste s'est estompé. Il est en fin de mandat, affaibli, et tente désespérément de réaliser son grand rêve de rapatriement constitutionnel. Le premier jour de la rencontre, il sort de son chapeau sept sujets de discussion : péréquation, disparités régionales, droit de la famille, pouvoir de dépenser, propriété des ressources, communications et pouvoir déclaratoire, ce qui semble insuffisant à ses vis-à-vis. « On peut ajouter d'autres enjeux », rétorque alors le principal intéressé, qui suggère de discuter en plus de la formule d'amendement et de la Cour suprême, ajoutant aussi la Charte des droits et libertés, la monarchie, les pêcheries et ressources au large des côtes, de même que le Sénat. Mesurant bien la précarité d'un premier ministre impopulaire, les

---

19. Note de Terry Empson envoyée à Ramsay Melhuish, datée du 21 septembre 1978. Archives du Foreign Office, FCO 82/814.

provinces préfèrent ne pas s'engager, surtout que le projet de charte suscite beaucoup d'opposition. Comme l'écrit pourtant John Ford, haut-commissaire britannique venant tout juste d'entrer en fonction, « Trudeau a fait preuve d'une souplesse étonnante[20] ».

La conférence se termine donc sur un échec, mais n'empêche pas les choses d'évoluer. Le 25 janvier 1979, la commission Pépin-Robarts, mise sur pied par Trudeau après la victoire péquiste pour trouver des solutions au problème de l'unité nationale, publie son rapport. Ses deux coprésidents sont fort respectés : le premier, Jean-Luc Pépin, a été ministre sous Pearson puis Trudeau ; le deuxième, John Robarts, est un ancien premier ministre de l'Ontario. Les deux hommes proposent une plus grande décentralisation et une forme d'asymétrie en faveur du Québec, dont le droit à l'autodétermination serait reconnu. Aucune charte ne serait enchâssée dans la loi suprême, tandis que la langue deviendrait une compétence provinciale reconnue.

Trudeau est furieux. Au moment où on lui remet le rapport, il le lance dans la poubelle sans même l'avoir lu, sous le regard médusé de ses conseillers[21]. Mais il a beau vouloir faire disparaître le document, sa parution, quelques jours avant une nouvelle conférence fédérale-provinciale, donne le ton aux discussions. Lévesque craignait que Trudeau n'utilise le rapport pour démontrer que la souveraineté est inutile. Mais à partir du moment où le chef du gouvernement fédéral tente d'enterrer le document, son vis-à-vis québécois n'a de cesse de le déterrer[22].

Les discussions qui commencent le 5 février 1979 sont de nouveau ardues. Trudeau trouve qu'il a fait suffisamment de

---

20. Télégramme de John Ford, haut-commissaire britannique à Ottawa, daté du 2 novembre 1978. Archives du Foreign Office, FCO 82/814.

21. John English, *The Life of Pierre Elliott Trudeau*, vol. 2 : *Just Watch Me, 1968-2000,* Toronto, Knopf Canada, 2009, p. 384.

22. Pierre Godin, *René Lévesque. L'espoir et le chagrin*, p. 357.

concessions aux provinces, proposant notamment que le droit de la famille relève de leur compétence. Il refuse toutefois de bouger en ce qui concerne les communications, ce qui lui vaut d'être accusé par Lévesque d'offrir des grenailles aux provinces. Amer, il s'exclame : « On vous a déjà quasiment remis les clés de la maison[23] ».

Cette sortie ne fait rien pour calmer le jeu. Il faut dire qu'il n'y a pas que la répartition des pouvoirs qui pose problème. Peter Lougheed y va d'une nouvelle charge contre Ottawa, qu'il accuse de vouloir garder la mainmise sur les ressources naturelles au nom de « l'intérêt national impérieux », munition que Lévesque a tôt fait d'utiliser à son tour[24]. Trudeau rétorque que le fédéral est responsable du commerce international et interprovincial, et qu'il doit donc avoir un mot à dire sur la façon dont une province vend ses ressources en dehors de son territoire.

Pierre Elliott Trudeau joue son va-tout

La question des pêches n'est pas plus propice à un accord, Terre-Neuve s'opposant toujours à Ottawa dans ce dossier. Quant à la réforme de la Cour suprême, elle piétine. Toutes les provinces veulent être consultées davantage dans la nomination des juges. Ottawa ne refuse pas le principe, mais son application s'avère épineuse. Et c'est sans parler de la Charte des droits et libertés, qui rencontre la même opposition. La conférence se termine dans la cacophonie générale.

Frustré, Trudeau tire ses conclusions de ce nouveau rendez-vous manqué. Il pense désormais qu'il est de son devoir de refuser toute concession aux provinces : l'exercice mènera fatale-

---

23.   Cité dans Roy Romanow, John Whyte et Howard Leeson, *Canada… Notwithstanding*, p. 53.

24.   Pierre Godin, *René Lévesque. L'espoir et le chagrin*, p. 360.

ment à de nouvelles exigences de leur part[25]. Le pays est engagé sur une pente glissante qu'il importe à tout prix de remonter avant que le gouvernement fédéral soit complètement amputé de ses pouvoirs.

Le haut-commissaire John Ford rapporte ainsi la chose à Londres :

> Trudeau se voit comme l'exemple type du véritable Canadien – bilingue et biculturel – [...], un partisan convaincu d'un gouvernement fort et centralisé. Nous avons toujours espéré que le Parlement de Westminster serait à même de remplir ses obligations constitutionnelles sans devoir affronter une foule de critiques émanant des provinces dissidentes. C'est donc un soulagement de voir qu'il paraît improbable que M. Trudeau tente maintenant de pousser le Parlement à adopter à toute vitesse un projet de loi sur le rapatriement. Mais il demeure tout à fait possible, s'il revenait au pouvoir et relançait les négociations constitutionnelles, qu'il souhaite à un certain moment procéder au rapatriement avant même la conclusion d'un plein accord sur toutes les autres questions ou même sur une formule d'amendement... Le Québec, à tout le moins, va protester[26].

Dans la capitale britannique, le message de Ford est entendu. Sa dépêche est reproduite en plusieurs exemplaires et distribuée dans tout le Foreign Office. Quelques semaines plus tard, Trudeau décide de jouer son va-tout en déclenchant des élections pour le 22 mai. Il enfourche son cheval de bataille favori, la sempiternelle question constitutionnelle, ignorant l'avis de ses

---

25. Roy Romanow, John Whyte et Howard Leeson, *Canada... Notwithstanding*, p. 53.

26. Note confidentielle de John Ford envoyée au secrétaire d'État aux Affaires étrangères et du Commonwealth et datée du 13 février 1979. Archives du Foreign Office, FCO 82/816.

conseillers, qui l'enjoignent de ne pas agir de la sorte. Déterminé, l'ancien polémiste demande plutôt à ses organisateurs de remplir le Maple Leaf Gardens de Toronto afin d'annoncer au pays ses intentions.

La machine libérale se lance à pleine vapeur dans l'organisation de cet événement, qui se tiendra le 9 mai. Cent mille billets sont imprimés et distribués, alors que l'aréna torontois ne peut contenir que 16 000 personnes. Le jour J, l'endroit est tellement bondé que 3 000 personnes doivent rester dehors pour écouter leur favori. Ce dernier est accueilli avec l'enthousiasme délirant des beaux jours de la trudeaumanie. Des milliers de partisans agitent les bras en direction de leur champion, scandant sans relâche : « Tru-deau ! Tru-deau ! Tru-deau ! »

Le clou de cette grand-messe est évidemment le discours du chef. Arrivé sur scène, celui-ci commence à distiller un à un les détails de sa Charte, les droits linguistiques, les droits fondamentaux, les droits démocratiques, la formule d'amendement, etc.[27]. Même pour des partisans libéraux, c'en est trop. L'exaltation qu'avait suscitée l'arrivée de leur chef fait graduellement place au silence. L'ennui s'installe, les bâillements se multiplient. Heureusement pour lui, Trudeau réussit par moments à réveiller ses troupes, par exemple lorsqu'il menace les provinces d'agir sans elles par la voie d'un référendum. Malgré la sueur qui perle sur son visage et qui tombe sur son complet en velours côtelé brun, cet homme de cinquante-neuf ans a une passion encore intacte. Et il sait encore la communiquer à ses fidèles à coups de harangues antiprovinciales, leur enjoignant d'affronter avec lui cet ennemi qui refuse l'ordre nouveau qu'il veut instaurer au pays[28].

Le chef libéral ne se contente pas d'un seul discours. Il répète l'exercice le lendemain, dans un hôtel de Montréal.

---

27. John English, *The Life of Pierre Elliott Trudeau*, vol. 2 : *Just Watch Me*, p. 385.

28. *The Globe and Mail*, 10 mai 1979.

Devant 1 500 spectateurs, il insiste sur les droits linguistiques, qui doivent permettre aux Canadiens de vivre dans la langue de leur choix partout, de Vancouver à Terre-Neuve.

Pour le premier ministre manitobain, toutes ces déclarations sont inacceptables. Sterling Lyon rugit à l'éventualité d'un référendum brandie par Ottawa, laquelle constitue « la pire manière de prendre une décision sur une question aussi complexe qu'une Constitution », ajoutant que Trudeau se répand en sottises. La Constitution, conclut-il, est un document équilibré, souple, et elle a bien servi le pays[29].

L'idée de faire table rase pour laisser place à un nouveau Canada suscite aussi des grincements de dents au Québec, chez Claude Ryan en particulier, qui a succédé à Robert Bourassa à la tête du Parti libéral du Québec. Si les Canadiens n'ont pas rapatrié la Constitution, déclare-t-il, ce n'est pas par indifférence ou par manque de volonté. « C'est parce qu'ils n'ont pas été capables de s'entendre sur des questions plus fondamentales. S'imaginer qu'un rapatriement unilatéral permettra de surmonter ces graves problèmes revient tout simplement à se leurrer soi-même[30]. »

Quoi qu'il en soit, le 22 mai 1979, Trudeau perd les élections, payant le prix du chômage, de la crise énergétique, des déficits... et surtout du mode de scrutin. Car même s'il réussit à rallier 40 % des électeurs contre presque 36 % pour le conservateur Joe Clark, ce dernier obtient plus de sièges. Il formera ainsi un gouvernement minoritaire. Trudeau se retrouve donc dans l'opposition, puis décide de partir en vacances. Après un séjour dans le Nord canadien à faire du canot, il revient à Ottawa et annonce qu'il quitte la vie publique. Il fera des adieux poignants à ses collègues à la Chambre des communes – un départ triste comme la grandeur, suivant l'expression de Bonaparte.

---

29. *The Globe and Mail,* 12 mai 1979.
30. *Ibid.*

The Honorable Lady

La Constitution restera donc en Grande-Bretagne. Mais le problème qu'elle pose resurgit en mai 1979. Pourquoi ? C'est qu'un événement historique vient de se produire : Margaret Thatcher est élue à la tête du gouvernement britannique. Première femme à diriger un grand pays occidental, celle-ci s'apprête à marquer les hommes et les événements, de la Grande-Bretagne à l'Argentine, en passant par les autres pays européens, l'Union soviétique… et aussi le Canada. Pourtant, rien n'indiquait au départ que la deuxième épouse de Denis Thatcher, née Roberts, fille d'un épicier de Grantham et militante conservatrice de longue date, allait connaître une telle destinée.

Sa carrière est fulgurante. Diplômée en chimie de l'Université Oxford, elle fait des études de droit tout en travaillant, et ce, après avoir eu des jumeaux. Élue au Parlement en 1959, elle devient ministre déléguée deux ans plus tard, puis ministre de l'Éducation en 1970 dans le gouvernement d'Edward Heath.

À l'époque, bien peu de gens saisissent l'ambition qui dévore « *the honorable lady* », et rares sont ses collègues qui la prennent vraiment au sérieux. Il faut dire que la future première ministre cache bien son jeu derrière sa coiffure blonde toujours impeccable, son allure toute féminine et ses bonnes manières[31]. Et quand on lui demande si une femme peut accéder au poste suprême, elle répond toujours – sans y croire vraiment – que les préjugés sont trop forts. Elle ne verra pas de son vivant une femme première ministre, dit-elle.

Devenue un poids moyen de l'équipe conservatrice, elle surprend tout le monde lorsque, en 1974, après la défaite de son parti aux élections, elle défie son chef, Edward Heath, provoquant une course à l'investiture. Contre toute attente, elle réussira

---

31. John Campbell, *Margaret Thatcher*, vol. 1 : *The Grocer's Daughter*, Londres, Vintage Books, 2000, p. 163.

à lui ravir le poste. Après un séjour difficile dans l'opposition, c'est enfin son heure de gloire, cinq ans plus tard. La « Dame de fer » – une expression inventée par un journal soviétique qui voulait la discréditer – surfe sur le mécontentement qui gronde au Royaume-Uni : le pays a été paralysé par une série de grèves que le gouvernement travailliste n'a su maîtriser.

Arrivée au célèbre 10, Downing Street, la studieuse Thatcher fait ses devoirs, incluant ceux qui touchent le Canada. Elle a visité le pays alors qu'elle était chef de l'opposition et a rencontré certaines personnalités canadiennes à Londres, dont Peter Lougheed en 1977[32]. Devant ce dernier, elle avait d'ailleurs souligné que le Canada était à ses yeux un pays passablement décentralisé, ce qui n'avait pas empêché le visiteur de sous-entendre qu'il pourrait l'être encore davantage.

Quoi qu'il en soit, la politique étrangère n'est pas la priorité de la nouvelle première ministre. Ses ministres ne sont pas particulièrement ferrés en la matière, à l'exception notable de Lord Carrington, le *Foreign Secretary*. Le nez pointu, les lunettes épaisses comme des fonds de bouteille, les cheveux clairsemés et grisonnants, ce vétéran de la Seconde Guerre mondiale et ancien ministre sous Macmillan est sans aucun doute l'une des grosses pointures du cabinet. Mais dès qu'il est question d'autres régions que l'Europe ou les États-Unis, les questions internationales l'ennuient à mourir[33].

Autour de la première ministre, personne ne soupçonne donc que la Constitution canadienne pourrait empoisonner l'existence de la nouvelle venue. Personne, sauf Nicholas Ridley, un fidèle qu'elle a nommé ministre délégué au Foreign Office pour seconder Carrington. Ridley est l'un des rares qui a cru

---

32.　J. L. Granatstein et Robert Bothwell, *Pirouette: Pierre Trudeau and Canadian Foreign Policy*, Toronto, University of Toronto Press, 1991, p. 352.

33.　*Ibid.*

qu'une femme incarnant la droite du Parti conservateur puisse devenir leader et, de là, chef du gouvernement. Il fait donc partie de sa garde rapprochée[34], et son travail consiste à la protéger des obstacles, pièges et embuscades qui jalonnent le parcours des politiciens de haut niveau. Il connaît bien le programme de réformes controversées que la Dame de fer souhaite implanter. Il sait aussi qu'elle est déterminée à ne pas se laisser distraire par les affaires étrangères[35]. Or, parmi les documents que Ridley examine à son arrivée au Foreign Office se trouve un résumé des notes du haut-commissaire britannique à Ottawa, John Ford. Il découvre alors l'existence du problème constitutionnel canadien – précisément le genre de choses qu'il appréhende, et qui l'amènera à poser une question précise à ses fonctionnaires : « Ne pourrions-nous pas mettre de l'avant un nouvel Acte de l'Amérique du Nord britannique, dont une disposition rejetterait toute responsabilité concernant les affaires constitutionnelles canadiennes et en remettrait la responsabilité juridique entre les mains d'Ottawa[36] ? »

Le Foreign Office entame aussitôt un nouveau remue-méninges sur la question. Mais l'exercice est à peine commencé que les événements se précipitent de nouveau. En cette année 1979, la Fraternité nationale des Indiens (FNI), un regroupement d'Amérindiens qui se sent exclu des discussions constitutionnelles, a décidé d'en appeler au gouvernement britannique et d'envoyer à Londres une délégation de quelque 300 chefs, visite organisée par le député travailliste Bruce George. Les

---

34. John Campbell, *Margaret Thatcher,* vol. 1 : *The Grocer's Daughter,* p. 331.

35. John Campbell, *Margaret Thatcher,* vol. 2 : *The Iron Lady,* Londres, Vintage Books, 2007, p. 5.

36. Note de K. D. Temple à Ramsay Melhuish, de la direction Amérique du Nord du Foreign Office, datée du 14 mai 1979. Archives du Foreign Office, FCO 82/816.

autochtones demandent que des droits spécifiques leur soient reconnus et qu'ils soient acceptés comme partenaires à part entière de la Confédération.

Il faut dire que les Premières Nations ont d'excellentes raisons de se méfier d'Ottawa. Quelques années auparavant, en 1969, Trudeau a proposé la fin du statut particulier des Indiens du Canada et l'abolition des réserves et du ministère des Affaires indiennes. Balayant du revers de la main leurs revendications territoriales, leurs demandes pour obtenir le statut de peuple fondateur et leur désir d'autonomie, il leur a offert une égalité théorique dans la société canadienne, dans la même perspective que le Québec au sein du Canada[37]. Doit-on s'en surprendre, ses propositions ont soulevé un tollé au sein des communautés autochtones, le forçant à battre en retraite après deux ans. Comme le notait alors le premier ministre fédéral, « le gouvernement avait été très naïf […] trop théorique […] trop abstrait […] pas assez pragmatique ou compréhensif[38] ».

C'est donc à la grande satisfaction des autochtones que Trudeau perd le pouvoir en 1979 et que son projet constitutionnel est mis de côté. Mais les Indiens décident de maintenir leur mobilisation, notamment avec la visite des chefs à Londres. Évidemment, Thatcher ignore tout de ces derniers. Du Canada, leur porte-parole écrit tout de même au 10, Downing Street, espérant pouvoir la rencontrer : « Le Parlement britannique conserve encore quelques obligations à l'égard des Amérindiens du Canada, en vertu de l'Acte de l'Amérique du Nord britannique. C'est à propos de ces obligations du gouvernement britan-

---

37.   Michael Mandel, *The Charter of Rights and the Legalization of Politics in Canada*, Toronto, *Thompson Educational Publishing*, 1994, p. 354.

38.   Olive Patricia Dickason, *Les Premières Nations du Canada. Depuis les temps les plus lointains jusqu'à nos jours*, Québec, Septentrion, 1996, p. 388.

nique que nous souhaitons discuter avec vous. J'espère bien recevoir une réponse positive[39]... »

Inutile de dire que l'annonce de la visite de plus de 300 chefs indiens ne suscite guère d'enthousiasme au sein du gouvernement britannique. Il faut donc fermer la porte au plus vite à ces visiteurs inopportuns. On informe rapidement les chefs indiens que la première ministre ne pourra les recevoir : son emploi du temps est malheureusement trop rempli. Comme par hasard, le chef du Foreign Office, Lord Carrington, leur fait la même réponse. Et il est hors de question que les autochtones puissent entrer au palais de Buckingham pour remettre une pétition à la reine.

Toutes les portes semblent verrouillées, mais qu'à cela ne tienne : la délégation amérindienne débarque à Londres le 2 juillet 1979, en grande fanfare, mais sans plumes, tambours ni calumet de paix.

La mission commence toutefois sur une mauvaise note. Cinq des 300 chefs disparaissent dès la première journée, au grand dam des organisateurs sur place. On les retrouve bientôt dans leur chambre d'hôtel, complètement ivres et imprésentables. Fort des nombreuses tentations qu'offre la capitale britannique, ils ne dégriseront pas du voyage[40]. Heureusement, les autres leaders autochtones gardent leur sérieux et cet incident ne compromet pas la mission.

Les chefs indiens bénéficient par ailleurs de l'appui de l'ONG Survival International, dont le mandat est d'aider les tribus indigènes du monde entier. Des rencontres sont organisées avec Amnistie internationale, l'Institut catholique des relations internationales de même que l'Association des Nations Unies. Contre

---

39.   Lettre de Clive Linklater, coordonnateur national, envoyée à Margaret Thatcher et datée du 26 juin 1979. Archives du Foreign Office, FCO 82/817.

40.   Entrevue avec Bruce George, 4 janvier 2013.

toute attente, l'archevêque de Canterbury, Donald Coggan, leur accorde une audience, après une intervention de l'évêque de la Saskatchewan. Les visiteurs jouent aussi de chance avec l'ancien premier ministre James Callaghan, qui accepte de les recevoir à la dernière minute. Ce dernier se montrera d'ailleurs « étonnamment bien informé et sincèrement intéressé[41] ». Quant à l'archevêque Donald Coggan, il promet d'examiner leur affaire et d'intervenir auprès du Foreign Office et de la reine. Il s'exécutera quelques semaines plus tard en écrivant à Lord Carrington, lui disant éprouver de la sympathie pour leur cause tout en étant impressionné par « leur très sincère loyauté envers la couronne britannique[42] ». Carrington lui répondra poliment que les Indiens n'ont qu'à s'adresser à leur gouvernement, ajoutant que le premier ministre Joe Clark a promis d'examiner l'affaire.

Tout cela ne satisfait pas les Indiens ni leurs alliés dans la capitale britannique, notamment le député travailliste Bruce George. Membre de l'aile gauche marxisante de son parti, George contacte Nicholas Ridley, lui enjoignant de rencontrer les 300 visiteurs. De guerre lasse, et par pure politesse, ce dernier accepte que trois chefs soient reçus par un nombre équivalent de fonctionnaires, tous des seconds couteaux.

C'est dans ce climat d'agitation que les experts du Foreign Office examinent les scénarios qui permettraient aux Anglais de se débarrasser de cette satanée Constitution canadienne. Serait-il possible de voter une loi qui mettrait fin unilatéralement au rôle de la Grande-Bretagne, comme le souhaite Ridley ? Si oui, comment, et quelle sera la réaction du Canada ? Ces questions graves demanderont quatre mois de labeur : il faudra soupeser les pour et les contre, et examiner au passage les aspects juridiques, his-

---

41. *The Globe and Mail*, 6 juillet 1979.

42. Note de l'archevêque de Canterbury, Donald Coggan, à Lord Carrington datée du 13 août 1979. Archives du Foreign Office, FCO 82/818.

toriques et politiques. Les recommandations sont prêtes en octobre 1979, sous la forme d'un rapport confidentiel. Le nouveau responsable de la direction Amérique du Nord, Martin Berthoud, écrit :

> Le Parlement du Royaume-Uni a le pouvoir, en droit constitutionnel, de rapatrier unilatéralement la Constitution canadienne [...] Pour autant, il existe de puissants motifs politiques de ne pas procéder à un tel rapatriement unilatéral, qu'a entérinés notre Haut-commissariat à Ottawa [...] Les provinces croient, et certaines d'entre elles avec vigueur, que la meilleure façon de protéger leurs droits *vis-à-vis* d'Ottawa réside dans le maintien de la Constitution canadienne à Westminster... C'est dire que, si nous en remettions l'entière responsabilité juridique à Ottawa par le biais d'une décision unilatérale, nous nous rallierions de fait au gouvernement fédéral et prendrions position contre les provinces qui refusent de donner leur accord[43].

De toute évidence, cette réponse n'est pas celle que Ridley voulait entendre. « Nous ne devrions pas avoir ce pouvoir. C'est vraiment déplorable. Nous devrions le dire au premier ministre Clark en temps opportun[44]. »

---

43. Note de Martin Berthoud à Lord N. Gordon Lennox, diplomate britannique, datée du 1er octobre 1979. Archives du Foreign Office, FCO 82/818.

44. Note de K. D. Temple à Martin Berthoud datée du 10 octobre 1979. Archives du Foreign Office, FCO 82/818.

CHAPITRE 3

La bataille référendaire

Joe Clark est devenu le premier ministre du Canada en mai 1979. Au cours de l'automne suivant, son gouvernement connaît déjà des ratés. Il n'arrive pas à s'entendre avec l'Alberta sur les questions énergétiques. Les relations avec l'Ontario de Bill Davis, mauvaises, se détériorent encore. Tout cela alors que les conservateurs manquent de revenus pour financer certaines de leurs promesses électorales[1]. Le ministre des Finances, John Crosbie, veut imposer une taxe supplémentaire sur l'essence même si plusieurs de ses collègues y sont opposés. Il finira par obtenir gain de cause. Le prix du gallon augmentera donc de 18 cents.

Cette nouvelle mesure fait partie d'un budget qui, Ottawa s'y attend, ne passera pas comme une lettre à la poste. Mais Crosbie demeure confiant. Trudeau a annoncé sa démission quelques semaines auparavant. Privé de chef, les libéraux n'oseront pas renverser le gouvernement minoritaire de Clark. Insouciants, les bleus présentent donc leur budget le 11 décembre comme si de rien n'était, même si le document prévoit non seulement la nouvelle taxe sur le carburant, mais une autre sur le tabac et l'alcool.

---

1.   John English, *The Life of Pierre Elliott Trudeau*, vol. 2 : *Just Watch Me, 1968-2000*, Toronto, Knopf Canada, 2009, p. 428.

Ces deux derniers produits sont justement au menu des plaisirs que s'offrent bon nombre de libéraux réunis le lendemain sur la colline parlementaire, pour leur fête de Noël. Trudeau y fait une courte apparition et profite de l'occasion pour s'adresser à son ancien caucus. Il lui recommande de voter contre le budget, ajoutant immédiatement qu'il ne ferait pas de retour en politique en cas d'élections.

Certains pensent quand même qu'il se laisserait tenter par un tel scénario. Plusieurs le souhaitent, en tout cas, surtout que deux sondages confirment coup sur coup l'avance des rouges dans les intentions de vote. Jim Coutts, un des stratèges libéraux, multiplie les discours de motivation et les conciliabules. Il incite les siens à suivre le Nouveau Parti démocratique, qui a déjà fait savoir qu'il voterait contre le budget.

Le 13 décembre, jour du vote, Coutts a rallié les troupes. Les libéraux attendent en embuscade. Il y a une incertitude toutefois. Que feront les cinq députés créditistes de Fabien Roy, qui votent souvent avec les conservateurs, même si ceux-ci ont la fâcheuse tendance de les tenir pour acquis. Dans un tel cas, libéraux et néo-démocrates seront à court d'un vote pour réaliser leur plan. Voilà qui rassure les bleus, qui se dirigent vers la chambre tels des brebis qu'on emmène à l'abattoir, oubliant que deux de leurs ministres sont à l'étranger et qu'un de leurs députés est cloué au lit. Heureusement, la vision qu'offrent les banquettes de l'opposition les rassurent. Quelques minutes avant le vote, plusieurs libéraux sont absents.

Le président entame alors la procédure de comptage des voix, appelant à tour de rôle les députés à voter, ceux qui sont pour, suivis de ceux qui sont contre. C'est à ce moment précis que de nombreux libéraux apparaissent soudainement pour rejoindre leur siège, même certains que l'on croyait à l'agonie[2]. Deuxième coup de théâtre, les créditistes s'abstiennent, privant le gou-

---

2.   *Ibid.*, p. 432.

vernement de leurs précieuses voix. Il est 22 heures 20, le verdict tombe : 139 à 133 contre le budget des conservateurs, le gouvernement vient de tomber.

La résurrection

Quelques jours plus tard, volte-face : Trudeau décide de revenir à l'avant-plan. Son exil politique lui a laissé du temps pour lire les nombreux commentaires publiés dans la presse à son égard, lesquels soulignent tous son échec à réaliser les grands objectifs qu'il s'était fixés[3]. Mais voilà qu'une résurrection s'offre à lui, alors même que le référendum québécois point à l'horizon.

La joute électorale est bien différente de celle de 1979. Les conservateurs sont prêts à discuter des enjeux importants, mais le chef libéral s'esquive, axant sa campagne sur l'image, portant des vestons à la dernière mode ou patinant sur le canal Rideau sous l'œil des caméras. Il parle le moins possible aux journalistes. Sauf pour commenter des extraits de poésie lus à la radio, qu'un animateur l'a mis au défi d'identifier. Il refuse de participer à un débat avec Clark, comme en 1979, ou de tenir des conférences de presse. À tel point que les journalistes finissent par lui envoyer une pétition, ce qui l'amènera finalement à se prêter à l'exercice… une seule fois[4]. Par-dessus tout, Trudeau se fait violence et ne souffle mot de la Constitution, se contentant de lancer quelques attaques bien senties contre la gestion des conservateurs.

Le 18 février 1980, jour des élections, cette stratégie porte fruit. Dès le début de la soirée électorale, on annonce que les libéraux obtiennent de bons résultats dans l'Atlantique. Deuxième nouvelle : ils raflent tous les sièges au Québec, sauf un,

---

3.   *Ibid.*, p. 457.
4.   *Ibid.*, p. 439.

et obtiennent cinquante-deux des quatre-vingt-quinze circonscriptions ontariennes. Les résultats en provenance du reste du
pays ne sont même pas encore tombés que les rouges sont déjà
majoritaires. Tant mieux, car c'est l'hécatombe dans les Prairies
et en Colombie-Britannique. Seuls deux candidats libéraux sont
élus. L'aliénation de l'Ouest vient de franchir un nouveau stade.

Clark admet bientôt sa défaite, et Trudeau se rend au Château
Laurier, où l'accueille une foule en liesse. « Bienvenue dans les
années 1980 », lance-t-il d'entrée de jeu, poursuivant avec un
discours durant lequel il avertit ses compatriotes que le Canada
« représente plus que la somme de ses parties[5] », ajoutant que la
décennie sera remplie de défis et d'opportunités.

Si les libéraux ont le cœur à la fête, ce n'est pas le cas de tous
les observateurs. Le haut-commissaire britannique John Ford,
notamment, a le sentiment que « la réélection de Trudeau n'a pas
amélioré les choses. Il pourrait foncer s'il se sentait coincé, et un
conflit de personnalités n'aidera pas à résoudre la crise[6] ».

Naturellement, Ford ne souffle publiquement mot des doutes
qui l'habitent. Pour l'heure, les yeux sont fixés sur l'organisation
du référendum, que Lévesque a finalement décidé de tenir au
printemps de 1980, malgré les sondages qui demeurent défavorables. Les semaines qui suivent la victoire des libéraux fédéraux
coïncident avec une accélération des préparatifs en vue de la
bataille décisive.

Le gouvernement péquiste tente par tous les moyens de
gagner les indécis à sa cause, quitte à utiliser une forte dose d'ambiguïté. Par exemple, le livre blanc qu'il dépose en octobre 1979
s'intitule *La Nouvelle Entente Québec-Canada*. Le mot *souveraineté* n'y figure plus. D'ailleurs, les péquistes parlent désormais

---

5.   *Ibid.*, p. 443.

6.   Note de John Ford à Lord Carrington, secrétaire du Foreign Office,
datée du 27 mars 1980. Document obtenu du Foreign Office à la suite
d'une demande d'accès à l'information.

de *souveraineté-association,* expliquant que l'indépendance québécoise se fera dans le cadre d'une nouvelle association Québec-Canada.

Les fédéralistes accusent le gouvernement péquiste de malhonnêteté intellectuelle. Cela n'empêche pas ce dernier de faire bonne figure dans les débats parlementaires qui précèdent le référendum, en mars ; l'opposition libérale, de son côté, peine à se faire valoir. Claude Ryan est mal préparé. Il a investi trop de temps dans sa politique constitutionnelle, expliquée dans son « livre beige ». Le document est sévèrement critiqué par le PQ, qui accuse Ryan de proposer le statu quo, et accueilli avec froideur par Trudeau[7].

Dans un message qu'il envoie à Lord Carrington, John Ford s'inquiète. « Si 1979 n'a pas été une bonne année pour les séparatistes du Québec, il semble que la situation leur soit maintenant à nouveau favorable. Le dernier sondage d'opinion indique que le Oui pourrait l'emporter lors du référendum à venir[8]. » Devant cette situation, les diplomates de la rue Elgin s'attendent à une intervention en force d'Ottawa, laquelle ne tarde pas à se produire.

Les sondages du gouvernement fédéral indiquent que l'incertitude économique préoccupe beaucoup les Québécois[9]. Les fédéraux enfourchent ce cheval de bataille. D'abord, le gouvernement Trudeau distribue dans tout le Québec des milliers d'exemplaires d'une brochure démontrant les effets économiques bénéfiques du fédéralisme. Deuxièmement, tous les ministres québécois du gouvernement fédéral sont mis à contribution. Il y a d'abord Jean

---

7.   Pierre Godin, *René Lévesque. L'espoir et le chagrin,* Montréal, Boréal, 2001, p. 527.

8.   Note de John Ford à Lord Carrington datée du 27 mars 1980. Document obtenu du Foreign Office à la suite d'une demande d'accès à l'information.

9.   Robert Sheppard et Michael Valpy, *The National Deal: The Fight for a Canadian Constitution,* Toronto, MacMillan, 1982, p. 25.

Chrétien, ministre de la Justice, qui est chargé de mener la campagne fédérale au jour le jour. Il décrit les péquistes comme « la gangrène, la pourriture rendue au pouce, si ça continue il va falloir couper le bras[10] ». Il est souvent secondé par Marc Lalonde, ministre de l'Énergie, qui prédit un avenir catastrophique à un éventuel Québec souverain. « Les rêves séparatistes ne peuvent nous mener qu'à une sombre et sinistre réalité[11] », dit-il, s'appuyant sur le fait qu'en vertu de la politique énergétique fédérale, le Québec bénéficie d'un pétrole à rabais, une ressource qui lui coûtera bien plus cher s'il doit payer le prix mondial[12].

Même si le Parti québécois affirme qu'un Québec souverain utilisera le dollar canadien, les partisans du non appellent dans les tribunes téléphoniques pour dire qu'après le Mexique qui a son peso, le Québec aura son « parizo[13] », selon le patronyme du ministre des Finances d'alors, Jacques Parizeau. Le Québec souverain, affirme Jean Chrétien, est un passeport pour la pauvreté[14]. Quant à Marc Lalonde, il répète à satiété que les Québécois n'auront tout simplement plus de pensions de vieillesse.

Pour les diplomates britanniques qui observent la situation, l'approche des libéraux fédéraux surprend. Comme l'écrit John Rich, consul à Montréal, « il est troublant de voir que les deux principaux ministres nommés pour négocier avec les provinces, MM. Chrétien et Lalonde, sont bien connus pour leur attitude fortement centralisatrice et leurs manières abruptes à l'égard des provinces[15] ».

---

10. Pierre Godin, *René Lévesque. L'espoir et le chagrin*, p. 532.
11. *Le Devoir,* 23 avril 1980.
12. Pierre Godin, *René Lévesque. L'espoir et le chagrin*, p. 533.
13. *Ibid.*, p. 541.
14. *Ibid.*
15. Note de John R. Rich, intitulée *Reflections After Eighteen Months in French Canada* et datée du 11 mars 1980. Document obtenu du Foreign Office à la suite d'une demande d'accès à l'information.

Tous ne partagent cependant pas ce jugement au Foreign Office, où Trudeau compte aussi des admirateurs. Mais ce qui importe dans l'immédiat, c'est de déterminer la marche à suivre par rapport au référendum, désormais imminent. Toujours en mars 1980, une réunion de tous les chefs de mission en poste au Canada est organisée à Ottawa par Martin Berthoud. Tous les consuls œuvrant au nord du quarante-neuvième parallèle sont présents, de même que le haut-commissaire et ses adjoints. Ils en arrivent aux conclusions suivantes :

(a) Un Canada uni serait vraisemblablement plus fort et constituerait un meilleur allié que ne le seraient les résidus d'un Canada ayant éclaté en plusieurs morceaux.

(b) S'il est très probable qu'un Québec indépendant resterait membre de l'Alliance, il demeure tout de même possible qu'il s'engage dans une voie différente ou, au moins, qu'il menace de le faire pour arracher au Canada ou aux États-Unis des concessions non souhaitables.

(c) Le processus de sécession serait inévitablement très douloureux. Non seulement il serait néfaste pour les relations Canada-Québec, mais il pourrait impliquer le Royaume-Uni en raison de notre situation constitutionnelle[16].

Un Québec indépendant et viable

Comme les risques sont grands de se faire entraîner dans la querelle canadienne, il importe pour les Britanniques de préparer un plan de contingence. En cas de sécession, ils devront nécessaire-

---

16. Note de Martin Berthoud à John Ford, datée du 3 avril 1980. Document obtenu du Foreign Office à la suite d'une demande d'accès à l'information. Une copie de cette note a été envoyée à chacun des chefs de mission, y compris John R. Rich.

ment procéder à des changements constitutionnels pour le Canada. Bien sûr, ils souhaitent ardemment une victoire du non ; mais quelle sera leur attitude si les souverainistes remportent la victoire ? En mars 1980, alors que le oui gagne du terrain, le consul de Montréal, John Rich, amorce la réflexion. Il s'attache d'abord à dépeindre la communauté anglophone :

> La majorité des adeptes inébranlables d'une attitude de type « Herrenvolk » sont partis en Ontario ou ailleurs (où ils continuent à ternir l'image de la province et celle de la ville de Montréal). Quelques-uns sont restés, et ils interpellent parfois le consul général britannique de Montréal lors d'événements publics. Si *The Gazette* de Montréal a présenté leur point de vue sous un jour favorable jusqu'en 1979, ce journal semble davantage tourné vers l'avenir depuis l'arrivée de son nouveau directeur de publication[17].

Outre le comportement des anglophones, il faut se pencher sur l'économie d'un Québec indépendant. Doit-on prévoir un retour de l'âge de pierre, comme le laissent entendre les ténors fédéraux ? Avec ou sans association économique, les Britanniques ne sont pas inquiets :

> La Grande-Bretagne a des intérêts considérables dans la province du Québec, et vice-versa. Même si l'idéal pour nous est un Canada qui reste fort et uni, nous devons traiter le Canada français comme une entité distincte, même à l'intérieur de la Confédération. Si le Québec devenait indépendant, il formerait un État viable ; le PQ envisage de demeurer membre du Commonwealth et de l'OTAN. Nous devons songer à l'avenir de nos relations dans l'éventualité de l'indépendance...

---

17.   Note de John R. Rich, intitulée *Reflections After Eighteen Months in French Canada* et datée du 11 mars 1980. Document obtenu du Foreign Office à la suite d'une demande d'accès à l'information.

Il est certainement important pour la Grande-Bretagne que le Canada, notre partenaire au sein du Commonwealth et de l'OTAN, reste fort et uni. Inversement, il n'est pas dans notre intérêt que « le problème du Québec » soit une plaie ouverte qui saigne davantage au lieu de guérir et qui, ce faisant, affaiblisse la communauté atlantique d'une façon disproportionnée par rapport à son importance réelle. Après quelques problèmes initiaux d'ajustement de son économie si l'union économique avec le reste du Canada devait être rompue, un Québec indépendant pourrait, à mon avis, être un État viable à l'échelle des pays scandinaves et jouer un rôle sérieux au sein de la communauté internationale.

En tant que pays séparé du Canada, le Québec se situerait environ à la 30ᵉ place parmi les pays destinataires des exportations de la Grande-Bretagne. Selon les données de 1978, le Québec devançait le Venezuela et la Malaisie, suivi de peu l'Égypte, la Grèce et l'Irak et arrivait pas très loin derrière le Brésil[18].

Le consul termine son rapport en affirmant que, malgré les sondages devenus favorables, le PQ perdra le référendum. La raison ? « La prudence instinctive et le bon sens du Canadien français moyen, qui font contrepoids à l'enthousiasme nationaliste, à condition qu'on ne suscite pas exagérément son indignation[19]. » Le rapport de Rich est envoyé à Londres par John Ford, qui fait aussi ses propres recommandations à Lord Carrington :

> Milord, il est trop tôt pour savoir comment va se dénouer le drame québécois. Si le Québec fait effectivement sécession, ce ne sera pas nécessairement catastrophique pour le Québec ou pour nos intérêts, mais ce serait sans doute un événement traumatisant pour le Canada anglophone…

---

18. *Ibid.* Les soulignés sont de John R. Rich.
19. *Ibid.*

On peut avancer que l'ère Trudeau se caractérise par un déclin constant de la puissance du Canada en tant que fédération centralisée ; et on détecte pour le moment peu d'indices d'une volonté nationale de faire les sacrifices nécessaires pour rééquiper le Canada afin qu'il prenne pleinement part aux activités de l'OTAN ou qu'il joue un rôle réellement positif au sein de l'ONU en participant plus activement au maintien de la paix ou aux actions humanitaires. La crédibilité de M. Trudeau en tant qu'homme d'État d'envergure mondiale, si elle n'a jamais été plus qu'une caractéristique éphémère au début des années 1970, est désormais peu susceptible d'être restaurée par son action, étant donné la situation financière et la force militaire du Canada aujourd'hui. Rien n'empêche de penser qu'un Québec fort et indépendant soit comparable, en tant qu'allié au sein de l'OTAN, à la Norvège ou au Danemark, par exemple…

C'est pour le reste du Canada que le résultat serait bien plus dangereux. La fédération fondée par Sir John Macdonald et perpétuée par ses successeurs se caractérise par un délicat équilibre entre les intérêts provinciaux et fédéraux, qui pourrait recevoir un coup fatal à la suite de la sécession de l'une de ses parties constitutives et de la rupture géographique qui découlerait de la sécession du Québec […] Quels que puissent être les changements politiques, nos relations commerciales actuelles vont sans doute se maintenir en l'état ; comme je l'ai souvent souligné, la balkanisation croissante du Canada est un fait que les hommes d'affaires britanniques doivent prendre en compte dans leurs transactions avec ce pays.

Du point de vue d'Ottawa, les États-Unis ont tout autant intérêt que le Royaume-Uni à ce que le Canada soit fort et uni. Mais, à l'instar de leurs homologues britanniques, les hommes d'affaires des États-Unis ont appris à s'adapter à la balkanisation provincialiste du Canada[20].

20.   Note de John Ford à Lord Carrington, datée du 27 mars 1980. Docu-

Le Québec serait donc un autre point de convergence entre Londres et Washington, à ajouter aux nombreux éléments constituant « la relation spéciale » entre les deux pays. S'il faut en croire le témoignage de Ken Curtis, ancien gouverneur du Maine et ambassadeur des États-Unis à Ottawa en 1980, la position américaine aurait effectivement été presque identique à celle des Britanniques. « C'était aux Canadiens de régler cette affaire, et j'aurais préféré que le Canada demeure un pays pleinement uni. Mais le maintien de leurs relations avec le Canada exigerait des États-Unis qu'ils s'adaptent à toute décision prise à ce sujet[21]. »

S'adapter, cela veut aussi dire reconnaître diplomatiquement une éventuelle indépendance. À Londres, les recommandations de Ford et Rich sont bien reçues par leurs collègues. Comme l'écrit Martin Berthoud, « en ce qui nous concerne, cette approche est équilibrée[22] ». La réaction des diplomates du Foreign Office ne laisse aucun doute. « Nous pensions effectivement à l'époque que nous accepterions un Québec séparé du Canada », expliquera Berthoud des années plus tard. « Une telle acceptation aurait été conforme à notre politique de non-ingérence dans la politique intérieure des membres du Commonwealth[23]. »

On peut toutefois se demander si cette approche aurait été entérinée sur le plan politique. Interrogé presque trente ans plus tard, Lord Carrington ne garde aucun souvenir de l'épisode référendaire. Ce n'est toutefois pas le cas de Malcolm Rifkind, ancien ministre de Thatcher. Celui-ci était aussi le secrétaire du Foreign

---

ment obtenu du Foreign Office à la suite d'une demande d'accès à l'information.

21.   Correspondance avec Ken Curtis, entre le 17 et le 20 janvier 2010.

22.   Note de Martin Berthoud à John Ford, datée du 3 avril 1980. Document obtenu du Foreign Office à la suite d'une demande d'accès à l'information. Une copie de cette note a été envoyée à chacun des chefs de mission, y compris John R. Rich.

23.   Correspondance avec Martin Berthoud, 22 février 2007.

Office sous John Major, à l'époque du référendum de 1995. Questionné sur l'attitude qu'adopterait son pays en cas d'une victoire serrée du oui, Rifkind répond que

> dans la tradition diplomatique britannique, reconnaître un gouvernement n'a jamais signifié qu'on approuvait ou soutenait ce gouvernement. Il s'agissait plutôt de reconnaître que ce gouvernement exerçait de facto le pouvoir et que le statut international du pays en question n'était pas contesté. C'est pour ces raisons que le Royaume-Uni a été l'un des premiers pays à reconnaître l'Union soviétique dans les années 1920 et la République populaire de Chine à une époque où les États-Unis ne voulaient pas proclamer une telle reconnaissance[24].

Par rapport à la Chine de Mao ou à la Russie de Staline, on peut penser en effet que la reconnaissance d'un Québec souverain ne poserait pas un problème très grave au gouvernement de Sa Majesté. Mais se préparer à une telle possibilité ne signifie pas qu'on doive annoncer ses intentions. Au contraire, il est essentiel de ne rien dire de ce qui n'est pour l'heure qu'un plan de contingence, comme l'explique encore John Ford à trois semaines du vote :

> Je devrais sans doute ajouter que, étant donné notre rôle en vertu de l'Acte de l'Amérique du Nord britannique, on pourrait s'interroger sur notre attitude à l'égard du référendum et de son résultat. J'y ai réfléchi, mais je ne vois pas d'autre option valable que de recourir à la pauvre formule « sans commentaire ». Il me semble que tout ce que nous dirions serait mal accueilli par le gouvernement fédéral ou la province de Québec. Nous n'y avons intérêt ni dans un cas ni dans l'autre. Interrogé sur notre attitude à l'égard d'une éventuelle séparation du Québec, j'ai dit que la

---

24. Correspondance avec Malcolm Rifkind, 20 janvier 2008.

fédération canadienne a joué un rôle constructif dans le monde et qu'une place importante lui revient encore non seulement sur la scène mondiale, mais aussi pour la défense de la démocratie parlementaire. Nous espérons qu'un Canada uni continuera à jouer son rôle dans le monde libre, mais nous avons conscience que la décision revient aux Canadiens et qu'une intervention de notre part ne serait pas appropriée[25].

Cette prudence se comprend parfaitement. Le gouvernement fédéral martèle que la souveraineté mènerait à un désastre économique. Londres contredisant publiquement Ottawa, voilà qui constituerait un sévère camouflet, dont le gouvernement péquiste se délecterait. Même chose pour une éventuelle reconnaissance diplomatique : laisser entendre que celle-ci serait accordée sans trop de problèmes donnerait de précieuses munitions aux troupes de René Lévesque.

Publiquement, les Britanniques s'en tiennent donc à une neutralité bienveillante en faveur d'Ottawa. Il reste que, par rapport au choc de l'élection péquiste de 1976, leur vision du problème a passablement évolué. Il faut dire que le gouvernement Lévesque a travaillé fort pour projeter une image à la fois responsable et respectable, comme le rappelle Robert Normand, alors sous-ministre aux Affaires intergouvernementales :

> On avait invité Peter Thorneycroft, le président du Parti conservateur britannique. Je l'avais amené à la chasse à Anticosti. On lui avait fait tuer un ou deux chevreuils, il était venu avec sa femme, et on s'était assuré que sa viande de chevreuil arrive intacte en Grande-Bretagne. Quand on discute avec un gars au camp Sainte-Geneviève, là, tu laisses tomber la cravate, tu laisses tom-

---

25. Note de John Ford à Martin Berthoud datée du 29 avril 1980 et intitulée *The Situation in Quebec*. Document obtenu du Foreign Office à la suite d'une demande d'accès à l'information.

ber les convenances diplomatiques, puis tu te relèves les manches. Alors, on l'avait ébranlé pas mal[26].

Tout ce travail n'aura pas servi à grand-chose, toutefois, si les péquistes ne gagnent pas le référendum. Leur campagne bat de l'aile, notamment depuis que la ministre Lise Payette s'en est prise à la femme de Claude Ryan, l'accusant d'être soumise et traditionaliste.

Motus et bouche cousue

Outre les erreurs commises par son propre camp, René Lévesque peut compter sur Pierre Trudeau pour le mettre sur la défensive. Lors de ses trois premiers discours, le chef du gouvernement fédéral réitère les principaux arguments : le gouvernement central doit parler pour tout le Canada ; la souveraineté-association mènera à une impasse ; la question référendaire est malhonnête ; les Québécois jouent un grand rôle au sein du Canada. Ceux qui attendent de la substance, comme le haut-commissaire John Ford, sont un peu déçus :

> Trudeau continue de garder pour lui ce qu'il pense. Il a clairement indiqué qu'il considère le Oui comme un vote menant à un *cul-de-sac*, ce qui pourrait empêcher toute négociation, mais il n'a pas mentionné quels changements constitutionnels il apporterait dans l'éventualité où le Non l'emporterait. Qui plus est, il ne semble pas vouloir reconnaître la pression en faveur du changement qui se manifeste dans l'Ouest. De manière générale, je trouve inquiétante sa perpétuelle insensibilité à l'opinion publique et à la volonté des parlementaires[27].

---

26.   Entrevue avec Robert Normand, 14 décembre 2006.
27.   Note de John Ford à Martin Berthoud datée du 29 avril 1980. Docu-

Pour Ford, le silence de Trudeau est d'autant plus frappant qu'il semble en porte-à-faux par rapport à l'attitude des provinces anglophones. Celles-ci affirment à qui veut les entendre que le oui conduit à l'impasse ou à la catastrophe économique. Mais plusieurs provinces affirment surtout que le statu quo est inacceptable et qu'elles ont elles aussi des revendications à faire valoir[28]. La Saskatchewan se dit en faveur d'un partage asymétrique des pouvoirs[29], tandis que l'Ontarien Bill Davis se déplace à Montréal pour prononcer un discours. Pour la première fois, il se risque même à lire quelques paragraphes en français[30].

Le non n'a pas encore gagné au référendum qu'il est de plus en plus question de rapatriement constitutionel, notamment par le vote d'une résolution à la Chambre des communes. Même Trudeau adopte un ton plus conciliant envers les provinces[31]. Il semble maintenant hors de question de se passer de ces dernières lors d'un éventuel renouvellement constitutionnel. Au Foreign Office, plusieurs doutent de la sincérité du premier ministre canadien. C'est le cas de Brian Berry, qui travaille à la direction Amérique du Nord. En marge d'un rapport envoyé par le Haut-Commissariat britannique à Ottawa, il écrit : « Cela laisse penser que, bien que M. Trudeau se soit efforcé de désamorcer l'idée qu'il comptait agir de manière unilatérale, il n'a certainement pas exclu cette éventualité si aucun accord avec les provinces ne devait se concrétiser. Beaucoup de mes contacts qui ont observé

---

ment obtenu du Foreign Office à la suite d'une demande d'accès à l'information.

28. Robert Sheppard et Michael Valpy, *The National Deal*, p. 34.

29. Note de John Ford à Martin Berthoud datée du 29 avril 1980. Document obtenu du Foreign Office à la suite d'une demande d'accès à l'information.

30. Robert Sheppard et Michael Valpy, *The National Deal*, p. 33.

31. Notamment lors d'un débat en chambre le 9 mai 1980 et lors d'une conférence de presse le même jour.

M. Trudeau de près pendant des années ont la conviction qu'il entend bel et bien ramener la Constitution "à la maison" avant de quitter la scène politique[32]. »

Le 14 mai, à six jours du vote, un rassemblement fédéraliste au centre Paul-Sauvé donne à Trudeau une ultime occasion de faire connaître ses intentions. Vêtu d'un trois-pièces sombre, fleur à la boutonnière, le premier ministre arrive sur la scène en grande forme, flanqué des principaux défenseurs du non, dont Claude Ryan, qui sera totalement éclipsé. Le regard vif, il est accueilli par une foule qui l'acclame à tout rompre. Le verbe est clair, la voix solennelle, la logique implacable :

> Le gouvernement du Canada, le gouvernement de toutes les provinces se sont déjà exprimés clairement. Si la réponse à la question référendaire est non, nous avons tous dit que ce non sera interprété comme un mandat pour changer la Constitution, pour renouveler le fédéralisme… Un non, ça veut dire du changement…
>
> Je m'adresse solennellement à tous les Canadiens des autres provinces. Nous mettons nos têtes en jeu, nous, députés québécois, parce que nous disons aux Québécois de voter non. Et nous vous disons à vous, des autres provinces, que nous n'accepterons pas ensuite que ce non soit interprété par vous comme une indication que tout va bien et que tout peut rester comme c'était auparavant. Nous voulons du changement, nous mettons nos sièges en jeu pour avoir du changement[33] !

Trudeau poursuit en disant qu'un oui majoritaire mènera à une impasse. La souveraineté-association ne peut fonctionner,

---

32. Commentaire de Brian Berry à propos d'un télégramme d'Alan Montgomery, diplomate du Haut-Commissariat britannique à Ottawa, daté du 13 mai 1980. Archives du Foreign Office, FCO 82/819.

33. Tiré du documentaire *Le Choix d'un peuple*, de Hugues Migneault, Les films de la rive, 1985.

car le reste du Canada ne veut pas s'associer et la volonté démocratique des Québécois ne peut l'y contraindre. Par ailleurs, comme le gouvernement péquiste n'a pas demandé un mandat pour faire la souveraineté sans association, il ne peut emprunter cette voie même après un oui majoritaire.

L'intervention du premier ministre fait aussitôt sentir son effet dans tout le pays, véritable déferlante balayant toutes les objections sur son passage. Même les partisans du oui sont ébranlés. Claude Morin, alors ministre des Affaires intergouvernementales, est tellement impressionné qu'il se demande lui-même si Trudeau n'a pas effectivement changé sa façon de voir les choses[34].

Ce dernier vient d'enfoncer le clou fatal dans le cercueil du oui. Il a aussi semé les germes d'une grande controverse en ce qui a trait à la nature de sa promesse. Pendant des années, notamment lors des pourparlers de l'accord du lac Meech, plusieurs politiciens et commentateurs, fédéralistes comme souverainistes, l'ont accusé d'avoir menti aux Québécois. L'intéressé a toujours réfuté ces accusations. « Les changements que je promettais, écrira-t-il plus tard, nous les avons tous réalisés : rapatriement de notre Constitution accompagné d'une charte des droits et d'une formule d'amendement[35]. » Comme l'expliquera Mark MacGuigan, alors ministre fédéral des Affaires extérieures, « il n'était pas nécessaire de le connaître intimement pour deviner que ce renouveau serait assorti d'une charte des droits, qu'il préconise depuis 1955 et qui a toujours comporté, dans son esprit, des garanties relatives aux droits linguistiques[36] ».

---

34. Robert Sheppard et Michael Valpy, *The National Deal*, p. 14.

35. Pierre Elliott Trudeau, *Mémoires politiques*, Montréal, Éditions Le Jour, 1993, p. 254.

36. Mark MacGuigan, *An Inside Look at External Affairs During the Trudeau Years*, Calgary, University of Calgary Press, 2002, p. 90.

Soit. Mais on peut au moins reprocher à Trudeau d'avoir été délibérément flou, jouant sur les mots comme les péquistes l'ont fait avec la question référendaire. Ce soir-là, si Trudeau avait critiqué la décentralisation et attaqué le livre beige de Ryan, la foule n'aurait pas manifesté son appui de façon aussi enflammée. Elle n'aurait pas eu les larmes aux yeux si le chef fédéral avait proposé une charte avec des droits linguistiques, dans le but de transformer le Canada en un pays vraiment bilingue où tous pourraient vivre en français de Vancouver à Terre-Neuve[37]. Même le biographe officiel de Trudeau, John English, ancien député libéral, admet que l'accusation d'avoir joué d'ambiguïté est fondée[38].

Pour mieux comprendre la nature du reproche fait au premier ministre fédéral, il faut se pencher sur les paroles qu'il prononce ce soir-là. D'abord, il utilise la formule « nous, députés québécois », parlant en quelque sorte au nom du *nous* collectif québécois, et non pas seulement comme premier ministre du Canada. Et ce *nous* qu'il utilise soudainement s'adresse à « eux », les habitants du Canada anglais, que Trudeau désigne ainsi : « vous, des autres provinces ».

Cette distinction évoque une vision précise du pays à laquelle les Québécois sont profondément attachés : le Canada des deux nations. Et Trudeau ne se contente pas de laisser entendre qu'il fait sienne cette dualité canadienne : il lance un avertissement. Le *nous* québécois n'acceptera plus que le *eux* canadien-anglais bloque ses aspirations, engagement pour lequel les soixante-quinze députés du Québec à Ottawa mettent leur siège en jeu. Aux oreilles des Québécois, tel est le seul sens possible du changement qui est annoncé, lequel est renforcé par le message de

---

37. J'emprunte cette réflexion à Peter H. Russell, *Constitutional Odyssey: Can Canadians Become a Sovereign People?*, Toronto, University of Toronto Press, 2004, p. 109.

38. John English, *The Life of Pierre Elliott Trudeau*, vol. 2 : *Just Watch Me*, p. 446.

certaines provinces anglophones qui sous-entendent qu'elles comptent donner suite à cette demande de changement.

Élément fondamental dans cette affaire : telle était aussi la compréhension des événements qu'avait André Burelle, celui-là même qui a écrit le discours du 14 mai. « J'ai prêté en effet ma plume à M. Trudeau durant le référendum de mai 1980 pour vendre aux Québécois un Canada "des petites patries" sous la grande, à la Mounier », écrira-t-il treize ans plus tard à Gérard Pelletier, un grand ami de l'ancien premier ministre. « Mais après avoir semblé acheter mes idées (partagées par bien d'autres fédéralistes) pour amadouer le Québec, M. Trudeau les a mises au rancart aussitôt la bataille référendaire terminée[39]. »

Burelle et des millions de Québécois ont ainsi compris les choses de la même façon. Et ils ne sont pas les seuls : les Britanniques du Haut-Commissariat aussi y ont vu un virage de Trudeau, comme l'attestent de nombreux télégrammes. Le 27 mai, par exemple, le diplomate Alan Montgomery écrit : « il va de soi que, à moins de satisfaire aux demandes du Québec dans le cadre de la Confédération, la victoire référendaire pourrait bien n'être qu'un bref répit dans la lutte séparatiste. M. Trudeau, les dirigeants des autres partis fédéraux et la plupart des premiers ministres provinciaux ont exprimé leur volonté de procéder aux changements nécessaires[40] ».

Toutefois, d'autres n'ont pas cru Trudeau. Le 15 mai, René Lévesque dénonce le discours de son opposant. « Ce sont des promesses vides, dit-il, autant de choses qu'il n'a pas faites en

---

39. André Burelle, *Pierre Elliott Trudeau. L'intellectuel et le politique*, Montréal, Fides, 2005, p. 424.

40. *The Quebec Referendum,* note d'Alan Montgomery, diplomate au Haut-Commissariat britannique à Ottawa, à Martin Berthoud. Document obtenu du Foreign Office à la suite d'une demande d'accès à l'information.

douze ans de pouvoir[41]. » Le chef péquiste rappelle aussi que son vis-à-vis fédéral avait promis, en 1974, de ne pas geler les prix et les salaires… pour faire exactement le contraire une fois élu. Rien n'y fait, cependant, et le soir du 20 mai, le non l'emporte au référendum avec une majorité de 60 %.

Au centre Paul-Sauvé, où les péquistes se sont réunis, c'est la douche froide. Lévesque apparaît bientôt sur la scène, accompagné de sa femme, Corinne, et de la ministre Lise Payette, toutes deux vêtues de noir. Même s'il n'a jamais vraiment cru en ses chances de l'emporter[42], l'homme est sonné. Larmes aux yeux et trémolos dans la voix, il peine à faire son discours. Pour les péquistes, l'abattement de leur chef ajoute au caractère dramatique de la défaite.

Ryan parle après le premier ministre, livrant son discours devant une salle à moitié vide, sur le ton hargneux d'un mauvais prédicateur. Quant à Trudeau, installé dans son salon du 24, Sussex, où il suit la soirée référendaire à la télévision, il n'aime pas ce qu'il entend. Tel Churchill, il semble se dire : « Magnanime dans la victoire. » À l'occasion d'une conférence de presse tenue juste après le discours de Ryan, il se fait donc rassembleur. « Si l'on fait le décompte des amitiés brisées, dit-il, des amours écorchées, des fiertés blessées, il n'en est aucun parmi nous qui n'ait quelque meurtrissure de l'âme à guérir dans les jours et les semaines à venir[43]. » Son ton est digne, son discours apaisant. Mais le chef fédéral ne ressent pas beaucoup de sympathie pour Lévesque, qui, affirme-t-il en privé, « n'a pas eu le courage de poser clairement sa question[44] ».

Quoi qu'il en soit, Trudeau entend bouger rapidement sur le front constitutionnel. Rue Elgin, personne ne sous-estime les

---

41.   Pierre Godin, *René Lévesque. L'espoir et le chagrin*, p. 552.
42.   *Ibid.*, p. 542.
43.   André Burelle, *Pierre Elliott Trudeau*, p. 209.
44.   *Ibid.*, p. 206.

nouveaux écueils qui prennent forme. Numéro deux au Haut-Commissariat britannique, Emery Davies rend compte de la situation à Londres.

> La possibilité d'accomplir des progrès rapides en matière de changements constitutionnels est faible [...] L'avenir immédiat va exiger de notre part de plus grands efforts encore pour nous assurer que nous comprenons les événements politiques et constitutionnels qui se produisent et pour que, dans leur gestion des affaires, [...] le gouvernement fédéral et les gouvernements provinciaux ne perdent pas de vue que, lorsqu'ils se tournent vers le gouvernement de Sa Majesté pour lui demander d'agir, ils doivent lui présenter des propositions raisonnables sur les plans tant politique que constitutionnel[45].

Mais à Londres, presque personne ne prend cet avertissement au sérieux...

---

45. Note d'Emery Davies à Lord Carrington intitulée *The Quebec Problem: The Penultimate Chapter?*, datée du 26 mai 1980. Document obtenu du Foreign Office à la suite d'une demande d'accès à l'information.

CHAPITRE 4

Le feu vert de Thatcher

Québec, mardi 21 mai 1980. En ce lendemain de référendum, le ministre Claude Morin décide de rester chez lui, histoire d'absorber le choc d'une défaite dont l'ampleur est encore plus évidente que la veille. Vers midi, le téléphone sonne. C'est le sous-ministre Robert Normand, qui indique à Morin que Jean Chrétien est à Québec et qu'il veut le voir d'urgence. Le ministre fédéral de la Justice serait disponible en début de soirée[1]. Il commence une tournée du pays pour préparer une réunion des premiers ministres au sujet de la Constitution.

Surpris, Morin fait valoir qu'il est trop tôt pour une telle rencontre. Le Conseil des ministres doit se réunir le jeudi pour décider de la suite des choses. Le vendredi ou le lundi suivant serait un meilleur moment. Le ministre québécois pourrait même se rendre à Ottawa au besoin. Cinq minutes après avoir raccroché, Normand rappelle : Chrétien est sur le point de partir en vacances et ne peut attendre[2].

Claude Morin ignore que Chrétien effectue cette tournée à la demande de Trudeau. Alors que son lieutenant est épuisé à la suite de la campagne référendaire (au cours de laquelle il a perdu quinze livres !), le premier ministre exige qu'il visite séance

---

1.   Claude Morin, *Lendemains piégés. Du référendum à la nuit des longs couteaux*, Montréal, Boréal, 1988, p. 14-15.

2.   *Ibid.*

tenante toutes les provinces pour parler de la Constitution. Chrétien, qui devait partir avec sa femme en Floride, doit donc reporter son voyage de quelques jours, au grand dam d'Aline Chrétien,
qui menace de lui réclamer la souveraineté-association[3].

Après avoir rencontré Bill Davis en Ontario, Chrétien met le
cap sur le Manitoba le 22 mai. Il rencontre Sterling Lyon pour
le déjeuner, puis s'envole pour Saskatoon, en Saskatchewan, où
il dîne avec le premier ministre Allan Blakeney, repart immédiatement vers Edmonton afin de prendre le thé avec Peter Lougheed, pour finir la journée avec un souper en compagnie de Bill
Bennett à Victoria, le premier ministre britanno-colombien. Il
reprend l'avion le lendemain en direction d'Ottawa. Il y fait une
brève escale pour dire bonjour à sa femme, puis repart aussitôt
pour Halifax, en Nouvelle-Écosse, où il passe la nuit. Levé à cinq
heures, il déjeune avec le premier ministre John Buchanan, visite
ensuite Angus MacLean à l'Île-du-Prince-Édouard, puis Brian
Peckford à Terre-Neuve[4]. Il retourne enfin à Ottawa, où il refait
ses valises et prend un nouvel avion, cette fois en direction de la
Floride, avec sa femme. Arrivés à Boca Raton tard dans la nuit,
les Chrétien mettent finalement le cap sur la demeure qu'ils ont
réservée pour une semaine. Mais malheur : l'auto qu'ils ont louée
tombe en panne, et les voilà contraints de faire de l'autostop en
pleine nuit, sur quelque route de la Floride. Comme le dira le
principal intéressé, cela aura été « un long, long voyage[5] »…

À la suite du travail de son ministre, Trudeau convoque les
premiers ministres à une rencontre le 9 juin. À Québec, le Conseil
des ministres se réunit donc pour décider si le gouvernement
participera ou non aux négociations constitutionnelles. Lévesque
explique que « le gouvernement doit accepter le verdict [du réfé-

3.   Jean Chrétien, *Dans la fosse aux lions,* Montréal, Les Éditions de
l'Homme, 1985, p. 166.
4.   *Ibid.,* p. 167.
5.   *Ibid.,* p. 169.

rendum] sans hargne, tout en défendant les intérêts traditionnels des Québécois et en s'assurant de négocier une égalité politique ». Dans cette perspective, le chef péquiste indique qu'il annoncera publiquement que « le gouvernement participera aux négociations de bonne foi, même s'il considère que le fédéralisme renouvelé n'est pas la véritable solution au problème des Québécois[6] ».

C'est donc un René Lévesque fataliste, mais bon joueur, qui se présente à la résidence d'été du premier ministre fédéral, au lac Harrington, le 9 juin. Abattu, il passe distraitement devant Trudeau :

— Tu ne me donnes pas la main, René ?
— Ah ! Tu es là, toi. Tu vas finir par m'en vouloir, ça fait deux fois que ça m'arrive[7].

Si les échanges entre les premiers ministres sont polis lors des formalités d'usage, le ton monte dès qu'on discute de la Constitution. De manière générale, plusieurs provinces veulent reprendre les discussions sur la base de ce que Trudeau a proposé en 1979, ce qui leur vaut un refus ferme de la part de ce dernier. Plus particulièrement, Lévesque évoque un nouveau partage des pouvoirs, une reconnaissance du caractère particulier du Québec et un droit à l'autodétermination. L'Alberta et la Saskatchewan reviennent à la charge avec les ressources naturelles, suivies par Terre-Neuve avec la question des ressources côtières – des enjeux qui opposent ces trois provinces à l'Ontario de Bill Davis, selon qui le fédéral ne doit rien concéder dans ce domaine[8]. De leur côté, la Nouvelle-Écosse, le Nouveau-Brunswick et l'Île-

---

6. Archives du conseil exécutif, Québec, E5 2005-10-003/289.

7. Pierre Godin, *René Lévesque. L'homme brisé*, Montréal, Boréal, 2005, p. 58.

8. Roy Romanow, John Whyte et Howard Leeson, *Canada… Notwithstanding: The Making of the Constitution, 1976-1982*, Agincourt, Carswell/Methuen, 1984, p. 64.

du-Prince-Édouard insistent pour avoir des garanties en ce qui concerne les paiements de péréquation. Quant à la Charte des droits, enfin, elle horripile toujours plusieurs participants.

Une liste pour le peuple

Malgré tout, les provinces s'accordent sur un point : il importe de s'entendre sur ces enjeux avant de demander aux Anglais de voter le rapatriement. Il n'y a que l'Ontario qui appuie encore une fois Ottawa.

Il faut dire que la façon dont les pourparlers constitutionnels doivent être menés est devenue une source de litige presque aussi grande que la substance même de la négociation. Pour Trudeau, les choses sont claires. Il y a des thèmes comme la Charte, le préambule, la formule d'amendement et les disparités régionales qui transcendent la politique et intéressent vraiment le peuple. Tous ces sujets ont été regroupés par ses soins sous le vocable de « liste pour le peuple » *(people's package)* et doivent être traités en priorité. S'il reste du temps, une fois qu'on se sera entendu sur ces points primordiaux, on passera à l'étape suivante, soit celle de la « liste pour les gouvernements » *(government's package),* c'est-à-dire le partage des pouvoirs, enjeu essentiel pour les provinces. À ce sujet, le gouvernement fédéral souhaite obtenir plus de pouvoirs économiques pour, dit-il, favoriser les échanges commerciaux et la circulation des travailleurs à l'intérieur du pays. Il n'échappe à personne que la hiérarchisation des discussions proposée par les fédéraux priorise toutes les matières auxquelles ceux-ci tiennent mordicus, tandis que la question de la répartition des pouvoirs, si les provinces souhaitent vraiment l'aborder, pourrait mener à une plus grande centralisation.

Mais qu'importe ces considérations, Trudeau affirme qu'il est résolu à se battre pour que les Canadiens obtiennent enfin leurs droits – des droits dont ils n'ont, semble-t-il, jamais véritablement bénéficié. Ce populisme constitutionnel soulève la fureur des premiers ministres provinciaux. Ceux-ci exigent qu'il abandonne cette approche sur-le-champ, ce à quoi Trudeau finit par consentir, mais à reculons[9].

Ce sera d'ailleurs sa seule concession. En position de force, il n'a pas de temps à perdre avec les jérémiades de ses vis-à-vis. Je n'accepterai pas vos demandes de décentralisation, leur dit-il en substance, celles-ci mèneraient à la fin du Canada en tant que pays. Puis, à l'image de Theodore Roosevelt déclarant : « *Speak softly and carry a big stick*[10] », il lance : « Si vous n'êtes pas contents, j'irai seul en Angleterre. » Autour de la table, tous savent que le premier ministre fédéral est sérieux. C'est sous le coup de cette menace que l'on convient de mettre sur pied un nouveau comité ministériel fédéral-provincial, qui devra faire rapport à la fin de l'été.

Chaque premier ministre soupèse ses options, compte ses appuis et prépare son plan de match. Tous savent que la situation en Grande-Bretagne est l'une des variables les plus importantes. Depuis le mois de mai, le délégué général de la Saskatchewan à Londres, Merv Johnson, fait rapport au premier ministre Allan Blakeney. Il estime qu'il serait possible de convaincre certains députés et lords de s'opposer à un rapatriement unilatéral[11]. Cependant, une chose ne fait aucun doute : le gouvernement britannique « traiterait cette question comme si elle relevait des relations internationales, et non des relations impériales, ce qui signifie qu'il n'en discuterait qu'avec Ottawa[12] ».

Dans la capitale canadienne, on fait la même lecture de la situation qu'à Regina. Trudeau a toutes les raisons de croire que

---

9.   *Ibid.*

10.   Theodore Roosevelt Association, *In His Own Words*, [en ligne]. [www.theodoreroosevelt.org/life/quotes.htm]

11.   Roy Romanow, John Whyte et Howard Leeson, *Canada... Notwithstanding*, p. 139.

12.   *Ibid.*

le gouvernement de Sa Majesté se rangera derrière lui. Comme l'explique son ancien conseiller Michael Kirby, « si on n'était pas parti de ce postulat, on aurait admis alors que les provinces possèdent un veto définitif contre tout type de réforme constitutionnelle. Étant donné la position du Québec, il serait devenu certain qu'aucune réforme de la Constitution ne serait possible. Or nous n'étions pas prêts à l'admettre. Dans le cas contraire, il aurait fallu admettre que les Britanniques avaient la haute main sur la Constitution[13] ».

Toute la conception trudeauiste du rapatriement est exposée ici. En privé ou en public, le message des fédéraux est le même : Westminster a l'obligation absolue d'approuver toute requête constitutionnelle envoyée par Ottawa. Telle est la stratégie qui est expliquée par De Montigny Marchand, sous-ministre adjoint aux Affaires extérieures, dans une note envoyée à Trudeau. Il s'agit de « de s'assurer que le gouvernement britannique accepte que seul le gouvernement fédéral, avec le Parlement canadien, est responsable de la teneur de la requête et du projet de loi (sauf pour des questions strictement techniques)[14] ».

En somme, le rôle des Anglais est honorifique et automatique. Trudeau lui-même, tel un hypnotiseur avec son pendule, répète cette formule à satiété. Pourtant, ce n'est pas du tout le cas, et le premier ministre le sait mieux que quiconque. Barry Strayer, l'un des plus grands constitutionalistes du pays, qui travaille alors au ministère de la Justice, a préparé pour le chef du gouvernement un avis juridique confidentiel sur cette question. Il y explique que le rôle du Parlement britannique est tout simplement primordial, sur le plan tant juridique que politique. Pourquoi ? D'abord parce que « nos tribunaux reconnaissent généra-

---

13.   Entrevue avec Michael Kirby, 14 mai 2010.

14.   Note de De Montigny Marchand à Pierre Trudeau, datée du 16 octobre 1980. Archives du ministère des Affaires étrangères du Canada, RG 25-A-3-C 25-6, 20-CDA-16-1-4, vol. 11478, partie 3.

lement que le Parlement britannique est l'instance ayant l'autorité juridique d'apporter des amendements à la Constitution ». Si Ottawa décide de se passer de Westminster, « cette discontinuité dans le processus constitutionnel revient à opérer une révolution en droit [...] qui pourrait fortement contribuer à saper la légitimité politique de la Constitution telle qu'amendée, notamment dans les parties du pays où la légitimité politique du système fédéral est déjà sérieusement remise en question[15] ». Londres demeure donc un point de passage obligatoire. Mais peu importe : Trudeau est convaincu que les Anglais vont l'appuyer sans réserve.

Le 17 juin 1980, Nicholas Ridley, le ministre délégué au Foreign Office, est au pays pour quelques jours. Le sujet de sa visite s'impose de lui-même. Comme il le note avec amusement, « toutes les personnes que je rencontre s'intéressent à la Constitution[16] ». Évidemment, Jean Chrétien fait partie de ceux-là, puisque Trudeau l'a chargé de mener les négociations. Les deux hommes se livrent à un long entretien le 18 juin. Le ministre fédéral de la Justice commence en expliquant que, même s'il ne sera pas possible pour le fédéral et les provinces de s'entendre sur tout, la pression est forte sur ces dernières, et il pourrait réussir à rallier jusqu'à huit d'entre elles[17]. Cela démontre l'ouverture du gouvernement canadien, car, poursuit-il, « les provinces accusent le gouvernement fédéral de ne pas être raisonnable, alors que ce sont elles qui exigent tout pendant que nous faisons toutes les concessions ». En fait, les fédéraux « ne demandent pas aux provinces d'abandonner quelque pouvoir que ce soit, sauf en ce qui concerne les libertés individuelles, c'est-à-dire les droits linguis-

---

15. Archives du ministère des Affaires étrangères du Canada, RG 25-A-3-C, 20-CDA-16-1-4, vol. 8722, partie 1.

16. Compte rendu d'entretien entre Nicholas Ridley et Allan Gotlieb à Ottawa, 17 juin 1980. Archives du Foreign Office, FCO 82/820.

17. Compte rendu d'entretien entre Nicholas Ridley et Jean Chrétien à Ottawa, 18 juin 1980. Archives du Foreign Office, FCO 82/820.

tiques, où l'enjeu est la protection des minorités linguistiques[18] ». Au sujet des péquistes en particulier, Chrétien pense malgré tout « [qu']il n'est pas impossible qu'ils acceptent un compromis sur la question constitutionnelle, afin de couper l'herbe sous le pied de M. Ryan et de gagner les élections[19] ». Quoi qu'il en soit, conclut-il, si en septembre un accord n'est toujours pas conclu, Ottawa procédera sans les provinces.

Ridley répond qu'il est important de garder le gouvernement britannique informé de la situation. « Le calendrier parlementaire est plein à craquer, de sorte que, si nous ne sommes pas avisés en temps opportun, le Parlement britannique pourrait être incapable de procéder en temps voulu[20]. » Il lance aussi un avertissement : « nous ne souhaitons pas être mêlés aux affaires intérieures du Canada », citant à l'appui la visite des 300 chefs indiens l'année précédente, un pow-wow qu'il a très peu apprécié. « Notre position est la suivante : si les Canadiens nous demandent de rapatrier la Constitution, nous allons le faire, mais nous voulons éviter d'être pris en tenaille entre les provinces et le gouvernement fédéral[21]. »

La situation pourrait devenir « très compliquée », admet Chrétien. Mais la meilleure façon pour les Britanniques d'éviter ce problème consiste à faire ce que leur demandera le Parlement canadien et à se débarrasser de cette « épine dans le pied[22] ».

Pierre et Margaret

Les deux hommes se quittent là-dessus. Ridley a tout juste le temps de rentrer en Grande-Bretagne pour faire son rapport à

---

18. *Ibid.*
19. *Ibid.*
20. *Ibid.*
21. *Ibid.*
22. *Ibid.*

Margaret Thatcher que Pierre Trudeau débarque à Londres, le 25 juin, pour s'entretenir avec elle. Il s'agit de leur premier entretien officiel. D'entrée de jeu, le courant passe très bien. Trudeau est un esprit brillant, charmeur, et son verbe facile plaît à la première ministre britannique. Lorsqu'ils discutent en privé, ils n'hésitent pas à s'appeler par leurs prénoms. Il y a aussi entre eux ce que de Gaulle décrivait comme le sourd respect des forts pour les forts. Bref, chacun apprécie la stature politique de son interlocuteur[23].

En ce qui concerne leur vision du monde respective, toutefois, c'est une tout autre histoire. Margaret Thatcher est fille d'un épicier méthodiste de Grantham; mariée à un vétéran de la Seconde Guerre mondiale, profondément patriote, elle a atteint le sommet à la force du poignet. Avec le millionnaire d'Outremont, socialiste et pacifiste, c'est la collision frontale. Leurs prises de bec lors des sommets du G7 sont proverbiales. En 1981, par exemple, à Montebello, la première ministre britannique se lancera dans une interminable leçon visant à dénoncer l'attitude complaisante de Trudeau face aux Soviétiques. Son style « maîtresse d'école » est tel que Reagan dira plus tard qu'il pensait qu'elle allait envoyer Trudeau en punition dans le coin[24]. Mais contrairement à d'autres, Trudeau ne se laisse aucunement démonter par le fait qu'elle soit une femme, défendant fermement son approche, n'hésitant pas à en rajouter, quitte à alourdir l'ambiance. Dans ses mémoires, la Dame de fer qualifiera le Canadien de « gauchiste libéral » incapable de comprendre la brutalité du communisme[25].

---

23. Entrevue avec Michael Kirby, 7 septembre 2007.

24. Nicholas Wapshott, *Ronald Reagan and Margaret Thatcher: A Political Marriage*, Londres, Penguin, 2007, p. 148.

25. Margaret Thatcher, *The Downing Street Years*, New York, HarperCollins, 1993, p. 321.

Bref, le 25 juin 1980 marque le début d'une relation qui versera souvent dans l'antagonisme idéologique, ce qui n'empêchera pas Thatcher d'appuyer Trudeau du début à la fin dans le dossier constitutionnel. C'est que la politicienne conservatrice suit son instinct, qui l'incite à garder de bonnes relations avec le Canada… malgré Pierre Trudeau. Car cette femme dont l'éducation politique s'est faite lors de la montée du totalitarisme des années 1930 a toujours placé la défense de son pays et l'Alliance atlantique au centre de ses préoccupations[26]. Si cette perspective inclut d'abord et avant tout les Américains, elle n'exclut pas le Canada. Thatcher n'a pas oublié les sacrifices de Vimy, Passchendaele, Hong Kong, Dieppe ou de la Normandie : autant de batailles où des milliers de jeunes Canadiens se sont sacrifiés pour le roi, l'Empire et les libertés britanniques. Elle n'ignore pas non plus le rôle du Canada dans l'OTAN. Voilà les choses qui lui importent, et elles relèvent du gouvernement fédéral. Nonobstant le bien-fondé des arguments présentés par les provinces, c'est avec Trudeau que Thatcher veut entrer dans la danse, non pas avec les Lougheed, Lévesque ou Peckford, qui ne lui sont d'aucune utilité.

Bien renseignée sur la nature du problème, Thatcher a choisi son camp avant même le début de la rencontre avec son homologue canadien. Femme de convictions pour les uns, têtue et bornée pour les autres, elle ne change pas facilement d'avis, et l'affaire consitutionnelle ne démentira pas cette tendance.

C'est dans ce contexte que s'amorce le premier tête-à-tête Trudeau-Thatcher, qui durera deux heures, en présence de plusieurs conseillers de chaque côté. Thatcher se lance rapidement dans le vif du sujet : « Va-t-on nous demander de faire adopter un texte de loi[27] ? » La question est directe ; curieusement, la

---

26. John Campbell, *Margaret Thatcher*, vol. 1 : *The Grocer's Daughter*, Londres, Vintage Books, 2007, p. 41.

27. La reconstitution de cet entretien est basée sur le compte rendu des archives du ministère des Affaires extérieures du Canada (RG 25-A-3-C,

réponse ne l'est pas tout à fait, comme si Trudeau n'était pas sûr de la voie à emprunter. « Je ne peux pas encore prédire comment les choses vont évoluer, mais il n'est pas impossible que les Canadiens s'engagent dans la voie du rapatriement », dit-il, rappelant l'engagement pris à l'égard des Québécois durant le référendum. « Je suis déterminé à agir, et il faudra tôt ou tard apporter des amendements à l'Acte de l'Amérique du Nord britannique. Je ne peux pas en préciser le moment, car tout dépend du travail effectué cet été et des résultats de la conférence prévue en septembre. »

Le premier ministre canadien poursuit en disant qu'un accord unanime des provinces est peu probable. Cela pourrait causer des délais supplémentaires, surtout en raison de René Lévesque, qui a intérêt à retarder le processus et à qui Trudeau ne veut pas donner une nouvelle chance de soumettre son option au peuple. « Je souhaite unifier les Canadiens, dans la mesure du possible. Mais je reconnais que cela pourrait empirer la situation. Dans le meilleur des cas, je n'aurais pas à solliciter le Parlement du Royaume-Uni avant le printemps 1981. Par contre, dans le pire des cas, nous pourrions choisir d'agir vite en faveur du rapatriement, même si seules quelques provinces nous soutiennent. » De toute manière, « nous n'obtiendrons jamais l'unanimité, les provinces dissidentes s'attendent à être entendues et l'une ou plusieurs d'entre elles diraient qu'elles n'ont pas obtenu ce qu'elles voulaient ».

« Je crois vraiment que je ne dois pas rencontrer les représentants provinciaux, rétorque Thatcher. Si, par exemple, des groupes d'Amérindiens viennent frapper à la porte du 10, Downing Street, on leur répondra qu'il incombe au Canada de déterminer son avenir, et non au gouvernement de Sa Majesté. Mais nous ne voulons pas être accusés d'une ingérence quelconque, et

---

20-CDA-16-1-4, vol. 8723, partie 8) et sur celui des archives du Bureau du Conseil des ministres. Documents obtenus à la suite d'une demande d'accès à l'information.

j'espère ne pas voir des foules de gens se présenter devant le 10, Downing Street pour exercer des pressions sur nous. » Trudeau est d'avis qu'il est juste de ne pas parler aux provinces : elles ne sont pas habilitées à entrer directement en contact avec le gouvernement britannique. Et il met sa vis-à-vis en garde : « Quelle que soit la tournure des événements, vous serez accusée d'ingérence. Quant à l'unanimité, n'y pensons même pas, mais je choisirai le mode d'action le moins problématique pour nos deux gouvernements ». Londres devrait aussi éviter toute spéculation. « Si on pose des questions à ce sujet, dit Thatcher, nous allons répondre que le gouvernement de Sa Majesté n'a pas été contacté et que cela est du ressort du gouvernement élu du Canada. »

C'est alors que Nicholas Ridley intervient dans la conversation.

> Ridley : « Si on nous le demandait, nous n'aurions pas d'autre choix que de promulguer la loi appropriée. »
>
> Trudeau : « Sous-entendez-vous par là que c'est ce que vous souhaitez faire ? »
>
> Thatcher : « Ce sera une initiative gouvernementale et les whips seront à l'œuvre. Nous vous aiderons le plus possible et ferons tout ce qui est en notre pouvoir, mais sans renier aucun de nos engagements ni aucune de nos obligations. »
>
> Trudeau : « Le gouvernement britannique n'a vraiment pas d'autre choix. »
>
> Thatcher : « Si vous nous demandez de légiférer, nous devrons le faire. »

L'entretien se termine dans la concorde. À quelques nuances près, Trudeau a reçu le feu vert qu'il espérait. Les provinces pourront se rebeller autant qu'elles le voudront, le train constitutionnel est lancé sur les rails.

À la sortie du 10, Downing Street, c'est un homme heureux qui rencontre les nombreux journalistes accourant vers lui pour savoir ce qui s'est passé. « Nous avons parlé du sommet du G7 à

Venise », déclare-t-il, mettant d'abord l'accent sur la partie de l'entretien qui n'a pas porté sur la Constitution. Mais les journalistes insistent. L'un d'eux demande si Thatcher lui a promis un appui automatique. « Je n'ai pas sollicité son appui, je lui ai dit que je suis un libéral, et donc un optimiste, et que je pense que tout ira comme sur des roulettes en septembre[28]. »

« Mais avez-vous discuté d'une possible opposition des provinces ? » demande un autre. « Je n'ai pas évoqué cette hypothèse et je crois que Mme Thatcher ne l'a pas fait non plus[29]. » Avant que son nez ne s'allonge, le premier ministre s'éclipse pour aller retrouver son fils Justin, avec qui il se rendra au palais de Buckingham. La reine les y a invités.

Ce point de presse impromptu a l'effet escompté. Le *Globe and Mail* écrit le lendemain que « les deux dirigeants [...] ont évité l'épineuse question de la réaction du gouvernement britannique à la suite d'une requête du gouvernement fédéral qui n'aurait pas reçu le soutien unanime des provinces[30] ». En affirmant que Thatcher et lui n'ont pas parlé des provinces, Trudeau envoie un message : celles-ci n'ont rien à attendre du gouvernement anglais. Ottawa est en position de force, et il vaut mieux coopérer. De plus, le premier ministre fédéral a beau mentir, il sait très bien que Thatcher ne le contredira pas publiquement. Du côté britannique, toutefois, certains goûtent très peu ce petit numéro. Le haut-commissaire John Ford, notamment, brûle d'envie de réagir, mais finit par laisser passer.

On peut en effet se demander pourquoi Trudeau a senti le besoin d'en rajouter de la sorte. L'appui de Thatcher est suffisam-

---

28. *The Globe and Mail,* 26 juin 1980.

29. Cité dans une note de John Ford envoyée à Londres, datée du 31 janvier 1981. Document obtenu du Foreign Office à la suite d'une demande d'accès à l'information.

30. *The Globe and Mail,* 26 juin 1980.

ment clair et ferme pour qu'il n'ait pas besoin de travestir la vérité, avec les risques que cela implique. En rapportant simplement les paroles de sa vis-à-vis, il aurait confirmé aux provinces ce dont elles se doutent déjà, à savoir que l'occupante du 10, Downing Street compte les ignorer.

Trudeau : névrosé et paranoïaque

L'attitude de Trudeau semble irrationnelle, et tel est le sentiment de Thatcher. Si elle s'est gardée de tout commentaire négatif au cours de leur rencontre, son instinct lui dit que cette affaire pourrait se compliquer, par exemple avec une révolte des provinces conservatrices. En marge de la rencontre avec Trudeau, la première ministre s'entretient donc avec Jean Wadds, haute-commissaire du Canada à Londres. Conservatrice bon teint que Trudeau a décidé de garder en poste, Wadds est la personne tout indiquée pour passer un message particulier. Usant de l'autorité que lui confère son statut de star internationale du mouvement conservateur, Thatcher livre une consigne simple à Jean Wadds : les provinces conservatrices doivent se tenir tranquilles. Ces propos sont immédiatement rapportés par Wadds à Herb Pickering, le délégué général de l'Alberta, qui envoie sans attendre un message à Edmonton :

> Mme Wadds a demandé qu'on informe M. Meekison (sous-ministre des Affaires intergouvernementales) et le premier ministre Lougheed au sujet des questions soulevées lors du déjeuner de travail de M. Trudeau avec Mme Thatcher. Elle a indiqué que Mme Thatcher avait jugé que M. Trudeau s'était comporté comme un névrosé et un paranoïaque en ce qui concerne le rapatriement. Mme Thatcher a estimé que la paranoïa de M. Trudeau découlait de sa crainte que les provinces, notamment celles qui sont dirigées par un gouvernement conservateur, ne soient hostiles au rapatriement de la Constitution…

Aux yeux de Mme Thatcher, les provinces, surtout celles que gouvernent les conservateurs, font figure de grand méchant loup. M. Trudeau serait vraisemblablement à l'origine de cette perception. D'aucuns ont eu le sentiment que c'étaient les autres provinces, et non le Québec, qui causaient maintenant le problème. Mme Thatcher s'est montrée préoccupée par la possibilité que son gouvernement soit publiquement mis dans l'embarras si un désaccord fédéral-provincial se transportait à Londres[31].

En somme, Thatcher estime qu'entre Ottawa et les provinces, ce sont ces dernières qui sont le plus susceptibles de céder. Elle s'imagine aussi que les *tories* canadiens, en particulier Peter Lougheed, seront plus enclins à reculer à la suite des admonestations de leur grand frère britannique, un parti dirigé par une superstar du conservatisme. Mais l'affaire indique surtout que la première ministre mesure mal, à ce stade, l'état d'esprit des gens de l'Ouest.

Deux semaines après la visite de Trudeau, c'est encore de l'attitude des provinces que s'entretiennent Lord Carrington, ministre responsable du Foreign Office, et Mark MacGuigan, ministre canadien des Affaires extérieures. Les deux hommes se retrouvent aux Nations Unies, à New York, et le contact passe bien. Le Britannique est un homme intelligent, dévoué, et l'un des deux seuls ministres, avec le leader parlementaire Norman St. John-Stevas, capable de faire rire sa patronne. Carrington se permet même de gentilles plaisanteries, disant souvent à ses interlocuteurs qu'il fera rapport à sa « maîtresse ». L'entretien confirme par ailleurs les craintes de celle-ci : selon MacGuigan, l'opposition de l'Alberta est désormais une certitude, en raison des différends sur la politique énergétique. Cette opposition ne

31. Note de Wayne Clifford à Oryssia J. Lennie datée du 27 juin 1980. Document obtenu du ministère des Relations internationales et intergouvernementales de l'Alberta à la suite d'une demande d'accès à l'information.

change rien à l'appui du gouvernement britannique, rétorque Carrington, ajoutant cependant « [qu']une fois la requête déposée, il y aura forcément pas mal de pressions de la part des Canadiens, ce qui pourrait déclencher au Royaume-Uni un débat que vous pourriez estimer malvenu[32] ».

Ce genre de commentaire n'est toutefois pas de nature à influencer Pierre Trudeau, surtout après sa rencontre au sommet avec Thatcher. Pour Emery Davies, diplomate de la rue Elgin, « il apparaît clairement que M. Trudeau est sorti fortifié de cette rencontre. Depuis son retour, M. Trudeau semble certainement avoir adopté une attitude encore plus déterminée à propos du rapatriement[33] ». La justesse de cette analyse est bientôt confirmée par le principal intéressé, qui, au cours de l'été, écrit à sa vis-à-vis pour lui dire à quel point il s'est vu « comblé de recevoir l'assurance de [son] soutien[34] ».

Il faut dire que chez les fédéraux, c'est presque l'euphorie. Même plusieurs semaines après le référendum, l'ambiance grisante de la victoire ne se dissipe pas. En battant le gouvernement Lévesque, Ottawa a assuré sa prééminence non seulement sur les péquistes, mais aussi sur toutes les provinces. On se félicite à coups de tapes dans le dos, et certains prédisent que le rapatriement constitutionnel sera terminé avant les premières neiges. Comme l'observent alors les journalistes Robert Sheppard et Michael Valpy, « un sentiment renouvelé de puissance et de réussite les enivrait presque[35] ».

---

32. Compte rendu d'entretien entre Mark MacGuigan et Lord Carrington, daté du 8 juillet 1980. Archives du Foreign Office, FCO 82/820.

33. Note d'Emery Davies au Foreign Office, datée du 15 juillet 1980. Archives du Foreign Office, FCO 82/820.

34. Cité dans un document préparatoire pour la rencontre de Margaret Thatcher avec Mark MacGuigan et John Roberts daté du 3 octobre 1980. Archives du Cabinet Office.

35. Robert Sheppard et Michael Valpy, *The National Deal: The Fight for a Canadian Constitution*, Toronto, MacMillan, 1982, p. 40.

C'est sur cette toile de fond que s'engagent les négociations de l'été 1980. Rue Elgin, on est sceptique et inquiet. « Il était évident que Trudeau allait faire fi des provinces », expliquera le haut-commissaire John Ford, des années plus tard. « Il allait faire adopter coûte que coûte le projet de loi sur le rapatriement par le Parlement fédéral, y compris sa controversée charte des droits. Il l'enverrait ensuite à Londres pour que le Parlement britannique l'avalise tel quel, même si l'esprit de ce projet de loi était inconstitutionnel[36]. » Ford est convaincu que les provinces vont faire appel à la bonne foi des députés britanniques et que la route du rapatriement va se transformer en champ de mines. Il profite donc de ses vacances en Angleterre pour mettre ses collègues en garde, mais, comme il le dira lui-même : « Le Foreign Office a balayé mes craintes[37]. »

Tandis qu'à Londres on se désintéresse de la question, l'été 1980 est au Canada la saison des rencontres constitutionnelles. Conduit par Jean Chrétien, l'exercice, qui commence à Montréal, rassemble tous les ministres responsables de la Constitution pour ce qui rappelle de plus en plus une interminable séance d'arrachage de dents. À part l'idée de ramener la Constitution au Canada, tous les sujets sont controversés, toutes les positions sont fermes. La marge de manœuvre est mince.

C'est le cas en ce qui concerne les ressources naturelles et côtières, sur lesquelles plusieurs provinces réclament une plus grande autorité. Jean Chrétien annonce d'entrée de jeu que ce point devra être abordé en parallèle avec une renégociation du fonctionnement de l'union économique canadienne. Il importe, dit-il, « de rétablir un équilibre adéquat entre les pouvoirs des deux gouvernements », ajoutant au passage que « nous pensons qu'il serait dans l'intérêt des Canadiens que le gouvernement

---

36. Entrevue avec John Ford, 8 février 2007.
37. *Ibid.*

fédéral élargisse certains de ses pouvoirs dans le domaine de la gestion économique[38] ».

Autour de la table, plusieurs ministres provinciaux n'en croient pas leurs oreilles. Ils sont estomaqués par la volte-face de Trudeau, qui, un an auparavant, était prêt à décentraliser certains pouvoirs au profit des provinces. Ce n'est plus le cas aujourd'hui. Chrétien a fait préparer des documents de réflexion qui arrivent tous à la même conclusion : dans toutes les grandes questions économiques et commerciales, il faut centraliser[39]. Exit les offres de 1979, qui prévoyaient des responsabilités partagées dans le domaine des pêches, des ressources côtières, du commerce international et de la câblodistribution[40].

Après Montréal, les discussions se transportent à Toronto, où elles prennent l'allure d'un combat de boxe. Dans un coin du ring, il y a l'Alberta, Terre-Neuve, la Colombie-Britannique, l'Île-du-Prince Édouard, le Québec et le Manitoba. Dans l'autre, il y a Ottawa et l'Ontario. Au centre, le Nouveau-Brunswick, la Nouvelle-Écosse et la Saskatchewan ne savent plus à quel saint se vouer.

Le gouvernement fédéral propose de reprendre la formule de Victoria, laquelle prévoit un droit de de veto pour toute province constituant ou ayant constitué 25 % de la population canadienne, soit l'Ontario et le Québec. Cette approche nécessite aussi l'appui de deux des quatre provinces maritimes et de deux des quatre provinces de l'Ouest. Dans ce dernier cas, les deux provinces en question doivent totaliser 50 % de la population de cette région du pays.

Tout cela ne plaît guère à l'Alberta, qui y voit une entorse à l'égalité des provinces. Le gouvernement québécois, lui, est en désaccord avec cette proposition. Il n'est pas question d'adopter

---

38. Roy Romanow, John Whyte et Howard Leeson, *Canada… Notwithstanding*, p. 67.
39. *Ibid.*
40. *Ibid.*, p. 73.

une formule d'amendement sans s'être entendu sur la répartition des pouvoirs. Si cette dernière question reste en suspens et que la Constitution est rapatriée, il n'y aura plus aucun intérêt à répondre aux demandes du Québec. Quant à la formule d'amendement à proprement parler, le gouvernement péquiste préférerait la formule de Victoria (qui lui donnerait un droit de veto) ou encore un droit de retrait avec compensation financière[41]. Cette dernière option est particulièrement inacceptable pour Trudeau, qui la décrit comme du séparatisme à la pièce.

La naissance du multiculturalisme

Autre pomme de discorde : le préambule dont Trudeau souhaite coiffer la Constitution, le but étant ici de souligner les valeurs communes des Canadiens. Le document réfère au « peuple du Canada » et souligne entre autres le « pluralisme culturel de la société canadienne ». Cet ajout vise clairement à éradiquer toute référence au dualisme canadien dans la Constitution, ce dont Trudeau ne s'est jamais caché. À l'époque où son gouvernement a fait voter la loi sur le multiculturalisme, au début des années 1970, le premier ministre déclarait à qui voulait l'entendre que « parfois, on utilise le mot "biculturalisme", mais je ne crois pas qu'il convienne précisément à notre pays. Je lui préfère le terme de "multiculturalisme"[42] ». Cette approche avait alors été dénoncée par Claude Ryan, alors directeur du *Devoir,* par René Lévesque, chef du PQ, et par le premier ministre, Robert Bourassa[43].

---

41. *Ibid.,* p. 86-87.

42. Cité par Varun Uberoi, « Multiculturalism and the Canadian Charter of Rights and Freedoms », *Political Studies,* vol. 57, 2009, p. 808.

43. *Ibid.,* p. 809.

Dix ans plus tard, en 1980, la situation n'a pas changé. Le projet de préambule soulève un tollé immédiat au Québec. Le chroniqueur Marcel Adam s'insurge dans les pages de *La Presse*, se demandant si les Québécois n'ont pas été trompés quand Trudeau a affirmé qu'un État peut englober plusieurs nations. « À ce compte-là, il aurait peut-être fallu voter oui pour montrer que les Québécois forment un peuple distinct qui a tous les attributs d'une nation[44]. »

Les critiques viennent de tous les côtés. L'intellectuel Gérard Bergeron déchire sa chemise devant ce « gâchis total ». Ténor du PLQ, la députée Solange Chaput-Rolland proteste vigoureusement : « En votant pour un seul pays, dit-elle, le Québec n'a pas choisi le concept d'un seul peuple[45]. » Quant à Claude Ryan, il fulmine. Tout est à refaire, selon lui[46].

Devant cette situation, Trudeau fait appel à André Burelle. Il faut de toute urgence arrondir les coins et empêcher qu'un front commun des nationalistes québécois, souverainistes et fédéralistes confondus, ne se dresse contre le projet fédéral. La solution prend la forme d'une lettre ouverte aux Québécois, qui est publiée dans les journaux le 11 juillet.

Pour apaiser la tourmente, Trudeau évoque les « deux principales communautés linguistiques et culturelles qui furent à l'origine du Canada », de même que les autochtones. Mais il parle en même temps de la « volonté des Canadiens d'être les premiers affranchis du vieux monde des États-nations ». Il revient aussi sur sa référence au « peuple du Canada » dans le projet de préambule :

---

44.   Cité par André Burelle, *Pierre Elliott Trudeau. L'intellectuel et le politique,* Montréal, Fides, 2005, p. 262.

45.   *Ibid.*

46.   Roy Romanow, John Whyte et Howard Leeson, *Canada… Notwithstanding,* p. 85.

Les Suisses parlent de la Nation suisse, même s'il existe au sein de la Confédération helvétique quatre communautés linguistiques et culturelles. Les Russes parlent du Peuple soviétique, même si les quelque 259 millions de citoyens du pays sont répartis en 109 nationalités dont les Russes, les Biélorusses, les Ukrainiens, les Baltes, les Arméniens, les Géorgiens, les Turcs d'Azerbaïdjan, et bien d'autres[47].

Pour le haut-commissaire John Ford, ce genre de mise au point n'est pas convaincante. Trudeau lui apparaît plus décidé que jamais à foncer, peu importe ce qu'il adviendra avec le Québec, l'Ouest ou d'autres provinces, ce qui aura nécessairement des répercussions en Angleterre. Il profite d'une rencontre avec Michael Kirby durant l'été pour mettre en garde le gouvernement fédéral. Dans l'hypothèse d'une forte opposition des provinces, fait-il valoir au conseiller du premier ministre canadien, Thatcher sera fermement derrière Trudeau. Elle ne se laissera pas influencer par une campagne de lobbying provinciale, mais il en va autrement des députés et des lords qui devront ultimement voter en faveur du rapatriement. Il sera facile d'attirer l'attention sur le sujet, comme l'ont démontré les 300 chefs amérindiens l'année précédente.

J'ai ajouté que plus les propositions du gouvernement seraient controversées, plus le Québec serait peut-être à même de créer des problèmes. Kirby a dit qu'il n'était lui-même pas bien au fait de l'état d'esprit des Québécois et qu'il était difficile d'en parler avec Trudeau, qui avait son propre cercle de conseillers. J'ai eu l'impression qu'il voyait en M. Trudeau quelqu'un de beaucoup trop émotif en la matière et que c'était là un trait qu'il faudrait prendre en compte. J'ai conservé le sentiment que Kirby, tout en appuyant à maints égards ceux qui préconisent la prudence, esti-

---

47. Cité par André Burelle, *Pierre Elliott Trudeau*, p. 287-288.

mait que le camp des faucons avait le vent dans les voiles et qu'il était exaltant de se montrer ferme et audacieux, de courir des risques [...] Une proposition relativement non litigieuse est peu susceptible d'être adoptée et Kirby voit les faucons le couteau entre les dents[48].

La saison estivale n'est décidément pas une période de vacances pour les ministres responsables du dossier constitutionnel. Ils se rencontrent au déjeuner, puis en comités, ou en sous-comités, en aparté, à côté de la machine à café, le plus souvent sous l'éclairage artificiel de salles de conférence sans fenêtre. Parfois, les discussions ont lieu pendant le trajet de jogging, sur le terrain de racquetball ou même autour d'une bière, le soir, dans les discothèques bondées et enfumées où les Roy Romanow, Jean Chrétien, Richard Hatfield, Dick Johnston, Tom Wells et compagnie aiment à se changer les idées sur l'air des plus récents *hits* disco. Seule consolation pour les membres de cet improbable aréopage : ils ne manquent rien en ce qui a trait à la température. Un déluge s'abat sur le pays durant tout l'été, le plus haut niveau de précipitations depuis qu'on compile des statistiques[49].

Beau temps, mauvais temps, Chrétien se présente toujours sous son meilleur jour, celui d'un interlocuteur raisonnable et disposé à certaines concessions – tout le contraire de Trudeau[50]. Les deux hommes forment un étrange tandem dans une version très bien synchronisée de *good cop, bad cop*. Le ministre de la Justice joue le beau rôle, Trudeau apparaît sporadiquement derrière lui en menaçant les provinces du pire.

Histoire de renforcer ce message, le Bureau des relations fédé-

---

48. Compte rendu d'un dîner de John Ford avec Michael Kirby, envoyé à Martin Berthoud, daté du 13 août 1980. Document obtenu du Foreign Office à la suite d'une demande d'accès à l'information.

49. Robert Sheppard et Michael Valpy, *The National Deal*, p. 42.

50. *Ibid.*, p. 46.

rales-provinciales (BRFP) commande trois sondages durant l'été, pour la somme de 300 000 dollars[51]. Ceux-ci montrent comme par hasard que la grande majorité des Canadiens sont en faveur des propositions d'Ottawa, particulièrement en ce qui a trait à la charte des droits. Des années après cette opération, Michael Kirby, qui en était le responsable, tire encore une grande fierté de la façon dont cette stratégie a été menée. Sourire aux lèvres, il raconte : « Les Canadiens réclamaient-ils une charte ? Non. Mais une fois que nous, le gouvernement fédéral, l'avons présentée comme la preuve de notre volonté de leur accorder un certain ensemble de droits qui empêcheraient les gouvernements provinciaux de les leur enlever, l'argument politique est devenu irrésistible[52]. » Et encore : « Nous voulions aussi avoir la latitude de dire aux gens que les provinces ne leur accorderaient leurs droits que si nous leur octroyions plus de pouvoirs. À partir de là, il a été très facile de répartir le tout entre une liste pour le peuple [*people's package*], ce qui sonnait parfaitement juste, et une liste de pouvoirs [*government's package*], ce qui était déplaisant dans le jargon des communications[53]. »

Voulez-vous que nous vous aidions à protéger vos droits ? Évidemment, la grande majorité appuiera une approche aussi vertueuse. D'ailleurs, une autre question du sondage consiste à demander aux répondants s'ils aimeraient que le gouvernement fédéral les garde informés de la situation. Sans surprise, une immense majorité répond par l'affirmative. Ottawa décide donc de dépenser six millions de dollars pour une série de messages publicitaires télévisés où défilent des paysages magnifiques sur fond de musique majestueuse, avec l'unifolié bien en vue[54]. Les

---

51. *Ibid.*, p. 52.

52. Entrevue avec Michael Kirby, 2 octobre 2007.

53. Cité par Ron Graham, *The Last Act: Pierre Trudeau, the Gang of Eight and the Fight for Canada,* Toronto, Penguin, 2011, p. 68.

54. Robert Sheppard et Michael Valpy, *The National Deal,* p. 52.

provinces sont outrées ; notamment, le Québec répond par ses propres publicités, au coût plus modeste d'un million de dollars.

La campagne de propagande est ainsi lancée, et elle ne manque pas de pimenter les discussions menées par Chrétien et ses vis-à-vis provinciaux. Jour après jour, on négocie dur à huis clos, martelant les arguments et tapant du poing sur la table. À la fin de la journée, chaque ministre répète devant les caméras ce qu'il a dit plus tôt derrière des portes closes, polissant son message, soignant son image et modérant ses propos[55]. Sages, modérés ou abrupts, les ministres de la Constitution sont devenus en quelque sorte captifs de l'exercice, « peut-être plus que ce qui était psychologiquement bon pour nous », comme le dira après coup un des participants, évoquant une sorte de syndrome de Stockholm[56]. Mais à la fin de l'été, ils n'auront pas réussi à aplanir les difficultés. Il reviendra aux premiers ministres de trancher le nœud gordien.

---

55. *Ibid.*, p. 42.
56. *Ibid.*, p. 44.

CHAPITRE 5

La justice contre les provinces

Si presque tous les aspects du rapatriement sont controversés, l'inclusion dans la Constitution d'une charte des droits constitue l'enjeu qui attise le plus les divisions. Autant Ottawa tient à sa proposition, autant la majorité des provinces s'y oppose[1].

Il y a d'abord les nouvelles garanties juridiques que la charte donnerait aux accusés, suivant les ébauches que Chrétien soumet périodiquement à ses vis-à-vis au cours de l'été. Elles visent à limiter les pouvoirs des forces de l'ordre lors d'arrestations ou de fouilles, au moment de recueillir des preuves, etc. Les provinces pensent que ces dispositions bouleverseront radicalement la justice criminelle et donneront aux accusés une telle panoplie de moyens pour se défendre que des criminels échapperont à des condamnations.

Il y a aussi les dispositions dites « antidiscrimination ». Plusieurs provinces font valoir que celles-ci permettront à n'importe qui, en n'importe quelle circonstance, d'affirmer devant les tribunaux qu'il fait l'objet de discrimination de la part de l'État, d'une entreprise ou d'un autre individu, et de demander réparation.

Vient ensuite le droit à la propriété. Encore une fois, les pro-

---

1. Roy Romanow, John Whyte et Howard Leeson, *Canada… Notwithstanding: The Making of the Constitution, 1976-1982,* Agincourt, Carswell/ Methuen, 1984, p. 76.

vinces contestent l'affaire en disant que l'expropriation deviendra pratiquement impossible.

Ottawa propose également le droit à l'éducation dans la langue de la minorité. Le Québec y voit une attaque directe à la loi 101. Les provinces anglophones se demandent comment elles auront les moyens de mettre sur pied des écoles françaises au gré des jugements que les tribunaux rendront dans ce domaine.

Une autre disposition vise à protéger des droits qui ne sont pas précisément énumérés dans la charte. Voilà une occasion en or pour les tribunaux d'inventer de toutes pièces de nouveaux droits, grondent plusieurs provinces. Le pouvoir judiciaire obtiendra une prééminence encore plus marquée.

Il y a finalement les justifications qui pourront être invoquées par un gouvernement pour agir à l'encontre des dispositions de la charte, le futur article 1. Les droits protégés par la charte ne sauraient être absolus : on doit pouvoir les restreindre sous certaines circonstances, au nom de certains principes, comme le maintien de l'ordre, la sécurité nationale ou la santé publique. Mais ces critères favoriseront nécessairement Ottawa, disent les provinces. Le gouvernement national sera plus à même de les faire valoir et d'échapper ainsi aux contraintes de la future charte. Les provinces y voient une indication claire de la partialité du document : c'est deux poids, deux mesures. La charte les assujettira aux tribunaux, tandis que le fédéral aura toujours le moyen de s'y soustraire[2].

La judiciarisation du politique

Ces objections n'émeuvent guère Jean Chrétien, qui y voit une attaque contre les groupes désavantagés de la société : « Si vous vous attaquez aux droits des Indiens, des femmes et des handi-

---

2.   Robert Sheppard et Michael Valpy, *The National Deal: The Fight for a Canadian Constitution*, Toronto, MacMillan, 1982, p. 68.

capés, je vais vous tailler en pièces[3] », dit-il, se posant en défenseur de la veuve et de l'orphelin. Plus subtil, Trudeau n'en affirme
pas moins qu'aucune négociation n'est possible : « Nous avons
opéré une distinction entre les questions négociables, c'est-à-dire
les pouvoirs, les querelles de politiciens au sujet de l'autorité qui
exercera tel pouvoir [...], et les autres réformes constitutionnelles
que nous estimons essentielles pour les Canadiens. Ces dernières
portent sur leurs droits fondamentaux, y compris les droits linguistiques[4]. »

Cette déclaration, faite le 4 juillet, contredit complètement ce
qui a été convenu avec les premiers ministres le 9 juin, alors que
Trudeau avait accepté de mettre de côté sa dichotomie du
« *people's package* » et du « *government's package* ». Finalement, il
n'y a pas renoncé. En effet, on retrouve ici une dynamique qui est
au cœur du projet trudeauiste : la judiciarisation du politique.
Cette approche consiste à concevoir et à formuler le débat politique en termes juridiques, comme si le respect de la justice était
en cause dans tous les aspects de la gestion de la Cité. Pour
Ottawa, il s'agit de ne mentionner sous aucun prétexte qu'on
cherche à atteindre des objectifs politiques en modifiant la
Constitution. Il est impérieux de présenter plutôt le gouvernement comme le défenseur des droits fondamentaux – des droits
si immanents et sacrés qu'on ne saurait laisser la question entre
les mains de simples mortels (comme des politiciens provinciaux).

Chacun campant ainsi sur ses positions, la discussion est
totalement impossible, comme en témoigne le déroulement de
l'été 1980. Ces mésententes donneront notamment lieu à un dialogue de sourds entre Sterling Lyon et Pierre Elliott Trudeau, au
cours duquel le premier ministre du Manitoba fait valoir que, si

---

3.   *Ibid.*, p. 68.
4.   Roy Romanow, John Whyte et Howard Leeson, *Canada... Notwithstanding*, p. 67.

l'on enchâsse des droits dans la Constitution, on risque en fait de limiter les droits et libertés.

Que veut dire le Manitobain ? D'abord, il y a forcément des droits qui ne seront pas inscrits dans la Constitution, ce qui établit une dangereuse hiérarchie légale. Peut-on sérieusement penser, par exemple, que le droit d'être informé dans un délai raisonnable des chefs d'accusation qui pèsent contre une personne arrêtée – un droit qu'Ottawa veut inscrire dans la charte – est plus important que les dispositions du Code criminel qui interdisent le meurtre[5] ?

De plus, on attribuera aux droits de la charte une définition qui les figera, empêchant la conception des droits d'évoluer avec la société. Mais lorsque Lyon émet cette réserve devant Trudeau, celui-ci le ridiculise :

> Peut-être que je vous dirai pourquoi demain ou après-demain, mais, pour le moment, j'en conclus qu'on nous a uniquement demandé, en ce qui a trait aux pouvoirs des provinces ou à ceux du gouvernement fédéral, d'inscrire le tout dans la Constitution. Soudainement, alors que nous allons protéger les libertés et les droits fondamentaux des citoyens, vous nous dites de ne pas les inscrire dans la Constitution parce qu'il est trop difficile de trouver les mots appropriés pour le faire[6].

Si la rhétorique du premier ministre fédéral est, comme souvent, très efficace, il n'en reste pas moins que Lyon soulève une question fondamentale, évoquée pour la première fois par Alexander Hamilton dans les *Federalist Papers*, en 1788. Pour ce père fondateur de la Constitution américaine, l'énumération de

---

5.   Michael Mandel, *The Charter of Rights and the Legalization of Politics in Canada*, Toronto, Thompson Educational Publishing, 1994, p. 91.

6.   Cité dans James Kelly, *Governing with the Charter: Legislative and Judicial Activism and Framer's Intent*, Vancouver, UBC Press, 2005, p. 60.

droits dans une constitution est dangereuse pour le maintien d'un gouvernement démocratique[7]. Afin de faire fonctionner la Cité, ce dernier reçoit des pouvoirs qui lui sont délégués par le peuple. Tout ce qui n'est pas explicitement attribué au gouvernement demeure dans le domaine des droits et libertés exercés par les citoyens. Il en découle qu'il n'est pas nécessaire, par exemple, de spécifier dans une charte que la liberté de presse est garantie par la Constitution : cela va de soi, puisque cette liberté n'a jamais été donnée par le peuple souverain au gouvernement pour que ce dernier l'exerce à sa place. Par conséquent, si cette liberté est protégée par un article précis de la Constitution, le gouvernement pourrait s'attaquer à toute forme de liberté de presse qui s'éloignerait de la définition fixée dans la loi suprême. Comme le rappelle Hamilton :

> Qu'est-ce que la liberté de la presse ? Qui peut en donner une définition qui ne laisserait pas la plus grande latitude pour la contourner ? Je considère que c'est impossible. J'en déduis que, quelles que soient les belles déclarations insérées dans une Constitution afin d'en assurer le respect, sa protection doit entièrement relever de l'opinion publique ainsi que du civisme de la population et du gouvernement[8].

En somme, l'utilité de coucher un droit sur papier dépend directement de notre capacité à le définir de façon claire et précise. Se livrer à un tel exercice avec la liberté de presse ou la liberté de parole ne constitue donc pas une meilleure garantie de leur protection pour le bénéfice des citoyens.

---

7.   C. S. Bradley, « The Language of Rights and the Crisis of the Liberal Imagination », dans Anthony A. Peacock (dir.), *Rethinking the Constitution: Perspectives on Canadian Constitutional Reform, Interpretation, and Theory*, Oxford, Oxford University Press, 1996, p. 88.

8.   Alexander Hamilton, « Federalist n° 84 », dans *Federalist Papers*, [en ligne]. [www.foundingfathers.info/federalistpapers/fed84.htm]

En réalité, la véritable question qui se pose est de savoir ce qui est raisonnable, en ce qui concerne les droits et libertés. Pour reprendre l'exemple du juge américain Oliver Wendell Holmes fils, en l'absence d'un incendie, on ne peut pas crier au feu dans une salle de cinéma et invoquer ensuite la liberté d'expression pour justifier son geste. Si on accepte que les droits ne sont pas absolus, il faut par conséquent déterminer où ils s'arrêtent. Les fixer dans une charte ne revient en fait qu'à remettre cette décision entre les mains des juges et des avocats, plutôt que de la laisser aux élus du peuple. Le débat politique est dès lors judiciarisé, dans la mesure où il s'exprime au nom de la justice et où les juges remplacent les parlementaires pour remplir une fonction qui aurait dû rester dans le domaine de la souveraineté populaire[9].

Au cours des négociations de l'été 1980, c'est finalement contre cette dynamique de judiciarisation du politique que s'élève le Manitoba, qui sera suivi de l'Alberta, du Québec, de la Colombie-Britannique, de Terre-Neuve et de l'Île-du-Prince-Édouard. À l'instar de Sterling Lyon, les premiers ministres de ces provinces ne croient tout simplement pas que les droits soient menacés au Canada.

La souveraineté du Parlement comme protection des droits

Pour Trudeau, évidemment, c'est tout le contraire. Pour appuyer sa thèse, il cite l'internement des citoyens d'origine japonaise durant la Seconde Guerre mondiale, les attaques contre la liberté de presse sous William Aberhart, en Alberta, au cours des années 1930, sans oublier Duplessis et les témoins de Jéhovah.

---

9.   C. S. Bradley, « The Language of Rights and the Crisis of the Liberal Imagination », p. 88.

Trudeau affirme aussi que les droits fondamentaux des anglophones sont violés au Québec depuis l'instauration de la loi 101, ainsi que ceux des francophones hors Québec depuis plus longtemps encore[10].

Cette situation nécessite une action urgente, selon lui – ce qui ne manque pas de faire sourciller certains observateurs, comme le politologue Peter Russell :

> Vous sentez-vous menacés à l'idée que la grande majorité des Canadiens, agissant par l'entremise de leurs représentants élus à Ottawa, foulent aux pieds vos libertés et vos droits fondamentaux pour satisfaire leurs propres intérêts ? Vous sentez-vous rassurés à l'idée que des droits inscrits dans la Constitution permettent à notre magistrature de rejeter ces exigences forcenées de la majorité et de garantir le maintien de vos libertés ? Si vous répondez par l'affirmative à ces questions, vous avez certainement besoin de voir un psychiatre, et non d'obtenir une charte des droits[11].

C'est au moment du débat sur la charte, de 1980 à 1982, que ce paradigme s'est imposé, à savoir que le Parlement et sa majorité sont toujours prompts à violer les droits des minorités. Cette conception est pourtant aux antipodes de la théorie classique du régime parlementaire britannique, qui existait déjà en 1867 et qui a été illustrée par le célèbre constitutionnaliste britannique Albert Venn Dicey. Selon ce dernier, il n'existe aucune contradiction entre le pouvoir souverain du Parlement et les droits de l'homme. En fait, c'est précisément le fait que la souveraineté parlementaire soit absolue qui garantit la protection des droits.

Comment arrive-t-il à un tel raisonnement ? Un premier élément de réponse relève de la nature de la souveraineté parlemen-

---

10. *The Globe and Mail,* 5 juillet 1980.
11. Cité par F. L. Morton et Rainer Knopff, *The Charter Revolution and the Court Party,* Toronto, University of Toronto Press, 2000, p. 155.

taire, laquelle repose sur deux éléments. D'abord, aucune institution ou personne n'a le droit d'outrepasser ou d'annuler les lois du Parlement. Deuxièmement, le Parlement, et lui seul, peut faire ou défaire toutes les lois.

Il est assez facile d'expliquer en quoi le maintien de cette dernière condition est essentiel à la défense des droits. Si le Parlement n'était pas le seul à pouvoir faire ou défaire les lois, la société serait déchirée entre plusieurs centres de pouvoir. Il serait dès lors impossible de maintenir la paix civile sans laquelle plusieurs droits fondamentaux, notamment la sécurité, la liberté et la propriété, ne peuvent être exercés.

Cela dit, l'ordre et la sécurité peuvent aussi exister dans une dictature et ne sauraient donc constituer une condition suffisante pour protéger les autres droits. Mais il existe, suivant Dicey, au moins un droit auquel le Parlement souverain est particulièrement attaché : la liberté d'expression. En 1938, au moment de rendre un arrêt célèbre sur cette question en Alberta, le juge en chef de la Cour suprême, Lyman Duff, notait qu'il est dans la nature même de l'assemblée parlementaire de vouloir la liberté de parole. « Nul ne peut contester que la force de l'institution parlementaire tient à la liberté de s'exprimer publiquement sur les affaires courantes, de critiquer, répondre et contre-critiquer, d'attaquer les politiques générales et l'administration publique, de les défendre et de les contre-attaquer, d'examiner selon tous les points de vue, en toute liberté et sans exception les propositions politiques[12]. »

En somme, si le Parlement arrêtait de défendre la liberté d'expression, il cesserait d'être un Parlement. Bien sûr, on peut émettre une objection : qu'est-ce qui empêcherait cette institution de se retourner contre sa nature et de cesser d'être ce qu'elle

---

12. Cité par Janet Ajzenstat, « Reconciling Parliament and Rights. A. V. Dicey Reads the Canadian Charter of Rights and Freedoms », *Revue canadienne de science politique*, vol. 30, n° 4, décembre 1997, p. 651.

doit être ? Dicey répond que la nature même du Parlement et de la partisanerie des débats qui s'y déroulent constituent des garde-fous importants en matière de droits et libertés. D'abord, il s'agit d'une enceinte qui n'est pas monolithique. Il y a la Chambre haute, la Chambre basse, le parti au pouvoir et les partis d'opposition. Même quand le gouvernement est majoritaire, le Parlement demeure une institution bien distincte de l'exécutif et il ne parle jamais d'une seule voix. Certes, les membres du gouvernement y siègent. La discipline de parti permet parfois à la formation politique majoritaire d'imposer ses vues. Mais c'est précisément cette situation qui laisse l'opposition entièrement libre de s'objecter, de critiquer et de dénoncer les politiques du gouvernement[13]. Autant l'opposition a intérêt à être très critique devant toute atteinte aux libertés du peuple, autant ceux qui gouvernent doivent montrer patte blanche à cet égard, sous peine de voir l'opinion publique se retourner contre eux.

Bref, il est impossible de conclure que le système parlementaire britannique, tel qu'il existe au Canada en 1980, est particulièrement susceptible de porter atteinte aux droits de l'homme. Cela signifie-t-il que Pierre Trudeau a tort de dire que ceux-ci ont déjà été bafoués ? Non. Il est indéniable que des violations ont eu lieu et que l'opposition a parfois fait cause commune avec le gouvernement pour brimer les droits d'une minorité. Si Dicey soutient que le parlementarisme britannique favorise la protection des droits, il n'affirme aucunement que ce système est parfait. Comme l'écrit Hamilton, « c'est le lot de toutes les institutions humaines, même les plus parfaites, d'avoir des défauts comme de grandes qualités, de tendre vers le mal autant que vers le bien. C'est le résultat de l'imperfection même de son instigateur : l'Homme[14] ». Allan Blakeney, le premier ministre de la

---

13. *Ibid.*, p. 656.

14. Cité dans Thomas Sowell, *A Conflict of Visions: Ideological Origins of Political Struggles*, New York, Basic Books, 2007, p. 13.

Saskatchewan, dira pour sa part lors du rapatriement : « Toute charte s'appuie sur la conviction humaine qu'une Constitution ou une charte protège la liberté. Seuls les citoyens, les citoyens vigilants, protègent les libertés[15]. »

Rien ne permet de croire, à l'époque, que des juges s'appuyant sur une charte des droits obtiendront de meilleurs résultats que les parlementaires en matière de protection des droits. On n'a qu'à penser à l'arrêt Dred Scott, au milieu du XIXe siècle : la Cour suprême américaine avait alors déclaré que l'esclavage était constitutionnel, malgré le Bill of Rights américain[16] et malgré que cette pratique avait été abolie dans l'Empire britannique.

La défense des libertés fondamentales dans un cadre juridique pose en outre un autre problème : l'invocation de ces libertés aboutit souvent à une réinterprétation des droits afin de faire avancer des objectifs politiques. Le tout génère alors des arguments en faveur de la création de nouveaux droits. La distinction entre les processus juridique et politique s'efface – ce qui fait apparaître la redéfinition des droits comme aussi normale que la révision des politiques[17]. Comme le note la politologue Janet Ajzenstat, cette dynamique « remet en question la notion selon laquelle les droits sont fondés sur l'état de nature ou sur une définition permanente de la nature humaine [...] Elle favorise l'insatisfaction à l'égard de la Constitution et des traditions en vigueur en matière de droits[18] ».

Cette dynamique, présente dans le monde juridique, est fort différente au Parlement, où l'évocation et la défense des droits ne

---

15. Allan Blakeney, *An Honourable Calling: Political Memoirs,* Toronto, University of Toronto Press, 2008, p. 179.

16. C. S. Bradley, « The Language of Rights and the Crisis of the Liberal Imagination », p. 92.

17. Janet Ajzenstat, « Reconciling Parliament and Rights. A. V. Dicey Reads the Canadian Charter of Rights and Freedoms », p. 657.

18. *Ibid.*

sous-entendent pas que ceux-ci puissent être constamment redé-
finis et réinterprétés. Personne ne demande de nouveaux droits.
Le législateur a tout intérêt à établir une distinction nette entre
ceux-ci et la politique. Il doit rassurer les citoyens quant au fait
que les politiques qu'il met de l'avant respectent leurs libertés,
entendues ici au sens traditionnel, sans quoi l'opposition lui
tombera dessus à bras raccourcis. Cette façon de faire protège la
distinction entre le juridique et le politique, et renforce non seulement l'idée que les droits sont fondés sur l'état de nature, mais
aussi la légitimité de la Constitution[19].

La bataille qui fait rage en 1980 autour de la charte illustre
parfaitement toute cette dynamique. Elle pose aussi une question
fondamentale : qu'est-ce qu'un droit ? Pendant des siècles, ce
concept a été vu comme une garantie naturelle et inaliénable
dont bénéficiaient les individus afin de se protéger des autres ou
du gouvernement. Il en est ainsi par exemple du droit à la vie, à
la liberté et à la sécurité, et de la liberté d'expression[20]. Ainsi formulés, les droits ont pour seule exigence la non-interférence dans
la vie des autres : ne pas les attaquer, les laisser parler, etc.

Au tournant des années 1970-1980, cette conception est
remise en question par l'idée de droits positifs, tel le droit à l'éducation ou au logement[21]. Pour être respectés, les droits positifs
nécessitent davantage qu'une attitude passive de la part d'autrui.
Ils impliquent aussi l'obligation de livrer un service : quelqu'un
doit fournir une maison, payer un professeur, etc., ce qui porte
nécessairement atteinte à l'égalité des individus. Certains doivent
fournir des ressources pour que d'autres puissent bénéficier de

---

19. *Ibid.*, p. 658.

20. Karen Selick, « Rights and Wrongs in the Canadian Charter », dans
Anthony A. Peacock (dir.), *Rethinking the Constitution: Perspectives on
Canadian Constitutional Reform, Interpretation, and Theory,* Oxford,
Oxford University Press, 1996, p. 104.

21. *Ibid.*

leur droit au logement ou à l'éducation. Donner à de telles revendications le nom de « droits » vise en fait à leur attribuer une
légitimité et un caractère inattaquable, bien qu'elles demeurent
des objectifs politiques ne relevant aucunement des tribunaux.

Voilà exactement ce que fait Trudeau, qui n'a d'ailleurs jamais
fourni d'explication quant à la source des nouveaux droits qu'il
propose d'enchâsser dans la charte[22]. S'agit-il de droits naturels ?
De droits créés par l'homme ? Ces droits ont-ils une légitimité
autre que celle que lui confère le législateur ? À moins que leur
bien-fondé ne vienne de l'appui de certains groupes, par exemple
le Barreau, des regroupements féminins ou un autre organisme
défendant des intérêts particuliers ?

Faire naître un nouveau pays

Cette question est d'une grande pertinence, surtout par rapport
au droit à l'éducation dans la langue de la minorité, que Trudeau
tient particulièrement à inclure dans la charte. L'idée derrière
cette mesure est d'empêcher la création de ghettos linguistiques :
chacun peut vivre où il veut au Canada en parlant français ou
anglais, ce qui, selon le premier ministre fédéral, contribue à
l'unité nationale.

À l'évidence, on ne saurait parler ici d'un droit naturel
comme la liberté d'expression ou l'intégrité physique. Le droit
d'envoyer ses enfants dans une école publique anglaise ou française n'existe pas dans l'état de nature. De plus, un immigrant
mexicain, par exemple, n'a pas le droit de faire éduquer ses
enfants en espagnol. La légitimité du droit à l'éducation en

---

22.   Hugh Donald Forbes, « Trudeau's Moral Vision », dans Anthony A.
Peacock (dir.), *Rethinking the Constitution: Perspectives on Canadian
Constitutional Reform, Interpretation, and Theory,* Oxford, Oxford Uni-
versity Press, 1996, p. 19.

anglais ou en français découle donc directement du projet d'unité nationale tel que conçu par Trudeau : si tel n'était pas le cas, il ne pourrait tirer son bien-fondé que du concept de peuples fondateurs[23], que Trudeau a toujours combattu. Ce concept d'inspiration nationaliste est effectivement vu comme dangereux pour la cohésion du pays. Pourtant, l'octroi d'un statut officiel à l'anglais et au français seulement ne peut être détaché de la notion de communautés historiques ayant fondé le pays. Cette contradiction s'explique quand on comprend que le bilinguisme contenu dans le projet de charte repose sur l'idée de faire du Canada un pays bilingue partout, ce qui est notamment incompatible avec la loi 101[24]. Pour Trudeau, le bilinguisme vise rien de moins qu'à faire naître un nouveau pays, comme il l'écrit avant d'entrer en politique :

> L'histoire de la civilisation, c'est une chronique de l'assujettissement du nationalisme tribal à des intérêts plus vastes. Au Canada, les dés sont jetés : il y a deux grands groupes ethniques et linguistiques. Chacun d'eux est trop fort et trop profondément enraciné dans le passé, trop étroitement lié à sa culture d'origine pour pouvoir absorber l'autre. Mais si tous deux voulaient coopérer au sein d'un État véritablement pluraliste, le Canada pourrait être envié en devenant le haut lieu d'un type de fédéralisme propre au monde de demain. Mieux que le creuset américain, le Canada pourrait servir d'exemple à l'ensemble des nouveaux États d'Asie et d'Afrique [...] un remarquable prototype de la civilisation de demain[25].

---

23. *Ibid.*, p. 26.

24. Michael Mandel, *The Charter of Rights and the Legalization of Politics in Canada*, Toronto, Thompson Educational Publishing, 1994, p. 140-141

25. Pierre Elliott Trudeau, *Le Fédéralisme et la société canadienne-française*, Montréal, Éditions HMH, 1967, p. 165, 168.

Cette citation résume parfaitement le projet Trudeau. Mais les domaines de compétence provinciale, l'éducation en particulier, échappent à son contrôle. Pour rendre le pays bilingue et multiculturel malgré l'opposition d'une partie importante de la population, il doit donner du pouvoir aux tribunaux, au détriment des élus du peuple[26]. D'où la nécessité d'inclure ces droits dans la charte.

Au cours des négociations de 1980-1981, le premier ministre saskatchewanais, Blakeney, demande à Trudeau pourquoi il tient tant à enchâsser les droits linguistiques dans la charte. « Parler anglais ne relève pas plus des droits de la personne que de parler espagnol, par exemple », dit-il, précisant qu'il ne connaît aucun cas dans le monde où des droits linguistiques sont inclus dans une charte. Pourquoi alors cette approche ? demande Blakeney, qui souffle lui-même la réponse : « J'ai laissé entendre qu'il les intégrait dans la charte parce qu'il est plus aisé de défendre une charte que de défendre seulement des droits linguistiques. Il a acquiescé sans hésitation. Puisqu'il tenait vraiment à l'adoption des dispositions sur les droits linguistiques, il avait décidé de les englober dans une charte[27]. »

---

26. *Ibid.*, p. 31.

27. Allan Blakeney, *An Honourable Calling*, p. 176.

CHAPITRE 6

Unilatéralement

Winnipeg, 20 août 1980. Les dix premiers ministres provinciaux tiennent leur réunion annuelle dans une ambiance d'appréhension. La rencontre fédérale-provinciale fatidique approche à grands pas – elle doit avoir lieu en septembre –, et les négociations constitutionnelles avec les fédéraux sont toujours dans l'impasse. Le dernier jour de la rencontre de Winnipeg, le *Ottawa Citizen* publie un mémorandum confidentiel du greffier du conseil privé, Michael Pitfield, destiné au premier ministre fédéral.

Dans ce mémo, Pitfield explique à Trudeau la voie à suivre pour aller de l'avant sans les provinces dans le projet de rapatriement constitutionnel. Ottawa devra attendre quelques semaines après la conférence des premiers ministres pour présenter son projet unilatéral, histoire de ne pas avoir l'air d'avoir saboté la rencontre dite « de la dernière chance ». Ce délai permettra de défendre l'idée que le gouvernement fédéral était de bonne foi dans les négociations.

Pitfield fait aussi référence aux pourparlers avec l'Alberta sur la question énergétique, qui piétinent malgré la rencontre avec Lougheed peu de temps auparavant. Trudeau avait alors signifié au premier ministre albertain son intention de mettre en place de nouvelles mesures de contrôle du prix de l'essence. Or, explique en substance Pitfield, le temps des discussions est terminé. Il faut maintenant que les fédéraux imposent leurs décisions aux provinces productrices de pétrole. Lougheed n'en revient pas. Furieux, il décrète quelques jours plus tard une hausse unilatérale du prix du baril de pétrole[1].

Au cours d'une réunion subséquente avec ses collègues provinciaux, Chrétien affirme que le mémorandum Pitfield n'est qu'un plan de contingence[2]. Mais pendant que le ministre de la Justice tente de calmer le jeu, Ottawa prépare secrètement l'envoi d'une équipe de juristes au Foreign Office pour mettre au point une demande de rapatriement unilatérale. Seul un groupe très restreint est au courant. L'affaire est tellement sensible que le gouvernement fédéral n'en informe même pas le Haut-Commissariat canadien à Londres, de peur qu'il y ait de nouvelles fuites dans les médias. Et si jamais l'affaire s'ébruite, on parlera à nouveau d'un simple plan de contingence.

Informé par John Ford des intentions du gouvernement fédéral[3], Lord Carrington refuse de jouer le jeu. La visite d'un groupe de juristes canadiens à Londres finira nécessairement par se savoir, explique-t-il à Ford. Le fait d'avoir gardé le haut-commissariat hors du coup sera alors très dommageable pour les relations du Foreign Office avec cette instance. Jean Wadds et son équipe seront furieuses d'avoir été mises à l'écart et se méfieront ensuite de leurs interlocuteurs britanniques. Cette approche est donc à proscrire complètement[4].

---

1.   Roy Romanow, John Whyte et Howard Leeson, *Canada… Notwithstanding: The Making of the Constitution, 1976-1982,* Agincourt, Carswell/ Methuen, 1984, p. 89.

2.   *Ibid.,* p. 91.

3.   Note de John Ford adressée au Foreign Office, datée du 28 août 1980. Archives du Foreign Office, FCO 82/820.

4.   Note de Lord Carrington à John Ford, datée du 1er septembre 1980. Archives du Foreign Office, FCO 82/820.

Un homme et son fantôme

Manœuvres secrètes, fuites, déclarations fracassantes, menaces de rapatriement unilatéral : pour John Ford, la coupe est pleine. « Dans de telles circonstances, déclare-t-il plusieurs années après les événements, j'ai intuitivement soupçonné que les députés britanniques d'arrière-ban et le *fair play* des Britanniques risquaient d'entraîner des difficultés parlementaires à Londres, ainsi qu'un dangereux affrontement entre le Parlement britannique et le Parlement canadien[5]. » Pour cet amoureux des grands espaces canadiens, féru de la poésie de John Colombo et de Robert William Service, admirateur du Groupe des Sept, canadophile dans l'âme dont le frère et la sœur ont choisi le Canada comme nouvelle patrie, la situation est déchirante.

Jamais depuis Lord Byng un représentant de Sa Majesté n'aura été habité par un sens aussi pressant de l'histoire, d'autant plus que Ford demeure à Earnscliffe, l'ancienne résidence de John A. Macdonald. Le buste de ce dernier orne d'ailleurs l'entrée de la maison, servant à l'occasion de support pour la cagoule du diplomate. Et bien que les bruits bizarres du bâtiment lui aient valu une réputation de maison hantée, Ford n'en croit rien :

> C'est faux. Earnscliffe n'est pas hantée. Les gargouillements nocturnes sont dus aux radiateurs de cette maison où est décédé le premier premier ministre du Canada, et non au fantôme de John A. Macdonald noyant dans l'alcool son chagrin de ne pas avoir vu le Canada réaliser les rêves qu'il avait caressés pour lui. Cela dit, j'ai senti l'esprit de Macdonald broyant du noir dans la vieille maison ; et, chaque jour, son buste près de la porte d'entrée me regardait d'un air amusé et narquois, comme pour dire : « Je sais, ç'a toujours été un combat et ce le sera toujours, mais mon

---

5.   Entrevue avec John Ford, 8 février 2007.

Canada ne s'en est pas mal tiré, et ses paradoxes sont si divertissants[6] ! »

Pendant que Ford dialogue avec le buste de Macdonald, les onze premiers ministres se retrouvent dans la capitale fédérale pour la réunion de la dernière chance, qui doit commencer le 8 septembre et durera quelques jours. Le 7 septembre, les chefs de gouvernement, chacun accompagné de son ministre des Affaires constitutionnelles, sont invités à dîner par le gouverneur général Edward Schreyer. Le repas a lieu sur une terrasse au neuvième étage du ministère des Affaires étrangères, par une belle soirée chaude de fin d'été. Menu gourmet, grands vins, cadre enchanteur : rien n'est ménagé pour détendre l'atmosphère, favoriser la bonne humeur et, ultimement, aider aux négociations[7].

Sauf qu'au moment du deuxième service, lorsque les convives attaquent leur plat de chair de crabe manière créole, la rencontre s'envenime. Lougheed (Alberta), Blakeney (Saskatchewan) et Bennett (Colombie-Britannique) demandent que Lyon (Manitoba) soit nommé coprésident – avec Trudeau – de la conférence qui débute le lendemain. Le Manitobain se verrait bien dans ce rôle, puisqu'il préside pour l'année en cours la conférence des premiers ministres provinciaux. Cette manœuvre en forme de bravade vise à signifier à Trudeau qu'Ottawa ne parle pas au nom du Canada en matière de constitution, contrairement au fameux credo, « Qui parle au nom du Canada ? », que le premier ministre fédéral lance souvent aux provinces. Ces dernières préfèrent nettement la réponse que Lougheed a souvent servie au chef fédéral : « Nous parlons tous au nom du Canada[8]. »

---

6.   Note de John Ford adressée au Foreign Office et intitulée *The Canadian Mosaic, its Glue and its Weakness,* datée du 7 mai 1981. Document obtenu du Foreign Office à la suite d'une demande d'accès à l'information.

7.   Robert Sheppard et Michael Valpy, *The National Deal: The Fight for a Canadian Constitution,* Toronto, MacMillan, 1982, p. 1.

8.   *Ibid.,* p. 3.

Pierre Elliott Trudeau a beau être furieux, les représentants de l'Ouest ne lâchent pas le morceau. Bennett cite en exemple les négociations constitutionnelles de l'été, au cours desquelles Roy Romanow, ministre des Affaires intergouvernementales de la Saskatchewan, faisait office de coprésident avec Chrétien. « Vous voulez dire comme *deux nations* », rétorque Trudeau du tac au tac, comme si l'Ouest du pays était devenu indépendantiste[9].

Certains proposent de rediscuter de l'affaire le lendemain, devant les caméras de télévision, tandis que d'autres, tel l'Ontarien Bill Davis, qui tire sur sa pipe, essaient d'envoyer la proposition au rancart. Brian Peckford (Terre-Neuve) fulmine devant le refus de Trudeau, lequel se moque de l'alliance du conservateur terre-neuvien avec le socialiste Blakeney. Le seul socialiste assis à cette table, c'est vous, réplique Peckford, piqué au vif.

Ce premier tour de table étant fait, il faut ensuite examiner l'ordre du jour de la rencontre du lendemain. Trudeau veut revenir sur ce qui a été décidé par Chrétien et ses vis-à-vis provinciaux au cours de l'été, à savoir que la charte serait le dernier sujet abordé. Les accusations de mauvaise foi fusent de partout. Même Richard Hatfield (Nouveau-Brunswick), souvent d'accord avec le premier ministre fédéral, trouve qu'il exagère[10]. Le gouverneur général intervient alors en tentant de faire prendre à la conversation un tour plus constructif. « Faites vite », lance sèchement Trudeau, lui coupant la parole – impolitesse qui laisse John Buchanan (Nouvelle-Écosse) pantois[11]. « Le principicule n'est pas dans son assiette, ce soir », déclare Lévesque à Roy McMurtry, procureur général de l'Ontario, sur le ton de la confidence, mais

---

9. *Ibid.*
10. *Ibid.*, p. 4.
11. *Ibid.*

d'une voix assez forte pour que tous les convives entendent[12]. McMurtry est tellement ébranlé par la tournure du repas qu'il téléphone à sa femme pour lui faire part de son effroi. Tel le Titanic devant l'iceberg, la conférence va couler à pic.

Devant cette ambiance exécrable, Hatfield tente désespérément d'accélérer le service. À grand renfort de simagrées, l'ancien étudiant en théâtre signifie aux serveurs d'apporter le café. Ceux-ci s'exécutent et en profitent pour sortir le gâteau visant à souligner les cinquante-cinq ans d'Allan Blakeney, un moment qui doit être le clou de la soirée. Comme le rappelle ce dernier, « ce fut la seule note joyeuse de la soirée[13] ». Mais ce moment plus léger ne dure que quelques secondes : Trudeau décide de se coucher la tête et les bras sur la table. Au lieu du « *happy birthday dear Allan* » qui était prévu, les voix s'estompent une à une. Elles font place aux chuchotements et aux regards interloqués. Soudainement, Trudeau se lève, les mains bien à plat sur la table. « Eh bien, lance-t-il, voilà une rencontre qui va être intéressante. » Et sur ce, il tourne les talons et quitte les lieux. Toisant son garde du corps, il ajoute avant de passer la porte : « Allez vous faire foutre et ne me suivez pas jusqu'à la maison[14] [*Fuck off and don't follow me home*]. »

Ce coup d'éclat, étonnamment, ne sera pas le moment le plus fort de la soirée. Claude Morin et René Lévesque profitent de la sortie remarquée du premier ministre fédéral pour passer un message important. Où serez-vous ce soir ? demandent-ils aux autres ministres. Nous avons un document confidentiel à vous remettre.

---

12.   Ron Graham, *The Last Act: Pierre Trudeau, the Gang of Eight and the Fight for Canada*, Toronto, Penguin, 2011, p. 62.

13.   Allan Blakeney, *An Honourable Calling: Political Memoirs*, Toronto, University of Toronto Press, 2008, p. 174.

14.   *Ibid.*, p. 5.

Une fuite embarrassante

De quel document s'agit-il ? Depuis quelques jours, le gouvernement québécois est en possession d'un mémorandum de soixante-quatre pages rédigé par Michael Kirby, le conseiller de Trudeau. À l'origine, seules quelques copies numérotées du précieux document devaient circuler. L'une d'elles était destinée au sous-ministre canadien aux Affaires extérieures, Allan Gotlieb. Mais voilà : l'un de ses adjoints en a secrètement pris connaissance. Il a été renversé par l'attitude d'Ottawa envers le Québec et les autres provinces[15]. Il a donc photocopié le document et l'a envoyé à Claude Morin, qui l'a reçu comme un cadeau du ciel. Après en avoir établi l'authenticité, Morin et Lévesque, non sans hésitation, ont décidé de le partager avec leurs homologues. L'idée : orchestrer une fuite dans les journaux sans que le Québec ait l'air de vouloir saboter la rencontre. La délégation québécoise a loué un photocopieur et a produit dix copies supplémentaires de ce mémorandum explosif. Quant à la copie d'origine, elle a été détruite.

Ce sont donc ces copies qui sont envoyées aux autres premiers ministres le dimanche 7 septembre, à vingt-trois heures. Le document expose en long et en large toute la stratégie fédérale. On peut notamment y lire ceci :

> Il faut très rapidement pousser sur la défensive les premiers ministres provinciaux [...] Il faut donner l'impression qu'ils préfèrent accorder leur confiance aux politiciens, plutôt qu'à des tribunaux impartiaux et non partisans, en ce qui concerne la protection des droits fondamentaux des citoyens dans une société démocratique. Il est certain que les Canadiens préfèrent que ce soient des juges, et non des politiciens, qui protègent leurs droits. S'agissant du rapatriement, on peut très facilement présenter l'enjeu en donnant l'impression que les provinces qui s'y

---

15. Entrevue avec Robert Normand, 14 décembre 2006.

opposent sont très satisfaites de voir que les problèmes du Canada sont débattus par le Parlement d'un autre pays […]

En privé, il faut dire aux provinces qu'il ne fait absolument aucun doute que le gouvernement fédéral va très vite traiter d'au moins tous les éléments de la liste pour le peuple et qu'il est donc dans leur intérêt de négocier de bonne foi sur les autres questions afin qu'elles aussi soient relativement satisfaites des résultats de la conférence. Il doit être pleinement clair que, en ce qui concerne les pouvoirs et les institutions, le gouvernement fédéral s'attend à des concessions de la part des provinces autant qu'il est prêt à en faire lui-même […] La probabilité d'un accord est plutôt faible. Une action unilatérale représente donc une possibilité réelle […] Il incombe maintenant au gouvernement fédéral […] de démontrer qu'un désaccord menant à une action unilatérale résulte de […] l'intransigeance des gouvernements provinciaux et non d'une faute du gouvernement fédéral[16].

Le document confirme les pires craintes de la plupart des premiers ministres provinciaux[17]. Mais, curieusement, cette pièce à conviction n'est pas évoquée quand la conférence commence le lendemain. Sans surprise, celle-ci se transforme rapidement en foire d'empoigne, autant dans son volet public que derrière les portes closes. Retranché sur les hauteurs morales de la charte, Trudeau lance la première salve : « Le gouvernement ne devrait pas pouvoir toucher à certains pouvoirs, parce que ceux-ci devraient appartenir à la population, et c'est pourquoi nous parlons d'une liste pour le peuple, car il ne s'agit en rien d'une querelle ou d'arguties pour déterminer qui possède ce

---

16.   Marianopolis College, « Documents sur le rapatriement de la Constitution, 1980-1982 », *Quebec History,* [en ligne]. [faculty.marianopolis. edu/c.belanger/quebechistory/docs/1982/17.htm] ; et Roy Romanow, John Whyte et Howard Leeson, *Canada… Notwithstanding,* p. 95.

17.   Roy Romanow, John Whyte et Howard Leeson, *Canada… Notwithstanding,* p. 95.

champ de compétence. Il s'agit de déterminer les droits fondamentaux de la population qui s'avèrent à ce point sacrés qu'aucun d'entre nous ne devrait avoir le pouvoir de les enfreindre[18]. »

« Je comprends vos raisons de vouloir une charte, mais pourquoi nous l'imposer ? » s'insurge Lougheed, qui enchaîne aussitôt avec une critique bien sentie de la formule d'amendement proposée par Ottawa[19]. Blakeney ajoute que la *common law* britannique protège bien les droits. Puis, c'est au tour de Lyon de renchérir. Admirateur de Reagan et de Thatcher, il est le plus conservateur de tous les opposants à Trudeau, qu'il voit comme un socialiste rêvant de transformer le pays en république. Malgré des perspectives différentes, Lévesque et lui se rejoignent dans leur opposition viscérale à la charte. « Monsieur le premier ministre, lance Lyon, vous avez décrit l'enchâssement d'une charte des droits comme un mécanisme qui accorderait plus de pouvoir à la population. En réalité, monsieur, cela ôte du pouvoir à la population et le remet entre les mains d'hommes qui, aussi érudits soient-ils dans le domaine du droit, ne sont pas forcément conscients des préoccupations quotidiennes des Canadiens[20]. »

Guère ébranlé, Trudeau campe sur ses positions lorsque les discussions se transportent au cinquième étage pour se poursuivre en privé. Cette fois, c'est Lévesque qui attaque. Il y a d'abord le projet de préambule. Le chef des fédéraux voudrait y voir une référence à l'union du peuple canadien. Lévesque préfère l'expression « union de provinces ». Il y a aussi les « droits linguistiques en éducation ». Le premier ministre fédéral affirme que le référendum lui a donné le mandat de les inclure dans une charte, une interprétation que conteste le premier ministre du Québec[21].

---

18. *Ibid.,* p. 216-217.

19. Cité par Ron Graham, *The Last Act,* p. 83.

20. *Ibid.*

21. Roy Romanow, John Whyte et Howard Leeson, *Canada… Notwithstanding,* p. 96.

Irascible, intraitable, Trudeau multiplie les attaques contre Lévesque dans les discussions subséquentes, à tel point que ce dernier apparaît soudainement comme un modéré aux yeux de plusieurs de ses collègues provinciaux. Le chef péquiste négocie de bonne foi, déclare Lyon. Vous avez transformé le débat constitutionnel en vendetta contre Lévesque, ajoute Bennett. Entre la vision que présente René Lévesque du Canada et la vôtre, je préfère la sienne, enchaîne Brian Peckford. « As-tu un petit sac, je crois que je vais vomir[22] », chuchote Chrétien à l'oreille de Trudeau.

Angus MacLean, premier ministre de l'Île-du-Prince-Édouard, explique :

> Au fil des discussions, mon respect pour le premier ministre québécois, René Lévesque, n'a fait que croître et mon estime pour Trudeau s'est effritée. J'ai vu en Lévesque quelqu'un de raisonnable, d'absolument pas guindé ou rigide. J'ai eu le sentiment que, si les politiciens fédéraux avaient eu avec lui le même type de rapport que moi, nous serions parvenus à un compromis quelconque au sujet de la Constitution. Trudeau a fait preuve d'une grande hostilité[23].

Comme le notera John Ford dans une dépêche pour Londres, « galvanisé par des sondages qui font état d'un appui dans tout le pays pour des changements constitutionnels, M. Trudeau vise à dépeindre les premiers ministres provinciaux comme des politiciens non représentatifs, égoïstes et assoiffés de pouvoir, sans vision d'un Canada uni, ainsi qu'à fixer le cadre d'une action unilatérale[24]. »

Et tandis que la lutte se poursuit, les membres de la déléga-

---

22. Ron Graham, *The Last Act,* p. 65.

23. *Ibid.,* p. 83.

24. Note de John Ford adressée au Foreign Office, datée du 11 septembre 1980. Archives du Foreign Office, FCO 82/820.

tion québécoise s'étonnent de constater que le mémorandum confidentiel de Kirby n'a toujours pas fait l'objet d'une fuite. « On regarde les journaux, rien, constate le sous-ministre Robert Normand. On s'attendait à une fuite, car les hommes politiques, avec une patate chaude comme ça… Je n'en connais pas qui peuvent résister. On a alors commencé à prendre des dispositions pour orchestrer notre propre fuite ; juste à ce moment-là, le *Globe and Mail* a eu le document grâce à Hatfield[25]. » Bon joueur, ce dernier téléphone à Claude Morin le lundi soir pour lui annoncer « une mauvaise nouvelle ». Mine de rien, il lui explique que quelqu'un a remis le document à des journalistes et que le tout ferait la une du lendemain. Le Québec serait identifié comme la délégation ayant obtenu le document, mais il serait dit aussi que la fuite n'était pas de sa faute. Morin en informe alors Lévesque, qui affiche aussitôt sa satisfaction. Les provinces sont des quilles que Trudeau veut faire tomber, dit-il. Le public saura désormais « d'où vient la boule[26] ».

L'affaire du mémorandum Kirby éclate donc avec fracas le mardi 9 septembre. Mais il n'y a pas plus sourd que celui qui ne veut pas entendre. Trudeau fait mine de ne pas avoir entendu le formidable coup de tonnerre qui frappe le Centre des conférences. Il préside aux discussions comme si de rien n'était, alors que la GRC se lance dans une chasse à la taupe qui vaudra à celle-ci de perdre son poste. Et pendant ce temps, les soixante-quatre pages du mémorandum confidentiel sont disséquées par les uns et les autres, chaque délégation étant appelée à commenter le tout devant la presse. Tandis que Terre-Neuve, l'Alberta et le Québec se montrent outrés, d'autres provinces veillent à ne pas jeter d'huile sur le feu. Loin des caméras, l'événement donne lieu à des scènes inattendues. Robert Normand, bon joueur et réelle-

---

25. Entrevue avec Robert Normand, 14 décembre 2006.

26. Claude Morin, *Lendemains piégés. Du référendum à la nuit des longs couteaux,* Montréal, Boréal, 1988, p. 120.

ment impressionné par le document, lancera ansi à Kirby : « Quel professionnalisme[27] ! »

Histoire de minimiser l'affaire, le principal intéressé joue les cabotins devant les journalistes. « Si nous étions aussi bons que vous le pensez, nous ne serions pas dans cette merde[28] », leur lance Kirby, mi-figue mi-raisin. Quant à Trudeau, il affirme à qui veut l'entendre qu'il n'a jamais lu le mémorandum. Ces dénégations intriguent les Anglais. Emery Davies, numéro deux du Haut-Commissariat britannique à Ottawa, a l'occasion d'éclaircir cette situation lors d'une rencontre avec le désormais célèbre auteur du rapport. Comme il le rapportera au Foreign Office,

> les déclarations répétées de M. Trudeau selon lesquelles il n'a pas lu le mémorandum de Kirby de septembre dernier nous ont laissés perplexes. Pour votre information, sachez que Kirby m'a assuré que c'était vrai, mais d'un point de vue très technique ! M. Trudeau avait lu tous les rapports préparés sur différents aspects du problème constitutionnel qui avaient servi de base au mémorandum, destiné aux ministres non directement concernés, mais il n'avait effectivement pas lu le mémorandum lui-même[29].

Comme l'évoque le rapport Kirby, les Anglais craignent qu'un rapatriement unilatéral soit contesté devant les tribunaux. « La remise en question, devant le tribunal, de la légalité d'une requête en cours de discussion au Parlement canadien embarrasserait au plus haut point le Parlement britannique », note le diplomate Emery Davies. Si Ottawa envoyait une requête unila-

---

27. Entrevue avec Robert Normand, 14 décembre 2006.

28. Ron Graham, *The Last Act*, p. 64.

29. Compte rendu d'un entretien entre Emery Davis, Fred Gibson, directeur pour l'Europe de l'Ouest, et Michael Kirby, 7 mai 1981. Document obtenu du Foreign Office à la suite d'une demande d'accès à l'information.

térale malgré tout, « le refus d'en débattre de la part du Parlement pourrait très bien se justifier tant que cette affaire serait devant les tribunaux canadiens ; à tout le moins, cela apporterait beaucoup d'eau au moulin des avocats d'arrière-ban qui siègent à la Chambre des communes et à la Chambre des lords et qui se sont mis au service des provinces dissidentes pour faire de l'obstruction[30] ».

En plein milieu des pourparlers de septembre, c'est un John Ford préoccupé qui parle de cet aspect des choses lors d'une rencontre avec le vice-premier ministre canadien Allan MacEachen. Ce dernier répond que « l'enjeu serait d'ordre politique et non juridique », ajoutant que « le Parlement britannique n'a pas à tenir compte d'un quelconque contentieux en cours au Canada. S'il le faisait, la réaction de la population canadienne serait virulente[31] ».

Au diable les conséquences

Le vendredi 12 septembre, après cinq journées consécutives de négociations, c'est toujours l'impasse. Le premier ministre fédéral perd patience devant ses vis-à-vis.

> Trudeau : « Vous vous moquez de moi, les gars [...], mais vous savez, messieurs, que je vous ai prévenu dès 1976 que nous pourrions déposer une requête auprès de la Chambre des communes pour rapatrier la Constitution, et, au besoin, de façon unilatérale [...] Nous irons à Londres et nous ne prendrons même pas la peine de demander à un premier ministre provincial de nous accompagner. »

---

30. Note d'Emery Davies à Martin Berthoud intitulée *The Leaked Pitfield Document of August 30ᵗʰ 1980 and Court Action* et datée du 12 septembre 1980. Archives du Foreign Office, FCO 82/821.

31. Note d'une réunion entre John Ford et Allan MacEachen, vice-premier ministre du Canada, envoyée au Foreign Office et datée du 12 septembre 1980. Archives du Foreign Office, FCO 82/820.

Lyon : « Vous allez déchirer le pays. »
Trudeau : « S'il se déchire parce que nous rapportons de la
Grande-Bretagne notre propre Constitution 115 ans plus tard
[…] et parce que nous voulons y enchâsser une charte des droits
canadienne, alors que la plupart d'entre vous ont déjà une charte
provinciale, eh bien, ce pays mérite d'être déchiré[32]. »

L'échec de cette conférence de la dernière chance est constaté
le lendemain par Trudeau. Au moment de clore la séance, il s'exprime d'une mystérieuse façon : « C'est le commencement de la
fin ou la fin du commencement », ajoutant qu'il a compris beaucoup de choses au cours de l'exercice[33]. Comme le rappellera Roy
Romanow, « à l'évidence, l'une des plus importantes raisons de
cet échec réside dans le revirement du gouvernement fédéral, par
rapport aux années 1978-1979, que représente sa politique
de 1980 à l'égard de la réforme constitutionnelle. Ottawa a alors
fait table rase pour s'engager dans une voie totalement différente[34] ». Quant à John Ford, il explique l'échec par

> l'espoir de Trudeau d'avoir une Constitution dans laquelle la
> définition des droits de la personne conférerait surtout aux tri-
> bunaux le rôle de protéger les citoyens et dans laquelle le pouvoir
> serait plus centralisé qu'auparavant, ainsi que par la volonté des
> provinces d'exercer un plus grand poids dans les instances fédé-
> rales et de faire en sorte que les assemblées provinciales élues et
> le Parlement fédéral demeurent les garants essentiels et plus
> souples des droits individuels[35].

---

32.   Ron Graham, *The Last Act,* p. 66.

33.   Claude Morin, *Lendemains piégés,* p. 133.

34.   Roy Romanow, John Whyte et Howard Leeson, *Canada… Notwith-standing,* p. 98-99.

35.   Note de John Ford adressée au Foreign Office, intitulée *Failure of the Conference,* et datée du 13 septembre 1980. Archives du Foreign Office, FCO 82/820.

À Londres, plusieurs font la même lecture de la situation, notamment au palais de Buckingham. La reine, qui appuie sans réserve le premier ministre fédéral, lui a déjà promis – secrètement – de se rendre au Canada avec le prince Philippe pour aller porter la Constitution. Cette promesse, jumelée au fait que la situation s'enlise, inquiète Philip Moore, son conseiller politique. Ce dernier pense que Sa Majesté pourrait se retrouver dans une situation délicate. Le 12 septembre, il téléphone à Martin Berthoud, directeur pour l'Amérique du Nord au Foreign Office : « Sir Philip a souligné que, lorsque M. Michael Pitfield avait rencontré M. Trudeau en juin, il avait mis en relief la détermination de ce dernier de procéder au rapatriement en se disant (en substance) au diable les conséquences. Les répercussions jusqu'ici regrettables de l'attitude de M. Trudeau ont été illustrées par le déroulement de l'actuelle conférence constitutionnelle à Ottawa[36]. »

Au fil de leurs rencontres, les diplomates de la rue Elgin constatent une chose de plus en plus évidente : aucune réticence ou hésitation de la part de Londres ne sera tolérée par Ottawa. Comme le rapporte Emery Davies au Foreign Office,

> tout cela ne serait peut-être que légèrement exaspérant si ce n'était qu'une source particulièrement bien informée a fait allusion au fait que, si le gouvernement de Sa Majesté ne satisfaisait pas rapidement à la requête formulée, les relations anglo-canadiennes en pâtiraient et que les Canadiens réfléchissaient même déjà aux mesures de représailles qu'ils pourraient prendre. Il va sans dire que nous tenterons de découvrir ce que les Canadiens ont en tête en matière de représailles[37] !

36. Note de Martin Berthoud à Derek Day, datée du 12 septembre 1980. Archives du Foreign Office, FCO 82/820.

37. Note d'Emery Davies à Martin Berthoud intitulée *Canadian retaliation* et datée du 30 septembre 1980. Archives du Foreign Office, FCO 82/821.

Les Anglais ont bien raison de s'inquiéter. Les questions coloniales empoisonnent littéralement la vie du gouvernement Thatcher. Lord Carrington est bien placé pour en parler. Pendant des mois, il a été enfermé à Lancaster House, à Londres, avec les protagonistes de l'épineux problème de la Rhodésie, où la minorité blanche dirigée par Ian Smith a déclaré l'indépendance quelques années plus tôt, tout en confisquant le pouvoir à la majorité noire. Cette affaire est à peine réglée, avec l'indépendance du Zimbabwe, que trois autres problèmes coloniaux surgissent, désignés au Foreign Office par les initiales ABC, pour Antigua, Bélize et Canada.

Antigua, d'abord, est une colonie autonome des Caraïbes qui souhaite sa pleine indépendance. Son voisin, le territoire de Barbuda, refuse toutefois ce scénario et entend faire sécession. De longues et pénibles négociations ont lieu à Londres pour trouver une solution pacifique à cette affaire.

Le Bélize, ensuite, est une colonie d'Amérique centrale qui obtient son indépendance en 1981. Le Guatemala refuse de reconnaître cette situation, brandissant la menace d'une invasion. Des troupes britanniques doivent y être stationnées en permanence pour éviter que la situation ne s'enflamme.

Le Canada, enfin, représente le problème le plus kafkaïen des trois. Les défis qu'il pose à la Dame de fer ne seront surpassés que par la guerre des Malouines, deux ans plus tard. Carrington envoie donc un avertissement à son haut-commissaire à Ottawa : « Vous devez éviter de laisser croire que nous cherchons à intervenir dans cette affaire nationale très délicate[38]. » De plus en plus exaspéré par l'attitude de Trudeau, et à quelques mois de la retraite, Ford s'apprête toutefois à passer outre à ces instructions.

---

38. Note de Lord Carrington à John Ford, datée du 17 septembre 1980. Archives du Foreign Office, FCO 82/820.

La filière australienne

Dans l'intervalle, le Haut-Commissariat du Canada à Londres rappelle à Ottawa que la situation est mouvante dans la capitale britannique. Le brouhaha constitutionnel commence à attirer l'attention en dehors de la sphère politique, comme en témoigne la publication dans le *Times* d'un article rappelant un précédent fort intéressant entre l'Australie et le Royaume-Uni. L'affaire, qui a de quoi inquiéter les fédéraux, remonte à la première moitié des années 1970. Progressiste et centralisateur, le premier ministre travailliste Gough Whitlam a essayé de mettre en place une charte des droits, projet qui a été taillé en pièces par les États australiens. Il a également tenté de couper les liens existant toujours entre ceux-ci et la Grande-Bretagne. Malgré l'indépendance, les États ont notamment conservé la possibilité d'en appeler directement au Conseil privé de Londres pour certaines questions juridiques. De même, c'est la souveraine (à titre de reine d'Angleterre) qui donne la sanction royale pour certaines de leurs lois, tandis qu'elle nomme les lieutenants-gouverneurs sans passer par Canberra, la capitale fédérale. Comme le rapporte le *Times*, « lorsque le gouvernement Whitlam a voulu éliminer la possibilité pour les États de recourir à la législation britannique, y compris le pourvoi auprès du Conseil privé de Londres [...], ses efforts ont été facilement contrecarrés par les représentants des États à Londres ; les éléments-clés de la Constitution australienne sont donc maintenus à Londres par quelques États[39] ». Humiliant pour Whitlam, cet épisode a été suivi en 1975 d'une crise constitutionnelle qui a amené la destitution du gouvernement travailliste par le gouverneur général, ouvrant la voie à l'élection du libéral Malcolm Fraser, qui n'a de libéral que le nom du parti qu'il dirige. Ancien ministre de la Défense, il s'est fait remarquer notamment lors de

---

39. Note de Martin Berthoud à Christian Hardy, datée du 12 septembre 1980. Archives du Foreign Office, FCO 82/820.

la participation de son pays à la guerre du Vietnam, en imposant la conscription. Il s'agit d'un des premiers ministres fédéraux les plus à droite de l'histoire de l'Australie.

En somme, si Whitlam était le clone australien de Trudeau, Fraser est son antithèse incarnée. Mais il y a une chose qu'ils partagent : en 1980, ils sont bien en selle aux commandes de leur pays. Toute question impliquant l'Australie et ayant une incidence sur le débat constitutionnel canadien est donc potentiellement délicate. Le jour de la parution de l'article du *Times*, Martin Berthoud reçoit d'ailleurs un appel de Christian Hardy, le haut-commissaire adjoint à Londres, qui lui demande des éclaircissements sur cette affaire. Comme le rapporte Berthoud, « c'est certainement une question délicate, les Canadiens n'ont pas voulu demander d'information à Canberra. Si nous aidions les Canadiens, nous leur apporterions peut-être des munitions contre leurs provinces, mais j'estime que nous ne pourrions pas refuser de collaborer s'ils nous transmettaient une telle requête[40] ».

Certains collègues de Berthoud pensent que cette affaire est risquée. Elle peut évidemment entraîner des complications avec les provinces canadiennes, mais aussi – et voilà qui est plus grave – avec Canberra, puisqu'il s'agit ici de dévoiler aux Canadiens les dessous d'une affaire concernant l'Australie et le Royaume-Uni. Il est finalement décidé que la réponse à Hardy contiendra seulement des informations déjà publiées dans les médias[41].

Et tandis que les diplomates canadiens suivent un cours intensif de droit constitutionnel australien, Pierre Trudeau

---

40. Note de Martin Berthoud à un certain Baldwin, au sujet de Christian Hardy, datée du 11 septembre 1980. Archives du Foreign Office, FCO 82/820.

41. Selon deux documents datés du 12 et du 22 septembre 1980. Archives du Foreign Office, FCO 82/820.

fouette ses troupes. Il rencontre son caucus le 17 septembre. Faut-il opter pour une réforme constitutionnelle minimaliste, demande-t-il, ou tenter l'option « Cadillac », avec tout ce que les fédéraux souhaitent obtenir, c'est-à-dire une charte forte et de nouveaux pouvoirs économiques pour Ottawa ? « Nous pourrions nous retrouver dans quatre ans avec une superbe Constitution mais avec un gouvernement battu », prévient-il, un avertissement qui soulève les protestations de l'assemblée. Trudeau poursuit donc sur sa lancée : « Je constate que le caucus souhaite que nous présentions bien l'ensemble du projet, que nous restions libéraux, sans diluer nos convictions dans des expédients politiques. Si telle est votre volonté, je suis ravi d'y donner suite[42] ! »

Ces paroles ont un effet tonique sur les députés libéraux. Reposés et ragaillardis par l'été, toujours grisés par leur double victoire, électorale et référendaire, ceux-ci sont comme des fauves grisés par l'odeur du sang. « Allons-y Cadillac », lance l'un deux, credo qui est aussitôt repris en chœur par l'ensemble du caucus : « Cadillac ! Cadillac ! Cadillac[43] ! »

Le même esprit prévaut lors d'un Conseil des ministres qui a lieu le 18 septembre. Tour à tour, Jean Chrétien, Allan Mac-Eachen et Marc Lalonde exhortent des collègues déjà convaincus à adopter la ligne dure. Tous les ministres sont animés d'une ferveur sans précédent, conscients qu'une page d'histoire est en train de s'écrire. Il ne reste plus au chef qu'à donner ses ordres. Déterminé à abattre la résistance des provinces, Pierre Trudeau se lance enfin dans le combat d'une vie. *Alea jacta est !* « Nous risquons de déchirer ce fichu pays en agissant ainsi, lance-t-il, mais nous allons le faire quand même[44]. »

---

42. Robert Sheppard et Michael Valpy, *The National Deal*, p. 65.

43. *Ibid.*

44. John English, *The Life of Pierre Elliott Trudeau*, vol. 2 : *Just Watch Me, 1968-2000*, Toronto, Knopf Canada, 2009, p. 47.

CHAPITRE 7

Thatcher découvre la charte

Jeudi 2 octobre 1980, vingt heures. Par le truchement de la télévision, le premier ministre fédéral s'adresse à la nation. Annoncée le matin même, son intervention prend tout le monde par surprise. Le ton grave, l'air solennel et le verbe mesuré, le chef du gouvernement dégage une autorité naturelle. Il explique ce qui le pousse à poser un geste sans précédent : rapatrier unilatéralement la Constitution.

> Si les premiers ministres ont échoué, c'est parce qu'ils voulaient la perfection dans un monde très humain, mais aussi à cause de l'unanimité […] Mais nous avons aussi été poussés à adopter une vision radicalement nouvelle du Canada, dans laquelle le bien national résultait simplement de la somme des exigences provinciales. Nous avons été amenés à négocier la liberté contre des poissons, les droits fondamentaux contre du pétrole, l'indépendance de notre pays contre les tarifs téléphoniques interurbains… Les droits appartiennent à toute la population. Les Canadiens doivent trouver un moyen de sortir de 53 ans de paralysie constitutionnelle[1].

---

1. Discours de Pierre Elliott Trudeau, 2 octobre 1980. Archives du Foreign Office, FCO 82/831. Voir aussi Claude Morin, *Lendemains piégés. Du référendum à la nuit des longs couteaux*, Montréal, Boréal, 1988, p. 136.

Contrairement à ce qu'affirme Trudeau, les cinquante-trois années précédentes n'ont nullement constitué une période de paralysie. La Constitution a été amendée quatorze fois, plus souvent qu'en Australie ou aux États-Unis pendant la même période. Comme les événements le montreront, c'est après son rapatriement que la loi suprême deviendra quasiment inamendable.

Mais n'anticipons pas. Revenons pour l'instant à la proposition que Trudeau met sur la table en octobre 1980, et qu'il compte envoyer à Londres après l'avoir fait entériner par la Chambre des communes et le Sénat. Elle se résume à trois choses : d'abord, l'adoption de la charte ; ensuite, la constitutionnalisation du principe de péréquation, c'est-à-dire l'octroi par le fédéral de compensations financières aux provinces les plus pauvres ; finalement, l'adoption en plusieurs étapes d'une formule d'amendement. Dans les deux ans suivant le rapatriement, l'unanimité serait nécessaire à tout changement constitutionnel. Par la suite, si une entente sur la façon de modifier la loi suprême n'est toujours pas conclue, trois scénarios deviendraient possibles. Le premier : Ottawa pourrait imposer la formule de Victoria, avec son veto pour toute province représentant ou ayant représenté 25 % de la population du Canada (c'est-à-dire le Québec et l'Ontario). Ce scénario prévoit aussi qu'il est nécessaire d'obtenir l'accord de deux des quatre provinces de l'Ouest et la même chose pour les Maritimes. Deuxième scénario : le gouvernement central proposerait une autre formule d'amendement. Troisième scénario : si sept provinces regroupant 80 % de la population arrivent à forger leur propre solution, la population serait appelée à trancher entre la proposition fédérale (deuxième scénario) et celle des provinces[2].

Tandis que la population canadienne découvre les détails de

---

2.   James Ross Hurley, *Amending Canada's Constitution: History, Processes, Problems and Prospects, Ottawa*, ministère des Approvisionnements et des Services, 1996, p. 55.

la proposition, les diplomates britanniques la dissèquent depuis quelques jours déjà. Ils ont pu en prendre connaissance secrètement au cours de la dernière semaine du mois de septembre. Le fait que la requête comporte une charte des droits, plutôt que le seul rapatriement constitutionnel, suscite des grincements de dents. Le 23 septembre, le secrétaire d'État aux Affaires extérieures, Mark MacGuigan, le constate lorsqu'il rencontre son vis-à-vis, Lord Carrington, aux Nations Unies[3].

> Carrington : « La formule d'amendement ne suscitera aucun problème, mais j'ai d'importantes réserves au sujet de la Charte des droits. Est-il possible de la laisser de côté ? »
>
> MacGuigan : « Elle est au cœur de l'initiative proposée. À elle seule, la Charte, grâce à la reconnaissance de droits fondamentaux et linguistiques qui y figure, est une réponse à la confiance envers le Canada qu'ont exprimée la majorité des Québécois lors du référendum au Québec. »
>
> Carrington : « Bien sûr. Et il serait tout à fait inapproprié que le gouvernement britannique n'accepte pas intégralement toute requête formulée par le Parlement canadien à ce sujet. Mais nous sommes préoccupés par l'effet possible de la pression des provinces sur les députés. Il pourrait y avoir des délais, qui nuiraient aux relations canado-britanniques. »
>
> MacGuigan : « Le gouvernement fédéral ne facilitera pas les pressions que les provinces exerceraient sur le Parlement ou le gouvernement britanniques. »

Malgré cet avertissement, le chef du Foreign Office est fermement derrière Ottawa dans cette affaire, contrairement à cer-

---

3.   La reconstitution de cet entretien est basée sur les archives du ministère des Affaires étrangères du Canada (RG 25-A-3-C 25-6, 20-CDA-16-1-4, vol. 8723, partie 5, non daté) et sur deux passages du livre de Mark MacGuigan *An Inside Look at External Affairs During the Trudeau Years,* Calgary, University of Calgary Press, 2002, p. 45 et 92-93.

tains de ses collègues. Dans les cercles gouvernementaux, plusieurs partagent les appréhensions de Carrington. C'est le cas du secrétaire du cabinet, Robert Armstrong, le plus haut fonctionnaire du pays. Ce dernier fait partie de la garde rapprochée de Thatcher. Le 29 septembre, il a l'occasion d'aborder ce dossier avec son vis-à-vis Michael Pitfield, greffier du Conseil privé, lors d'une rencontre visant à préparer le sommet du G7 à Montebello. Les deux hommes s'apprécient beaucoup et ont forgé une relation de confiance. C'est donc tout naturellement que Pitfield demande à Armstrong de faire part à sa patronne de la gratitude de Trudeau « pour son attitude compréhensive envers la question du rapatriement de la Constitution canadienne ». Bien sûr, rétorque le Britannique, qui précise aussitôt que Thatcher ne dérogera pas de son engagement de juin. Mais voilà, les choses pourraient se compliquer. Comme le rapporte Armstrong :

> J'ai ajouté qu'une requête de rapatriement unilatéral causerait au premier ministre quelques problèmes politiques. La rupture des pourparlers entre M. Trudeau et les premiers ministres provinciaux a été rapportée dans la presse britannique [...] Le premier ministre pourrait se heurter à quelques objections de la part de députés d'arrière-ban à la Chambre des communes à propos d'un rapatriement unilatéral, surtout si les premiers ministres provinciaux tentent d'alerter l'opinion en Grande-Bretagne. M. Pitfield a reconnu ce problème, mais il a indiqué qu'un sondage récemment mené au Canada a révélé que l'écrasante majorité des Canadiens sont favorables au rapatriement de la Constitution, même dans les provinces de l'Ouest[4].

L'argument ne semble pas convaincre tout à fait les Britanniques. Pitfield utilise alors un autre sondage, qui montre un appui substantiel à la charte, ce qui renforce la position des fédé-

---

4. Note de Robert Armstrong à M. Alexander datée du 29 septembre 1980. Archives du Foreign Office, FCO 82/821.

raux contre les provinces rebelles. L'enquête a été réalisée par Gallup durant le mois d'août. À la question « La Constitution doit-elle garantir le respect des droits humains fondamentaux pour tous les citoyens canadiens ? » 91 % ont répondu oui, dont 83 % au Québec, et seulement 2 % ont répondu le contraire. Mais avant même que Pitfield n'en parle à Armstrong, ces données ont été analysées par le Foreign Office. John Ford les a transmises à ses collègues quelques jours auparavant, avec le commentaire suivant : « Je doute qu'il faille accorder de l'importance à ces chiffres. Je crois que des questions formulées autrement auraient donné des réponses très différentes[5]. »

Quelques mois plus tard, un autre sondage du même genre est décortiqué à Whitehall, le quartier des ministères. On y révèle que 86 % des Canadiens interrogés appuient l'idée d'une charte, un pourcentage qui est sensiblement le même dans toutes les régions, y compris l'Ouest et le Québec. Et pour s'assurer que les répondants comprennent bien de quoi il s'agit, la question est assortie d'un préambule expliquant la fonction d'une charte dans la Constitution, c'est-à-dire « offrir à chaque Canadien une protection contre un traitement injuste de la part de tout ordre de gouvernement au Canada[6] ». Martin Berthoud n'est pas impressionné. « Il s'agit là d'une base très fragile sur laquelle peut reposer l'affirmation de M. Trudeau selon laquelle 80 % des Canadiens appuient sa Charte des droits. Y a-t-il eu un autre sondage comportant une question moins tendancieuse[7] ? »

Si les diplomates du Foreign Office sont parfois sceptiques en ce qui concerne les affirmations d'Ottawa, ils tentent aussi de gar-

---

5. Note de John Ford à Martin Berthoud datée du 7 août 1980. Archives du Foreign Office, FCO 82/820.

6. Note de Jane Ann Sarginson, du Haut-Commissariat britannique, à Vivien Hughes, du Foreign Office, datée du 22 octobre 1981. Document obtenu du Foreign Office à la suite d'une demande d'accès à l'information.

7. *Ibid.*

der leurs distances avec les provinces, lesquelles ont commencé à s'activer. Le bal s'ouvre à Québec, avec le consul britannique Bob de Burlet, peu de temps après le dépôt des offres fédérales. L'homme a droit à la réaction du sous-ministre aux Affaires intergouvernementales Robert Normand. Au cours d'un dîner, Normand lui explique qu'Ottawa tente de passer par-dessus la tête des provinces et s'attaque aux pouvoirs du Québec en matière linguistique, une situation qui va créer un ressac antibritannique. Les provinces hostiles à Trudeau s'organisent ; elles vont lancer « la plus grande campagne possible dans les médias pour inciter le gouvernement britannique à refuser de jouer un rôle impérialiste et de modifier l'équilibre fondamental de la fédération. Elles vont également envisager des mesures de représailles économiques si nous agissons en sens contraire[8] ». De Burlet encaisse sans broncher : « Je trouve très intéressant d'obtenir cette information, y compris les menaces, mais je n'ai aucune raison de croire que le gouvernement britannique agirait ainsi… »

Cette remarque ne calme pas le sous-ministre, qui assène les coups un après l'autre sur le nez de son adversaire. Le Québec se tournera vers l'ONU, menace-t-il, et « la question serait probablement soulevée là-bas, dans le contexte d'une intention néo-colonialiste de la part du gouvernement britannique ». Stoïque, De Burlet répond que « toute cette activité provinciale équivaut à cracher face au vent… Si un refus de notre part d'agir en fonction des objections de certains gouvernements provinciaux était interprété comme un acte néo-impérialiste, alors le refus de satisfaire à la requête juridique du Parlement serait certainement perçu de la même façon, et encore plus vivement… »

Comme le rapporte le Britannique, « ça s'est poursuivi longtemps dans la même veine : Normand a brossé un portrait

---

8.   Compte rendu d'entretien de Bob de Burlet à Murray Simons, à Montréal, daté du 7 octobre 1980. Archives du Foreign Office, FCO 82/822.

sombre de l'avenir si nous persistons dans nos intentions, tandis que je me suis solidement retranché derrière la position claire que définissent nos lignes directrices ». L'ambiance ne se détend qu'à la fin de l'entretien. De Burlet déclare à Normand qu'aller à Westminster sera une perte de temps, tout en précisant que le repas était excellent et que les menaces québécoises ne lui feront pas faire d'indigestion. Normand trouve la plaisanterie bien drôle et termine en proposant une rencontre entre René Lévesque et John Ford.

Comme le notera le diplomate Emery Davies dans une dépêche subséquente, « il est clair […] que Bob a subi et subira encore certainement de fortes pressions de la part du gouvernement du Québec. C'est évidemment le revers de l'avantage d'avoir sur place un homme bien enraciné dans la scène politique locale… ». Ces précisions étant faites, il reste à déterminer si John Ford se rendra ou non à Québec. Selon Davies, cette visite délicate vaudra au principal intéressé « de se faire frotter les oreilles par Lévesque et, sans aucun doute, par le gouvernement fédéral ensuite, à son retour[9] ».

Pour l'instant, c'est à Margaret Thatcher que les Québécois s'adressent, par l'entremise d'une lettre du délégué général Gilles Loiselle, pour lui rappeler que son gouvernement « s'opposera par tous les moyens à sa disposition à toute tentative du gouvernement fédéral de rapatrier unilatéralement la Constitution », geste qui est « une erreur et une source de fortes divisions, car il s'agirait d'une atteinte aux fondements mêmes de la fédération et d'une menace contre le fragile équilibre des pouvoirs qui existe au Canada[10] ». En guise de réponse, le délégué aura droit à un accusé de réception poli du ministre délégué au Foreign

9. Note d'Emery Davies à Martin Berthoud, datée du 16 octobre 1980. Archives du Foreign Office, FCO 82/822.
10. Note de Gilles Loiselle à Margaret Thatcher, datée du 3 octobre 1980. Archives du Foreign Office, FCO 82/821.

Office, Nicholas Ridley, l'assurant qu'on a bien pris note de sa lettre.

Prendre note est ici un euphémisme. En réalité, le rapatriement attire tellement l'attention à Whitehall que Thatcher et ses ministres en discutent le jour même où Trudeau informe les Canadiens de ses intentions. Le comité qui pilote le programme législatif du gouvernement en examine les répercussions possibles. Le ministre britannique de l'Intérieur affirme d'entrée de jeu que l'opération est tellement complexe dans les circonstances qu'elle pourrait s'étirer sur plus d'un an. Les Canadiens ont été prévenus, mais ils ne manqueront pas d'être en colère, prédit-il. Il est donc primordial qu'aucune promesse ferme ne leur soit faite[11]. Le lord chancelier, quant à lui, n'est pas heureux de constater que les Britanniques auront à voter une charte. Il serait de loin préférable de renvoyer simplement la Constitution au Canada avec une formule d'amendement. Le tour de table se poursuit et Thatcher résume finalement la discussion :

> Un projet de loi prévoyant l'inclusion d'une charte des droits et libertés serait complexe et très controversé et accaparerait longtemps les deux chambres du Parlement […] Il est certain que le gouvernement fédéral serait très mécontent d'un refus du gouvernement de Sa Majesté d'adopter une loi qui prévoirait une telle inclusion et qui aurait été approuvée par le gouvernement fédéral. Les propositions canadiennes, dans leur forme actuelle, devront faire l'objet d'un examen attentif[12].

---

11. Document préparatoire pour la rencontre entre Margaret Thatcher, Mark MacGuigan et John Roberts, daté du 3 octobre ; obtenu du Cabinet Office à la suite d'une demande d'accès à l'information.

12. *Ibid.*

Une audience royale

Une nouvelle occasion de se pencher sur l'affaire se présente quelques jours plus tard. Les fédéraux ont dépêché à Londres les ministres Mark MacGuigan et John Roberts pour expliquer la démarche fédérale. Ceux-ci sont reconnus comme étant des faucons au sein du cabinet. Avant même de rencontrer les membres du gouvernement britannique, ils sont reçus au palais de Buckingham par le conseiller de la reine, Philip Moore. Le lendemain, le dimanche 4 octobre, la souveraine les invite à son château de Balmoral, en Écosse. Comme l'explique John Ford, tout cela n'est pas le fruit du hasard : « Ils ont habilement remis leur proposition à la reine, à titre de reine du Canada, avant même de l'avoir montrée au gouvernement. Elle avait le droit d'en connaître la teneur, mais je crois qu'ils espéraient qu'elle exercerait des pressions sur le gouvernement. J'en ai pris bonne note[13]. »

L'audience royale débute par un dîner dans une grande salle à manger sans éclat. On parle de tout et de rien pendant qu'une demi-douzaine de petits chiens corgis traînent sous la table en quête des miettes que la reine jette pour eux sur le tapis. Les bêtes se faufilent constamment entre les pattes des invités, au grand déplaisir des deux Canadiens[14].

Élisabeth passe ensuite aux choses sérieuses. Invitant les deux émissaires dans un salon, elle affiche d'entrée de jeu son intérêt et sa grande connaissance du dossier constitutionnel. MacGuigan est convaincu qu'elle en parlera à Thatcher à l'occasion de leur entretien hebdomadaire, percevant au passage que la relation entre les deux femmes qui occupent le sommet de l'État britannique n'est pas très chaleureuse. La reine est toutefois gagnée à la cause fédérale : c'est tout ce qui compte. La

---

13.   Entrevue avec John Ford, 8 février 2007.
14.   Mark MacGuigan, *An Inside Look at External Affairs*, p. 93.

dernière phrase de l'entretien est à peine prononcée qu'on ouvre la porte, et la satanée meute s'y engouffre aussitôt.

Le lendemain, les deux émissaires rencontrent la première ministre pendant une heure. Même si celle-ci ne souhaite qu'aider Trudeau, la partie n'est pas aussi facile qu'avec la reine. Les fonctionnaires du Foreign Office pensent qu'il faut agir avec circonspection, comme l'explique un mémorandum confidentiel qu'ils ont préparé pour Thatcher :

> Le gouvernement britannique, qu'il ait été travailliste ou conservateur, a toujours maintenu la position générale selon laquelle ce pays favoriserait le rapatriement si le gouvernement fédéral le lui demandait. Il n'est jamais arrivé que le Royaume-Uni remette en cause une requête canadienne en vue d'un amendement de l'Acte de l'Amérique du Nord britannique, bien que nous ayons déjà apporté des modifications techniques à des propositions canadiennes […] Néanmoins, on tenait pour acquis que la requête du Parlement canadien s'inscrirait dans le contexte d'un large accord des provinces…
>
> Il semble maintenant y avoir une forte opposition provinciale aux propositions constitutionnelles. La controverse au Canada va sans doute se refléter chez nous. Il pourrait en résulter un débat difficile au Parlement ainsi que des tentatives d'amendement, ce qui causerait des délais. Le menu législatif est déjà surchargé […] Les députés pourraient faire l'objet de pressions et se demander pourquoi les Canadiens veulent, en fait, voir le Parlement britannique adopter des mesures constitutionnelles de grande ampleur, comme la Charte des droits et libertés, plutôt que de les faire d'abord accepter au Canada et de simplement se présenter ensuite au Royaume-Uni pour obtenir le rapatriement, assorti d'une formule d'amendement[15]…

15. Document préparatoire pour la rencontre entre Margaret Thatcher, Mark MacGuigan et John Roberts, daté du 3 octobre 1980 ; obtenu du

Suivant son habitude, la Dame de fer a examiné soigneusement ses dossiers, comme en témoigne le déroulement de la conversation, qui a lieu en présence de son fidèle ministre Nicholas Ridley et de John Ford, à qui on a demandé d'assister à l'entretien[16]. Thatcher ne cache pas son étonnement : elle s'attendait à une demande de rapatriement, sans plus. « Mais vous voulez maintenant que le Parlement de Westminster adopte une charte des droits. Quelqu'un va sûrement demander pourquoi le Parlement canadien ne pourrait pas lui-même adopter une charte des droits après le rapatriement de la Constitution. La question va susciter la controverse en Grande-Bretagne et, par conséquent, il va falloir beaucoup plus de temps pour la régler. » MacGuigan rétorque que la mesure est « nécessaire pour la survie du Canada dans sa forme actuelle. Les engagements pris envers le Québec doivent être respectés ». La première ministre poursuit : « Pourquoi ne pouvez-vous pas d'abord rapatrier la Constitution et ensuite adopter vous-mêmes une charte des droits ? Mettez-vous à ma place et demandez-vous ce que je peux répondre à mes députés d'arrière-ban. »

Le problème vient de la formule d'amendement, explique John Roberts. Celle-ci « sera forcément plutôt rigide, afin de protéger la position des gouvernements provinciaux. Une fois que cette formule sera entrée en vigueur, il sera très difficile de faire adopter une charte des droits ». De toute manière, poursuit-il, la résolution constitutionnelle a été présentée en chambre, et il est trop tard pour battre en retraite sur la charte

---

Cabinet Office à la suite d'une demande d'accès à l'information.

16.   La reconstitution de cette conversation est basée sur le compte rendu britannique (obtenu du Cabinet Office à la suite d'une demande d'accès à l'information) et sur le compte rendu canadien (archives du ministère des Affaires étrangères du Canada, RG 25-A-3-C 25-6, 20-CDA-16-1-4, vol. 8723, partie 5, non daté).

des droits. Le gouvernement britannique n'aura qu'à dire qu'il agit à la suite d'une demande du Parlement canadien.

MacGuigan annonce ensuite qu'Ottawa aimerait que toute la procédure soit terminée pour le 1er juillet 1981, date du cinquantième anniversaire du Statut de Westminster. « Cela n'ira pas de soi », fait remarquer Thatcher, qui poursuit avec une question : « Quel est le risque qu'un recours soit déposé devant les tribunaux canadiens pour contester la légalité de ce que le gouvernement britannique s'apprête à faire ? » « Nous n'en sommes pas là », la rassure Roberts. « Ce serait tout de même très embêtant, s'objecte alors Nicholas Ridley, si le Parlement britannique permettait le rapatriement d'une Constitution que les tribunaux canadiens pourraient ensuite juger illégale. » Certes, reprend Roberts, « mais un refus du gouvernement britannique de satisfaire à une requête du gouvernement canadien le mettrait davantage sur la sellette que s'il acceptait cette requête ». Thatcher soutient alors qu'il n'est pas question de refuser quoi que ce soit. Elle fera au contraire de son mieux pour accommoder les Canadiens. L'entretien se termine là-dessus.

Quelques commentaires s'imposent ici. Notons d'abord à quel point les deux ministres canadiens sont empreints de sollicitude envers les provinces. Ils favorisent une formule d'amendement rigide qui protégera ces dernières d'éventuelles modifications arbitraires en provenance d'Ottawa. Cette belle ouverture ne se concrétisera toutefois qu'après l'adoption – sans leur assentiment – d'une charte, grâce à Westminster, mesure rendue prétendument nécessaire à la suite de la promesse que Trudeau a faite au Québec. Non seulement l'opération n'est pas hostile aux provinces, mais il ne semble y avoir nulle part au Canada un doute quelconque sur la légalité de cette opération. Voilà ce qui explique la conviction de John Roberts que les tribunaux ne seront pas saisis de l'affaire, une affirmation qu'il répète quelques heures plus tard à l'occasion d'une conférence de presse.

L'intervention allemande

Évidemment, Margaret Thatcher n'est pas dupe d'un tel discours, comme l'indique une conversation qu'elle aura peu de temps après avec le chancelier allemand Helmut Schmidt. Celui-ci est un grand ami de Trudeau, qu'il a déjà invité sur son voilier sur la mer Baltique. L'Allemand profite donc d'une rencontre avec la Britannique pour lui demander des nouvelles de son vis-à-vis canadien. Elle lui livre alors le fond de sa pensée quant au rapatriement de la Constitution canadienne :

> Le chancelier Schmidt a demandé à la première ministre de lui faire connaître son évaluation du résultat probable des discussions en cours quant au rapatriement de la Constitution canadienne. La première ministre a affirmé que tout serait simple si le rapatriement était la seule question en jeu. Malheureusement, le gouvernement canadien veut également une charte des droits. Il a adressé cette requête à Westminster parce qu'il n'est pas en mesure d'obtenir un accord à ce sujet au Canada. Le gouvernement britannique sera tenu de donner une réponse positive à la requête du Canada…
>
> Le chancelier Schmidt a indiqué qu'il observait attentivement les problèmes canadiens, mais qu'il avait commencé à se demander si M. Trudeau serait capable de régler les difficultés actuelles du Canada. Dans les provinces de l'Ouest, on parlait d'Ottawa dans les mêmes termes que ceux qu'employaient les Européens à propos des Nouvelles-Hébrides. En Colombie-Britannique, les provinces maritimes ont été reléguées aux oubliettes. L'Ontario était en conflit avec le reste du Canada, tout comme le Québec. Ils avaient dans un même pays les mêmes problèmes que ceux opposant les pays membres de l'OPEP et les pays non membres de l'OPEP. Le Canada était un pays ayant à la fois beaucoup de problèmes et un grand potentiel.
>
> Lord Carrington a souligné que [...] Trudeau a bien manœuvré et doit être appuyé. Il est regrettable de voir qu'il crée des diffi-

cultés pour le gouvernement britannique en lui demandant de faire quelque chose qu'il ne peut pas faire lui-même[17].

Naturellement, Thatcher n'a jamais partagé de telles réflexions avec Trudeau ou Roberts et MacGuigan. Mais toute cette activité attire l'attention des médias, notamment le célèbre hebdomadaire *The Economist,* qui annonce une nouvelle incroyable à ses lecteurs : « Vous pouvez vous attendre à voir le Parlement britannique promulguer une charte des droits d'ici quelques mois. Cette Charte va garantir, entre autres, la protection de certains droits linguistiques des minorités (les journaux gallois sont priés d'en prendre note) [...] mais les Britanniques n'ont pas à s'en inquiéter, car elle concerne seulement le Canada[18]. »

On ne sait pas si les lecteurs anglais ont trouvé drôle cette nouvelle sous forme de plaisanterie, mais l'histoire rappelle à quel point le principe d'une charte, opposé à la souveraineté du Parlement, est controversé à l'époque en Grande-Bretagne. Comme le remarquera Mark MacGuigan lui-même, « il ne faut pas oublier que le gouvernement Thatcher était fermement opposé à l'adoption d'une charte des droits applicable au Royaume-Uni[19] ». Ayant la fibre patriotique, la Dame de fer est fière de l'histoire de son pays, la première grande nation à élire une femme, et elle se dresse pour défendre les libertés du peuple : c'est un bien sacré dont seul le Parlement souverain est dépositaire et qui, suivant la tradition whig et les idées du constitutionaliste Albert Venn Dicey, demeure le garant suprême des droits

---

17. Note du conseiller Michael Alexander intitulée *Prime Minister's Visit to Bonn,* datée du 18 novembre 1980. Document obtenu du Foreign Office à la suite d'une demande d'accès à l'information.

18. *The Economist,* note datée du 11 octobre 1980. Archives du Foreign Office, FCO 82/822.

19. Mark MacGuigan, *An Inside Look at External Affairs,* p. 92.

de l'homme. Voilà ce qui est au cœur du projet politique de Thatcher et qu'elle martèle inlassablement sur toutes les tribunes, portée par une foi inébranlable. Ainsi, lors de son premier voyage officiel à Washington, en 1979, elle déclarait déjà : « Nous sommes résolus à revenir aux premiers principes qui ont traditionnellement régi notre vie politique et économique, notamment la responsabilité qu'ont les individus, et non l'État, d'assurer leur propre bien-être ainsi que la primauté du Parlement quant à la protection des droits fondamentaux[20]. »

La charte de Trudeau s'invite donc en Grande-Bretagne alors même que les tories ont déclaré chez eux la guerre à ce concept : un débat fait rage au pays en raison de la ratification par Westminster de la Convention européenne des droits de l'homme, dont les dispositions n'ont pas encore été incorporées au droit anglais. Plusieurs avancent que, pour respecter le traité, l'adoption d'une charte des droits est absolument nécessaire. Certains auteurs dépeignent à cet égard un portrait sombre de la situation au Royaume-Uni, un endroit apparemment gouverné par des tyrans. Leurs livres, qui n'ont rien à envier au *1984* d'Orwell, portent des titres à faire frémir : *The History and Practice of Political Police in Britain, Police Against Black People* et *The Technology of Political Control*[21]. Exactement le genre de propos que les conservateurs en général, et Margaret Thatcher en particulier, détestent viscéralement.

Mais l'opposition à une charte déborde les rangs conservateurs. Plusieurs figures importantes parmi les travaillistes s'y opposent aussi, notamment Neil Kinnock, qui deviendra le chef

---

20.   Vidéo en ligne sur le site YouTube à l'adresse suivante : www.youtube.com/watch?v=bcM38teBfu8.

21.   Matthew Lippman, « The Debate Over a Bill of Rights in Great Britain: The View from Parliament », *Universal Human Rights,* vol. 2, n° 4, octobre-décembre 1980, p. 26.

du parti[22]. Comme au Canada, la principale critique concerne le pouvoir des juges. C'est cette idée qui est défendue en 1979 à la Chambre des lords, quand un projet de Charte des droits est présenté aux parlementaires afin d'arrimer le pays à la Convention européenne des droits de l'homme. Lord Diplock, l'un des lords juristes (l'équivalent des juges de la Cour suprême), met alors en garde ses collègues. Les juges ont parfois tendance à entrer dans l'arène politique, leur dit-il, et ce phénomène sera encore plus grand si le pays se dote d'une charte :

> Il me semble que les représentants de la population ont été démocratiquement élus à un Parlement représentatif, sont plus au fait de la situation et sont de meilleurs juges que les juges nommés, qui ont été nommés non pas en raison de leur philosophie sociale ou de leur pensée politique, mais en raison de leur compétence en droit. Si ce projet de loi est adopté dans sa forme actuelle, il donnera carte blanche à n'importe quel fanatique ou cinglé qui voudra contester toute loi qu'il désapprouve[23]…

Un an après ce débat, le Haut-Commissariat canadien demandera à Lord Diplock de rédiger une opinion juridique sur le rapatriement constitutionnel. Sans surprise, celui-ci leur recommandera de laisser tomber la charte des droits[24].

Tout ce débat en Grande-Bretagne ne facilite pas la tâche de Jean Wadds et de ses collègues. Comme au Canada, les collègues de Trudeau ont d'abord présenté la charte comme une mesure

---

22. Francesca Klug, *Values for a Godless Age: The Story of the United Kingdom's New Bill of Rights,* Londres, Penguin, 2000, p. 155.

23. Cité dans Glenn Abernathy, « Should the United Kingdom Adopt a Bill of Rights ? », *The American Journal of Comparative Law,* vol. 31, n° 3, 1983, p. 456.

24. Robert Sheppard et Michael Valpy, *The National Deal: The Fight for a Canadian Constitution,* Toronto, MacMillan, 1982, p. 208.

en faveur du peuple, visant à lui redonner ses droits contre l'op-
pression du gouvernement – argument qui semble sorti tout
droit de la bouche des partisans anglais d'une charte des droits.
Ottawa réalise bientôt que cette approche provoque des inter-
férences avec le débat politique en Angleterre. Cette situation se
manifeste d'abord par des fuites impromptues dans la presse.
« Le gouvernement risque de paralyser le Parlement à propos de
la Constitution canadienne », titre le quotidien britannique *The
Guardian* le 27 octobre 1980, expliquant que la demande fédérale va semer la pagaille. L'article précise « [qu'il] est certain que
les experts constitutionnels dans les deux chambres du Parlement seraient extrêmement hésitants à donner rapidement leur
appui à une telle proposition, qui aurait des répercussions
constitutionnelles pour la Grande-Bretagne ».

Après la lecture du *Guardian*, Mark MacGuigan confiera
« avoir vraiment pris conscience des dimensions du problème
pour la Grande-Bretagne », surtout que l'article n'est pas le seul
indice des complications. Il met donc Trudeau en garde : « J'ai
envoyé un mémorandum au premier ministre pour l'informer
que mon ministère était désormais beaucoup moins certain que
le gouvernement britannique était prêt à coopérer afin que le
Parlement adopte rapidement notre projet de loi[25]. »

La charte de la discorde

Depuis Londres, Jean Wadds a la même impression, et elle propose de présenter la Charte canadienne avec d'autres arguments :
« Il pourrait s'agir de justifier notre proposition à la lumière des
engagements pris durant la campagne référendaire au Québec et
d'invoquer un argument strictement logique à l'effet que la
charte est un élément essentiel de la Constitution d'un État fédé-

---

25. Mark MacGuigan, *An Inside Look at External Affairs*, p. 96.

ral (pour illustrer la distinction par rapport à la situation britannique)[26]. »

À Ottawa, certains sont abasourdis par la tournure des événements. « Pourquoi les conservateurs jugent-ils que la charte est si dérangeante ? écrit le sous-ministre adjoint aux Affaires extérieures, De Montigny Marchand. Existe-t-il des arguments véritablement juridiques selon lesquels cela créerait un précédent quelconque ayant des effets au Royaume-Uni[27] ? » Quoi qu'il en soit, Marchand conclut lui aussi qu'il importe de réorienter les discussions. C'est ce qu'il suggère à son tour à MacGuigan :

> Nous reconnaissons que certains, au Royaume-Uni, ont des réserves au sujet d'une charte des droits dans ce pays, mais la situation n'est pas la même dans nos deux pays. Nous ne songerions jamais à juger les requêtes du Royaume-Uni et croyons fermement que nos amis britanniques conviennent que c'est aux Canadiens qu'il revient de décider de la nécessité d'avoir une charte des droits. Le Canada est une fédération et on peut invoquer des arguments spécifiques en faveur d'une telle charte dans une fédération. La charte garantirait que tous les Canadiens, quelle que soit leur province de résidence, bénéficieraient des mêmes droits fondamentaux. C'est important pour la préservation de l'unité du pays[28].

MacGuigan est d'accord. C'est donc cette stratégie qu'il propose à Trudeau. Ce dernier donnera son approbation, indiquant que l'approche fédérale à Londres « devrait souligner que nous

---

26. Archives du ministère des Affaires étrangères du Canada, RG 25-A-3-C, 20-CDA-16-1-4, vol. 8722, partie 3.

27. Archives du ministère des Affaires étrangères du Canada, RG 25-A-3-C, 20-CDA-16-1-4, vol. 8722b, partie 3.

28. Archives du ministère des Affaires étrangères du Canada, RG 25-A-3-C, 20-CDA-16-1-4, vol. 8723, partie 4. Les soulignés sont de Marchand.

garantissons la protection du bilinguisme au niveau fédéral et des droits scolaires des minorités au niveau provincial[29] ». Comme il le dira lui-même quelque temps plus tard au ministre britannique Ian Gilmour, lors d'un dîner, « l'opposition des provinces à ma proposition vise à briser le Canada, alors que je lutte pour le garder uni[30] ».

En somme, il s'agira désormais de défendre la charte en utilisant un argument que les fédéraux n'ont presque jamais employé au Canada, celui de l'unité nationale. Pour bien comprendre ce que cela implique, il faut distinguer le rapatriement constitutionnel, d'une part, et la charte des droits, d'autre part. La première opération symbolise l'indépendance du Canada ; elle constitue donc une source potentielle de fierté. En ce sens, la question constitutionnelle est bien sûr liée à l'unité nationale. Il n'en va pas de même avec la charte, du moins pas en principe. Contrairement au *government's package*, le *people's package*, on l'a vu, se veut une proposition supposément désintéressée de la part d'Ottawa au bénéfice des citoyens. Selon Ottawa, la charte vise à protéger les droits des citoyens, et non pas à cimenter l'unité nationale. C'est pourtant ainsi qu'on la présente désormais outre-mer. Pour empêcher que la dynamique politique anglaise ne contamine le débat sur la charte canadienne à Westminster, il faut précisément lier celle-ci avec la question de l'unité du Canada. Ce glissement dévoile le but premier du projet constitutionnel : imposer aux provinces, et au Québec en particulier, ce que Trudeau appelle des « droits linguistiques en éducation », lesquels s'opposeront à la loi 101 dans la province de Lévesque.

---

29. Archives du ministère des Affaires étrangères du Canada, RG 25-A-3-C, 20-CDA-16-1-4, vol. 8722, partie 2.

30. Trudeau fait ce commentaire lors d'un dîner au 10, Downing Street le 26 juin 1981. Compte rendu d'entretien obtenu du Foreign Office à la suite d'une demande d'accès à l'information.

Ottawa obtient-il plus de succès avec cette nouvelle approche ? « Les ministres canadiens venaient en disant que la charte était nécessaire pour l'unité du Canada », explique Daniel Gagnier, alors en poste au Haut-Commissariat canadien. « Les Britanniques ont poliment écouté cet argument, mais ils ne l'ont jamais acheté. Même ceux qui étaient pour nous n'ont jamais vraiment été touchés émotivement par cet argumentaire[31]. » « C'était un argument stupide », ajoute Jonathan Aitken, qui était à l'époque député conservateur. « Longtemps, la charte a manifestement été une source de division[32]. »

Le problème causé par celle-ci ne se limite toutefois pas à une question de philosophie politique. La charte canadienne alimente aussi la dissidence au sein du gouvernement de Sa Majesté. C'est le cas du ministre des Arts et leader parlementaire Norman St. John-Stevas. Celui-ci fait partie d'un groupe qu'on appelle les « *wets* », des membres du cabinet plutôt centristes et, de ce fait, hostiles au programme de droite que Thatcher impose à son gouvernement. La présence de St. John-Stevas dans le dossier constitutionnel n'augure rien de bon pour les fédéraux. Les *wets* tentent sans relâche de saper ce qu'ils perçoivent comme une attitude cavalière de la part de leur patronne, ce qui inclut dans une certaine mesure l'appui qu'elle donne à Trudeau en ce qui concerne la Constitution. Dans le cas précis de St. John-Stevas, ajoutons qu'il se croit intouchable. Au début des années 1970, il a servi comme ministre délégué sous Thatcher quand celle-ci était à l'Éducation. Devenu son protégé, il entretenait alors une excellente relation avec elle. Rappelons-le : au sein du cabinet, il est l'un des seuls, avec Carrington, à être capable de la faire rire. À tel point qu'au fil du temps il multiplie les plaisanteries, se permettant dans son dos de l'appeler la « leaderene », « Attila the Hen » ou encore « the blessed Marga-

---

31. Entrevue avec Daniel Gagnier, 14 avril 2008.
32. Entrevue avec Jonathan Aitken, 20 décembre 2006.

ret[33] ». Toutefois, depuis qu'elle occupe le 10, Downing Street, Thatcher apprécie de moins en moins cette attitude.

St. John-Stevas, lui, ne voit rien venir. Sans la consulter, il prend l'initiative de bien faire comprendre aux Canadiens que les choses ne peuvent pas aller comme ils le veulent. La manœuvre prend la forme d'un appel téléphonique à son vis-à-vis Yvon Pinard, leader parlementaire libéral, pour se renseigner sur le moment où la résolution constitutionnelle serait adoptée à Ottawa et envoyée à la reine. Pinard lui explique que le tout n'arriverait pas avant la fin janvier[34]. Dans ce cas, réplique St. John-Stevas sur un ton poli mais ferme, les Canadiens peuvent faire une croix sur la date du 1er juillet. « Si la résolution ne comporte pas une charte des droits, le processus d'adoption devrait s'achever au printemps 1982, explique-t-il. Si elle comporte une charte des droits, ce sera plus long, peut-être en août 1982, en raison des pressions que les provinces et d'autres groupes vont exercer sur les députés d'arrière-ban. »

> Pinard : « La référence aux provinces traduit une préoccupation pour nos affaires internes. »
> Stevas : « Si la résolution devait comporter une charte des droits, ce serait alors problématique pour nous aussi. »
> Pinard : « C'est très décevant et je ne peux m'engager à respecter une certaine date précise. »

Si les choses ne tournent pas rond avec le gouvernement conservateur, elles ne s'annoncent guère mieux avec le Parti travailliste. À la fin du mois d'octobre, le chef démissionnaire James

---

33. John Campbell, *Margaret Thatcher,* vol. 2 : *The Iron Lady,* Londres, Vintage Books, p. 107.

34. Archives du ministère des Affaires étrangères du Canada, RG 25-A-3-C, 20-CDA-16-1-4, vol. 8722, partie 3.

Callaghan téléphone à Jean Wadds, qui, sitôt la conversation terminée, fait rapport à MacGuigan :

> La question de l'Acte de l'Amérique du Nord britannique lui semblait désormais beaucoup plus épineuse qu'il ne le croyait au moment où il vous a rencontré avec John Roberts ce mois-ci. Il n'avait alors pas compris toutes les conséquences des mesures que nous soumettions au Parlement britannique, ni les occasions qui étaient ainsi mises à la disposition des fauteurs de trouble dans tous les partis. Il a souligné trois domaines susceptibles de soulever l'intérêt des députés d'arrière-ban : la charte des droits, les droits des autochtones et les relations fédérales-provinciales. Quoi qu'il en soit, Callaghan tenait à nous faire savoir qu'il voit, dans les députés d'arrière ban, une source potentielle de difficultés, considérables à ses yeux[35].

Callaghan se dit même prêt à se rendre au Canada pour une visite non officielle, afin de discuter de la situation et d'aider les fédéraux. L'offre est transmise secrètement à Trudeau, qui n'y donne pas suite. Ce dernier décide plutôt que MacGuigan retournera à Londres pour tenter d'éteindre ce nouveau feu.

Devant toutes ces difficultés, Ottawa décide aussi de dépêcher un nouvel homme pour renforcer l'équipe de Jean Wadds au Haut-Commissariat canadien. Il s'agit de Reeves Haggan. D'origine britannique, cet ancien producteur de l'émission à succès *This Hour Has Seven Days* s'est recyclé dans l'administration publique et est devenu un vétéran des rencontres constitutionnelles. Au sein de l'appareil fédéral, il est l'une des rares personnes à avoir dès le départ envisagé des problèmes constitutionnels avec

---

35.　Note de A. W. Sullivan au ministre Mark MacGuigan, suivant un message envoyé par Jean Wadds à Ottawa, datée du 31 octobre 1980. Archives du ministère des Affaires étrangères du Canada, RG 25-A-3-C, 20-CDA-16-1-4, vol. 8722, partie 3.

la Grande-Bretagne. À Londres, plusieurs s'attendent à ce que son arrivée donne du tonus à l'équipe fédérale. Tandis que Wadds continuera à cajoler et à charmer les uns et les autres, Haggan, grand bonhomme au physique impressionnant, sera parfait dans le rôle du vilain. Comme il le dit lui-même, sa tâche consiste à « déterminer clairement qui sont ceux qui comptent à la Chambre des lords et à la Chambre des communes et à m'employer à croiser leur chemin[36] ».

L'envoi en renfort d'une telle pointure indique à quel point la situation a évolué depuis le dépôt de la requête constitutionnelle. Car, malgré les dénégations officielles, une chose est sûre désormais pour Mark MacGuigan : Thatcher peine à maîtriser le jeu. Ne disposant que d'une courte majorité en chambre, elle vient d'essuyer coup sur coup « deux défaites gênantes à la Chambre des lords à propos de deux importantes questions politiques nationales[37] ». On ne saurait exclure que la résolution constitutionnelle puisse subir le même sort. Dans un mémorandum secret frappé de la mention « Canadian eyes only », MacGuigan explique la situation à Trudeau : « nous avons de graves problèmes au Royaume-Uni [...] avec le gouvernement, avec les parlementaires en général et avec la presse[38]. »

---

36. *The Globe and Mail*, 29 janvier 1981.

37. Note de Mark MacGuigan à Pierre Elliott Trudeau datée du 16 octobre 1980. Archives du ministère des Affaires étrangères du Canada, RG 25-A-3-C, 20-CDA-16-1-4, vol. 8722, partie 3.

38. Note de MacGuigan à Trudeau datée du 28 octobre 1980. Archives du ministère des Affaires étrangères du Canada, RG 25-A-3-C, 20-CDA-16-1-4, vol. 8722, partie 4.

CHAPITRE 8

La bataille commence

Toronto, 14 octobre 1980. Les provinces se réunissent à l'hôtel Harbour Castle de Toronto, à l'initiative de Sterling Lyon, le premier ministre du Manitoba, qui agit à titre de président de la conférence des premiers ministres provinciaux. Le rapatriement de la Constitution prend désormais la forme d'une bataille politique sans précédent, mettant aux prises les provinces contre le fédéral. Il importe donc de coordonner les efforts de chacun. Tous les premiers ministres sont présents, sauf Richard Hatfield, qui arrive finalement avec plusieurs heures de retard[1]. Ce dernier n'est pas du tout à l'aise devant la fronde qui s'organise. Il est venu dire aux autres qu'il a choisi le camp de Trudeau, tout comme l'Ontarien Bill Davis, qui se déclare en accord avec le premier ministre fédéral. Comme ce dernier, Davis est convaincu que des « droits linguistiques en éducation » sont nécessaires pour maintenir l'unité nationale[2] – ce qui ne l'empêche pas de refuser que sa province devienne bilingue.

---

1. Robert Sheppard et Michael Valpy, *The National Deal: The Fight for a Canadian Constitution*, Toronto, MacMillan, 1982, p. 178.
2. *Ibid.*

La haine de Trudeau

Outre ces deux provinces qui se rangent derrière Trudeau, il y a aussi les provinces qui décident de rester neutres, soit la Nouvelle-Écosse de John Buchanan et la Saskatchewan d'Allan Blakeney. S'il rejette l'approche unilatérale des fédéraux, ce dernier croit toujours possible de s'entendre avec Trudeau. Quant à Buchanan, il n'a pas d'idée forte sur la Constitution, mais préférerait une entente plutôt que l'affrontement. Il faut dire aussi qu'il est le rival de Peckford (Terre-Neuve) à titre de champion des Maritimes : les deux hommes ont des vues différentes sur la gestion des pêches et des ressources côtières[3]. Buchanan assiste à la rencontre, reste pour la photo de groupe, mais téléphone à Lyon une semaine plus tard pour lui dire qu'il ne se joindra pas aux rebelles.

Le groupe des opposants est donc constitué de ce qu'on appelle d'abord le « Groupe des Six », soit Terre-Neuve, l'Île-du-Prince-Édouard, la Colombie-Britannique, le Manitoba, l'Alberta et le Québec. Le noyau dur est formé des trois dernières provinces, dirigées par trois hommes qui s'estiment, s'apprécient, mais se méfient l'un de l'autre. Lougheed dira notamment de Lévesque, quelques années plus tard : « il était perspicace, affable et d'un naturel amical. Il me considérait comme un allié et nous avons étroitement coopéré [...] mais je demeurais toujours pleinement conscient du fait que je travaillais avec un séparatiste qui venait de tenter de sortir le Québec du Canada. J'éprouvais de l'inquiétude à propos de nos démarches et de leur conclusion possible[4]. » À l'époque, cependant, l'Albertain est beaucoup moins réservé que ne le laissent entendre ces propos, décrivant

---

3.   *Ibid.*, p. 179.

4.   Ron Graham, *The Last Act: Pierre Trudeau, the Gang of Eight and the Fight for Canada,* Toronto, Penguin, 2011, p. 132.

plutôt Lévesque comme un homme à son image, « un provincialiste convaincu[5] ». Quant à Lévesque, il a pardonné à son vis-à-vis
albertain d'avoir soutenu le camp du non au référendum – surtout que Lougheed accuse publiquement Trudeau de ne pas remplir sa promesse faite aux Québécois. Pour ce qui est de Lyon, il
s'érige en défenseur du Canada traditionnel, c'est-à-dire du
Canada britannique, contre le fossoyeur en chef qu'incarne à ses
yeux Trudeau[6]. Tel est le ciment de cette alliance improbable : une
hostilité viscérale envers ce dernier, dont la seule évocation suscite la fureur du groupe des opposants.

De tous les adversaires de Trudeau, l'Albertain est le plus dangereux. Comme le dira plus tard Jean Chrétien, « Lougheed était
le chef de file. Sûr de lui, calme, intelligent [...] Ses silences étaient
aussi éloquents que ses paroles. Les autres essayaient de lire ses
pensées sur son visage. Même Allan Blakeney, l'intellectuel socialiste, hésitait à contredire Lougheed[7]. »

De fait, l'Albertain tire la première salve. Le 20 octobre, son
ministre des Affaires intergouvernementales, Dick Johnston, présente un projet de loi permettant la tenue d'un référendum dans
sa province, chose « extrêmement importante pour ce gouvernement » puisque le tout permettra de consulter les Albertains
« sur des questions d'une grande importance ». Lougheed
explique quant à lui que ce geste vise à contrer les dispositions
référendaires que Trudeau a incluses dans sa proposition constitutionnelle. Si ce dernier se donne la possibilité de consulter le
peuple sans passer par les provinces, l'Alberta doit aussi pouvoir
tenir son propre référendum, dit-il en substance. Et aux fédéraux
qui ne manqueront pas d'y voir des relents de souverainisme, il

5.   Robert Sheppard et Michael Valpy, *The National Deal*, p. 8.

6.   *Ibid.*, p. 180.

7.   Jean Chrétien, *Dans la fosse aux lions*, Montréal, Les Éditions de
l'Homme, 1985, p. 167.

précise : « Nous ne parlons pas de séparation et nous n'en avons jamais parlé. Nous voulons faire partie du Canada[8]. »

Et tandis que le premier ministre albertain jure de ne pas chercher l'indépendance, ceux qui y rêvaient il n'y a pas si longtemps font flèche de tout bois. Le PQ se relève. L'échec référendaire avait écrasé le parti, semé le doute dans ses rangs, ébranlé son chef. Il l'avait surtout privé d'une idée forte, sans laquelle la vie partisane se résume au clientélisme et à la petite politique. Mais la question constitutionnelle vient raviver les braises et redonner un sens à l'action du PQ.

Le redressement s'opère au cours de l'automne, alors que le gouvernement Lévesque décide de reporter les élections à l'année suivante. Dans l'intervalle, une motion visant à dénoncer l'action unilatérale d'Ottawa est présentée à l'Assemblée nationale. Le chef péquiste aimerait beaucoup que l'opposition y souscrive. Comme il l'écrit lui-même, « les libéraux ne pouvaient ignorer que notre unanimité aurait un poids considérable auprès des Britanniques[9] ». Il a bon espoir de convaincre Claude Ryan. Se bornant à dénoncer le projet de rapatriement unilatéral, le texte évite tout litige avec le PLQ, puisque Ryan lui-même s'oppose à Trudeau. Mais le chef des libéraux, qui se voit déjà dans le fauteuil du premier ministre, ne l'entend pas de cette oreille. Il exige des péquistes une résolution qui soulignerait l'attachement des Québécois au Canada, les avantages de ce pays et l'importance du rejet de la souveraineté lors du référendum. En somme, il veut entraîner Lévesque dans une séance publique d'autoflagellation. Ce dernier tente de le faire changer d'idée : « Je le priai de se mettre à ma place, racontera-t-il. Un peu plus et je me serais mis à genoux. Mais tout en susurrant des propos lénitifs, le chef libéral se contenta de me laisser cuire sur mon gril. Sous son air de

---

8. *The Globe and Mail,* 20 octobre 1980.

9. René Lévesque, *Attendez que je me rappelle…,* Montréal, Québec Amérique, 1986, p. 430.

chattemite perçait quelque chose comme un brin de volupté sadique. C'est à ce moment-là que je fis le vœu de ne plus songer qu'au scrutin et de mener si possible la meilleure campagne de ma vie[10]. »

La nouvelle attitude de Lévesque a tôt fait de se transmettre à ses troupes. Les péquistes relèvent la tête, et c'est en lion qu'ils abordent les derniers mois de l'année 1980. À l'instar des fédéraux, ils lancent une campagne publicitaire, distribuant entre autres une brochure dans les foyers[11]. Le texte explique que la charte des droits vise un double but : enlever des pouvoirs au Québec et créer un creuset dans lequel son identité sera engloutie[12]. La campagne se fait aussi à la télévision, où l'on présente des messages publicitaires dans lesquels un prêtre critique Trudeau, une mise en scène qui enrage Jean Chrétien. Ironiquement, le tout survient au moment où ce dernier est plongé dans une controverse sur la pertinence de mentionner « Dieu » dans le préambule de la Constitution[13].

Cette mobilisation automnale atteint son apogée au début du mois de décembre. À l'appel de la Coalition Solidarité Québec, 14 000 militants nationalistes s'entassent dans le Forum de Montréal. Le rassemblement est officiellement non partisan, ce qui explique la présence parmi les orateurs de Roch La Salle, seul député conservateur du Québec, de Michel Le Moignan, chef de l'Union nationale, et de Denis Hardy, un ancien ministre de Robert Bourassa. Même s'ils dénoncent Ottawa, tous trois se font copieusement huer chaque fois qu'ils ont le malheur de prononcer les mots « Canada » ou « fédéralisme renouvelé[14] ». Évidemment, les huées cessent lorsque René Lévesque arrive sur la scène.

---

10. *Ibid.*, p. 430-431.
11. Robert Sheppard et Michael Valpy, *The National Deal*, p. 184.
12. Archives du Conseil exécutif, Québec, E5 2008-11-004/205.
13. Robert Sheppard et Michael Valpy, *The National Deal*, p. 184.
14. *The Globe and Mail*, 8 décembre 1980.

Le héros du jour a retrouvé sa verve flamboyante. Ses attaques résonnent dans le Forum et galvanisent ses troupes. Trudeau prépare « un coup d'État », et nous devons l'arrêter, lance-t-il. Debout, l'assistance applaudit à tout rompre en agitant une forêt de fleurdelisés. Tout le monde arbore le macaron « J'ai signé », en référence à une pétition qui demande que la Constitution ne soit pas amendée sans l'accord du Québec.

Mais il n'y a pas que devant les foules que l'affrontement prend forme. Le 23 octobre, le Groupe des Six décide de porter l'affaire devant les tribunaux. Il a été convenu que Terre-Neuve, le Québec et le Manitoba demanderont un avis juridique à leurs cours d'appel respectives. Les trois provinces posent trois questions identiques. D'abord, la proposition fédérale affectera-t-elle les relations fédérales-provinciales ? Ensuite, est-il constitutionnel pour Ottawa de faire parvenir à Londres sa demande de rapatriement sans le consentement des provinces ? Finalement, l'assentiment provincial est-il requis dans le cas présent ? Comme l'explique Claude Morin, « le recours aux tribunaux visait moins à résoudre un problème juridique qu'à montrer au Parlement et au gouvernement britannique que la démarche fédérale soulevait au Canada de graves problèmes. Cette stratégie nous paraissait potentiellement fructueuse : elle retarderait le processus, embêterait Ottawa et mettrait mal à l'aise les Britanniques[15] ».

Il a aussi été décidé que les provinces plaideraient l'idée qu'Ottawa viole des conventions constitutionnelles, plutôt que de faire valoir des règles formelles de droit, une approche qui met davantage en lumière la dimension politique de l'exercice. N'importe quel acteur, individuel ou institutionnel, peut donner son opinion sur l'existence d'une convention dont la violation possible ne peut être sanctionnée par les juges. En acceptant de donner leur opinion sur l'affaire, les magistrats n'y ajoutent absolument rien, juridiquement parlant. Ils ne font que joindre leur

---

15. Correspondance avec Claude Morin, 5 juillet 2006.

voix au concert de klaxons que suscite le projet de Trudeau. Ce dernier a donc parfaitement raison de dénoncer ici une opération politique montée par les provinces, et à laquelle les tribunaux prêtent leur concours. Le seul hic : c'est lui-même, avec son projet de charte, qui a lancé le premier cette judiciarisation de la politique canadienne.

Mais qu'importe tout cela, Trudeau fonce. Sa maxime est celle des révolutionnaires de 1789 – « Frappez vite et frappez fort » – et la clé de sa position, Westminster. Comme le notait Michael Pitfield dans son mémorandum du mois d'août, « nous en tirerions un grand avantage stratégique si la résolution commune était adoptée et que le Parlement du Royaume-Uni la promulguait avant qu'un tribunal canadien n'ait l'occasion de se prononcer sur sa validité et sur le processus employé à cette fin[16] ». En somme, il s'agit d'utiliser la Grande-Bretagne pour mettre le Canada devant un fait accompli. Cette précipitation soulève la colère de l'opposition officielle aux Communes, qui, par la voix du député Perrin Beatty, exige que la Cour suprême soit saisie de l'affaire. L'idée laisse Trudeau de marbre :

> Depuis que je siège dans cette chambre, j'ai souvent entendu l'opposition exiger que tel ou tel projet de loi soit déféré à la Cour suprême. Je lui ai généralement répondu que les tribunaux devraient être sollicités à ce sujet lorsqu'un citoyen fait appel à eux, comme l'a dit le ministre de la Justice un peu plus tôt. Procédons au rapatriement de la Constitution et adoptons une charte des droits, et si un citoyen ou une province se sent lésé par notre action et estime que celle-ci est, pour reprendre les mots de l'honorable député, entachée d'illégalité, alors le tribunal est l'endroit tout indiqué pour plaider une telle cause[17].

---

16. Citation en Chambre du Rapport de Michael Pitfield par le député conservateur Perrin Beatty. Archives du ministère des Affaires étrangères du Canada, RG 25-A-3-C 25-6, 20-CDA-16-1-4, vol. 8723, partie 4.

17. *Ibid.*

En somme, ce n'est pas parce que la stratégie de Pitfield a fait la une des journaux et qu'elle est connue du monde entier que le gouvernement fédéral se gênera pour l'utiliser. Mais de là à dire que tout le monde en Grande-Bretagne apprécie cette finesse, il y a un pas.

Le chemin de croix de Mark MacGuigan

C'est ce que Mark MacGuigan est à même de constater le 10 novembre lorsqu'il débarque à Londres, où Trudeau a décidé de le renvoyer. La mission du secrétaire d'État aux Affaires extérieures commence toutefois sur une bonne note avec un entretien avec Sonny Ramphal, secrétaire général du Commonwealth, dont la sœur habite Toronto. Trudeau et MacGuigan ont brièvement rencontré l'homme dans les semaines précédentes et ont pu constater qu'il connaît bien le pays. Grand partisan de l'égalité des nations du Commonwealth et de l'indépendance, Ramphal est fermement du côté d'Ottawa dans cette affaire[18]. De plus, il a apparemment beaucoup de temps libre et rêve de donner un coup de main dans une affaire qu'il juge de première importance pour son organisation. Il ne tardera pas à faire du lobbying auprès du gouvernement de Sa Majesté, lui enjoignant de remettre la Constitution au gouvernement fédéral sans poser de questions. Cependant, Thatcher est naturellement hostile aux organisations internationales et n'aime pas le Commonwealth, qui la montre souvent du doigt. L'attitude de Ramphal dans le dossier constitutionnel est précisément le genre de chose qu'elle abhorre.

Mais n'allons pas trop vite. Pour l'heure, il s'agit pour Mac-Guigan de parler avec Carrington. Il le rencontre en compagnie

---

18.   Mark MacGuigan, *An Inside Look at External Affairs During the Trudeau Years*, Calgary, University of Calgary Press, 2002, p. 100.

du Lord Privy Seal, Ian Gilmour, ministre sans porte-feuille qui s'occupe notamment du rapatriement. Comme St. John-Stevas, Gilmour a la particularité d'être un *wet*. Il dénoncera bientôt avec fracas l'action de sa patronne, « qui fonce à pleine vitesse vers les écueils[19] » ; Thatcher lui fera d'ailleurs goûter à ses propres pronostics en le passant violemment par-dessus bord.

Dans l'intervalle, Mark MacGuigan découvre que les garanties données à Trudeau par la Dame de fer ne sont pas vues d'un bon œil par les *wets*, surtout depuis que les provinces opposées aux fédéraux ont entamé des procédures judiciaires. Accompagnant le visiteur vers sa rencontre avec Lord Carrington, Gilmour se lance dans le vif du sujet : « Ce serait très problématique pour nous si la question du rapatriement de la Constitution canadienne était encore entre les mains des tribunaux canadiens au moment où la requête serait formulée[20]. » D'après MacGuigan, de tels recours en justice pourraient durer jusqu'à deux ou trois ans. « Ne pouvez-vous pas demander à la Cour suprême de se prononcer bientôt ? » demande alors Gilmour. « Notre gouvernement préfère ne pas agir ainsi. Cela conférerait une trop grande dignité au processus. De plus, il s'agit d'une question politique plutôt que juridique. » Gilmour ne renchérit pas, mais comme l'écrira un adjoint, « dans l'esprit du Lord Privy Seal, les paroles de Mark MacGuigan signifiaient que le gouvernement canadien estimait qu'il perdrait sa cause s'il la soumettait à la Cour suprême. Et les Canadiens n'allaient pas aider le gouvernement de Sa Majesté à résoudre son dilemme en agissant ainsi[21] ».

19.	Wikipedia, l'encyclopédie libre, « Ian Gilmour, Baron Gilmour of Craigmillar », [en ligne]. [en.wikipedia.org/wiki/Ian_Gilmour,_Baron_Gilmour_of_Craigmillar]

20.	Compte rendu d'entretien entre Ian Gilmour, Lord Carrington et Mark MacGuigan, daté du 10 novembre 1980. Archives du Foreign Office, FCO 82/823.

21.	*Ibid.*

Devant Carrington, le visiteur répète que le processus de rapatriement est une question politique et non juridique[22]. Quant à la question de la charte, elle « est plus importante pour nous que le rapatriement de la Constitution ». « Les Canadiens semblent souhaiter que nous fassions leur sale besogne à leur place », réplique Carrington, soulignant à nouveau que cette affaire risquait d'entraîner une forte campagne de lobbying auprès des parlementaires britanniques.

Cette rencontre est suivie d'une autre, cette fois avec St. John-Stevas, le leader parlementaire. Après avoir réitéré l'importance d'envoyer la requête constitutionnelle à Londres le plus tôt possible, le Britannique veut savoir lui aussi si l'inclusion de la charte n'ouvre pas la porte à une contestation judiciaire[23]. MacGuigan répète que la charte, avec ses droits linguisitiques, est absolument essentielle et que les provinces peuvent toujours saisir les cours provinciales de la question. Mais seul Ottawa peut demander l'opinion de la Cour suprême. Cette dernière affirmation étonne St. John-Stevas. Il insiste pour qu'on fasse les vérifications nécessaires.

MacGuigan ressort de la rencontre convaincu que St. John-Stevas va lui donner du fil à retordre. Il poursuit ensuite sa tournée en rencontrant, entre autres, celui qui s'avérera l'un des meilleurs alliés de Trudeau, James Callaghan. Celui-ci n'est pas opposé à l'idée d'une charte, mais est convaincu que les fédéraux « s'exposent à de futurs problèmes en la soumettant à la Chambre des communes britannique. Elle fera l'objet de controverses pour des motifs intérieurs britanniques et pourrait être la cible d'attaques

---

22.   Note de Lord Carrington à John Ford, datée du 10 novembre 1980. Archives du Foreign Office, FCO 82/823.

23.   Compte rendu d'entretien entre Norman St. John-Stevas et Mark MacGuigan daté du 10 novembre 1980. Archives du Foreign Office, FCO 82/823.

de la part des défenseurs des Indiens et des provinces[24] ». Ne serait-il pas possible de reconnaître des droits autochtones dans la charte ? demande-t-il. Mais ceux-ci sont impossibles à définir, et l'affaire est hors de question, réplique MacGuigan, qui précise par ailleurs qu'à part le Québec, les provinces ne feront pas de lobbying à Londres. Aucun problème dans ce cas, lui répond l'ancien premier ministre. Les Québécois seuls ne pourront pas faire grand-chose.

MacGuigan sous-estime grandement la capacité des provinces de se mobiliser à Londres. Mais il se trompe aussi sur le fonctionnement de la Cour suprême, ce qui est plus gênant pour un constitutionnaliste. Devant St. John-Stevas, il a assuré les Britanniques que les provinces n'avaient pas le droit de porter une cause devant le plus haut tribunal du pays. Peu de temps après que MacGuigan a quitté Londres, Ottawa se rend compte que cette information est erronée. C'est une Jean Wadds quelque peu gênée qui se verra contrainte d'expliquer que les provinces, hormis le Québec, peuvent en certaines circonstances porter une cause devant la Cour suprême.

Ce problème est très sérieux, car il est clair que la bataille judiciaire sera longue. Si les provinces perdent devant leurs tribunaux, il y a fort à parier qu'elles iront en Cour suprême. Dans le cas inverse, c'est probablement le gouvernement fédéral qui le fera. Selon toute vraisemblance, l'affaire sera donc devant les juges quand Westminster aura à trancher. Au Foreign Office, les juristes sonnent l'alarme. Comme l'écrit l'un d'eux, « tant le gouvernement que le Parlement pourraient sans doute être accusés d'un manque de respect envers les tribunaux canadiens et les procédures judiciaires prévues au Canada, et même envers la primauté du droit elle-même [...] Le gouvernement pourrait

---

24. Note du Haut-Commissariat canadien datée du 10 novembre 1980. Archives du ministère des Affaires étrangères du Canada, RG 25-A-3-C, 20-CDA-16-1-4, vol. 8722, partie 4.

sans doute être accusé de manquer de respect à l'égard du Parlement s'il l'exhortait à adopter le projet de loi dans les circonstances, et il serait contraire à la politique juridique en vigueur et peut-être même incorrect sur le plan constitutionnel de satisfaire à la requête pendant que la question est encore entre les mains des tribunaux[25] ». Voilà un écueil majeur, et l'affaire est bien trop importante pour qu'on en reste là. Elle devra donc être discutée par le cabinet. Un message est envoyé par les juristes du Foreign Office au procureur général, Michael Havers : « Nous sollicitons votre avis de toute urgence[26]. »

Même si les provinces n'en ont pas pleinement conscience, leur procédure judiciaire provoque à Londres une réaction au-delà de tous leurs espoirs. Plusieurs demeurent toutefois sceptiques quant aux chances de stopper les fédéraux dans la capitale britannique. Ce n'est pas l'opinion de Gilles Loiselle, délégué général du Québec, qui participe à une rencontre des provinces dissidentes à Winnipeg. Lors d'une réunion dans la salle du Conseil des ministres de l'Assemblée législative, on le prie d'expliquer ses vues devant un parterre de ministres et de hauts fonctionnaires. Les parlementaires britanniques n'aiment pas qu'on les prenne pour des automates, dit-il. En matière constitutionnelle, ils se voient comme des libres penseurs et n'apprécieront pas l'attitude d'Ottawa[27].

Tout le monde écoute poliment. Certains demandent à être convaincus ; d'autres, comme Bill Bennett, le premier ministre de la Colombie-Britannique, sont carrément hostiles à l'idée de

---

25. Note de Henry Steel à Michael Havers datée du 11 novembre 1980. Archives du Foreign Office, FCO 82/823. Voir aussi note adressée à Michael Alexander, conseiller diplomatique de Margaret Thatcher, datée du 3 novembre 1980. Archives du Foreign Office, FCO 82/822.

26. Note de H. Steel à Michael Havers datée du 11 novembre 1980. Archives du Foreign Office, FCO 82/823.

27. Robert Sheppard et Michael Valpy, *The National Deal,* p. 187.

mener une campagne anti-Ottawa dans une capitale étrangère[28]. L'opération pourrait être vue comme anticanadienne et présentée ainsi par Trudeau. Seul Brian Peckford, de Terre-Neuve, partage l'enthousiasme de la délégation québécoise à l'idée de porter la lutte sur le sol anglais.

Mais ceci n'est pas de nature à refroidir Loiselle, à la tâche depuis plusieurs semaines. Comme l'explique Martin Berthoud à ses collègues du Foreign Office, « Loiselle se démène sans relâche[29] ». Il faut dire que l'homme en a vu d'autres. Il a notamment travaillé auprès de l'empereur d'Éthiopie en 1951. Après avoir occupé différents postes en Afrique et au Canada, entre autres dans les médias, il s'est recyclé dans la fonction publique. En 1976, il a fait partie d'un petit groupe de fonctionnaires et d'élus responsable de piloter le dossier olympique, ce qui lui a donné l'occasion de se familiariser avec la question constitutionnelle : « J'ai remarqué que Bourassa, que je voyais beaucoup, était très préoccupé par l'échec possible des Jeux olympiques, dit-il. Si on échouait, cela allait donner une très mauvaise image du Québec, et il était persuadé que Trudeau en profiterait pour procéder unilatéralement au rapatriement de la Constitution[30]. » Le hasard a voulu ensuite que Loiselle soit nommé délégué général en Grande-Bretagne, poste qu'il occupera à partir de 1977.

Le fabuleux soufflé de Gilles et Lorraine

Quand la bataille de Londres commence, trois ans plus tard, Loiselle est à la fois convaincu de la justesse de sa cause et conscient

---

28. *Ibid.*, p. 189.

29. Note de Martin Berthoud à M. Parry, avec copie à Emery Davies, à Ottawa, datée du 19 septembre 1980. Archives du Foreign Office, FCO 82/820.

30. Entrevue avec Gilles Loiselle, 29 novembre 2005.

des difficultés titanesques qui l'attendent : « On n'avait même pas réussi à convaincre une majorité de députés à Ottawa de rejeter le rapatriement, expliquera-t-il. Alors, qu'est-ce que ça allait être à Londres[31] ? » L'ampleur de la tâche ne l'empêche toutefois pas de lancer son offensive. À la mi-septembre, alors que Trudeau n'a pas encore annoncé officiellement ses couleurs, Loiselle reçoit Martin Berthoud. Suivant une tactique qu'il est en train de peaufiner, il l'invite à son bureau et s'entretient en tête-à-tête avec lui pendant trente minutes. Il le reçoit ensuite à dîner, dans une atmosphère de détente.

Dans cette deuxième partie de la rencontre, c'est sa femme, Lorraine, qui est aux commandes. Aidée du personnel de la délégation, elle s'occupe elle-même de la cuisine ; chaque matin, elle se lève à cinq heures pour aller acheter du poisson frais et des fleurs afin de mieux épater les invités. Comme le note à l'époque le journal *The Times,* « la cuisine de Gilles Loiselle, dans sa maison londonienne, est devenue célèbre dans toute la ville ». Faisant référence aux invitations qui se multiplient alors en provenance des délégations provinciales ou du Haut-Commissariat canadien, un député britannique confie qu'il n'a jamais vu « l'alcool couler aussi librement. Si ce n'est pas du sang qui couvre le plancher de la Chambre, alors c'est sans doute du bordeaux[32] ».

Martin Berthoud est donc l'un des premiers à goûter à la cuisine exquise de Lorraine Loiselle, servie sur fond de conversation politique. Les Britanniques, commente le délégué général, ont le devoir de protéger le caractère fédéral du Canada, pays qui a été fondé en vertu d'un pacte entre les provinces. Tel est le sens du Statut de Westminster ; et, contrairement à ce qu'affirme Trudeau, il n'existe aucune raison de précipiter les choses. De plus, dans l'hypothèse où le gouvernement de Sa Majesté appuierait les projets centralisateurs du premier ministre canadien, Loiselle

31. Entrevue avec Gilles Loiselle, 14 décembre 2006.
32. *The Times,* 15 février 1981.

lance un avertissement : « J'exercerais des pressions sans merci avec quelques-uns des autres délégués généraux[33]. »

En quittant son hôte, Berthoud s'aperçoit que le Foreign Office n'a préparé aucun argumentaire pour contrer de tels propos. « S'il est sans doute nettement préférable d'invoquer des arguments généraux plutôt que de faire la leçon aux Canadiens à propos du contexte historique, nous ne devons pas négliger notre approvisionnement en munitions sur ce front », prévient-il. Quant à Loiselle, Berthoud lui précise plus tard dans un mot de remerciement que « le soufflé au chocolat était fabuleux[34] ! »

Les fonctionnaires ne sont pas toutefois la cible principale du diplomate québécois. Comme ce sont les parlementaires qui se prononceront sur le projet de Trudeau, ce sont eux qu'il faut convaincre en priorité. Premier problème : le Parlement ne siège pas en ce début d'automne. Les députés se sont évaporés dans la nature ; quand ils reviendront, il faudra encore trouver le moyen d'attirer leur attention sur la Constitution, alors même que la révolution iranienne bat son plein et que l'ayatollah Khomeini a pris en otage le personnel de l'ambassade américaine, et que le gouvernement communiste de la Pologne menace d'écraser le syndicat Solidarité.

Après avoir capté l'attention des parlementaires, il faudra passer sans tarder au cours Constitution canadienne 101, puisque la plupart des députés et lords ignorent tout de la question, en commençant par le fait qu'ils sont les seuls à pouvoir amender la loi suprême du pays : « D'emblée, ils ne saisissent pas trop ce que signifie le fait que le Canada est un État fédéral, explique Gilles Loiselle. Et quand ils le comprennent déjà, ils savent aussi que le

---

33. Note de Martin Berthoud à M. Parry, avec copie à Emery Davies, à Ottawa, datée du 19 septembre 1980 ; compte rendu d'un dîner avec Gilles Loiselle. Archives du Foreign Office, FCO 82/820.

34. Note de Martin Berthoud à Gilles Loiselle datée du 20 février 1981. Document obtenu du Foreign Office à la suite d'une demande d'accès à l'information.

Québec a des velléités sécessionnistes. Or, la Grande-Bretagne est elle-même soumise à un problème de régionalisme avec l'Écosse et le pays de Galles. Alors, notre histoire les irrite. On commence donc avec aucun gardien dans nos buts. On ne part de rien, le vide total[35] ! »

La cause paraît tellement désespérée que certains délégués généraux n'y croient tout simplement pas. C'est le cas de Merv Johnson, de la Saskatchewan, qui examine la situation avec Loiselle à la mi-septembre. Alors que le Québécois affirme qu'il est possible de convaincre Westminster du caractère antifédéral de la démarche d'Ottawa, Johnson affiche son pessimisme. La bataille de Londres est perdue d'avance. Seuls les nationalistes gallois et écossais seront avec les provinces[36]. Et Johnson semble penser que l'appui de ceux-ci constituerait un faux départ. Pourtant, aux yeux de plusieurs ministres péquistes et de leurs conseillers, l'alliance avec les séparatistes gallois et écossais serait au contraire un début prometteur. Certains ne manquent pas de prodiguer leurs conseils à Loiselle, qui peine à leur faire comprendre que le soutien des séparatistes aliénera la grande majorité des parlementaires conservateurs et travaillistes, lesquels refuseraient dès lors d'accorder la moindre crédibilité aux provinces : « Les ministres québécois qui venaient à Londres étaient tentés de convaincre les Britanniques qu'on avait le droit de faire l'indépendance. Je leur disais : wow, calmons-nous. On n'a même pas convaincu les Québécois, on ne va pas convaincre les Britanniques ! On a un objectif extrêmement précis : bloquer le rapatriement[37]. »

Tel Talleyrand au congrès de Vienne, Loiselle ne se prive pas

35. Entrevue avec Gilles Loiselle, 14 décembre 2006.

36. Roy Romanow, John Whyte et Howard Leeson, *Canada… Notwithstanding: The Making of the Constitution, 1976-1982*, Agincourt, Carswell/Methuen, 1984, p. 141.

37. Entrevue avec Gilles Loiselle, 14 décembre 2006.

non plus de mêler les cartes, faisant paraître le gouvernement québécois comme éminemment raisonnable. Peu de temps après la rencontre des provinces à Winnipeg, il rend compte des discussions à Martin Berthoud. « J'ai été abasourdi par l'attitude extrémiste de l'Alberta et de la Colombie-Britannique en particulier, lui dit-il le plus sérieusement du monde. Je me suis retrouvé à exercer une influence modératrice sur eux et à les exhorter à présenter une cause bien équilibrée[38]. » Que les Britanniques se le tiennent pour dit : ils sont chanceux de pouvoir compter, parmi les provinces rebelles, sur des gens réfléchis et modérés comme les Québécois, en particulier Gilles Loiselle, afin de tempérer l'ardeur de ces rustres cowboys de l'Ouest.

Comme un magicien, Loiselle multiplie ainsi les tours de passe-passe, faisant presque oublier que le gouvernement qu'il représente a tenté de faire sécession six mois plus tôt. Et il a d'autres lapins dans son chapeau. Il est crucial de fournir aux parlementaires de la documentation écrite, même si ces derniers ne sont pas encore revenus de vacances. Loiselle propose donc à la bibliothèque du parlement de lui envoyer différentes analyses et opinions juridiques qu'il a commencé à faire rédiger par des constitutionnalistes anglais que lui et son équipe ont préalablement identifiés. Ainsi, quand les députés et lords voudront se renseigner sur la Constitution, ils se tourneront spontanément vers leur bibliothèque, où ils s'abreuveront sans le savoir du point de vue des provinces.

En plus de faire preuve d'une adresse remarquable, Loiselle peut compter sur le hasard, qui fait bien les choses. Un soir, il décide d'inviter à souper un certain Peter Molloy, président de la Commonwealth Parliamentary Association – exactement le genre de personnage qu'il faut convaincre. Le visage de Molloy a quelque chose de familier pour le Québécois, impression qui se

---

38. Note de Martin Berthoud datée du 21 novembre 1980. Archives du Foreign Office, FCO 82/823.

transforme en certitude au moment où apparaît madame Molloy. C'est alors que le délégué général se souvient d'un voyage au Soudan, en 1953. Le jeune Loiselle était parti en avion vers cette colonie britannique dans le but de descendre le Nil en bateau. Une fois débarqué sur la piste de sable faisant office d'aéroport à Djouba, il découvre que le Nil est à sec. Le voilà quasi seul, en plein milieu du désert. Soudain, une jeep arrive. C'est le commissaire de district, un dénommé Peter Molloy, qui fait monter Loiselle. Il l'hébergera quelques jours sur la galerie de sa résidence, le temps qu'un autre avion passe. Au moment de leurs retrouvailles inattendues, trois décennies plus tard, les deux hommes se tombent littéralement dans les bras. « Disons que mes entrées au Parlement ont été ensuite grandement facilitées[39] », expliquera le délégué général.

L'express constitutionnel

Il n'y a pas que le Québec qui donne des maux de tête au gouvernement britannique : les Indiens se sont remis de la partie. La résolution unilatérale d'Ottawa les ignore presque complètement. Seule une disposition de la charte parle des Premières Nations, pour spécifier que le document « ne doit pas être interprétée comme une négation de l'existence d'autres droits et libertés en vigueur au Canada, y compris les droits et les libertés que possèdent les peuples autochtones du Canada[40] ».

En octobre, les Indiens invitent donc le député travailliste Bruce George à les visiter au Canada, pour qu'il puisse mieux les défendre ensuite à Londres. Quelques jours plus tard, le Conseil

---

39.   Entrevue avec Gilles Loiselle, 14 décembre 2006.

40.   Michael Mandel, *The Charter of Rights and the Legalization of Politics in Canada*, Toronto, Thompson Educational Publishing, 1994, p. 354.

national des autochtones du Canada est reçu en audience à Amsterdam par la Fondation Bertrand-Russell pour la paix, qui condamne aussitôt l'« ethnocide[41] » commis par le Canada. Parallèlement, l'Union des chefs indiens de la Colombie-Britannique nolise un train, baptisé l'Express constitutionnel, pour aller à Ottawa et ensuite au siège de l'ONU[42].

Le 7 novembre, les autochtones débarquent ainsi à New York, et le Foreign Office reçoit aussitôt un câble de la mission britannique aux Nations Unies : « Des représentants du Conseil mondial des peuples indigènes veulent rencontrer le représentant permanent pour exprimer leur consternation concernant l'intention du gouvernement canadien de rapatrier l'Acte de l'Amérique du Nord britannique, ce qui, à leurs yeux, se ferait au détriment des droits des Amérindiens du Canada[43]. » La réponse de Lord Carrington est sans appel : « Vous ne devez pas recevoir les Amérindiens[44] ! » Depuis Londres, la chose est facile à dire. Mais dans la Grosse Pomme, les Indiens mènent tambour battant une véritable guérilla de propagande, dont les diplomates de Sa Majesté sont la cible. Ceux-ci commencent d'ailleurs à être exaspérés par tout ce remue-ménage. De guerre lasse, l'un d'eux passe outre aux instructions et reçoit les représentants du Conseil mondial des peuples indigènes.

Malgré son impact médiatique, cet épisode ne modifie pas la situation des Premières Nations. L'ONU ne peut rien pour elles. À l'instar des provinces, c'est donc sur Londres que les Indiens vont porter leur offensive.

---

41. *Ibid.*, p. 355.

42. Robert Sheppard et Michael Valpy, *The National Deal,* p. 167.

43. Note de Lord Carrington datée du 11 novembre 1980. Archives du Foreign Office, FCO 82/830.

44. Note de Lord Carrington. Archives du Foreign Office, FCO 82/830.

André Burelle en compagnie de son patron : rédacteur de discours de Pierre Trudeau, il écrit sa lettre de démission à la suite de l'exclusion du Québec de l'accord constitutionnel.

Gilles Loiselle : secondé par sa femme Lorraine, le délégué général du Québec à Londres est vu au Foreign Office comme le joueur étoile de l'équipe des provinces opposées à Trudeau.

Lord Carrington : poids lourd
au sein du gouvernement
de Margaret Thatcher, il pense
qu'Ottawa fait faire sa sale
besogne par Londres.

Denis Thatcher, ici en compagnie
de deux des trois femmes qui ont permis
au Canada de rapatrier sa constitution :
son épouse et Jean Wadds, représentante
du Canada à Londres. La troisième
étant bien sûr la reine Élisabeth II,
qui n'apparaît pas sur la photo.

Martin Berthoud : responsable
de la direction Amérique du Nord,
ses supérieurs au Foreign Office
lui indiquent que le dossier
de l'heure est le rapatriement
de la Constitution canadienne.

John Ford, délégué général
de Grande-Bretagne à Ottawa :
son opposition à la politique
de Pierre Trudeau lui vaut
d'être rappelé à Londres
au printemps de 1981.

Lord Moran, son successeur, selon qui :
« Les Canadiens les plus difficiles,
les plus ombrageux et les moins amènes
se trouvent certainement parmi ceux
qui travaillent pour le gouvernement
fédéral à Ottawa. »

Francis Pym : leader parlementaire
et ministre conservateur britannique,
il critique les orientations de Thatcher.
Il pense que celle-ci met en péril la survie
du gouvernement en aidant Pierre Trudeau.

Sonny Ramphal : secrétaire général du Commonwealth (premier à gauche), il met de la pression sur Londres pour que les Britanniques donnent suite à la demande de rapatriement de Trudeau. Ici avec le premier ministre d'Australie Malcolm Fraser et le général Obasanjo, du Nigéria.

Anthony Kershaw : président le comité de la Chambre des communes britannique sur les affaires étrangères, il décide de se pencher sur la question du rapatriement constitutionnel, provoquant la colère d'Ottawa.

Jonathan Aitken : député britannique d'origine canadienne, il prend la tête d'une fronde de députés conservateurs contre le projet Trudeau.

Bora Laskin : grand partisan de la Charte des droits, le juge en chef de la Cour suprême aide les gouvernements canadien et britannique à faire aboutir le projet de rapatriement.

Willard Estey : juge de la Cour suprême, il informe les Britanniques des intentions du plus haut tribunal.

Quatre Québécois que tout sépare : Jean Chrétien, Pierre Trudeau, Claude Morin et René Lévesque.

© Gouvernement du Canada. Source : Bibliothèque et Archives Canada. Crédit : Robert Cooper.

Le premier ministre de l'Ontario, Bill Davis, fidèle allié de Pierre Trudeau, ici en conversation avec Peter Lougheed.

© Gouvernement du Canada. Source : Bibliothèque et Archives Canada. Crédit : Robert Cooper.

Mark MacGuigan. Secrétaire d'État aux affaires extérieures. À l'automne de 1980, il est convaincu que la coopération du gouvernement britannique n'est plus acquise à Ottawa.

© Archives et collections de l'Université Wilfrid-Laurier.

René Lévesque avec Peter Lougheed : le conservateur de l'Ouest et le nationaliste québécois s'allient pour combattre leur adversaire commun : Pierre Trudeau.

Trois membres de la Bande des Huit, Sterling Lyon (Manitoba), Peter Lougheed (Alberta) et Brian Peckford (Terre-Neuve).

Bruce George : le député travailliste (à gauche) s'est mis au service de la cause autochtone. Ici en compagnie de George Erasmus (premier à droite), de Max Gros-Louis (deuxième à partir de la droite), d'Earl Grey (au centre) et d'un chef autochtone non identifié.

Pierre Trudeau et la reine sur la colline parlementaire à Ottawa, à l'occasion de la cérémonie officielle du rapatriement. À gauche, le ministre du Travail, Gerald Regan, à droite, Michael Pitfield et Michael Kirby.

CHAPITRE 9

La colère de l'Ouest

Le soir du 29 octobre 1980, les Albertains sont rivés à leur téléviseur. Empruntant au rituel des discours à la nation, le premier ministre Peter Lougheed s'adresse solennellement à eux :

> Mes chers concitoyens albertains, la situation est grave dans notre province, comme vous le savez sûrement, à la suite du dépôt du budget fédéral et des mesures annoncées avant-hier dans le domaine de l'énergie. C'est là une tentative flagrante de s'emparer des ressources de notre province qui vous appartiennent tous en tant qu'Albertains […] Le gouvernement d'Ottawa s'est tout simplement invité dans notre maison et en occupe le salon. Chaque Albertain est concerné par toute cette question et par l'enjeu que celle-ci représente dans notre province, car ces ressources n'appartiennent pas au gouvernement de l'Alberta. Elles appartiennent à tous les Albertains, aux deux millions d'Albertains que nous sommes […] Mais nous n'allons pas abandonner […] Une tempête va faire rage dans notre province[1].

Devant cette situation, Lougheed annonce une mesure spectaculaire. La province compte réduire graduellement sa production de pétrole de 180 000 barils, sur une période de neuf mois. Cette annonce de Lougheed résonne dans tout le pays, tel un

---

1. *The Globe and Mail*, 1er novembre 1980.

tocsin annonçant la charge des Albertains contre les fédéraux et leur maudit Programme énergétique national (PÉN). Fort d'un appui massif dans les sondages[2], Lougheed clame haut et fort son opposition à la volonté de Pierre Trudeau de propulser le pays vers ce qu'il appelle « l'indépendance énergétique ». En dix ans, cette politique de nationalisme économique doit permettre de ne plus dépendre de sources d'énergie étrangères. Le chef du gouvernement fédéral espère ainsi ériger un mur derrière lequel les Canadiens pourront vivre dans une bulle, en retrait du monde. En accédant à cet idéal autarcique, le pays sera protégé contre les chocs pétroliers comme celui de 1973, et Trudeau pourra poursuivre sa tâche de faire du pays une société juste.

Le plan d'Ottawa s'ajoute par ailleurs à une mesure déjà existante de contrôle des prix du carburant, qui date de 1974. Cette année-là, Edmonton et Ottawa ont négocié un « prix canadien » de l'essence, bien en deçà du prix mondial – probablement le plus bas de tous les pays développés, incluant les États-Unis.

Ford et la guerre du pétrole

L'Alberta est toutefois insatisfaite de cette entente, qui arrive à échéance le 30 juin 1980. Elle décide donc de fixer un nouveau prix unilatéralement après cette date. Mais Trudeau réplique lors de la présentation du budget fédéral, qui nationalise partiellement l'industrie pétrolière et gazière. D'abord, les fédéraux imposent pour quatre ans leur propre prix du pétrole et du gaz naturel, de même qu'une série de nouvelles taxes, notamment sur la vente de ces deux produits à l'intérieur et à l'extérieur du pays. Le tout augmente substantiellement leurs revenus tirés de la manne pétrolière, tout en leur permettant d'avoir la maîtrise de ce secteur, même si les ressources naturelles sont de

2.   John English, *The Life of Pierre Elliott Trudeau*, vol. 2 : *Just Watch Me, 1968-2000*, Toronto, Knopf Canada, 2009, p. 491.

compétencé provinciale exclusive. Cette approche est encore renforcée par une modification au régime d'incitatifs à l'exploration et à la production de pétrole. Les compagnies se livrant à de telles activités avaient droit auparavant à certaines déductions fiscales. Désormais, Ottawa leur donnera directement des subventions, ce qui augmentera d'autant son influence. Le résultat prévisible de ces mesures : des milliards de dollars pour la trésorerie du gouvernement central. Le seul hic, c'est que les fédéraux auront l'air de desperados pillant l'Ouest du pays. On décide donc de créer le Western Fund, un organisme dont la mission sera d'investir et de dépenser dans l'Ouest une partie (mais une partie seulement) de l'argent obtenu en vertu du Programme énergétique national, histoire de ne pas paraître trop avide[3].

Les relations entre l'Ouest et Ottawa franchissent ainsi un nouveau seuil d'hostilité. Comme le note Roy Romanow, « le litige énergétique a aiguisé le conflit constitutionnel et y a conféré une ampleur accrue. Les deux différends étaient inextricablement liés et tous comprenaient que le règlement de l'un était lié à la résolution de l'autre[4] ». Pour les gens de l'Ouest, la question constitutionnelle devient le catalyseur d'années de frustration et de sentiment d'injustice envers le gouvernement central en général... et Pierre Trudeau en particulier.

De son côté, le haut-commissaire John Ford est très préoccupé par le PÉN. Un mois avant le dépôt du budget, ses sources l'ont informé des intentions des fédéraux, ce qui lui a permis d'avertir le Foreign Office que ces derniers préparent « une politique énergétique autoritaire [...] qui va s'arroger des pouvoirs sur les sources d'énergie, ce qui va remettre en cause l'actuelle

---

3.   G. Bruce Doern, *The Politics of Energy: The Development and Implementation of the NEP*, Toronto, Methuen, 1985, p. 33.

4.   Roy Romanow, John Whyte et Howard Leeson, *Canada... Notwithstanding: The Making of the Constitution, 1976-1982*, Agincourt, Carswell/Methuen, 1984, p. 116.

répartition des pouvoirs en la matière[5] ». Le jour du dépôt du budget, il ajoute : « c'est toutefois conforme à la personnalité de Trudeau, lorsqu'il croit avoir le dessus, de se montrer impitoyable envers son adversaire [...] En cas d'obstruction ou de graves difficultés parlementaires à Westminster, je crois qu'il n'aurait aucun scrupule à tenter de susciter une fureur antibritannique ici et de faire adopter à toute vitesse une espèce de déclaration unilatérale d'indépendance fondée sur la tenue d'un référendum[6]. »

Ford n'est pas le seul membre du corps diplomatique à penser du mal du premier ministre. Son aversion est partagée par l'ambassadeur français Pierre Maillard, ancien collaborateur du général de Gaulle. Les deux hommes sont régulièrement en contact ; à la mi-novembre, ils se rencontrent pour faire le point. Aux yeux de la Communauté européenne, lance Ford, le nationalisme économique de Trudeau est très mauvais. Or, ce dernier doit se rendre sous peu à Paris. Serait-il possible que le président et le premier ministre français lui expriment ce point de vue ? Maillard trouve l'idée intéressante ; il passera le message. Mais lui-même a une suggestion : pourquoi la France et la Grande-Bretagne ne se concerteraient-elles pas par rapport au dossier constitutionnel ? Ford est d'accord et rapporte l'idée à Londres. Il suggère que le premier ministre Raymond Barre, avant de recevoir Trudeau, téléphone à Thatcher pour discuter de la situation[7].

De Londres, Berthoud répond qu'il est en effet possible que les Français soulèvent la question constitutionnelle, comme Helmut Schmidt l'avait fait avec Thatcher. Il doute toutefois que

---

5. Note de John Ford envoyée à Londres, datée du 29 septembre 1980. Archives du Foreign Office, FCO 82/821.

6. Note de John Ford envoyée à Londres, datée du 27 octobre 1980. Archives du Foreign Office, FCO 82/822.

7. Compte rendu d'entretien avec Pierre Maillard, envoyé à Londres par John Ford, daté du 18 novembre 1980. Archives du Foreign Office, FCO 82/823.

Barre juge l'affaire assez importante pour téléphoner à la première ministre britannique. Quoi qu'il en soit, il ne faut pas aller trop loin dans cette voie : Trudeau prendrait le mors aux dents.

L'approche franco-britannique n'ira apparemment pas plus loin. Cela n'empêche pas John Ford de profiter d'une visite à Windsor, en Ontario, pour parler de la politique économique du gouvernement libéral. « Il existe une idée fausse mais répandue selon laquelle les ambassadeurs et les hauts-commissaires, et même tous les diplomates, ne font rien d'autre que courir les réceptions et agir en pique-assiettes », lance-t-il en guise d'introduction. Lui-même n'adhère pas à cette opinion, dit-il : « J'espère que quelques-uns d'entre vous verront dans mes propos des provocations visant à susciter chez eux une réaction[8]... » Ford souligne d'abord à quel point les investisseurs britanniques, effrayés par la Politique énergétique nationale et celle de tamisage des investissements étrangers, sont tentés de se tourner vers les États-Unis et de laisser tomber le Canada. Il poursuit en faisant la leçon :

> Nous, en Grande-Bretagne, [...] nous nous facturons le pétrole au plein prix du marché [...] Vous, au Canada, avez décidé de maintenir les prix plus bas, de faciliter les choses pour votre industrie, d'encourager votre population, en gardant les prix bas, à demeurer les plus grands consommateurs par habitant parmi les grands pays industrialisés et de verser à vos propres producteurs environ la moitié du prix que vous versez à vos fournisseurs étrangers. [...] Cela procure aussi à l'industrie canadienne l'équivalent de fortes subventions pour la consommation d'énergie, ce qui incite encore davantage les industriels européens à réclamer des mesures protectionnistes contre ce qu'ils considèrent comme une concurrence déloyale très nuisible.

---

8.   Note. Archives du ministère des Affaires étrangères du Canada, RG 25-A-3-C 25-6, 20-CDA-16-1-4, vol. 11478, partie 6.

Si Ford reçoit quelques messages de félicitations à la suite de son intervention, Mark MacGuigan est outré, d'autant plus que le haut-commissaire a choisi sa circonscription pour tenir de tels propos. Il réagit en accusant ce dernier d'avoir « totalement mal interprété notre politique ». Contrairement aux affirmations de l'Anglais, la politique d'Ottawa favorise les économies d'énergie. Ces économies ne passent toutefois pas par une hausse du prix du pétrole vers le prix du marché. Payer plus cher, explique Mac-Guigan, ne fera pas diminuer la consommation, du moins pas autant que les différents programmes de conservation énergétique créés par Ottawa et gérés par son armée de bureaucrates. De plus, faire payer le vrai prix de l'essence créerait des inégalités.

En privé, le secrétaire d'État enrage, et il s'en voudra des années plus tard de ne pas s'être méfié de ce satané John Ford[9]. Les fédéraux organisent donc leur réaction. Peu de temps après le discours de Windsor, un dîner prévu entre le diplomate britannique et Michael Pitfield, avec la participation de Jim Coutts, le chef de cabinet de Trudeau, est annulé à deux heures d'avis, sans la moindre explication ni excuse. Comme le note Ford, « ces décisions contrastent étrangement avec l'attitude [...] du sous-ministre adjoint, De Montigny Marchand, qui a estimé pouvoir inviter l'ambassadeur soviétique à un dîner intime quatre mois après l'invasion de l'Afghanistan[10] ! »

Deux jours après sa prestation, l'envoyé de Sa Majesté aura tout de même droit à une rencontre, avec Allan Gotlieb celle-là, histoire de préciser certaines choses au sous-ministre aux Affaires extérieures. Ce dernier lui déclare que le gouvernement fédéral, bien sûr, n'a aucunement l'intention de museler un représentant

---

9.   Mark MacGuigan, *An Inside Look at External Affairs During the Trudeau Years,* Calgary, University of Calgary Press, 2002, p. 97.

10.   Note de John Ford envoyée à Londres, datée du 7 mai 1981. Document obtenu du Foreign Office à la suite d'une demande d'accès à l'information.

étranger s'exprimant sur une affaire affectant son pays. Le problème vient du fait que Ford a mal compris et mal interprété ce dont il est question. Toute cette confusion est malheureuse, poursuit Gotlieb, car les deux pays sont engagés dans des discussions délicates sur la Constitution. Par conséquent, « ce serait utile si le haut-commissaire britannique, comme d'autres représentants étrangers l'ont fait à l'occasion, soumettait à l'avance au sous-ministre, d'une façon tout à fait officieuse et personnelle, copie de ses allocutions, afin que celui-ci puisse, s'il le souhaite, prendre connaissance de toute information erronée ou de tout malentendu éventuel[11] ». Ford, qui juge que ses propos n'avaient rien d'extrémiste, n'y voit aucun problème. Ce qui ne veut pas dire qu'il a l'intention de se censurer, comme les fédéraux sont sur le point de le découvrir.

Pendant ce temps, la question de l'Ouest continue de résonner en Grande-Bretagne. Avant même que les pourparlers constitutionnels échouent, des centaines de citoyens de cette région ont pris l'initiative d'écrire au gouvernement britannique pour se plaindre. Comme l'écrit Berthoud à Ford à la fin de septembre,

> si Trudeau et ses acolytes ont tenu pour acquis une réponse positive du Parlement britannique à toute requête qui lui serait adressée, nos correspondants canadiens sont certainement d'un avis contraire. Depuis la mi-juin, 163 citoyens canadiens ont pris la peine d'écrire à Mme Thatcher, dont la majorité (80 %) critiquent Trudeau et l'accusent de ne pas représenter les électeurs de l'Ouest du Canada. [...] Sue [Bamforth, du Haut-Commissariat britannique à Ottawa] nous a également dit qu'elle a reçu trois livres en format poche qui sont autant d'attaques virulentes contre le premier ministre du Canada[12].

---

11. Note. Archives du ministère des Affaires étrangères du Canada, RG 25-A-3-C 25-6, 20-CDA-16-1-4, vol. 11478, partie 6.
12. Note de Martin Berthoud à John Ford datée du 30 septembre 1980. Archives du Foreign Office, FCO 82/821.

Et ce n'est que le début. Au cours de l'automne, la vague épistolaire prend encore de l'ampleur. En deux mois, le Foreign Office reçoit 1 200 lettres, dont 300 au cours de la troisième semaine de novembre, tandis que la reine en reçoit une centaine au cours de la même période[13]. Comme le rapporte Richard Berry, du Foreign Office, à son collègue Emery Davies en poste à Ottawa, « nous avons périodiquement envoyé à Sue Bamforth de petits paquets de lettres que des Canadiens ont adressées au premier ministre, mettant en garde contre les périls du rapatriement unilatéral et les basses manœuvres de Pierre Trudeau. Étant donné l'afflux maintenant ininterrompu de ces lettres, j'aimerais bien connaître votre avis au sujet du traitement qu'on doit leur accorder[14] ».

Thatcher n'est pas la seule à être inondée de missives de citoyens canadiens. Les simples députés du Parlement britannique sont dans la même situation. Le travailliste Bruce George, par exemple, recevra 500 lettres, dont 450, dit-il, appuient sa campagne en faveur des Amérindiens[15].

Mais qui sont-ils, ces citoyens qui prennent la plume pour se plaindre de leur gouvernement, et que disent-ils précisément ? Ce sont des gens comme Joan Cherry, de Vancouver, qui écrit à John Osborn, le député de la circonscription qu'elle habitait auparavant au Royaume-Uni.

> En tant qu'ancienne résidante de la circonscription d'Hallam, avant de m'établir en Colombie-Britannique, je prends la liberté de m'appuyer sur les liens que j'ai tissés avec vous lorsque vous étiez représentant de cette ancienne association, explique-t-elle.

---

13. Note. Archives du ministère des Affaires étrangères du Canada, RG 25-A-3-C 25-6, 20-CDA-16-1-4, vol. 11478, partie 3.

14. Note. Archives du Foreign Office, FCO 82/826.

15. Note. Archives du ministère des Affaires étrangères du Canada, RG 25-A-3-C 25-6, 20-CDA-16-1-4, vol. 11478, partie 7.

Ma famille habite toujours dans cette circonscription, si bien que je crois avoir encore un certain droit d'attirer votre attention. Je serais heureuse si vous vouliez bien étudier sérieusement la proposition faite au sujet du rapatriement de la Constitution canadienne [...] et que vous vous concentriez surtout sur la question de savoir si cette proposition devrait être automatiquement adoptée, alors qu'un si grand nombre de provinces, ainsi que la population de ces provinces, en rejette entièrement la teneur[16].

Il y a aussi une certaine N. Downs, de Stockport, Cheshire. Sa sœur s'est mariée avec un aviateur canadien pendant la guerre et a adopté le pays de son conjoint. Elle lui a envoyé un mot, à faire parvenir au député local, pour lui enjoindre de dire non à Trudeau. Madame Downs décide plutôt d'envoyer le tout à Thatcher, précisant à celle-ci qu'elle est « troublée par le ton des lettres de ma sœur et par le fait qu'elle a pris la peine d'écrire, [...] ce qu'elle fait très peu souvent. C'est la personne la plus étrangère à toute motivation politique que je connaisse et nous avons tous été très surpris de voir que, pour la première fois de sa vie, à 58 ans, elle a décidé de se faire entendre publiquement[17] ».

Le volume de courrier est tellement important que plusieurs parlementaires, ne sachant plus quoi répondre, se tournent vers le Foreign Office. Nicholas Ridley, le ministre délégué, leur conseille de s'adresser au gouvernement canadien et de ne pas faire de commentaire. Malgré tout, ces innombrables lettres, dont la grande majorité provient de l'Ouest du Canada, ne manquent pas d'attirer l'attention de nombreux députés qui n'avaient pas entendu parler de la demande de rapatriement.

C'est le cas de Jonathan Aitken, un jeune député conservateur au physique avantageux et à l'avenir prometteur, dont la carrière se terminera toutefois en 1999 par une condamnation à quinze

---

16. Note. Archives du Foreign Office, FCO 82/826.
17. *Ibid.*

mois de prison pour parjure. Mais au moment du rapatriement, Aitken présente deux particularités, la première étant ses liens avec le Canada. Son père est un aviateur de guerre originaire de la Nouvelle-Écosse, et son grand-oncle, Lord Beaverbrook, est un homme d'affaires et homme politique anglo-canadien ayant fait carrière des deux côtés de l'Atlantique, notamment comme membre du cabinet de guerre de Winston Churchill.

Tout ce qui concerne le Canada tient donc à cœur à Aitken, que Thatcher a décidé de ne pas nommer ministre. La raison ? Le député, et il s'agit de sa deuxième caractéristique, est l'ancien ami de cœur de Carol Thatcher, fille de la première ministre. Il a plaqué sa fiancée, et maman Thatcher ne lui a jamais pardonné d'avoir fait de la peine à son enfant. Je serai damnée avant de donner du travail à un homme « qui a fait pleurer Carol[18] », aurait-elle même déclaré à l'époque.

Le résultat de cette situation : n'étant pas ministre, Aitken a beaucoup de temps et, surtout, il n'a rien à perdre. Tant que Thatcher sera aux commandes, il n'a aucune chance d'accéder au cabinet. C'est dans ce contexte qu'il apprend que le Québec est en train de monter une opération pour convaincre Westminster de rejeter la résolution Trudeau. Sa première réaction est la colère devant ce qu'il perçoit comme un affront au pays de son père. Il rebondit aussitôt au bureau de Gilles Loiselle pour lui faire part de sa mauvaise humeur.

> Je l'ai laissé s'exprimer, explique ce dernier. Il disait : on demande de rapatrier la Constitution, mais qu'est-ce qu'on a à faire à garder ça ? Je lui ai dit : avez-vous vu qu'on vous demande aussi de nous voter une charte des droits ? Alors, il a commencé à regarder tout cela, et il a pris un peu la tête du mouvement de défense des

---

18. *The Independent*, 20 janvier 1999, disponible en ligne à l'adresse suivante : www.independent.co.uk/arts-entertainment/jonathan-aitken-a-broken-man-1074975.html.

provinces. Il n'y a aucun député conservateur ou travailliste en Grande-Bretagne qui aime la Charte. Pour eux, c'est le pouvoir souverain du Parlement, et puis là, on va donner cela à des juges[19].

. La rencontre avec Loiselle sème donc un doute chez Aitken, que renforce bientôt le courrier abondant que reçoit le député. Plus il se renseigne, plus il est hostile à la proposition fédérale. Comme il l'écrit au *Times* à l'époque, « les députés britanniques n'en croiront pas leurs yeux […] cela va bien au-delà d'un simple rapatriement […] il s'agit d'une nouvelle loi importante, qui non seulement redéfinit les relations possibles entre le gouvernement fédéral et les gouvernements provinciaux d'une manière inamicale pour la plupart de ceux-ci, mais qui prévoit aussi la création d'une charte des droits au Canada[20] ». Le député a alors l'idée de former un comité parlementaire ad hoc pour examiner la question de plus près, ce dont il parle d'abord à ses collègues conservateurs.

> Je me souviens de m'être adressé au comité 1922, un très puissant comité formé de députés conservateurs d'arrière-ban. Je leur ai dit : « Écoutez, je sais que vous recevez tous des lettres autant que j'en reçois du Canada et j'espère que vous allez appuyer mon idée consistant à examiner la proposition constitutionnelle ». C'était une annonce peu importante, mais, plutôt que d'être acceptée en un clin d'œil et sans objection, j'ai eu droit à des applaudissements nourris, parce que tous recevaient des lettres et ne savaient pas comment leur répondre. Ils en étaient légèrement irrités, parce que Margaret Thatcher avait en quelque sorte dit à M. Trudeau : « Si c'est ce que vous voulez, nous vous le donnerons » […] Soudainement, certains se sont mis à dire qu'il ne fallait peut-être pas le leur donner[21].

---

19.   Entrevue avec Gilles Loiselle, 14 décembre 2006.
20.   *The Times*, 31 octobre 1980.
21.   Entrevue avec Jonathan Aitken, 20 décembre 2006.

Quelques jours plus tard, il demande au député travailliste George Foulkes s'il accepterait de coprésider ce comité avec lui, histoire d'en faire une opération bipartisane. Ce dernier accepte, et l'affaire est bientôt lancée.

Ce développement fait bien l'affaire de James McKibben, le nouveau délégué général de l'Alberta, qui s'active également dans la capitale britannique. Au départ sceptique quant à la possibilité d'influencer le cours des choses, il est impressionné par le travail de Loiselle : « Québec accomplissait du très bon travail, […] mais, en soi, sa portée était plutôt limitée. Quelques députés britanniques se demandaient pourquoi le Québec était mêlé à cela. En raison de la langue ? Ce n'était pas aussi fort que pouvait l'être l'action de plusieurs provinces[22]. » De fait, l'entrée dans la danse du délégué albertain renforce la crédibilité des provinces rebelles à Londres, surtout que McKibben a bientôt l'idée de créer un front commun des délégués généraux, dont il prend la direction. Loiselle est trop heureux de laisser cette place à son collègue : ce changement aidera à faire oublier l'option sécessionniste que défendait le PQ quelques mois auparavant.

McKibben marque rapidement des points, du moins le croit-il. Au cours du mois d'octobre, il a l'occasion de parler avec Thatcher au cours d'un dîner où la première ministre est accompagnée de son mari, Denis. McKibben s'entretient longtemps avec celui-ci et, comme le rapporte le sous-ministre albertain Peter Meekison à son patron Dick Johnston, « il a constaté que M. Thatcher s'intéressait particulièrement à la situation au Canada et était impatient d'entendre notre version des faits[23] ». Or, comme le note John Campbell, biographe de Thatcher, « Denis était extrêmement habile pour soutenir et protéger

---

22. Entrevue avec James McKibben, 29 octobre 2009.

23. Note de Peter Meekison à Dick Johnston datée du 7 novembre 1980. Document obtenu du Foreign Office à la suite d'une demande d'accès à l'information.

Margaret. Il parlait avec ceux auxquels elle ne pouvait pas (ou ne voulait pas) parler et il ramenait vers lui ceux qui tentaient de monopoliser l'attention de Margaret[24] ». Selon toute vraisemblance, McKibben a été victime de ce stratagème.

Pendant ce temps, les médias de l'Ouest alimentent la controverse. Le 25 novembre, le *Edmonton Journal* y va d'une manchette qui surprend tout le monde : « Pierre menace de quitter le Commonwealth, selon des députés britanniques[25] ». Le quotidien donne notamment la parole à George Foulkes, le coprésident du comité parlementaire lancé par Aitken pour étudier le rapatriement. Les fédéraux, dit-il, l'ont averti que son comité ne devait pas entendre le témoignage des provinces : « Tout le processus commence à prendre un peu l'allure d'un chantage, déclare-t-il. Cela ne peut manquer de nous contrarier. » Le lendemain, un journaliste du *Edmonton Journal* téléphone au Foreign Office. Il veut savoir s'il est vrai que le Canada a menacé de se retirer du Commonwealth ou d'exercer des représailles en cas de refus des Britanniques de donner suite à la résolution constitutionnelle. Un certain Myles Wickstead affirme qu'il n'a jamais été question d'une telle chose. Le journaliste raccroche, apparemment peu convaincu par ce démenti[26].

Quoi qu'il en soit, les manchettes du *Edmonton Journal* ne manquent pas de faire sursauter. La première réaction vient d'ailleurs de la page éditoriale du quotidien. Si de telles rumeurs sont fondées, peut-on lire, « elles ne peuvent émaner que d'un gouvernement autocratique ». Après avoir ruiné les relations avec les provinces, Trudeau est en train de détruire celles que le Canada entretient avec la Grande-Bretagne, « un des alliés les plus sûrs et

24. John Campbell, *Margaret Thatcher,* vol. 2 : *The Iron Lady,* Londres, Vintage Books, 2007, p. 37.
25. *Edmonton Journal,* 25 novembre 1980.
26. Note. Archives du Foreign Office, FCO 82/824.

les plus anciens du Canada[27] ». De son côté, Peter Lougheed déclare que cette histoire est « choquante et invraisemblable », précisant que les gens de l'Ouest sont très attachés au Commonwealth. Si tout cela est vrai, ajoute-t-il, cette histoire est la preuve que Pierre Trudeau veut détruire le pays. Même son de cloche de la part du premier ministre Allan Blakeney, qui déclare que cette affaire « est une absurdité totale » et qu'elle mettra la Saskatchewan au premier rang des opposants à Trudeau si elle se confirme[28].

À Ottawa, un conseiller de Mark MacGuigan tente de minimiser le scandale. « Les allégations sont sans aucun fondement », assure-t-il, refrain qui est repris par le bureau du premier ministre. Un adjoint de Trudeau précise que « de telles menaces seraient complètement étrangères à la personnalité de Trudeau[29] ». De son côté, l'opposition s'empare de l'affaire lors de la période de questions. Talonné par la députée Flora MacDonald, le premier ministre déclare que, contrairement aux provinces, personne à l'emploi du gouvernement fédéral n'a mis de pression sur les Britanniques, expliquant du même souffle que ces derniers ne peuvent pas rejeter la requête fédérale car cela équivaudrait à du « du colonialisme pur et simple[30] ».

Mais les fédéraux ont beau tout nier, la réalité est que le gouvernement réfléchit à un plan de représailles contre les Britanniques. Trudeau lui-même envisage la possibilité que le pays quitte le Commonwealth à la suite d'un référendum. John Ford soupçonne que le premier ministre nourrit de tels desseins, et il a mis Londres en garde. Mais n'allons pas trop vite. Pour l'heure, il s'agit simplement d'exercer de la pression en laissant entendre des choses qui peuvent être interprétées de différentes façons.

---

27. *Edmonton Journal*, 26 novembre 1980.

28. *The Globe and Mail*, 28 novembre 1980.

29. *Edmonton Journal*, 26 novembre 1980.

30. *The Globe and Mail*, 27 novembre 1980.

Qui de mieux pour jouer ce rôle que Sonny Ramphal, le secrétaire général du Commonwealth, qui n'a rien de mieux à faire que de sauter dans la mêlée ?

Le 10 novembre, Ramphal décide d'aborder le sujet lors d'une rencontre avec Lord Carrington, le chef du Foreign Office. Il commence en expliquant que Trudeau nourrit de « vives préoccupations » en ce qui a trait au rapatriement et que tout cela affectera le Commonwealth. « Pourquoi en serait-il ainsi ? » rétorque Carrington, indiquant que cette affaire concerne uniquement la Grande-Bretagne et le Canada[31]. Ramphal réplique qu'il se fait tout simplement l'écho de Trudeau, lequel lui a juré que l'histoire aurait des répercussions sur le Commonwealth. Soit, déclare Carrington ; mais la Grande-Bretagne est une démocratie parlementaire, et, dans un tel système, le gouvernement ne peut empêcher le Parlement de débattre les mesures législatives qui lui sont présentées. Strictement entre nous, poursuit-il, « les Canadiens, lorsqu'ils nous invitent à adopter la Charte des droits avec la Constitution, nous demandent de faire quelque chose qu'ils détestent faire ou qu'ils ne peuvent faire eux-mêmes : certains diraient qu'il s'agit presque de duperie ».

L'entretien se termine là-dessus, mais, visiblement, la réponse ne satisfait nullement Ramphal. Il demande à rencontrer Thatcher pour aborder de nouveau la question. Le compte rendu de cet entretien du 4 décembre n'est pas disponible, mais, considérant que la Dame de fer n'aime pas le Commonwealth et que son mari, Denis, parle de « ce satané Sonny Ramphal » quand il s'agit du secrétaire général[32], on peut penser qu'elle n'a guère apprécié l'intervention de celui-ci. Malgré tout, quelques jours plus tard, Ramphal en rajoute, publiquement cette fois, dans un discours à la Société royale du Commonwealth. « Il n'existe aucune respon-

---

31. Compte rendu d'entretien entre Sonny Ramphal et Lord Carrington daté du 10 novembre 1980. Archives du Foreign Office, FCO 82/823.

32. John Campbell, *Margaret Thatcher*, vol. 2 : *The Iron Lady*, p. 320.

sabilité coloniale résiduelle qui autoriserait la Grande-Bretagne à s'interposer entre le gouvernement du Canada et sa population ou entre le gouvernement du Canada et les gouvernements de ses provinces », dit-il, désavouant les provinces. Il s'attend à ce que les parlementaires britanniques donnent suite à la demande fédérale sans rouspéter, et qu'ils le fassent avant la date butoir du 1er juillet fixée par Trudeau. Il termine par un avertissement : « Je ne conçois pas que le Parlement à Westminster considérera de quelque façon que ce soit que l'objet des célébrations en 1981 est moins important que ne le croit le Commonwealth[33]. »

Le Commonwealth, l'Ouest, les députés d'arrière-ban qui s'agitent : c'est dans ce contexte que Lord Carrington doit réfléchir à la marche à suivre. Il présente au cabinet un mémorandum confidentiel analysant la situation, comme Thatcher le lui a demandé, sachant que Carrington est sur la même longueur d'onde qu'elle dans ce dossier :

> Nous avons tout intérêt à maintenir de bonnes relations avec le Canada, un important pays du Commonwealth qui a un rôle marquant à jouer au sein de l'alliance occidentale et sur la scène internationale dans son ensemble. Un recul de notre part, en ce qui concerne ce que les Canadiens considèrent comme notre tâche à propos du rapatriement, nous exposerait à de sévères critiques. Comme l'annexe A l'indique clairement, les arguments juridiques à l'appui de notre réponse positive à une requête fédérale de rapatriement ne sont pas inattaquables, mais nous ne pouvons pas plaire à la fois au gouvernement fédéral et aux provinces. C'est avec le gouvernement fédéral que nous traitons. M. Trudeau a la pleine maîtrise du parti majoritaire et demeure inébranlable dans sa volonté de procéder à un rapatriement assorti de l'enchâssement d'une charte des droits. À

---

33. Discours de Sonny Ramphal, 11 décembre 1980. Document obtenu du Foreign Office à la suite d'une demande d'accès à l'information.

mon avis, il est donc inconcevable que nous ne puissions pas satisfaire à sa requête le plus rapidement possible, si jamais celle-ci nous est transmise. Tout cela, bien entendu, à condition que la question des [...] tribunaux canadiens soit résolue[34].

Carrington poursuit en démolissant l'argument selon lequel les Britanniques auraient la responsabilité de préserver le caractère fédéral du pays. Il affirme que rien dans le Statut de Westminster ne parle d'une telle chose. De plus, ajoute-t-il, Londres a déjà modifié la Constitution malgré l'opposition de certaines provinces, que ce soit la Colombie-Britannique en 1907 ou le Québec en 1943. Dans ce dernier cas, Ottawa voulait reporter une redistribution des sièges à la Chambre des communes, qui était prévue dans la Constitution et aurait donné plus de poids à la province francophone à la suite des données du recensement : « De ce point de vue, il est erroné de considérer que le Statut de Westminster prévoit le maintien du statu quo entre le gouvernement fédéral et les provinces, à l'égard desquelles le Royaume-Uni devait être la partie prenante. »

Cela étant dit, un autre argument reste problématique : celui voulant que c'est en votant une charte des droits que les Britanniques se mêlent des affaires canadiennes, et que c'est en s'abstenant de le faire qu'ils font preuve de non-ingérence. Comme le note Carrington, « les arguments sur l'ingérence en faveur d'Ottawa ont une certaine pertinence ». Mais bien que ce raisonnement soit valable, la ligne de conduite qu'il impose pose problème. Il faudrait alors que les Britanniques acceptent uniquement une demande unanime de rapatriement, ou encore un simple rapatriement avec une formule d'amendement, laissant la Charte de côté. « La volonté de promouvoir une requête limitée à un rapatriement assorti d'une formule d'amendement

---

34. Note adressée au cabinet de Lord Carrington, datée du 10 novembre 1980. Archives du Foreign Office, FCO 82/824.

représente peut-être la limite absolue de l'engagement donné jusqu'à maintenant aux ministres canadiens. Mais nos relations avec le gouvernement fédéral risquent d'en pâtir fortement si nous donnons seulement l'impression d'envisager une option semblable[35]. »

Voilà pourquoi une attitude favorable aux provinces n'est pas envisageable, même si, en réalité, l'argument de la non-ingérence joue en faveur de celles-ci. Les provinces comptent peu, et il semble impensable, à ce stade, qu'elles puissent créer des problèmes sérieux au gouvernement conservateur. Ces éventuels problèmes ne seraient jamais aussi importants que ceux qui surviendraient en cas de brouille avec Ottawa.

C'est ici que Thatcher se trompe. Comme elle le découvrira bientôt, les provinces canadiennes sont capables de transformer une question constitutionnelle en un sujet d'une complexité infinie, pouvant même entraver la marche des leaders les plus déterminés.

---

35. *Ibid.*

CHAPITRE 10

Thatcher perd le contrôle

« *Labour isnt' working.* » C'est grâce entre autres à ce slogan, pla-qué sur la photo d'une longue file de gens attendant devant un bureau d'assurance-chômage, que les conservateurs ont gagné l'élection de 1979. Ils avaient promis rien de moins que de réduire l'inflation, de remettre le pays au travail, de mater les syndicats et de restaurer la grandeur d'Albion. Un an plus tard, l'inflation atteint 22 %, et le nombre de personnes sans emploi avoisine les trois millions. Pour faire face à la crise, le gouverne-ment a doublé la taxe de vente et haussé les taux d'intérêt à un niveau record[1]. Cette dernière mesure a eu un effet dopant sur la livre, dont la hausse spectaculaire a frappé de plein fouet les exportations britanniques. Le gouvernement Thatcher obtient alors le titre peu enviable du gouvernement le plus impopulaire depuis que les sondages existent, et cela se répercute sur plusieurs plans. Le cabinet est plus que jamais divisé entre les partisans des mesures d'austérité, qu'on appelle les *dries* – Thatcher et quelques ministres clés –, et ceux qui s'y opposent, surnommés les *wets*. La situation est aussi très tendue au sein de la députation. Comme le lui dit à l'époque son secrétaire parlementaire, Ian Gow, la Dame de fer fait face à « une grave détérioration du moral de nos députés d'arrière-ban[2] ».

---

1.   John Campbell, *Margaret Thatcher,* vol. 2 : *The Iron Lady,* Londres, Vintage Books, p. 78-79.

2.   *Ibid.,* p. 107.

Cette détérioration mine le leadership de celle qui n'est pas encore l'héroïne de la guerre des Malouines et qui, de surcroît, ne jouit pas d'une immense majorité en chambre. La situation est préoccupante, car, depuis les années 1970, les députés britanniques d'arrière-ban font preuve d'une plus grande indépendance devant la ligne du parti, du moins lorsqu'il ne s'agit pas d'un vote de confiance. De 1970 à 1974, le gouvernement conservateur d'Edward Heath a ainsi perdu six votes à la suite d'une révolte dans ses rangs, sur des projets de loi importants et malgré plusieurs tentatives des whips pour imposer la ligne de parti. Dans le gouvernement travailliste minoritaire de James Callaghan, la même chose s'est produite à dix-sept occasions[3]. Et on ne compte pas les nombreuses fois où le gouvernement a reculé ou fait des compromis avant de perdre la face. À l'époque qui nous occupe, le gouvernement Thatcher est au pouvoir depuis un an et demi, et cette période a été marquée par plusieurs événements de la sorte. Son impopularité record ne fait que mettre de l'huile sur le feu.

Pour les députés qui sont hostiles au projet de Trudeau, c'est le moment idéal pour défier la première ministre. Comme le rappelle Jonathan Aitken, « le gouvernement ne voulait pas se lancer dans une autre bataille, à tout le moins pas une grosse bataille. Le moment était propice pour créer des difficultés, même si ce n'était pas là notre objectif[4] ».

Un pavé dans la mare

Bien au fait de cette situation, Gilles Loiselle aborde Sir Anthony Kershaw, président de la commission parlementaire sur la poli-

3. Voir l'analyse de John B. Johnson, docteur en science politique à la London School of Economics, qui écrit au *Globe and Mail* sur le sujet le 25 février 1981.
4. Entrevue avec Jonathan Aitken, 20 décembre 2006.

tique étrangère. Celle-ci fait partie d'une série de nouveaux comités permanents de la Chambre, avec budget de recherche et personnel de soutien, créés lors de l'arrivée des conservateurs. Le leader parlementaire St. John-Stevas a lancé cette opération sans mettre Thatcher dans le coup[5]. Accaparée par plusieurs choses à son arrivée au 10, Downing Street, celle-ci s'est aperçue trop tard de cette initiative pour la stopper. Ces forums parlementaires officiels qui scrutent l'action du gouvernement ne lui disent rien qui vaille. La suite des événements va lui donner entièrement raison.

Contrairement à Thatcher, Anthony Kershaw est un conservateur modéré, ministre junior sous Edward Heath. Peu influent, il a peu de chances de retourner au cabinet. Il ne doit rien à la patronne et n'attend rien d'elle. Avocat, vétéran de la Seconde Guerre ayant servi dans les hussards, toujours tiré à quatre épingles et portant parfois le monocle[6], Sir Anthony est l'incarnation parfaite du gentleman britannique, avec ce fameux *fairplay* qui peut susciter des sympathies pour la cause provinciale. C'est exactement ce qui se produit. Gilles Loiselle est bien inspiré quand il lui explique que le rapatriement cadre parfaitement avec le mandat de la commission qu'il préside. Or, il s'avère justement que la commission a du temps libre. Elle devait se pencher sur la situation de Chypre, mais Lord Carrington a fait savoir discrètement qu'il s'agissait d'un sujet très sensible qui risquait de mettre les Britanniques dans l'embarras. Personne en haut lieu n'avait toutefois pensé que Kershaw jetterait alors son dévolu sur la Constitution canadienne. Voilà précisément ce qui risque maintenant d'arriver. C'est ce qu'explique Martin Berthoud à Nicholas Ridley, ministre délégué au Foreign Office :

5.   John Campbell, *Margaret Thatcher,* vol. 2 : *The Iron Lady,* p. 458.

6.   Robert Sheppard et Michael Valpy, *The National Deal: The Fight for a Canadian Constitution,* Toronto, MacMillan, 1982, p. 197.

De façon plus détaillée, une partie (voire la plupart) des faits présentés au Comité des affaires étrangères (par d'autres, du moins) seront sans doute défavorables à la cause du gouvernement fédéral [...] On peut s'attendre à ce que les provinces présentent immédiatement d'autres arguments (contre le rapatriement, cette fois) et fassent pression sur les membres du comité. M. Loiselle, le délégué général du Québec, est un porte-parole beaucoup plus convaincant que quiconque serait dépêché par le haut-commissaire canadien. Mais il y a peut-être plus important encore : il est probable que l'existence même des délibérations de ce Comité des affaires étrangères laisse croire au gouvernement fédéral que le Royaume-Uni renie dans une certaine mesure des engagements successifs (formulés par la première ministre et d'autres) prévoyant que nous allions agir en faveur du rapatriement de la Constitution si le gouvernement du Canada nous le demandait. Je doute qu'on voie d'un bon œil que nous nous contentions de répondre que nous n'exerçons aucun contrôle sur le Comité des affaires étrangères.

Je crains qu'il ne soit impossible de garder à l'écart de la scène politique les délibérations qui s'annoncent. Les dimensions constitutionnelles et juridiques de la question sont inextricablement liées à la politique canadienne. Observant ces délibérations, le gouvernement canadien conclurait probablement que les Britanniques se mêlent de ses affaires intérieures. La direction Amérique du Nord est d'avis que le Comité des affaires étrangères devrait être, dans la mesure du possible, entièrement supprimé[7].

Mais Berthoud est contredit par le sous-ministre adjoint Gordon Lennox, qui fait lui aussi ses recommandations à ses maîtres politiques :

---

7.   Note de Martin Berthoud adressée à Harding, secrétaire permanent, et à Nicholas Ridley, non datée. Archives du Foreign Office, FCO 82/823.

S'il est vrai que le moment choisi pour les délibérations est clairement problématique, je ne crois pas qu'il serait sage de tenter de persuader les membres du comité de ne pas les tenir. Étant donné que j'ai déjà dû les convaincre de retarder, et peut-être d'abandonner leur enquête sur Chypre, ils pourraient bien croire que nous leur faisons obstruction et décider de mener à terme les délibérations prévues. Nous serions alors simplement dans une position plus faible pour tenter de les empêcher d'enquêter sur des questions délicates à l'avenir. À mon avis, le mieux que nous puissions faire consiste à dire au comité que nous allons évidemment coopérer avec lui en ce qui concerne les délibérations prévues, mais en soulignant clairement les risques et les écueils qu'elles comportent[8].

Telle est l'option qui prévaut finalement. On s'abstiendra de faire pression sur le comité et on vivra avec les conséquences : advienne que pourra. Carrington informe aussitôt John Ford que Kershaw s'apprête à jeter un pavé dans la mare. Et il précise : « Il est essentiel qu'il n'y ait pas de fuites à ce sujet[9]. » Mais comme il s'agit de la Constitution, c'est beaucoup demander. Deux jours après cette mise en garde, le *Times* annonce que le comité Kershaw se saisira du dossier, précisant que « certains ministres estiment qu'il serait utile que le comité examine les importantes questions constitutionnelles qui vont surgir si le gouvernement canadien soumet à l'approbation du Parlement ses mesures de grande ampleur, qui comprennent une charte des droits[10] ». La fuite provoque aussitôt une réaction en chaîne. Il y a d'abord le quotidien montréalais *The Gazette* qui joint Kershaw pour une

---

8. Note de Gordon Lennox adressée à un certain Blaker et au secrétaire permanent, datée du 29 octobre 1980. Archives du Foreign Office, FCO 82/823.

9. Note de Lord Carrington à John Ford datée du 30 octobre 1980. Archives du Foreign Office, FCO 82/823.

10. *The Times*, 1er novembre 1980.

entrevue. Ce dernier ne demande pas mieux que de se perdre en conjectures au sujet d'une enquête qui n'est même pas commencée. Il serait souhaitable, déclare-t-il, que l'unanimité, ou presque, soit atteinte : « Si une seule province s'y opposait, mon groupe, et probablement le gouvernement britannique aussi, serait prêt à passer outre. Mais si les provinces se liguent contre Ottawa, alors j'ose affirmer que nous ne ferions rien[11]. »

Cette déclaration soulève la colère des fédéraux, que les Britanniques n'ont pas cru bon prévenir. Qu'un comité officiel de la chambre étudie la demande de rapatriement constitue en soi un démenti à l'idée voulant que les parlementaires doivent approuver la requête de façon quasi automatique.

À Ottawa, De Montigny Marchand accourt au bureau de John Ford. Comme ce dernier le note, « il a très mal réagi, soulignant qu'il s'agissait d'un acte inamical et incompatible avec les paroles de Mme Thatcher adressées au premier ministre et aux ministres canadiens. Puisque le président du comité était un conservateur, les Canadiens auraient cru que M. Kershaw et le comité seraient rappelés à l'ordre[12] ». Ford rétorque que Thatcher a averti Trudeau en juin : si la demande est controversée au Canada, elle le sera aussi au Royaume-Uni. Lui-même s'est évertué à répéter cette mise en garde. Quant aux commissions parlementaires permanentes, explique-t-il, ce sont de nouvelles créatures. Leurs membres veulent se faire valoir et n'agissent pas toujours selon les désirs du gouvernement. Ces paroles apaisent quelque peu Marchand, mais celui-ci continue tout de même de grommeler « inamical » en prenant congé de Ford.

Le Haut-Commissariat canadien relaie également le message à Londres. Le conseiller Henry Richardson est envoyé au Foreign Office en service commandé. Arrivant en coup de vent chez Mar-

---

11. *The Gazette,* 30 octobre 1980.

12. Note de John Ford adressée au Foreign Office, datée du 3 novembre 1980. Archives du Foreign Office, FCO 82/823.

tin Berthoud, il n'y va pas par quatre chemins. « Mon gouvernement en sera vivement contrarié et ne le comprendra tout simplement pas », lance-t-il d'entrée de jeu, précisant qu'il ne voit
pas en quoi l'exercice du comité peut être utile[13]. Berthoud se
risque alors à dire que si l'affaire est toujours *sub judice* quand la
requête constitutionnelle arrivera à Londres, la situation se com-
pliquera davantage. Ce à quoi « M. Richardson, déjà irrité en
raison des délibérations du Comité des affaires étrangères, a réagi
avec une certaine rudesse[14] ». C'est une affaire entièrement canadienne, lance le diplomate fédéral. Elle relève uniquement du
gouvernement central, et ce, dans tous les domaines, juridique et
autres. Les Britanniques n'ont qu'à croire sur parole les fédéraux :
tous les aspects de cette affaire ont été examinés. Ce que pourraient dire les différents tribunaux et la Cour suprême, ajoute-
t-il, n'aura que valeur d'opinion et, « à ce titre, le gouvernement
canadien n'en tiendra sans doute aucun compte ». Berthoud ose
alors contredire son visiteur une deuxième fois :

> Les citoyens du Royaume-Uni seraient susceptibles de remettre
> en question le rapatriement de la Constitution tel qu'effectué par
> les Britanniques si les tribunaux canadiens devaient déclarer,
> après que nous serions allés de l'avant, que les propositions cana-
> diennes étaient inconstitutionnelles ou illégales. M. Richardson
> s'est d'ailleurs opposé à mon emploi de l'expression *sub judice*. Il
> a semblé estimer que les tribunaux canadiens n'avaient, en fait,
> aucune compétence pour traiter une telle question et qu'il n'était
> donc pas possible de croire qu'ils exprimeraient un avis juridique
> à ce sujet[15].

13.　Note du Foreign Office adressée au Haut-Commissariat britannique
à Ottawa, datée du 3 novembre 1980. Archives du Foreign Office,
FCO 82/823.

14.　Note de Martin Berthoud à Anthony Parry datée du 5 novembre 1980. Archives du Foreign Office, FCO 82/823.

15.　*Ibid.*

C'est sur cette note discordante que le représentant fédéral quitte son hôte. Il promet en sortant qu'il tentera de dissuader Kershaw, qu'il rencontre quelques jours plus tard. Il avertit alors ce dernier que « les Canadiens pourraient considérer que les activités du Comité des affaires étrangères ont un caractère colonialiste[16] ». Kershaw ne bronche pas : à titre de président d'une commission, il n'est pas à la solde du gouvernement. À tout le moins, poursuit Richardson, le comité ne devrait pas entendre de témoignages ou recevoir de mémoires en provenance du Canada. Le Britannique ne promet rien : il commence à en avoir assez de ce damné Richardson. C'est ce qu'il confie peu de temps après à Nicholas Ridley, qui tente – plus subtilement – de l'influencer. Le ministre fait valoir que si la commission décidait de rencontrer les provinces canadiennes ou encore les Indiens, Ottawa serait en colère[17]. Mais refuser d'entendre le point de vue des opposants à Trudeau, rétorque Kershaw, le placerait dans une situation impossible vis-à-vis de ses collègues députés. Par contre, afin d'aider le gouvernement, on pourrait entendre d'abord le point de vue des opposants afin de mieux le réfuter par la suite. Ridley est d'accord. Faisant contre mauvaise fortune bon cœur, il se dit que cet exercice de commission parlementaire pourra servir de soupape, donnant la possibilité aux fauteurs de troubles d'exprimer un peu leur frustration. Une fois la séance de défoulement passée, le débat en chambre sera peut-être plus serein. De plus, pense Ridley, « il y a un autre avantage : la colère canadienne pourrait être dirigée contre M. Kershaw plutôt que contre les ministres[18] ».

---

16. Note de Martin Berthoud datée du 6 novembre 1980. Archives du Foreign Office, FCO 82/823.

17. Note interne du Foreign Office datée du 6 novembre 1980, résumant la position de Nicholas Ridley ainsi que sa rencontre avec Anthony Kershaw. Archives du Foreign Office, FCO 82/823.

18. *Ibid.*

Comme paratonnerre, en effet, on ne pourrait trouver mieux que Kershaw. Ce dernier semble très heureux de l'intérêt politico-médiatique qu'il suscite soudain, multipliant les déclarations aux micros qui se tendent vers lui partout où il va. Tout cela amène Jean Wadds à câbler un message secret pour Ottawa, portant la mention « Canadian Eyes Only » :

> Nous avons examiné les plus récents événements et <u>sommes très inquiets quant à leurs conséquences</u>. Nous croyons que nous ne pouvons plus faire fi des activités du comité et que le moment est venu de formuler et de communiquer, au moins au ministre des Affaires étrangères (c'est-à-dire Carrington), nos préoccupations […] L'action proposée du Comité permanent des affaires étrangères risque d'être vue comme une intervention inacceptable dans les affaires du Canada, ce qui est susceptible de nuire aux relations entre les deux pays[19].

Mais Pierre Elliott Trudeau a une autre idée : enjoindre publiquement aux Britanniques d'obéir. Le 6 novembre, tout en se défendant de faire pression sur eux, il affirme lors d'un débat aux communes qu'« il serait naturel que le gouvernement et le Parlement britanniques ne se mêlent en aucune façon des affaires canadiennes[20] ». Est-il frustré de la situation ? interrogent les journalistes peu de temps après. Le comité Kershaw, répond-il, « est un comité composé de députés d'arrière-ban […] Ce n'est pas le gouvernement britannique qui lui confie l'application d'une politique quelconque, mais c'est le comité lui-même qui examine les rapports entre le Parlement britannique et l'Acte de

---

19. Note. Archives du ministère des Affaires extérieures du Canada, RG 25-A-3-C 25-6, 20-CDA-16-1-4, vol. 8723, partie 4. Les soulignés sont de Jean Wadds.

20. Déclaration de Pierre Elliott Trudeau en chambre, note datée du 6 novembre 1980. Archives du Foreign Office, FCO 82/823.

l'Amérique du Nord britannique, l'une de ses propres lois. Je ne peux pas vraiment m'indigner contre cela[21] ».

Pourtant, Trudeau semble prendre l'affaire très au sérieux. La même semaine, il déclare à Regina que Thatcher lui a promis que son projet serait adopté grâce à un « *three line whip* ». L'expression signifie qu'une instruction écrite et soulignée trois fois est donnée aux députés par les préfets de discipline que sont les whips. Dans un tel cas, les parlementaires doivent voter suivant la ligne du parti. L'invocation de cette garantie devient le nouvel argument des fédéraux. George Anderson, le directeur de l'Europe de l'Ouest aux Affaires extérieures, l'évoque à son tour devant Emery Davies. Celui-ci est dubitatif : le compte rendu britannique de l'entretien Trudeau-Thatcher ne fait pas mention de « *three line whip*[22] ».

Parallèlement à ce malentendu qui prend de l'ampleur, le premier ministre terre-neuvien, Brian Peckford, visite Londres à la fin de novembre. Il aurait souhaité s'exprimer devant les membres du comité Kershaw, mais cette demande lui a été refusée. Ceux-ci ont finalement décidé d'entendre seulement des témoins britanniques, tout en acceptant les mémoires écrits de toute provenance. Terre-Neuve en fera parvenir un. Le premier ministre provincial profite donc de son séjour londonien pour dire haut et fort ce qu'il pense. Le 26 novembre, un discours devant la chambre de commerce canado-britannique s'annonce comme le clou de sa visite. Peckford n'a pas encore quitté son hôtel, le matin, qu'il tire la première salve : « Trudeau ne connaît pas Terre-Neuve, affirme-t-il devant des journalistes. Lorsqu'il s'y rend, il n'y passe qu'une heure et demie environ. Je ne crois pas qu'il ait jamais passé une nuit sur notre sol. » Les provinces rebelles vont inonder les Britanniques de documents expliquant

---

21. Conférence de presse de Pierre Elliott Trudeau, 7 novembre 1980. Archives du Foreign Office, FCO 82/833.

22. Note. Archives du ministère des Affaires extérieures du Canada, RG 25-A-3-C 25-6, 20-CDA-16-1-4, vol. 8723, partie 5.

leur position, ajoute Peckford : « Lorsque les Terre-Neuviens commencent à parler, ils n'arrêtent plus[23]. »

Cette première mise au point étant faite, Peckford poursuit dans la même veine lors de son allocution. Il accuse Trudeau de se livrer à une « destruction subtile mais effective du fédéralisme canadien ». Il termine en disant qu'alors que les revenus du pétrole pourraient enfin permettre à Terre-Neuve de sortir de la dépendance économique, la proposition de Trudeau va l'en empêcher, en menaçant les droits de propriété de sa province sur ces ressources[24].

Le défilé des demandeurs

Pendant ce temps, au Canada, les conservateurs de Joe Clark tentent de freiner les libéraux fédéraux. Ils ont forcé Trudeau à mettre sur pied un comité parlementaire conjoint de la Chambre et du Sénat, dont le mandat sera d'étudier le projet constitutionnel en recevant les mémoires de citoyens ou de groupes et en les invitant à venir s'exprimer de vive voix, le tout devant les caméras de télévision. Certaines provinces y voient une nouvelle manœuvre d'Ottawa. Comme le rappelle Roy Romanow, qui a participé lui-même à l'exercice, « il ne faisait aucun doute que la teneur du témoignage qu'a entendu le comité a été orchestrée par le gouvernement afin d'isoler l'opposition provinciale et de créer un mouvement en faveur d'une charte encore plus ample[25] ». Ce genre d'exercice, par ailleurs, donne une légitimité nouvelle aux différents militants professionnels et groupes de pression, communément appelés « société civile » : comme si le Canadian

---

23. *The Globe and Mail*, 27 novembre 1980.

24. *Ibid.*

25. Roy Romanow, John Whyte et Howard Leeson, *Canada… Notwithstanding: The Making of the Constitution, 1976-1982*, Agincourt, Carswell/Methuen, 1984, p. 248.

Committee on Learning Opportunities for Women, l'Église de Jésus-Christ des saints des derniers jours, le Positive Action Committee, le German-Canadian Committee on the Constitution, l'Indian Rights for Indian Women et les World Federalists, pour n'en nommer que quelques-uns, étaient des interlocuteurs aussi légitimes que les provinces, avec leurs assemblées élues au suffrage universel et leurs compétences constitutionnelles reconnues.

Mais qu'importe : de partout au pays, les militants accourent vers l'édifice de l'Ouest, où a lieu le coloré défilé des demandeurs. Et quelles sont les revendications de tous ces gens ? Plus de droits. Si un groupe de la Colombie-Britannique réclame le droit de prendre des champignons hallucinogènes[26], d'autres réclament le droit constitutionnel à des baisses de taxes ; le droit fondamental de vivre dans un pays libre d'armes nucléaires ; la fin de la peine de mort ; les droits des handicapés physiques, des handicapés mentaux, des aveugles, des malentendants, des femmes, des autochtones, des Chinois de la côte Ouest, des juifs, des homosexuels, des transgenres ; le droit fondamental d'étudier en anglais au Québec, etc.

Certains, toutefois, craignent l'avènement de la Charte, comme l'Association canadienne des chefs de police. Jack Ackroyd, le chef de police de Toronto, met le comité en garde contre les dérives des droits procéduraux en cas d'arrestation. Faisant référence à l'exemple américain, il demande : « Lorsque des meurtriers sont libérés parce qu'un policier a commis une légère erreur dans le cadre de la procédure qu'il doit suivre, est-ce que la société en bénéficie vraiment ? » Même son de cloche du côté de l'Association canadienne des procureurs de la Couronne, qui affirme qu'il est illogique et « autodestructeur » de tenter de contrôler les agissements de la police en acquittant des criminels[27].

---

26. Robert Sheppard et Michael Valpy, *The National Deal,* p. 137.

27. Michael Mandel, *The Charter of Rights and the Legalization of Politics in Canada,* Toronto, Thompson Educational Publishing, 1994, p. 182.

Mais tout au long des 270 heures de présentations où se font entendre 914 individus et 294 groupes de pression, ce genre de témoignages est extrêmement minoritaire[28]. En fait, l'engouement des groupes de pression pour une charte plus exhaustive est tellement grand qu'il se répercute à Londres. Le National Action Committee on the Status of Women s'est doté d'un représentant dans la capitale britannique, en la personne de Michael Butler. Celui-ci tente d'alerter par lettre les parlementaires britanniques ainsi que Lord Carrington : « La Charte des droits, dit-il, telle qu'elle est formulée maintenant, n'assurerait pas l'égalité des femmes aux yeux de la loi et risquerait même d'entraîner une détérioration de la situation actuelle des femmes. Ce sont les femmes autochtones qui sont les plus gravement exposées à un tel risque. Les dispositions de la Charte relatives à la discrimination positive, ajoute-t-il, sont vaguement formulées, et les femmes n'y sont pas désignées comme un groupe désavantagé[29]. »

Il convient de se pencher brièvement sur la conception des libertés mise de l'avant lors des audiences du comité parlementaire. Pour un philosophe comme Platon, le concept de liberté était lié à un bien transcendant dont tous pouvaient jouir. Pour Hobbes et Locke, cette idée était liée à l'état de nature[30]. Mais pour les militants qui défilent au parlement en 1980, le bien commun et les droits naturels sont complètement évacués de la dis-

28. Robert Sheppard et Michael Valpy, *The National Deal,* p. 137.

29. Note. Archives du ministère des Affaires extérieures du Canada, RG 25-A-3-C 25-6, 20-CDA-16-1-4, vol. 8723, partie 7.

30. Tom Darby et Peter C. Emberley, « Political Correctness and the Constitution: Nature and Convention Re-examined », dans Anthony A. Peacock (dir.), *Rethinking the Constitution: Perspectives on Canadian Constitutional Reform, Interpretation, and Theory,* Don Mills, Oxford University Press, 1996, p. 245.

cussion. Il s'agit de s'organiser, de faire pression, de satisfaire le groupe auquel on appartient, tout cela sans accorder d'importance au fait que le rôle d'une constitution est de permettre la mise en place de règles impartiales pour encadrer le pouvoir de l'État, et non pas de servir de base à une pléiade de réformes sociales. L'idée qui sous-tend cet activisme veut que l'ordre constitutionnel ne soit pas fondé sur une notion commune de raison. Il est plutôt le résultat de préférences arbitraires, reflétant des relations de pouvoir liées à la race, au sexe, à la classe sociale. D'où l'importance pour les représentants autoproclamés de chaque groupe minoritaire d'imposer leurs propres vues. Comme le note encore Roy Romanow, « ils voulaient tous l'adoption d'une charte, et ils voulaient tous l'adoption d'une charte qui protège les intérêts de leurs membres[31] ».

Cette course aux droits faite au nom de l'égalité révèle un autre glissement qui est en train de s'opérer. Dans la théorie libérale traditionnelle, les libertés précèdent la création de l'État. Lorsque les citoyens se constituent en société, ils se dépouillent volontairement de certains droits, par exemple celui de la sécurité, pour les remettre au gouvernement afin que l'exercice de ces droits par l'État leur permette de mieux jouir des autres libertés qu'ils conservent. D'où l'idée, entre autres, que tout ce qui n'est pas interdit est permis. Les militants qui se succèdent devant le comité conjoint en 1980-1981 ne l'entendent pas de cette oreille. Pour eux, les droits existent seulement s'ils sont reconnus par la loi. Il n'y a plus ici de sphère des libertés privées, celles qui n'ont pas été octroyées au pouvoir politique dans le contrat social. L'État n'en est plus le garant, au sens où il exerce seulement les droits limités qui lui ont été donnés au départ pour mieux permettre au peuple de jouir de ceux qu'il conserve. Avec la logique de la Charte, l'État devient au contraire responsable de l'exercice de tous les

---

31. Roy Romanow, John Whyte et Howard Leeson, *Canada… Notwithstanding*, p. 248.

droits des citoyens, puisque ces derniers n'existent que s'ils sont reconnus dans un cadre légal. En outre, si ces droits sont inscrits dans la Charte, les militants pourront utiliser les tri-bunaux et invoquer les droits fondamentaux pour obliger l'État à leur octroyer des avantages qu'ils ne peuvent obtenir par la voie politique. Cette façon de faire met fin aussi à ce grand acquis du siècle des Lumières, l'égalité de tous devant la loi, en permettant différents droits à différents groupes suivant des critères culturels, sexuels ou autres. Comme l'explique Rosalie Abella, qui deviendra juge à la Cour suprême, il s'agit d'« accorder un traitement différent, afin de corriger les abus qu'ont suscités nos différences[32] ».

« Multiculturalisme » : le mot à la mode

Ceux qu'on appelle les « patriotes de la Charte » ont gain de cause à l'hiver de 1981 – en partie, du moins. À la suite de la consultation menée par le comité parlementaire, Trudeau renforce la proposition de charte, notamment par l'ajout d'une clause disant que les droits qu'elle contient sont garantis autant aux hommes qu'aux femmes, et d'une autre qui ajoute les handicaps physiques et mentaux à la liste des discriminations interdites[33]. Les grands gagnants de l'exercice, toutefois, sont les partisans du multiculturalisme. En octobre 1980, ils ont été déçus de l'abandon de ce concept qui figurait dans le projet de préambule. Le président du comité ukraino-canadien a donc écrit au premier ministre pour souligner l'importance d'enchâsser dans la Constitution « le fait que le Canada est un pays multiculturel[34] ». Cette demande a été

---

32. *Ibid.*

33. Peter H. Russell, *Constitutional Odyssey: Can Canadians Become a Sovereign People ?*, Toronto, University of Toronto Press, 2004, p. 114.

34. Cité par Varun Uberoi, « Multiculturalism and the Canadian Charter of Rights and Freedoms », *Political Studies,* vol. 57, 2009, p. 814.

reprise ensuite par d'autres groupes devant le comité parlementaire conjoint, et James Fleming, le ministre du Multiculturalisme, a insisté sur cette idée au sein du cabinet.

Toutes ces pressions ont eu pour résultat la réintroduction du concept non plus dans le préambule, mais dans la Charte en tant que telle. Pour Eddie Goldenberg, ancien conseiller de Jean Chrétien, l'affaire était apparemment « populaire et non problématique » – sauf au Québec, où elle soulève de l'opposition. « Une fois cette notion consignée, très rares étaient ceux qui voulaient nous faire part de leur opposition. Pensez-y : que pouvaient-ils dire ? Que le Canada n'est pas multiculturel[35] ? » En effet, qui pourrait nier que le pays compte des citoyens de différentes origines, qui s'habillent différemment, ont des goûts culinaires distincts, une pigmentation de la peau diverse et ainsi de suite. Le multiculturalisme serait trivial s'il se bornait à énoncer de telles évidences. Après tout, qui peut contester qu'il y a des cowboys dans l'Ouest, avec leur musique country, leur accoutrement singulier, leur danse en ligne, leur courage (ou folie selon les points de vue) lorsqu'ils chevauchent des mustangs ou des taureaux lors du Stampede de Calgary ? Cette constatation étant faite, faut-il pour autant que cette réalité fasse partie de la Constitution, faute de quoi les cowboys seraient victimes de discrimination et verraient leurs droits bafoués ?

Les mots, évidemment, ont un grand poids, et ce n'est pas pour rien que le terme « *multiculturalisme* » s'est retrouvé dans la Constitution. Pour Trudeau, il est devenu l'essence même du pays : « Chaque groupe ethnique a le droit de préserver et de favoriser sa culture et ses valeurs propres dans le contexte canadien, disait-il en 1971. Dire que nous avons deux langues officielles ne signifie pas que nous avons deux cultures officielles, et aucune culture n'est plus officielle qu'une autre[36]. »

---

35. *Ibid.*, p. 821.
36. *Ibid.*, p. 28.

En somme, l'insertion du multiculturalisme dans la Constitution fait partie d'un vaste projet de réingénierie sociale visant à transformer les citoyens du Canada en des êtres bilingues, sans culture de référence. À l'instar des « droits linguistiques en éducation » dont il a été question plus haut, Trudeau confie le mandat de mettre cet objectif en place aux juges plutôt qu'aux élus du peuple, parce que la majorité risque fort de rejeter un tel projet.

Si l'intention est claire, une question demeure toutefois. Qu'est-ce qu'un droit à la culture ? Et quelle forme ce concept doit-il prendre dans la loi fondamentale ? Comme l'expliquera plus tard Roger Tassé, alors sous-ministre à la Justice, personne à Ottawa ne semblait vraiment comprendre où tout cela mènerait :

> Nous ne savions même pas ce que le multiculturalisme et la culture signifiaient. Alors, comment pouvions-nous accorder un droit à la culture ? De même, comment une personne pourrait-elle célébrer sa culture de la même façon qu'elle le ferait dans un autre pays ? Elle pourrait le faire jusqu'à un certain point, mais pas pleinement. Les conséquences d'une telle disposition étaient tellement vastes qu'elles en étaient inconcevables[37].

Tassé n'est pas le seul à se poser des questions. C'est également le cas de John Ford, qui partage ses inquiétudes avec Londres :

> Selon Trudeau et les intellectuels libéraux qui raisonnent entièrement en termes cartésiens, la solution paraissait évidente : une nouvelle Constitution qui définirait un cadre juridique pour l'unité, des tribunaux qui l'appliqueraient et un gouvernement fédéral qui serait assez fort pour imposer des politiques d'unité.

---

37. *Ibid.*, p. 818.

Cela convient bien aux fonctionnaires à Ottawa, qui ont un intérêt direct dans l'élargissement des pouvoirs fédéraux. Le rêve de Trudeau de voir un Canada bilingue et biculturel d'un océan à l'autre n'a rien d'ignoble. Une telle méritocratie, où la mesure du mérite résiderait dans le bilinguisme et le biculturalisme, séduit les milieux universitaires et médiatiques, et plus particulièrement les Anglo-francophones de Montréal, qui se considèrent comme la véritable élite. Mais, pour les simples citoyens partout au Canada, dont un nombre décroissant sont bilingues ou biculturels, la réalisation du rêve de Trudeau pourrait se traduire par la création d'un lit de Procruste, source de division, qui les rendrait encore plus hostiles à la bureaucratie d'Ottawa. Et c'est le multiculturalisme, plutôt que le biculturalisme, qui est déjà devenu le cri de ralliement du gouvernement […] Si elle devait entrer en vigueur, la Constitution de Trudeau semble destinée à entraîner d'innombrables poursuites judiciaires interminables qui seraient autant de sources de divisions[38].

Cette analyse est très bien reçue à Londres, surtout par le ministre de la Défense, Francis Pym, qui est sur le point de remplacer St. John-Stevas comme leader parlementaire et qui est désormais aux premières loges dans le dossier du rapatriement. Il a lu la dépêche de Ford « avec beaucoup d'intérêt » et trouve qu'il s'agit de l'« analyse des événements la plus utile jusqu'à maintenant[39] ».

Pendant ce temps, les fédéraux n'ont de cesse de répéter, sondages à l'appui, à quel point la Charte est populaire, soulignant bien sûr le témoignage des nombreux groupes intervenus devant

---

38. Note de John Ford adressée au Foreign Office, datée du 7 mai 1981. Document obtenu du Foreign Office à la suite d'une demande d'accès à l'information.

39. Note du Foreign Office adressée à John Ford, datée du 12 mai 1981. Document obtenu du Foreign Office à la suite d'une demande d'accès à l'information.

le comité conjoint. À force d'entendre ce refrain, tout le monde finit par croire qu'il existe une tendance lourde en faveur du gouvernement fédéral. C'est dans ce contexte que, le 10 décembre 1980, la maison Gallup publie un sondage révélant que 58 % des Canadiens s'opposent à la démarche unilatérale de Trudeau. Comme l'explique Emery Davies dans un message à Londres, ce résultat « a été une forte surprise pour la grande majorité des observateurs [...] C'est complètement différent des affirmations du gouvernement au sujet des résultats de ses sondages d'opinion et certainement différent de ce que nous ont répété diverses sources fiables au sein du gouvernement fédéral[40] ».

Quelques semaines plus tard, un nouveau sondage fait pour le compte de CBC par l'École de journalisme de l'Université Carleton confirme cette tendance. Cette fois, ce sont 65 % des répondants qui s'opposent au rapatriement unilatéral, contre 26 % qui l'approuvent[41]. Quel sens peut-on donner à de tels résultats ? Pour Michael Kirby, le conseiller de Trudeau, ils s'expliquent par le fait que les Canadiens « détestent spontanément les conflits » : « Chaque fois que j'ai effectué un sondage auprès de la population canadienne sur une question suscitant un conflit, la plupart des Canadiens souhaitaient que ce conflit soit réglé[42] ». L'hypothèse inverse consisterait à dire que la population du pays s'oppose à ce que fait Trudeau à l'époque. Mais comment concilier cette interprétation avec l'appui très largement majoritaire donné à la Charte ?

Il faut dire qu'Ottawa présente les dispositions de la Charte et les juges appelés à s'en servir comme un métronome battant

---

40.   Note d'Emery Davies adressée au Foreign Office, datée du 12 décembre 1980. Archives du Foreign Office, FCO 82/825.

41.   Les résultats sont rapportés par John Ford dans une note adressée au Foreign Office datée du 6 janvier 1981. Document obtenu du Foreign Office à la suite d'une demande d'accès à l'information.

42.   Entrevue avec Michael Kirby, 14 mai 2010.

exactement la mesure, et fonctionnant avec la précision d'une montre suisse. Avec un tel outil, un seul résultat est possible : le respect des droits de l'homme[43]. Comme l'explique un dépliant d'information distribué par les fédéraux, « ces droits seront désormais consignés dans la Constitution, de sorte que vous saurez très bien à quoi vous en tenir[44] ». Rien, pourtant, ne permet de croire que l'insertion de droits dans une charte amènera un tel résultat. Dans le projet fédéral, les droits sont rédigés de façon très générale, presque vague, et ils seront sujets à l'interprétation des juges. De plus, ceux qui souhaitent le plus la mise en place d'une charte comptent faire valoir une pléiade de nouveaux droits dont la portée semble incertaine.

Tout indique cependant que le grand public ne perçoit pas cet aspect des choses. L'appui de la population à la Charte, dans les sondages, s'apparente plutôt à une vision vertueuse : qui peut être contre les droits fondamentaux ? Les résultats des sondages auraient été différents si on avait demandé aux gens s'ils étaient d'accord pour enlever des responsabilités aux élus afin de les donner à des juges nommés quasiment à vie, qui auraient désormais le pouvoir de trancher des questions politiques controversées[45]. Par contre, l'opposition au rapatriement unilatéral est d'une autre nature. En 1980, les Canadiens vivent au sein d'une fédération depuis 113 ans. Un des fondements du régime fédéral est l'idée d'une double légitimité : nationale et régionale. Le partage des pouvoirs entre les provinces et Ottawa en est l'une des incarnations. Et comme le rappelle Peter Lougheed, en matière constitutionnelle, « le premier ministre ne parle pas au nom du Canada.

---

43. Michael Mandel, *The Charter of Rights and the Legalization of Politics in Canada*, Toronto, Thompson Educational Publishing, 1994, p. 39.

44. Cité par *ibid.*, p. 39-40.

45. Michael Mandel, *The Charter of Rights and the Legalization of Politics in Canada*, Toronto, Thompson Educational Publishing, 1994, p. 39.

C'est pourquoi nous avons une Constitution[46] ». C'est dans cette optique qu'il faut comprendre les réticences devant la démarche unilatérale d'Ottawa. Il s'agit d'une objection à une manœuvre contraire à l'histoire et aux traditions politiques du pays.

La filière française

Cette levée de boucliers convient parfaitement à John Ford, qui choisit ce moment pour entamer une tournée du Manitoba, puis du Québec, mettant en garde les alliés d'Ottawa, fournissant des munitions aux rebelles, bref, jetant de l'huile sur le feu. À Québec, le 8 décembre, il rencontre Claude Morin, qui veut parler de stratégie. Les contacts du Québec à Londres laissent entendre que la position des provinces serait renforcée si celles-ci proposaient un autre plan pour remplacer celui du fédéral[47]. Ford confirme l'information. Comme il l'expliquera à ses collègues du Foreign Office, Lévesque pourrait même accepter un consensus provincial, « car il sait que, si la majorité des premiers ministres provinciaux publiaient une déclaration ferme sur le rapatriement et sur une formule d'amendement, Trudeau aurait beaucoup plus de difficulté à entretenir la confusion sur les questions relatives au rapatriement et à la charte des droits dans une campagne de propagande contre les premiers ministres provinciaux qui serait destinée à la population canadienne[48] ».

Cette possibilité paraît tellement intéressante que, dès son retour à Ottawa, Ford en parle à l'ambassadeur français, Pierre Maillard. Serait-il possible que la France utilise ses relations pri-

---

46. Entrevue avec Peter Lougheed, 12 avril 2011.

47. Claude Morin, *Lendemains piégés. Du référendum à la nuit des longs couteaux,* Montréal, Boréal, 1988, p. 203.

48. Note de John Ford adressée au Foreign Office, datée du 9 décembre 1980. Archives du Foreign Office, FCO 82/825.

vilégiées avec le Québec pour inciter Lévesque à aller dans ce sens ? Le président Giscard d'Estaing doit rencontrer le chef péquiste dans quelques jours. Certes, poursuit le Britannique, les Québécois devraient mettre de côté leur revendication d'un meilleur partage des pouvoirs, en échange du rapatriement. Ford pense toutefois que la province francophone ne serait pas en mauvaise posture pour la suite, si elle obtenait une formule d'amendement du type de celle de Victoria tout en bloquant Trudeau[49]. Il précise aussi que Lévesque réfléchit à cette possibilité.

Maillard rétorque que son pays serait très malheureux de voir le Parlement britannique se faire le complice de Trudeau. D'ailleurs, ajoute-t-il, les fédéraux ont récemment menacé la France de représailles économiques après que celle-ci a refusé de participer à une réunion de la Francophonie pour laquelle Ottawa s'opposait à ce que le Québec ait sa propre représentation. Les deux hommes se quittent là-dessus. Ford repart avec la conviction que son vis-à-vis fera écho à sa proposition.

On ignore si Giscard d'Estaing a effectivement parlé de cette affaire à Lévesque. Une chose est sûre, toutefois : le gouvernement britannique se prépare désormais au pire. Comme l'écrit à Ford le sous-ministre adjoint Derek Day, « la controverse à propos des propositions constitutionnelles canadiennes continue de prendre de l'ampleur ici, comme de votre côté. Je crains que les prochains mois ne nous plongent dans une période de grande turbulence à ce sujet[50] ». La situation est tellement sérieuse qu'à la fin du mois de novembre le cabinet décide d'envoyer un émissaire auprès de Trudeau. L'heureux élu devra lui passer le message suivant : « Si le gouvernement s'est engagé en principe à pré-

---

49. Note de John Ford adressée au Foreign Office, datée du 16 décembre 1980. Archives du Foreign Office, FCO 82/825.

50. Note de Derek Day à John Ford datée du 21 novembre 1980. Archives du Foreign Office, FCO 82/824.

senter à Westminster toute mesure que demanderaient le gouvernement et le Parlement canadiens, l'adoption du projet de
loi à Westminster en serait nettement facilitée si cette requête
était reportée jusqu'à ce que la Cour suprême du Canada en
affirme la validité en droit canadien[51]. » Il reste à savoir qui ira au
bâton. On pense que Lord Carrington est une figure trop connue,
tandis que Ian Gilmour, qui compte moins d'expérience et n'est
pas un grand admirateur de Trudeau, ne constitue pas la bonne
personne[52].

Thatcher met le gouvernement en danger

L'émissaire retenu est finalement Francis Pym, le ministre de la
Défense, dont les fonctions susciteront peu d'intérêt. Ottawa est
informé de l'opération, et un volet militaire factice est mis au
programme pendant le séjour du Britannique, histoire de
détourner l'attention. Une fois n'est pas coutume : aucune fuite
ne se produit. Tant du côté britannique que du côté canadien,
on se félicite d'avoir su garder le secret. Toutefois, les deux gouvernements paieront cher ces démarches confidentielles quand
l'affaire sera éventée, quelques semaines plus tard.

Dans l'intervalle, Thatcher prépare le terrain du côté de Trudeau dans une lettre qu'elle lui envoie au début de décembre : « Je
dois dire tout de suite que notre politique est demeurée inchan-
gée depuis notre rencontre en juin dernier [...] Il y a toutefois
des questions relatives à la chronologie des événements à venir

---

51.   Compte rendu d'entretien entre Lord Carrington et Margaret Thatcher, daté du 28 novembre 1980. Document obtenu du Foreign Office à
la suite d'une demande d'accès à l'information.

52.   Note de M. Whitmore à Robert Armstrong, secrétaire général du
gouvernement, datée du 28 novembre 1980. Document obtenu du
Foreign Office à la suite d'une demande d'accès à l'information.

de ce côté-ci qu'il serait nettement préférable, je crois, de vous expliquer de première main[53]. » Trudeau accepte de rencontrer le Britannique, tout en se disant ravi que « votre message indique clairement qu'aucun changement n'a été apporté à la position de votre gouvernement[54] ».

Le 17 décembre, juste avant qu'il parte pour Ottawa, la première ministre rencontre son émissaire. Pym est un centriste, membre de l'ancienne garde qu'elle a héritée de son prédécesseur, Edward Heath. Pour elle, c'est un ministre qui manque de conviction. Pour lui, elle est une idéologue radicale qui propulse le pays vers un abîme social et économique. Pym est devenu l'un des chefs de file des *wets*; il compte de nombreux appuis et perd rarement une occasion de critiquer sa chef.

Le dossier de la Constitution canadienne ne fera pas exception. Comme il le dira à John Ford durant son séjour à Ottawa, « je ne peux comprendre qu'on laisserait Mme Thatcher tenter de faire du forcing sur cette question et ainsi mettre en péril le gouvernement[55] ». Moins direct lorsqu'il la rencontre avant de partir, il ne lui livre pas moins le fond de sa pensée : « À mon avis, ni la Chambre des communes ni la Chambre des lords n'adopteront un projet de loi sur le rapatriement de la Constitution canadienne si le gouvernement du Canada ne modifie pas sa requête. Plus les députés étudient la question, moins ils lui sont favorables. » Quant à l'opposition, elle adoptera une attitude « non constructive, quand ce ne serait que parce qu'elle y voit une occasion de créer des difficultés pour le gouvernement en ce qui

---

53. Lettre de Margaret Thatcher à Pierre Elliott Trudeau, non datée. Document obtenu du Cabinet Office à la suite d'une demande d'accès à l'information.

54. Lettre de Pierre Elliott Trudeau à Margaret Thatcher, datée du 11 décembre 1980. Document obtenu à la suite d'une demande d'accès à l'information.

55. Note de John Ford à Michael Palliser datée du 11 mars 1981. Document déclassifié.

concerne la chronologie du processus[56] ». Il en découle que Trudeau doit être amené à laisser tomber sa charte. Le gouvernement britannique doit surtout éviter d'être battu sur cet enjeu par une opposition venue de ses propres rangs.

Thatcher rétorque que de tels propos constitueront une surprise considérable pour Trudeau : « Si le message est formulé trop brutalement, il risque vraiment de provoquer une réaction explosive du premier ministre du Canada, avec toutes les conséquences qui pourraient en découler sur les relations anglo-canadiennes, sur la position de la reine et sur le maintien du Canada au sein du Commonwealth. » Elle se fait impérative : « Vous ne devez pas dire à M. Trudeau qu'il n'y a aucun espoir de satisfaire à sa requête. » Il s'agit plutôt de lui faire part des difficultés possibles tout en lui disant que celles-ci seraient bien moindres si la Cour suprême jugeait l'affaire *intra vires*. Pym devra aussi expliquer que le gouvernement britannique n'a pas autorité sur le comité Kershaw. Thatcher conclut : « Je continue de croire fermement que le Royaume-Uni ne peut fermer les yeux sur la requête du gouvernement canadien. Nous devons faire de notre mieux pour satisfaire à cette requête. » Il importe en effet de ménager le premier ministre fédéral, acquiesce Pym, avant d'ajouter : « Il serait erroné de cacher à M. Trudeau qu'il est extrêmement improbable que le projet de loi, s'il est présenté dans sa forme actuelle, sera adopté. »

Pym s'est fait son idée sur la situation et, n'en déplaise à Thatcher, il n'entend pas en dévier. Cet état d'esprit n'aidera certainement pas les relations anglo-canadiennes. Mais laissons le temps au ministre britannique d'arriver à Ottawa, ce qu'il fait le 19 décembre. Au cours d'une discussion constructive et amicale avec Trudeau, Pym décrit les difficultés parlementaires qui

---

56. Compte rendu d'entretien entre Margaret Thatcher et Francis Pym, daté du 17 décembre 1980. Document obtenu du Foreign Office à la suite d'une demande d'accès à l'information.

surgissent. À moins qu'Ottawa ne laisse tomber la Charte, il sera impossible de faire adopter la requête fédérale au cours de la session actuelle[57]. Trudeau croit que l'opposition à son projet ne sera nullement diminuée s'il met la Charte de côté. Il affirme par ailleurs que la situation est urgente et qu'il est déterminé à aller de l'avant[58]. Les deux hommes discutent ensuite de la façon d'accélérer les choses. Si la Cour d'appel du Manitoba rendait un jugement favorable au gouvernement fédéral, cela changerait bien des choses, explique Pym[59].

Tout en restant cordial, Trudeau est aussi très direct, comme le rapporte l'émissaire anglais dans un message qu'il envoie à Thatcher immédiatement après la rencontre. « Trudeau n'était certainement pas disposé à admettre qu'un délai accroîtrait réellement la probabilité que le projet soit adopté […] Il a indiqué clairement que, dans le cas d'un rejet, il ferait appel à l'opinion publique tant au Canada qu'en Grande-Bretagne pour dénoncer l'obstruction des députés d'arrière-ban à Westminster, mais il s'est abstenu d'évoquer les mesures qu'il pourrait prendre par la suite[60]. »

Après avoir rencontré Mark MacGuigan, qui lui dit plus ou moins la même chose que le premier ministre, le ministre de la Défense fait le point avec John Ford, le haut-commissaire britannique. Depuis plusieurs mois, celui-ci piaffe d'impatience. Mais cette fois, au lieu de tenter de convaincre à distance ses collègues

---

57. Compte rendu d'entretien. Archives du ministère des Affaires extérieures du Canada, RG 25-A-3-C, 20-CDA-16-1-4, vol. 11418, partie 9.

58. Compte rendu d'entretien entre Pierre Trudeau et Francis Pym, daté du 17 décembre 1980. Document obtenu du Foreign Office à la suite d'une demande d'accès à l'information.

59. Compte rendu d'entretien. Archives du ministère des Affaires extérieures du Canada, RG 25-A-3-C, 20-CDA-16-1-4, vol. 11418, partie 9.

60. Note de Francis Pym à Margaret Thatcher datée du 19 décembre 1980. Document obtenu du Foreign Office à la suite d'une demande d'accès à l'information.

du Foreign Office, il a l'occasion de discuter avec un membre important du gouvernement. Il ne laisse pas passer sa chance. « Nous devons préparer le terrain, dit-il, et espérer, grâce à notre volonté inébranlable, au moins dissuader Trudeau[61]. » Ford pense notamment que Londres pourrait se cacher derrière la question du *sub judice,* ce qui donnerait du temps et des munitions aux provinces rebelles. À l'aide d'interventions en chambre et de discours, poursuit-il, « nous devons également faire tout ce qui est en notre pouvoir pour souligner que nous ne sommes pas colonialistes et que les inquiétudes des parlementaires britanniques concernent les efforts que Trudeau déploie pour nous obliger à agir en colonialistes en imposant au Canada ce que les Canadiens ne veulent pas faire eux-mêmes ». Il ne faut pas se laisser impressionner par les menaces d'indépendance et les remous éventuels au sein du Commonwealth. Ford d'ailleurs ne s'en laisse aucunement imposer : « Je prends ma retraite au début de l'été, ce qui pourrait être utile. Si je devais emprunter cette voie, je m'exposerais personnellement à un certain risque, et il serait regrettable que je sois déclaré *non grata,* mais c'est un risque que je courrais avec plaisir s'il s'avérait utile. »

« Je suis d'accord, mais j'espère qu'il ne sera pas nécessaire d'en arriver là[62] », rétorque Pym, qui demande à Ford de coucher ses idées sur papier et de les faire parvenir à Londres. Ce dernier s'exécute le lendemain et envoie deux dépêches, dans lesquelles il décrit notamment l'ancien essayiste de *Cité Libre* comme « un

---

61. Note de John Ford adressée au Foreign Office, datée du 20 décembre 1980, résumant les propositions faites à Francis Pym lors de sa visite. Document, classé « *secret* », obtenu du Foreign Office à la suite d'une demande d'accès à l'information.

62. Note de John Ford au sous-ministre Michael Palliser, datée du 11 mars 1980, résumant les propositions faites à Francis Pym lors de sa visite. Document obtenu du Foreign Office à la suite d'une demande d'accès à l'information.

voyou [*bully*] d'une grande arrogance intellectuelle qui frappe
sous la ceinture et qui n'est pas digne de confiance ». Aucune
réponse n'est donnée à ses missives. Le diplomate en déduit
qu'on ne souhaite pas lui donner d'instructions. Si l'affaire
tourne mal, on pourra le désavouer en clamant haut et fort qu'il
a outrepassé son mandat. Et comme Pym est l'émissaire de Thatcher et qu'il a donné son accord, Ford conclut qu'il a le feu vert
pour mettre le feu aux poudres.

Lorsque Pym revient à Londres, le dossier constitutionnel est
de nouveau discuté au cabinet. Entre autres choses, tout le monde
convient qu'il faudra trouver une façon de contrer l'accusation
de colonialisme qui risque d'être lancée à la face des Britanniques[63]. On charge aussi le procureur général Michael Havers
d'éclairer le gouvernement sur les aspects juridiques de l'affaire,
notamment les précédents. Ceux-ci, on l'a vu, sont invoqués par
Londres et Ottawa pour justifier le fait d'agréer à une requête
fédérale automatiquement. Mais plus Havers creuse cette affaire,
plus il a de doutes. Il transmet bientôt le fruit de ses réflexions à
ses collègues :

> En ce qui a trait aux précédents, ils vont tous dans la direction
> opposée, dans le sens où le gouvernement fédéral a reconnu
> (dans son Livre blanc publié en 1965) et a respecté jusqu'à main-
> tenant son obligation de consulter les provinces et de les rallier à
> lui avant de transmettre une requête relative à un amendement
> de l'Acte de l'Amérique du Nord britannique qui aurait des effets
> cruciaux sur les relations fédérales-provinciales.
> L'argument [...] décrit ici est convaincant et peut bien suffire à
> lui seul [...] à établir que les précédents penchent du côté des
> provinces [...] Quelles que soient les raisons qui pourraient nous

---

63.   Compte rendu d'entretien entre Margaret Thatcher, Francis Pym et
Lord Carrington, daté du 23 décembre 1980. Document obtenu du
Foreign Office à la suite d'une demande d'accès à l'information.

inciter, maintenant ou plus tard, à accommoder le gouvernement fédéral, nous serions en terrain très glissant si on se fiait uniquement aux précédents[64].

D'un trait de plume, Havers démolit la politique officielle du gouvernement. S'il ne fait pas partie des *wets,* il vient tout de même de fournir à Gilmour et à Pym de précieuses munitions pour soutenir leur affirmation selon laquelle la politique du chèque en blanc à Trudeau est une erreur. Il sème aussi le doute chez les ministres qui n'ont pas encore d'opinion ferme sur la question. Tout cela n'a rien pour réjouir Thatcher. Mais heureusement pour elle, la note de Havers demeure secrète. Elle ne provoquera pas une nouvelle controverse dans un dossier qui compte déjà son lot de polémiques. Le hic, c'est que les membres du comité Kershaw cheminent vers les mêmes conclusions. Et ils s'apprêtent à publier leur rapport.

---

64. Note de H. Steel à Michael Alexander datée du 23 décembre 1980. Une copie de la lettre a été envoyée à John Freeland. Archives du Foreign Office, FCO 82/825.

CHAPITRE 11

L'Empire contre-attaque

Tous les coups bas semblent permis au fur et à mesure qu'avance la bataille de Londres. Il faut désormais ajouter les divisions à l'intérieur du gouvernement britannique, lesquelles entraînent une série de malentendus entre collègues, entre Ford et le Foreign Office, entre Pym et Thatcher, entre Canadiens et Britanniques. Tout cela pendant que les parlementaires choisissent de plus en plus leur camp : pour ou contre Ottawa, derrière les *wets* ou les *dries,* appuyant ou défiant la Dame de fer.

En ce début d'année 1981 il y a de nouveaux foyers d'incendie. Parallèlement au comité permanent des Affaires étrangères, présidé par Anthony Kershaw, un nouveau comité parlementaire ad hoc voit le jour à l'initiative du député conservateur Jonathan Aitken et du travailliste George Foulkes. Se réunissant à la mi-janvier pour étudier leurs dossiers, ils demandent que le gouvernement vienne expliquer sa politique. Thatcher n'est malheureusement pas en mesure d'envoyer Carrington ou Ridley, dont la conviction et la fidélité ne sont pas en cause. C'est donc Ian Gilmour, Lord Privy Seal, qui est envoyé au front. C'est un très mauvais choix : Gilmour est un *wet* qui se méfie de sa patronne, n'aime pas Trudeau et manque de conviction. Le doute est déjà bien installé dans son esprit au moment où il se présente devant le groupe de cinquante-six députés, nombre important considérant l'intensité des travaux parlementaires en ce début d'année[1].

---

1. *The Times,* 15 janvier 1981.

Fait surprenant : pas moins de la moitié des députés présents prennent la parole, dont un seul pour appuyer la position du gouvernement suivant laquelle toute requête fédérale doit être satisfaite afin de maintenir de bonnes relations avec le Canada. Les autres intervenants lancent tour à tour une série d'objections. Pourquoi Westminster devrait-il approuver une requête à laquelle s'oppose une majorité de provinces ? Les Britanniques n'ont-ils pas un devoir envers les provinces ? Donner une charte aux Canadiens n'est-il pas le geste colonialiste par excellence ? Pourquoi ne pas renvoyer la Constitution au Canada, purement et simplement, sans charte ni formule d'amendement ni aucune autre forme de procès ? demandent plusieurs députés, une idée qui enthousiasme bien des membres du comité.

Un tel scénario, rétorque Gilmour, serait le pire de tous, il reviendrait à donner carte blanche à Trudeau. Gilmour rappelle aussi au passage que l'idée même que le Parlement britannique ait un rôle à jouer dans cette affaire est « implicitement paternaliste et colonialiste[2] ». Pris au mot, un parlementaire lui demande alors quelle serait la façon d'agir la moins colonialiste : voter pour, voter contre ou s'abstenir ? Gilmour hésite, bafouille qu'il n'est pas un expert en colonialisme et finit par dire que l'abstention serait probablement la meilleure attitude à adopter.

Le 23 janvier, Francis Pym rencontre Jean Wadds pour lui livrer ses impressions sur l'évolution du dossier. Peu de temps avant cette réunion, celle-ci se félicitait encore qu'il remplace ce damné St. John-Stevas comme leader parlementaire. Elle déchante dès les premières minutes de la rencontre. À l'heure actuelle, lui dit-il, les parlementaires jugent que ce n'est pas à eux de trancher le débat entre Ottawa et les provinces[3] : « Les députés

---

2. Note interne du Foreign Office, datée du 28 janvier 1981, non signée. Document obtenu du Foreign Office à la suite d'une demande d'accès à l'information.

3. La conversation entre Francis Pym et Jean Wadds a été recréée à

britanniques ne sont pas élus pour prendre des décisions sur des questions politiques canadiennes, et la Charte ne nous concerne pas. » Cet argument est inacceptable, réplique Wadds. Le gouvernement fédéral prend l'entière responsabilité de la requête constitutionnelle, laquelle est par ailleurs similaire à plusieurs autres demandes faites dans le passé.

Cette première mise au point étant faite, la Canadienne s'insurge contre le comité Kershaw, qui a fait la part belle aux provinces récalcitrantes et à leurs alliés. Wadds et ses collègues sont obligés de présenter la situation aux députés et aux lords et de leur expliquer, entre autres, que les provinces ont tellement de pouvoir que cela empêche le gouvernement fédéral de bien gérer l'économie du pays. Si les Britanniques donnaient raison à ces dernières, leur position serait encore renforcée et cela provoquerait une crise importante. Le Québec serait possiblement perdu pour de bon, et il faudrait prévoir un affrontement majeur entre le Canada et le Royaume-Uni.

Pym est totalement d'accord sur ce dernier point. Un refus de Westminster d'entériner la requête fédérale entraînerait une situation très grave. Voilà d'ailleurs pourquoi le gouvernement de Sa Majesté hésite à la présenter devant le Parlement, dit-il. Le mieux serait d'attendre que le comité Kershaw remette son rapport et que le jugement de la Cour d'appel du Manitoba soit rendu, le tribunal de cette province devant être le premier à se prononcer sur la validité de la requête fédérale.

l'aide du compte rendu canadien (archives du ministère des Affaires étrangères du Canada, RG 25-A-3-C 25-6, 20-CDA-16-1-4, vol. 11077, partie 11) et du compte rendu britannique (document obtenu du Foreign Office à la suite d'une demande d'accès à l'information).

Le duel Hatfield c. McKibben

Tandis que les divergences s'accumulent en coulisses, on se bouscule à l'avant-scène. Le premier ministre du Nouveau-Brunswick, Richard Hatfield, effectue notamment, en janvier, une visite outre-Atlantique dont le clou est un discours devant la Diplomatic and Commonwealth Writers Association de Londres, dont plusieurs membres sont des journalistes. Cette visite tombe bien, car le Néo-Brunswickois commence son allocution en fustigeant ces derniers : ils ont eu le malheur d'écrire que les Canadiens doivent régler leur problème au Canada. Hatfield, qui n'a pas apprécié, les somme d'arrêter de dire de telles sottises.

Il passe ensuite au rôle des parlementaires britanniques dans toute cette affaire. Ceux-ci ont certes le droit de discuter de la résolution qui leur sera présentée. Mais sans plus. Tels des employés de la poste tamponnant machinalement une lettre, ils doivent voter la requête de façon automatique. Que se passerait-il dans le cas inverse ? « Ce serait une humiliation, déclare Hatfield. Nous proclamerions alors simplement notre indépendance et la monarchie constitutionnelle ne survivrait pas longtemps[4]. » Que ceux qui voient là une menace se rassurent, car Hatfield précise : « Je ne profère aucune menace. Je prédis ce qui va se produire. »

C'est à ce moment du discours qu'explose le délégué général de l'Alberta, qui écoute dans la salle. « C'est absurde[5] », lance McKibben au premier ministre tandis que le silence s'abat sur la salle. L'Albertain toise Hatfield pendant quelques secondes, puis décide de le laisser terminer son allocution, pour mieux l'accuser ensuite devant la presse de fanfaronner. Cette trève permet au principal intéressé de conclure, ce qu'il fait en disant que seul Trudeau a la capacité de répondre aux aspirations des Canadiens, particulièrement celles des Québécois.

---

4.   *The Globe and Mail,* 14 janvier 1981.
5.   Entretien avec James McKibben, 13 octobre 2009.

Malheureusement pour Hatfield, son intervention n'a pas l'effet escompté sur les députés et lords. Il en rencontre plusieurs au cours de son séjour, et tous lui prédisent le rejet de la requête fédérale. Le visiteur a aussi l'occasion de discuter de ce pronostic avec Robert Armstrong, secrétaire général du gouvernement. « Le gouvernement est très sensiblement du même avis », explique ce dernier, précisant que Trudeau est parfaitement au courant de la situation[6].

Hatfield est ébranlé, à tel point qu'à son retour au pays il marque dans son propre but, déclarant à la presse que « lorsque Trudeau arrivera en Angleterre, il pourrait se heurter à une très vive hostilité[7] ». Cette déclaration contredit complètement la thèse des fédéraux, et la victime de ce tir ami, Trudeau, n'a d'autre choix que de réagir lors d'une conférence de presse. Toujours en verve, le chef du gouvernement fédéral commence par comparer le rapatriement à l'abolition de l'esclavage aux États-Unis. « Ce n'était pas facile, mais il fallait le faire. Ce n'est rien, comparativement à ce qu'il fallait faire là-bas[8]. » De toute façon, explique-t-il, Thatcher utilisera « *a three-line-whip* », c'est-à-dire le maximum de pression pour faire rentrer les dissidents dans le rang.

John Ford est furieux. À ses yeux, Trudeau vient de faire un nouveau numéro de désinformation. L'heure de la contre-attaque a sonné. Orchestrant une fuite, il rencontre Robert Sheppard du *Globe and Mail* pour lui dévoiler le contenu de l'entretien Thatcher-Trudeau du 25 juin 1980. Jamais ce dernier n'a fait mention d'une charte des droits, commence-t-il. Il a aussi minimisé l'opposition provinciale, insistant pour dire qu'il tenterait d'avoir l'appui le plus large possible. Forte de cette assurance, explique Ford, Thatcher a donné son aval à une opération qui, dans son

---

6.   Note de Robert Armstrong, datée du 16 janvier 1981. Document obtenu du Foreign Office à la suite d'une demande d'accès à l'information.
7.   *The Globe and Mail*, 22 janvier 1981.
8.   *The Globe and Mail*, 23 janvier 1981.

esprit, se limitait au rapatriement assorti d'une formule d'amendement. Voilà pourquoi elle a été très surprise d'apprendre, lors de sa rencontre avec MacGuigan et Roberts, qu'il y aurait aussi une charte des droits, dont l'adoption soulevait de surcroît l'opposition d'une majorité de provinces.

Aussitôt sortie de la bouche de Sir John, cette explication se retrouve à la première page du quotidien torontois. « Contrairement aux affirmations du gouvernement Trudeau, peut-on lire, le gouvernement de Margaret Thatcher ne s'est jamais engagé à appuyer une résolution constitutionnelle canadienne qui comprendrait une charte des droits et libertés, ou toute résolution qui n'aurait pas reçu un large soutien provincial et public[9]. »

L'effet de cette manchette est immédiat… et dévastateur. D'une part, les chaînes de télévision passent en boucle les images de Trudeau sortant du 10, Downing Street, et affirmant ne pas avoir discuté de l'opposition provinciale avec Thatcher. D'autre part, on montre le premier ministre le jour même, tentant d'éluder les questions des journalistes. « Honnêtement, je ne me souviens pas d'avoir dit ça », lance-t-il le plus sérieusement du monde : « Si je l'ai dit, ce devait être en blague. » Talonné toute la journée par les journalistes et l'opposition, Trudeau crache le morceau. Il a menti, dit-il, mais c'était pour une bonne cause : « Je reconnais que, lorsque je me suis adressé à la presse, je donnais encore l'impression, peut-être, d'espérer que, contre tout espoir et malgré les 53 années d'échecs pour obtenir l'unanimité, nous y parviendrions cet été… Je regrette ce manque de sincérité[10]. »

Ce début d'aveu ne fait qu'augmenter l'intensité des questions. Est-il vrai que le ministre Francis Pym l'a mis en garde lors de sa visite ? Thatcher l'a-t-elle vraiment assuré qu'elle passerait sa mesure coûte que coûte ? Pressé de toute part, le premier

---

9.   *The Globe and Mail*, 31 janvier 1981.

10.   *The Globe and Mail*, 3 février 1981.

ministre poursuit son déballage. Pym est effectivement venu parler de la Constitution. Trudeau lui a dit que les procédures judiciaires ne constituaient qu'une tactique des provinces pour gagner du temps. Quant à Thatcher, il a eu avec elle une longue conversation sur la Constitution, dit-il, et non un échange de quelques minutes, comme l'indiquait son ancienne version des faits. Par ailleurs, la première ministre n'a été mise au courant des détails qu'au mois d'octobre.

Trudeau est dans l'embarras. Mais ceux qui pensent que ces confessions vont l'envoyer au tapis se trompent : c'est lorsqu'il est acculé au pied du mur que le chef libéral est à son meilleur pour rebondir, ce qu'il fait en déclarant qu'il a reçu des garanties : « À moins que Mme Thatcher ne soit prête à dire le contraire, il faut me croire. Si elle affirme qu'elle ne fera aucun commentaire parce qu'elle ne veut pas dévoiler des propos confidentiels, je l'autorise par la présente à dire le contraire[11]. » Cette déclaration fait momentanément taire ses détracteurs, surtout que Thatcher se garde de contredire son homologue canadien.

John Ford se délecte de la tournure des événements. Toute cette histoire, câble-t-il à Londres, « est évoquée comme preuve supplémentaire que M. Trudeau a été peu honnête dans sa façon de rendre compte ici des discussions des Canadiens avec le gouvernement de Sa Majesté[12] ». Soit. Mais ce n'est pas l'avis de Thatcher, qui voit d'un tout autre œil cette nouvelle controverse. Par la voix de son conseiller diplomatique Michael Alexander, elle précise sa pensée aux membres du service diplomatique, comme le relate Martin Berthoud :

M. Alexander croit que l'engagement spécifique pris par Mme Thatcher au sujet du rapatriement comportait le message

11. *The Globe and Mail*, 3 février 1981.

12. Note de John Ford adressée au Foreign Office, datée du 31 janvier 1981. Document obtenu du Foreign Office à la suite d'une demande d'accès à l'information.

clair à l'effet que le gouvernement ferait le plus possible pour que le Parlement adopte la mesure, y compris, si nécessaire, « *a three-line-whip* ». Il a donc laissé entendre qu'il était sans importance de savoir si la première ministre avait ou non prononcé ces paroles. M. Alexander a observé en passant qu'il croyait que M. Pym faisait cavalier seul en matière de rapatriement. Il a laissé entendre qu'on avait perdu le contrôle sur ce dernier… En général, M. Alexander m'a laissé la vive impression que, à ses yeux et aux yeux de la première ministre, la question la plus importante était que nous nous étions pleinement engagés envers le gouvernement fédéral, et ce que les ministres disent maintenant aux Canadiens et à d'autres ne doit pas contredire cela[13].

Mais Thatcher a beau tenter de corriger le tir, son message est brouillé par un nombre de fuites sans précédent. Après le *Globe and Mail*, la CBC enchaîne en dévoilant la lettre de Thatcher à Trudeau de décembre 1980, dans laquelle la première ministre explique le véritable objet de la visite de Pym. La télévision d'État rapporte aussi que le secrétaire général du Commonwealth a tenté d'influencer le gouvernement britannique. Ces révélations ne sont pas encore digérées que le *Globe and Mail* revient à la charge, rendant publics coup sur coup le compte rendu d'une rencontre entre St. John-Stevas et MacGuigan datant du mois de novembre de même que celui de la rencontre Wadds-Pym qui vient juste d'avoir lieu, insistant dans ce dernier cas sur la demande du Britannique pour que la Charte soit mise de côté. Tout cela est trop beau pour Ford. Commentant ces nombreuses fuites, il met en garde le Foreign Office en disant qu'il faut « reconnaître qu'il y a une taupe au sein du Haut-Commissariat canadien et que la confidentialité des messages envoyés aux Canadiens à cet égard est presque inexistante[14] ».

---

13. Note de Martin Berthoud, datée du 27 janvier 1981. Document obtenu du Foreign Office à la suite d'une demande d'accès à l'information.

14. Note de John Ford adressée au Foreign Office, datée du 8 février 1981.

Espionnage au Haut-Commissariat

Pour expliquer ces fuites, les diplomates canadiens ont une autre théorie… qui est elle-même révélée par une fuite. Ils se croient victimes des services secrets britanniques, révèle la CBC. « Nous devons tenir pour acquis que de telles conversations télépho-niques sont toutes écoutées et enregistrées par des pays possédant l'équipement adéquat, dont certainement la Grande-Bretagne, la France, les États-Unis et l'Union soviétique[15] », peut-on lire dans un message que la télévision d'État attribue à Jean Wadds. « Pourquoi informer la Grande-Bretagne de notre stratégie, de nos préoccupations ou de notre jugement sur quelques-uns de ses acteurs-clés ? » poursuit-elle, invitant tout le monde à uti-liser le télex. Ce moyen est plus sûr, affirme-t-elle, surtout quand il s'agit de tactiques confidentielles à ne pas dévoiler aux Britan-niques – la dernière en date consiste à « baratiner » le député Jonathan Aitken dans l'espoir qu'il retourne sa veste.

Ces révélations ne manquent pas de faire sensation. À la Chambre des lords, Carrington essuie le tir de son critique offi-ciel, Lord Beswick.

> Beswick : « Milords, le noble lord saisirait-il cette occasion de nier une allégation apparente dans la presse selon laquelle des agents du gouvernement de Sa Majesté, dans ce contexte, ont mis sur écoute les lignes téléphoniques du haut-commissaire du Canada ? »
> Carrington : « Milords, la convention veut que, au Parlement et ailleurs, on ne commente jamais ce genre de chose[16]. »

Document obtenu du Foreign Office à la suite d'une demande d'accès à l'information.

15. *The Globe and Mail*, 10 février 1981.

16. Note. Archives du ministère des Affaires étrangères du Canada, RG 25-A-3-C 25-6, 20-CDA-16-1-4, vol. 11077, partie 16.

À Ottawa, Mark MacGuigan est furieux et refuse de faire le moindre commentaire. Plus loquace dans ses mémoires, il explique que l'affaire était sérieuse, car les documents étaient bel et bien authentiques[17]. Voilà pourquoi il lance la Gendarmerie royale sur les traces de la taupe qui a présumément infiltré son ministère. Les limiers de la GRC mettent bientôt la main sur leur homme, un souverainiste qui, semble-t-il, agissait comme espion depuis des années. MacGuigan veut que des accusations soient portées, mais Trudeau s'y oppose. Cela pourrait avoir des répercussions au Québec. De plus, fait-on valoir au secrétaire d'État, le coupable a probablement été pincé à la suite d'une opération d'écoute illégale. MacGuigan reste perplexe, mais doit s'incliner. Le présumé coupable s'en tire avec un renvoi.

Pendant ce temps, la valse des visites se poursuit dans la capitale britannique. À la fin du mois de janvier, c'est au tour de Sterling Lyon de fouler les pavés londoniens. Il a l'occasion de faire un discours au prestigieux Barber-Surgeons' Hall, édifice reconstruit deux fois et servant de lieu de rassemblement politique depuis le Moyen Âge. C'est dans ce décor de murs lambrissés et de portraits d'Henri VIII que Lyon s'exprime devant un parterre de gens d'affaires et de parlementaires. Deux choses sont à faire, leur dit-il en substance. Les Britanniques doivent d'abord voter contre la requête constitutionnelle. Faisant fi de la volonté des provinces, la requête contredit l'esprit du fédéralisme. Le pire scénario serait d'accéder à une proposition fédérale qui propulserait le Canada vers le système républicain. Pourquoi ? Parce que la Charte répudie le principe de la souveraineté du Parlement, explique un Lyon de plus en plus en verve. Il ne manque d'ailleurs pas de superlatifs pour qualifier la proposition de Trudeau : « Une folie téméraire, insensée, gênante, illégale, inconstitution-

---

17.   Mark MacGuigan, *An Inside Look at External Affairs During the Trudeau Years,* Calgary, University of Calgary Press, 2002, p. 99.

nelle, immorale, et un rejet du consensus et de la civilité[18] ! » D'ici quelques années, prédit-il, les tribunaux canadiens utiliseront la Charte à la manière de ceux des États-Unis. À coups de jugements fondés sur le nouveau document constitutionnel, ils créeront des lois sur n'importe quoi : le transport des enfants en autobus scolaire, par exemple.

Voilà pourquoi les Anglais doivent se débarrasser de la vieille Constitution canadienne au plus vite, poursuit le Manitobain. Comment ? Après avoir dit non à Trudeau, ils doivent procéder, de leur propre initiative, à un rapatriement unilatéral assorti d'une formule d'amendement nécessitant l'accord des dix provinces pour modifier la loi suprême. Agir autrement relèverait du colonialisme, car cela reviendrait à imposer une constitution aux Canadiens sans leur consentement[19].

Lyon a à peine fini de prononcer ces paroles que le comité Kershaw lui donne presque entièrement raison. Le 30 janvier, le groupe dépose un rapport unanime après avoir entendu les plus grands constitutionnalistes du Royaume-Uni, les juristes du Foreign Office, Lord Carrington et Nicholas Ridley ; lu les dépositions écrites de la Colombie-Britannique, de Terre-Neuve, de l'Alberta, de l'Île-du-Prince-Édouard et du Québec ; et examiné certains documents fédéraux. L'essentiel de la réflexion a été de s'interroger sur la thèse d'Ottawa selon laquelle toute requête émanant du Parlement fédéral doit être automatiquement approuvée par Westminster :

> Depuis 1930, on note une tendance vers la reconnaissance plus ouverte d'un droit des provinces à être consultées au sujet de certains types d'amendements proposés, ainsi que d'un devoir de ne pas transmettre au Parlement britannique une requête relative à tout amendement de ces types sans le consentement des

18. *The Globe and Mail,* 30 janvier 1981.
19. *Ibid.*

provinces, peut-être même sans leur consentement unanime…
Si le Parlement britannique devait aller de l'avant sous prétexte
qu'il doit automatiquement accepter ce genre de requête […], il
considérerait alors que le gouvernement et le Parlement canadiens disposent, dans la réalité constitutionnelle, d'un pouvoir
essentiellement unilatéral d'amender ou d'abolir le système fédéral du Canada […] Le rôle fondamental du Parlement britannique à cet égard consiste à décider si une requête exprime les
vœux clairement exprimés par le Canada dans son ensemble,
étant donné le caractère fédéral du système constitutionnel
canadien[20].

La nouvelle fait le tour de Londres à la vitesse de l'éclair. « Une
bombe », écrit en éditorial *The Guardian*. « Très doux à mon
oreille », déclare Gilles Loiselle. « Merveilleux », renchérit son vis-
à-vis albertain, James McKibben, précisant qu'il s'agit d'un des
documents les plus importants à avoir été écrits sur la Constitution : « Je ne vois absolument pas comment M. Trudeau pourrait
en faire fi[21]. » « Cela signifie que nous sommes libres de rejeter
la requête et que nous sommes en fait obligés de le faire, résume
Sir Anthony. Je crains que M. Trudeau n'en soit irrité[22]. »

Le raisonnement est le même au Foreign Office, où on a pu
prendre connaissance du document quelques jours à l'avance.
On décide de ne pas faire de commentaires à court terme, histoire
d'analyser le tout en profondeur avant de se prononcer. Entre-
temps, note Martin Berthoud, « il y a un risque considérable que
M. Trudeau ou un autre ministre canadien donne une réponse
hâtive et malavisée au rapport du Comité des affaires étrangères.

---

20. House of Commons, *First Report from Foreign Affairs Committee*,
session 1980-1981, vol. 1 : *British North America Acts, the Role of Parliament*, p. 37 et p. 111.

21. *The Globe and Mail*, 31 janvier 1981.

22. *The Globe and Mail*, 30 janvier 1981.

Il est important d'avertir les Canadiens quant aux conséquences désastreuses sur l'opinion dans ce pays qui pourraient en découler[23]. » Carrington est d'accord et envoie rapidement un message à John Ford, l'invitant à dire aux fédéraux qu'une réaction courroucée de leur part ne ferait que jeter de l'huile sur le feu[24].

La Constitution et le pinçage de nez

Trudeau semble entendre le message et se borne à minimiser l'affaire. « Je sais que ce n'est pas la position du Parlement ni du gouvernement britanniques[25] », déclare-t-il en chambre, ce qui ne calme nullement la tempête politico-médiatique. Au bout de quelques jours, le premier ministre ne peut plus se retenir : il compare le comité Kershaw et son rapport au film de George Lucas *L'Empire contre-attaque*[26] et enchaîne avec une déclaration qui restera parmi ses plus mémorables. Si les parlementaires britanniques n'aiment pas sa résolution constitutionnelle, « ils peuvent se pincer le nez au moment du vote[27] », dit-il. En privé, il se fait encore plus vitriolique. À l'un de ses adjoints qui lui parle de la visite à venir d'un membre de la famille royale, il lance : « N'oubliez jamais : ils défèquent eux aussi[28]. »

---

23. Note de Martin Berthoud datée du 29 janvier 1981. Document obtenu du Foreign Office à la suite d'une demande d'accès à l'information.

24. Note de Lord Carrington à John Ford datée du 30 janvier 1981. Document obtenu du Foreign Office à la suite d'une demande d'accès à l'information.

25. *The Globe and Mail*, 30 février 1981.

26. Peter H. Russell, *Constitutional Odyssey: Can Canadians Become a Sovereign People ?*, Toronto, University of Toronto Press, 2004, p. 118.

27. Entrevue avec Kevin McNamara, 22 novembre 2005. McNamara était alors député et siégeait au comité Kershaw.

28. John English, *The Life of Pierre Elliott Trudeau*, vol. 2 : *Just Watch Me, 1968-2000*, Toronto, Knopf Canada, 2009, p. 51.

Rien pour calmer le jeu, en somme. Mais Anthony Kershaw n'est pas homme à se défiler. Sabre au clair, l'ancien hussard lance une nouvelle charge. Il traverse l'Atlantique pour faire une tournée du Canada, expliquant son rapport de ville en ville, tel un auteur à succès faisant la promotion de son dernier livre. Il suscite une frénésie médiatique partout où il passe, notamment à Edmonton, où il participe à un débat avec Mark MacGuigan, lequel peine à défendre son point de vue devant un auditoire hostile.

Heureusement pour les fédéraux, un autre intervenant étranger vient s'exprimer sur la question, en faveur d'Ottawa. Il s'agit de nul autre que Gough Whitlam, l'ancien premier ministre australien. Avec son aplomb habituel, Whitlam déclare que la Grande-Bretagne n'a tout simplement pas d'autre choix que d'agréer à la demande fédérale. Dans le cas contraire, il y aurait des répercussions non seulement au Canada, mais aussi en Australie et dans d'autres pays du Commonwealth[29].

Whitlam n'est pas le seul à prédire des conséquences négatives. Un rapport fédéral publié quelques semaines plus tard en guise de riposte à celui de Kershaw[30] affirme que les relations anglo-canadiennes seront affectées à coup sûr. Suivant le document d'Ottawa, le comité britannique ne comprend pas la nature généreuse de la proposition fédérale, laquelle va enfin permettre aux provinces d'acquérir un rôle juridique reconnu dans le processus d'amendement constitutionnel, sans compter que les compétences provinciales ne sont nullement menacées. Le document remet aussi en question la légitimité des parlementaires britanniques dans cette affaire. Ceux-ci n'ont pas le mandat d'être les gardiens du fédéralisme, contrairement aux députés du Parlement d'Ottawa, qui sont élus par la population canadienne et doivent répondre de leurs actes.

---

29. *Ibid.*
30. *The Globe and Mail*, 26 mars 1981.

Cette attaque est mal reçue par Kershaw et ses collègues. Comme le rappelle John Finnis, constitutionnaliste embauché pour faire la recherche et rédiger le rapport, « une atmosphère lugubre régnait initialement. Les membres croyaient qu'on avait peut-être démontré qu'ils s'étaient trompés[31] ». Mais Finnis pense que la réplique fédérale est faible. On lui demande donc de préparer une réponse à la réponse d'Ottawa, responsabilité que l'ancien boursier Rhodes est trop heureux d'accepter, même si « ça a été une des tâches les plus difficiles à accomplir de toute ma vie[32] ».

Après deux semaines de travail, le rat de bibliothèque a rédigé une nouvelle brique, qu'il présente aux membres de la commission parlementaire. « Ils ont eu un rire de soulagement et de plaisir et ils se réjouissaient de cette occasion de se justifier publiquement le plus tôt possible », explique-t-il.

La réplique Kershaw est publiée deux semaines après la réplique fédérale et concentre son tir notamment sur des erreurs de faits contenues dans le document des fédéraux. Selon ces derniers, Westminster aurait toujours donné suite aux requêtes provenant du Sénat et de la Chambre des communes. Or, « le document passe sous silence la requête du Parlement canadien datant de juin 1920, à la suite de laquelle le gouvernement britannique a refusé d'agir à maintes reprises[33] ». Dans ce cas précis, Ottawa avait fait une demande de modification constitutionnelle afin de pouvoir appliquer les lois canadiennes au-delà des frontières du pays en matière de transport aérien – ce qui lui a été refusé. Outre cette omission, qui est immédiatement reprise par les médias, la réplique Kershaw examine la question de l'imputabilité des députés fédéraux, qui donnerait au Parlement fédéral la légitimité d'intervenir dans la question constitutionnelle,

---

31. Correspondance avec John Finnis, 9 janvier 2009.

32. *Ibid.*

33. House of Commons, *Foreign Affairs Committee, Supplementary Report*, 15 avril 1981, p. xviii.

contrairement aux parlementaires britanniques. Les membres du comité y voient un sophisme :

> Si le Parlement britannique devait promulguer une résolution constitutionnelle comme celle qui a été proposée, malgré une opposition provinciale élargie, l'électorat canadien lui-même ne serait pas en mesure d'annuler les effets de la requête unilatérale. La nouvelle Constitution promulguée par le Parlement britannique ne serait pas touchée par les résultats électoraux, même si ces résultats exprimaient le rejet sans équivoque, de la part de l'électorat, d'amendements au sujet desquels il n'avait peut-être confié aucun mandat au gouvernement et au Parlement fédéraux. Les éléments litigieux de la nouvelle Constitution ne pourraient pas être modifiés par la nouvelle majorité au sein du Parlement canadien[34].

Le Canada est un pacte

La réplique du comité britannique fait mouche. « Entièrement déraisonnable », écrit le *Times* à propos de la position fédérale. « Ottawa essuie un refus net[35] », ajoute le *Daily Telegraph*. Comme le rappellera plus tard Mark MacGuigan, l'épisode du rapport Kershaw aura été « complètement désastreux pour le gouvernement fédéral[36] ».

Désastreuse, l'affaire ne l'est pas seulement en raison des remous politiques qu'elle provoque. Elle touche aussi le socle de la doctrine érigée par Trudeau. Dans la foulée du rapport, les journalistes l'interrogent une fois de plus. Pourquoi Westminster doit-il automatiquement approuver la démarche qu'il propose

---

34. *Ibid.*, p. xxi.
35. *The Times,* 27 avril 1981 ; *The Daily Telegraph,* 27 avril 1981.
36. Mark MacGuigan, *An Inside Look at External,* p. 95.

et refuser d'entendre les provinces ? « Parce qu'il ne saurait certainement y avoir qu'un seul porte-parole gouvernemental du Canada, répond le premier ministre. Il ne peut y en avoir 11, sans quoi nous formerions plus d'un État[37]. » Des années plus tard, il continuera de marteler cet argument :

> Il y avait seulement deux façons de résoudre le dilemme. Le gouvernement du Canada pouvait accepter la théorie du pacte et reconnaître que notre pays n'était rien de plus qu'un regroupement de communautés, dans lequel les pouvoirs fondamentaux (y compris le pouvoir de rapatrier la Constitution) émanent des provinces qui s'étaient librement unies pour former une confédération souple. Ou bien, le gouvernement du Canada, à titre de seul organe de gouvernement habilité à agir au nom de tous les Canadiens, pouvait rejeter la théorie du pacte, postuler que le Canada était un tout plus grand que la somme de ses parties et différent d'elles et qu'il pouvait procéder au rapatriement unilatéral de sa Constitution. Nous avons choisi cette dernière option[38].

Le rapatriement constituerait en somme le rejet final de cette théorie du pacte honnie par Trudeau, et depuis déclarée invalide par de nombreux observateurs, politologues, juristes et autres spécialistes[39]. Voilà pourquoi 1982 serait le triomphe d'une vision

---

37.   *The Globe and Mail*, 23 janvier 1981.

38.   Cité par James Kelly, *Governing with the Charter: Legislative and Judicial Activism and Framer's Intent*, Vancouver, UBC Press, 2005, p. 60.

39.   Dans *Charter versus Federalism: The Dilemmas of Constitutional Reform* (Montréal, McGill University Press, 1992), Alan C. Cairns évacue complètement l'idée du fédéralisme comme étant le fruit d'un pacte entre des colonies devenues provinces. Robert Vipond (« Whatever Became of the Compact Theory ? Meech Lake and the New Politics of Constitutional Amendment in Canada », *Queen's Quarterly*, vol. 96, n° 4, p. 793-811) souligne quant à lui, de façon erronée, que la notion de pacte a été absente des débats entourant le rapatriement.

selon laquelle le pays ne peut être compris que par un gouvernement fédéral fort, incarnant une nation dont la diversité régionale est un élément secondaire. Fort d'une telle légitimité, le
gouvernement central disposerait d'une très grande marge de
manœuvre devant les provinces, pouvant à la fois dépenser, intervenir et fixer des normes dans leurs champs de compétence,
s'emparer de leurs ressources naturelles, etc.

Cette trame est possiblement séduisante. Le problème : elle
ne reflète pas la façon dont les événements se déroulent en 1980-
1981, mais plutôt la manière dont Trudeau a voulu qu'on s'en
souvienne après coup[40]. En réalité, la conception du Canada
comme étant un pacte est invoquée de nombreuses fois devant
les Britanniques. Le premier ministre néo-écossais et les membres
du gouvernement terre-neuvien, entre autres, brandissent le
concept devant John Ford au moment où celui-ci effectue sa
tournée des Maritimes, à l'automne 1980. L'idée est aussi mise de
l'avant dans le mémorandum de la Colombie-Britannique présenté au comité Kershaw, à qui on rappelle ce que Trudeau disait
avant de devenir premier ministre : « Le fédéralisme est, dans son
essence même, un compromis et un pacte, c'est un pacte relevant
d'un quasi-traité, dans le sens où ce compromis ne peut être
unilatéralement modifié. Cela ne signifie pas que les termes du
compromis soient figés pour l'éternité, mais seulement que, s'ils
devaient être modifiés, il faudrait déployer tous les efforts possibles pour empêcher la destruction du consensus sur lequel
repose un pays fédéral[41]. » Citant Winston Churchill à l'époque
où il était ministre des Colonies, le Québec enfonce le clou à
l'aide d'un document informatif qu'il distribue au Royaume-

---

40. Le phénomène d'amnésie collective sur cette question est bien ana-
lysé par Paul Romney dans « Provincial Equality, Special Status and the
Compact Theory of Canadian Confederation », *Canadian Journal of Political Science,* vol. 32, n° 1, mars 1999, p. 34.

41. House of Commons, *First Report from the Foreign Affairs Committee,*
session 1980-1981, vol. 2 : *Minutes of Evidence and Appendices,* p. 203.

Uni : « L'Acte de l'Amérique du Nord britannique est la loi fondamentale qui régit la Constitution du Dominion du Canada, et les premiers ministres successifs du Canada ont volontairement adhéré à cette union. L'adhésion à l'union relevait de la nature même d'un traité[42]. »

L'idée du pacte est aussi défendue par l'Île-du-Prince-Édouard. Comme le note son mémorandum à la commission Kershaw, et contrairement à ce qu'affirme Trudeau, cette conception n'équivaut pas à réduire le gouvernement fédéral au rôle de marionnette des provinces : « Le gouvernement fédéral est le plus important des deux ordres de gouvernement au Canada et, dans une grande mesure, incarne le pays, notamment par-delà les frontières du Canada. Mais, malgré cette primauté, il ne faut pas oublier que des pouvoirs souverains dans des champs de compétence spécifiques ont également été attribués aux provinces [...] sans être amoindris par quelque pouvoir du gouvernement fédéral[43]. » Il s'ensuit qu'une modification constitutionnelle ne recevant pas un appui fort des provinces doit être rejetée par Westminster.

La théorie du pacte n'est certes pas le seul concept utilisé pour combattre Pierre Elliott Trudeau. L'Alberta met l'accent sur le droit des provinces et les conventions. La Saskatchewan développe de son côté la théorie dite du « consentement substantiel[44] », d'après laquelle Ottawa ne peut agir sans un appui considérable des provinces, voire un appui unanime selon la position québécoise. Que ce soit dans l'Ouest, dans les Maritimes ou au Québec, Westminster est vu comme le garant du contrat que représentent

---

42.   Cité dans une note. Archives du Foreign Office, FCO 82/827.

43.   House of Commons, *First Report from the Foreign Affairs Committe,* session 1980-1981, vol. 2 : *Minutes of Evidence and Appendices,* p. 180.

44.   Roy Romanow, John Whyte et Howard Leeson, *Canada... Notwithstanding: The Making of the Constitution, 1976-1982,* Agincourt, Carswell/Methuen, 1984, p. 264.

les règles constitutionnelles, ce qui n'est pas sans influencer la façon dont le débat se déroule à Londres. « Les députés savaient que les Canadiens conceptualisent souvent ces règles sous la forme d'un pacte, rappelle John Finnis. À cet égard, ils considéraient que les conventions constitutionnelles canado-britanniques comportaient en quelque sorte la notion d'un pacte[45]. » Cette situation n'est pas sans frapper Michael Kirby lorsqu'il visite la capitale britannique. « Certains croient que la théorie du pacte s'applique à la Confédération », écrit le conseiller de Trudeau dans un mémorandum secret. Il est donc impératif de lancer une nouvelle campagne d'information, car, « si cette théorie est valide, quelle est la justification permettant de procéder à des amendements constitutionnels sans l'appui des provinces[46] » ?

L'idée du Canada comme étant le résultat d'un pacte n'est pas nouvelle en Grande-Bretagne. Elle était déjà utilisée au temps des débats sur la Confédération de 1867, alors que les politiciens britanniques qui en discutaient à la chambre désignaient la Constitution canadienne comme étant un traité d'union ou un pacte[47]. Cette conception est toujours présente dans les esprits un siècle plus tard. Elle l'est d'autant plus qu'elle se nourrit d'une autre vision du Canada, défendue notamment par Roy Megarry, le directeur du *Globe and Mail*. Le quotidien torontois mène une lutte sans merci à Trudeau dans ses pages éditoriales, et Megarry décide de porter son combat à Londres en février 1981. Invité par la Société royale du Commonwealth, il rappelle d'abord que son journal, qui se veut le quotidien national du Canada, a été fondé

---

45. Note de John Finnis datée du 9 janvier 1981. Document obtenu du Foreign Office à la suite d'une demande d'accès à l'information.

46. Note. Archives du ministère des Affaires extérieures du Canada, RG 25-A-3-C 25-6, 20-CDA-16-1-4, vol. 8723, partie 5.

47. Ramsay Cook, *Provincial Autonomy, Minority Rights and the Compact Theory, 1867-1921, Studies of the Royal Commission on Bilingualism and Biculturalism*, Ottawa, Éditeur de la Reine, 1969, p. 9.

par George Brown, l'un des pères de la Confédération. « Sans lui, dit-il, sans son dévouement politique constant, les colonies de l'Amérique du Nord britannique ne se seraient jamais réunies. » Il poursuit avec sa vision du pays :

> Notre chef de l'opposition, Joe Clark, a récemment décrit le Canada comme « une communauté de communautés ». Comme j'ai tenté de le démonter dans mes observations précédentes, c'est précisément ce que nous sommes. Une communauté de communautés. Je ne m'en réjouis pas. Je ne le déplore pas. Je l'accepte simplement comme un fait. Mes déplacements dans notre pays et notre interaction avec nos lecteurs, en tant que quotidien national, m'indiquent que nous devons l'accepter comme un fait. Nous sommes une communauté de communautés[48].

Pour Trudeau, cette conception est détestable, presque autant que celle du pacte. Des années après le rapatriement, il raillera à répétition la « communauté de centres d'achat », entité collective désorganisée et sans âme qui ne saurait prétendre au statut de pays. Encore une fois, cependant, il tente de cette façon de réécrire l'histoire, oubliant ce que le Trudeau d'alors a vraiment dit et fait. Cette amnésie sélective exclut notamment son discours solennel à la nation le soir du référendum de 1980 :

> Vouloir vivre ensemble comme Canadiens, c'est d'abord nous accepter tels que nous sommes, avec nos différences de langue et de culture […] Vouloir vivre ensemble comme Canadiens, ce n'est donc pas vouloir nous déraciner de notre coin de terre et renoncer à notre originalité culturelle. Comme l'écrivait Emmanuel Mounier, nous avons tous plusieurs petites patries sous la

---

48. Discours de Roy Megarry devant la Société royale du Commonwealth à Londres, 3 février 1981. Document obtenu du Foreign Office à la suite d'une demande d'accès à l'information.

plus grande et, en ce sens, on peut être authentiquement Québécois, Terre-Neuvien ou Albertain tout en étant Canadien[49].

Écrite par André Burelle, cette allocution n'invoque pas Mounier par hasard. Avec Jacques Maritain, celui-ci est l'une des figures phares du personnalisme français. Ce courant philosophique constitue l'une des deux grandes influences sur la pensée de Trudeau, l'autre étant le libéralisme traditionnel de Thomas Hill Green et de Lord Acton. « Trudeau était un individualiste anticommunautaire par passion et un personnaliste-communautaire par raison, explique Burelle. Ce conflit entre ses inclinations émotives et ses convictions rationnelles, M. Trudeau le vivait inconfortablement, voire refusait de l'admettre[50]. »

Au début de sa carrière politique, Trudeau voyait son antinationalisme freiné par la présence de Jean Marchand et de Gérard Pelletier à ses côtés. Son côté personnaliste influait encore sur ses actions. En 1980, ce n'est plus le cas. Seul André Burelle pousse le premier ministre en ce sens, mais celui-ci l'a sciemment écarté du dossier constitutionnel au profit de Jim Coutts, de Michael Kirby et de Michael Pitfield. Si Trudeau se réclame encore de Mounier en paroles, il agit presque toujours en fonction de sa détestation profonde du nationalisme.

Pour bien saisir le conflit intérieur qui l'habite, il faut comprendre que libéralisme et personnalisme ne sont pas faciles à concilier. Pour les personnalistes, le libéralisme a fait de l'individu un concept interchangeable et désincarné[51]. Or, seul le statut d'esprit incarné convient à la personne humaine, puisque celle-ci doit surexister spirituellement en connaissance et en amour.

---

49. Allocution de Pierre Elliott Trudeau prononcée le soir du référendum. Archives de Radio-Canada.

50. André Burelle, *Pierre Elliott Trudeau. L'intellectuel et le politique*, Montréal, Fides, 2005, p. 68.

51. *Ibid.*, p. 25.

Parce qu'il domine par la pensée l'espace et le temps, parce qu'il se montre capable d'amour, de liberté et de moralité, l'individu est vu comme un être métaphysique, constituant un univers en lui-même et évoluant dans une double relation de dépendance et de transcendance par rapport à la société. L'homme fait donc partie d'un grand tout social qui le dépasse et dont le bien commun doit prévaloir sur le bien individuel – axiome qui peut aller jusqu'au sacrifice de la vie au nom de la mère patrie et des valeurs qu'elle incarne.

C'est dans cette perspective que pèche le libéralisme, selon Mounier. En reléguant la dimension spirituelle de l'être humain dans la sphère privée, le libéralisme condamne à mettre de l'avant dans la sphère publique un individualisme matérialiste larvé. La société telle que conçue par cette doctrine est raisonnable, pleinement respectueuse des droits ; c'est une société non pas fondamentalement humaine, mais désincarnée et donc inhumaine. L'individu de la société purement libérale n'échappe à ce piège qu'en s'immolant psychiquement sur le bûcher d'une abstraction : celle d'un homme universel, en réalité un être quelconque, qui est sujet du droit mais privé de substance, bénéficiant d'une charte mais coupé de ses repères, perdu dans la masse anonyme de milliards de ses semblables bénéficiant de libertés plus ou moins identiques aux siennes[52].

Tels les puritains qui conçoivent l'homme sans la chair, source de péché, Trudeau en vient à concevoir l'individu sans la communauté. La notion de bien commun est évacuée ; comme si un couple se résumait à la somme de deux individus[53]. En vérité, l'apôtre de la « communauté de centres d'achat », c'est lui. Pas Joe Clark ou Roy Megarry, qui refusent de faire table rase de l'histoire au nom d'une abstraction. Pas les membres du comité Kershaw, qui, partant d'une autre perspective, refusent d'oublier

---

52. *Ibid.*, p. 26.
53. *Ibid.*, p. 72.

que la communauté de communautés est notamment incarnée par les provinces. Pas le haut-commissaire britannique non plus, qui, à force de s'opposer au premier ministre fédéral, déclenche l'ultime tempête diplomatique.

John Ford rappelé à Londres

Depuis la visite de Francis Pym, Ford cherche ouvertement, et par tous les moyens, à bloquer Trudeau. Cette attitude crée de plus en plus d'inquiétude et de nervosité à Londres. Un incident diplomatique peut se produire à tout moment. Au début de janvier 1981, le sous-ministre Michael Palliser enjoint formellement au haut-commissaire de faire preuve de discrétion et de subtilité, malgré Trudeau « qui semble nous rendre la vie de plus en plus difficile[54] ».

Le problème : Ford est fondamentalement en désaccord avec cette approche de discrétion et il a reçu les encouragements de Pym pour agir selon son point de vue. Le diplomate est surtout frustré de voir que, malgré la fuite qu'il a orchestrée, Trudeau continue de clamer que Thatcher lui a donné des garanties, imité en cela par ses ministres. « Si Mme Thatcher ne se prononce pas bientôt, écrit Ford à Londres, je crois qu'il y a un risque que des accusations blessantes soient proférées contre nous, qu'on nous impute des motifs douteux de garder le silence et que des fuites ne distillent lentement la vérité[55]. »

Mais pour Thatcher, le moment n'est pas opportun de changer de politique, c'est-à-dire de cesser d'appuyer Ottawa. Lord

---

54. Note de Michael Palliser à John Ford datée du 7 janvier 1981. Document obtenu du Foreign Office à la suite d'une demande d'accès à l'information.

55. Note de John Ford adressée au Foreign Office, datée du 3 février 1981. Document obtenu du Foreign Office à la suite d'une demande d'accès à l'information.

Carrington est donc chargé de transmettre à Ford les recommandations de la patronne, ce qu'il fait en expliquant au haut-commissaire que « notre objectif principal est le maintien de bonnes relations avec le gouvernement fédéral. À l'heure actuelle, je crois que la meilleure façon d'atteindre cet objectif consiste à demeurer discret et à ne pas répliquer hâtivement aux remarques qu'a faites M. Trudeau à la suite des pressions qu'il subit au Canada[56] ».

Trop tard. Ce rappel à l'ordre est lancé alors qu'une nouvelle crise est déjà en marche. Quelques jours auparavant, Ford participe à une séance de patinage à Rideau Hall, suivie d'une réception organisée par le gouverneur général. Le plan de table veut que le représentant britannique se retrouve avec les députés néo-démocrates James Manly et Ian Waddell, qui, à l'instar de leur parti, appuient Trudeau. Alors que ces derniers ne comprennent pas d'emblée à qui ils ont affaire, la conversation s'engage sur la question constitutionnelle.

> Ford : « Il me semble que les amendements que veut obtenir votre parti ne protégeront pas adéquatement les ressources des provinces de l'Ouest. De plus, cette résolution constitutionnelle va causer un affrontement avec le Parlement britannique. »
> Waddel : « Ed Broadbent [le chef du NPD] nous a dit que le Parlement britannique ne pose aucun problème. Quoi qu'il en soit, à quel titre nous dites-vous cela ? »
> Ford : « Je suis le haut-commissaire britannique[57] ! »

Cette réplique laisse Waddell stupéfait. Mais après être quasiment tombé de sa chaise, le député se ressaisit. Piqué au

---

56. Note de Lord Carrington à John Ford datée du 5 février 1981. Document obtenu du Foreign Office à la suite d'une demande d'accès à l'information.

57. Entretien avec John Ford, 8 février 2007.

vif, il se lève et se dirige tout de go vers la table de Trudeau, geste qui attire de nombreux regards. Devant tout le monde, le néo-démocrate raconte au premier ministre la conversation qu'il vient d'avoir avec Ford, lançant un regard accusateur vers ce dernier, le montrant de l'index. L'ambiance, qui était légère quelques minutes auparavant, est maintenant à couper au couteau.

L'histoire semble vouloir en rester là, jusqu'à ce qu'elle éclate au grand jour, le 5 février. Au moment même où Ford reçoit l'ordre de garder un profil bas, Ed Broadbent rapporte les propos du représentant britannique à Mark MacGuigan. Les deux hommes conviennent de soulever l'affaire en chambre, sous la forme d'une question posée par Broadbent. Le chef néo-démocrate bondit sur Ford, qualifiant son attitude d'« ingérence intolérable dans les affaires canadiennes. En termes clairs, ça ne vous regarde pas du tout[58] ». « Inacceptable[59] », renchérit Mac-Guigan, précisant qu'« il n'y a simplement aucun doute, et il ne saurait y en avoir, à propos de l'obligation incombant au gouvernement britannique dans cette affaire ni à propos de la position que prend le gouvernement canadien[60] ». Même en sortant de la chambre, Broadbent ne décolère pas. Secondé par Waddell, il casse encore du sucre sur le dos de Ford pendant plusieurs minutes, au cours d'un point de presse.

Le chef néo-démocrate n'a même pas fini de parler que la ligne téléphonique du Haut-Commissariat britannique est engorgée d'appels de journalistes en quête de réactions. Ford convoque une conférence de presse à pied levé. Il tente d'abord de dégonfler l'importance de l'affaire en expliquant *ad nauseam* qu'il est normal pour un représentant étranger de faire du lobbying, explication dont personne ne tient compte. L'ambassadeur a plutôt droit à un barrage de questions hostiles venant d'une

---

58. *The Globe and Mail,* 6 février 1981.

59. Mark MacGuigan, *An Inside Look at External Affairs,* p. 98.

60. *The Globe and Mail,* 6 février 1981.

meute de journalistes. Niez-vous avoir tenté de convaincre le NPD de voter contre le rapatriement[61] ? Y a-t-il des limites à l'intervention politique d'un ambassadeur ? Est-ce qu'il y a des tensions entre Thatcher et Trudeau ? Le NPD agit-il de façon stupide en appuyant ce dernier ? Était-ce ce que vous appelez du lobbying lorsque vous avez critiqué la politique énergétique du gouvernement à Windsor ?

À mesure qu'avance la conférence de presse, les échanges deviennent de plus en plus explosifs pour les relations anglo-canadiennes. Ford se défend du mieux qu'il peut, mais réussit seulement à s'enfoncer dans la controverse, tandis que ses inter-locuteurs se délectent. Et pendant ce temps, Trudeau affirme que toute discussion sur la substance de son projet en Grande-Bretagne serait l'équivalent du « Vive le Québec libre » du géné-ral de Gaulle en 1967. Ne rechignant jamais devant la perspective d'une bagarre, Jean Chrétien saute dans le ring à son tour en soutenant que « nous ne craignons pas un affrontement direct avec le gouvernement britannique [...] Nous n'avons aucune leçon à recevoir d'un émissaire[62] ».

Ford rapporte à Londres que la rumeur veut qu'il soit bientôt déclaré *persona non grata* et donc expulsé du pays. « J'ai compris depuis le début que je suis pris entre deux feux, écrit-il. J'espère que le gouvernement fédéral ne va pas me déclarer *persona non grata* et je vais me faire discret à nouveau[63]. » L'incident est immédiatement discuté au plus haut niveau à Londres, où il est décidé qu'on rappellera Ford pour consultation. On annon-cera en même temps son remplacement par Lord Moran en mai,

---

61. Note. Archives du ministère des Affaires étrangères du Canada, RG 25-A-3-C 25-6, 20-CDA-16-1-4, vol. 11077, partie 14.

62. *The Globe and Mail*, 7 février 1981.

63. Note de John Ford adressée au Foreign Office, datée du 6 février 1981. Document obtenu du Foreign Office à la suite d'une demande d'accès à l'information.

un changement de garde prévu depuis longtemps mais qui est de nature à apaiser les fédéraux.

John Ford est donc semoncé par ses supérieurs et sommé de s'expliquer. Ce vétéran décoré de la Seconde Guerre mondiale en a vu d'autres et ne bronche aucunement. Il rappelle à ceux qui veulent l'entendre que Pym avait avalisé sa conduite et qu'il a reçu de nombreux commentaires d'encouragement à la suite de son intervention devant la presse. De retour dans la capitale canadienne au mois de mars, Ford livre le fond de sa pensée sur toute cette affaire : « Plus tard, les historiens (si jamais ils daignent s'intéresser à de tels événements) conviendront que nous, ici à Ottawa, nous sommes acquittés de nos responsabilités à bon escient[64]. »

---

64. Note de John Ford adressée au Foreign Office, datée du 10 mars 1981. Document obtenu du Foreign Office à la suite d'une demande d'accès à l'information.

CHAPiTRE 12

Les fédéraux contre-attaquent

Quand Trudeau a mis son projet de rapatriement sur les rails, il a joui de circonstances favorables durant tout l'été et une partie de l'automne, recevant l'appui de Thatcher, gagnant le soutien de l'Ontario et du Nouveau-Brunswick, et réussissant à maintenir la Saskatchewan et la Nouvelle-Écosse isolées du Groupe des Six. Mais voilà, la situation vacille en Grande-Bretagne, tandis qu'au Canada les consultations du comité parlementaire conjoint s'éternisent, les tribunaux sont saisis de l'affaire et l'opposition se déchaîne en chambre. Tout cela pendant que Jean Chrétien est malade. Des mois de lutte constitutionnelle ont eu raison de ce féroce batailleur. Il est hospitalisé pour cause d'épuisement[1].

Les fédéraux doivent impérativement rallier les troupes et lancer une contre-offensive vigoureuse. Heureusement pour eux, le 3 février, la Cour d'appel du Manitoba rend un jugement qui leur fournit de précieuses munitions. À trois juges contre deux, la cour déclare que le gouvernement central n'a pas besoin de l'accord des provinces pour envoyer à Londres une requête de changement constitutionnel. Tandis que les fédéraux jubilent, les provinces rebelles encaissent la douche froide. « Je ne suis pas déçu », déclare avec un rictus le procureur général manitobain, Gerry Mercier. « Il s'agit d'une étape en vue d'atteindre l'objectif :

---

1. Jean Chrétien, *Dans la fosse aux lions,* Montréal, Les Éditions de l'Homme, 1985, p. 183.

que la Cour suprême prenne une décision finale », une explication qui est reprise à Edmonton par son collègue Neil Crawford[2].
À Québec, Claude Morin souligne que la cour est divisée et qu'un
doute subsiste. Il prédit par conséquent que l'affaire durera des
mois et qu'elle se terminera en Cour suprême.

En attendant, malgré les déclarations optimistes, la situation
est suffisamment préoccupante pour que les provinces rebelles
organisent une réunion d'urgence au plus haut niveau. L'exercice
se tient à Montréal, à l'hôtel Ritz-Carlton, six jours après le jugement. Exceptionnellement, les six premiers ministres discutent
sans conseillers ni ministres, et ils prennent un certain nombre
de décisions. D'abord, il faut tenter une nouvelle approche avec
la Nouvelle-Écosse et la Saskatchewan afin qu'elles se joignent
aux provinces rebelles. Dans le cas de Regina, le fruit semble particulièrement mûr. Dans les semaines précédentes, Blakeney a
tenté – en vain – d'amener Trudeau à adopter une position plus
respectueuse des prérogatives provinciales, ce qui lui aurait permis de se rallier aux fédéraux.

Les premiers ministres prennent aussi la décision cruciale de
tenter de s'entendre sur une formule d'amendement, histoire de
proposer quelque chose au lieu de se limiter à un rôle statique
d'opposition, pour lequel on les critique beaucoup. John Ford,
entre autres, les a encouragés à aller en ce sens.

Ils conviennent également de poursuivre leur action dans
différentes sphères : d'abord dans l'opinion publique, à coups
d'interventions et de campagnes publicitaires, comme le font
déjà Terre-Neuve et le Québec ; devant les tribunaux, aussi, où
les démarches se poursuivront ; à Londres, finalement, où les six
premiers ministres espèrent se rendre quand la requête constitutionnelle y sera envoyée. On décide d'ailleurs de coordonner l'action des provinces dans la capitale britannique en vue
d'une plus grande efficacité. De plus, chacune adoptera en

---

2.   *The Globe and Mail*, 4 février 1981.

chambre une résolution condamnant Ottawa et la fera parvenir au Royaume-Uni. Comme l'explique Sterling Lyon, « nous sommes plus résolus que jamais à poursuivre la lutte sur tous les fronts ». Il cite le rapport Kershaw à l'appui de sa position, tandis que René Lévesque accuse Ottawa de mentir en ce qui concerne ses échanges avec Londres. Le Québécois, en grande forme, promet de soumettre Westminster à un « bombardement constitutionnel[3] ».

Une source appelée *Deep Throat*

Sauf que ce pilonnage politique n'a pas l'effet escompté. C'est ce qu'apprend quelques jours plus tard le délégué général de l'Alberta en Grande-Bretagne, James McKibben, qui a réussi à infiltrer la garde rapprochée de la première ministre en convertissant Ian Gow, son secrétaire parlementaire, à la cause des provinces. Gow est l'un des premiers à avoir soutenu Thatcher au cours de la révolution de palais qui l'a menée à la direction du Parti conservateur en 1975. Jouissant de sa confiance, toujours sur la même longueur d'onde idéologique, jamais loin d'elle physiquement, agissant à la fois comme confident, majordome, conseiller, accompagnateur, porteur de bagages et secrétaire particulier, il exerce une très grande influence sur Thatcher.

Gow est donc bien placé pour mesurer l'ampleur de l'insatisfaction causée par le rapatriement constitutionnel chez les députés d'arrière-ban. Voilà pourquoi il parle à James McKibben, qu'il rencontre régulièrement dans des restaurants mal famés et autres lieux discrets, en général tard le soir, dans le but de garder leurs contacts secrets. Lorsqu'il fait rapport à Edmonton, McKibben donne à Gow le nom de code *Deep Throat*. Personne ne connaît son identité dans la capitale albertaine.

---

3. *The Globe and Mail*, 10 février 1981.

Deux semaines après la rencontre des premiers ministres à Montréal, McKibben et Gow se voient pour faire le point. Les nombreux documents et lettres que les provinces font parvenir aux députés britanniques commencent à en énerver plus d'un, commence-t-il[4]. Par ailleurs, la Dame de fer n'a pas changé d'avis et présentera en chambre la requête constitutionnelle lorsqu'elle la recevra. Elle prendra son temps, toutefois, car elle craint des complications si elle brusque les choses, notamment en ce qui a trait au Commonwealth.

Deep Throat examine ensuite la situation du côté de l'opposition travailliste. Le problème vient du fait que le lobbying de McKibben et de ses collègues délégués généraux a été fait essentiellement auprès des conservateurs. Peu d'efforts ont été déployés du côté des travaillistes, idéologiquement proches des libéraux fédéraux. Résultat : les provinces ont de sérieuses difficultés avec la gauche.

La rencontre se termine là-dessus, et McKibben mesure rapidement la sagesse des conseils que Gow lui a prodigués. Il croise peu de temps après Denis Healey, le leader adjoint des travaillistes. Dès qu'il le voit, celui-ci tourne les talons. « Vous êtes un conservateur et je ne m'occupe pas des conservateurs », lance-t-il. L'Albertain est stupéfait[5].

Heureusement, les nouvelles sont meilleures sur d'autres fronts. À la fin du mois de février, lors d'une nouvelle rencontre de stratégie réunissant les ministres responsables du dossier constitutionnel, les provinces rebelles accueillent officiellement deux nouveaux venus. Hôte de la réunion, qui a lieu à Montréal, Claude Morin n'est pas peu fier d'annoncer que la Saskatchewan

---

4.   Note du sous-ministre Peter Meekison au ministre Dick Johnston, datée du 24 février 1981. Document obtenu du ministère des Affaires internationales et intergouvernementales de l'Alberta à la suite d'une demande d'accès à l'information.

5.   Entrevue avec James McKibben, 13 octobre 2009.

et la Nouvelle-Écosse ont rejoint le camp des rebelles. Il y voit un signe que l'opinion publique s'est retournée contre le gouvernement fédéral. « Le Canada est de plus en plus conscient que le gouvernement fédéral a menti à tout le monde, et les Britanniques ont compris qu'on leur demande de mettre le doigt entre l'arbre et l'écorce[6] », déclare-t-il. Ce groupe élargi est bientôt désigné comme la « Bande des Huit ».

Cette situation n'entame pas la volonté des fédéraux, dont une bonne part de l'énergie est consacrée à convaincre le leader parlementaire britannique, Francis Pym, de faire les choses à Londres à la manière d'Ottawa. L'approche n'a pas fonctionné lorsque Jean Wadds a pris contact avec lui la première fois, mais pourquoi ne pas tenter le coup une deuxième fois ? Une nouvelle rencontre est donc organisée entre le haut-commissaire canadien et le ministre britannique, entretien auquel participe Michael Kirby, qui est alors en visite en Grande-Bretagne.

Même s'il est un peu moins intransigeant et un peu plus aimable que la dernière fois, Pym n'est ni content ni optimiste. Comment se fait-il que notre dernière conversation se soit retrouvée à la une des journaux[7] ? lance-t-il d'entrée de jeu, visiblement insatisfait des nombreuses fuites en provenance d'Ottawa. Wadds s'excuse, puis explique que la taupe a été trouvée, que des précautions extrêmes sont maintenant prises et qu'il n'y a plus de problème. Le Britannique ne semble pas convaincu. Tout au long de la rencontre, il parle moins qu'à l'habitude et choisit soigneusement ses mots, comme s'il parlait publiquement. Mais cela ne veut pas dire qu'il compte ménager les fédé-

---

6. *The Globe and Mail*, 27 février 1981.

7. La reconstitution de la rencontre entre Jean Wadds et Francis Pym s'appuie sur deux documents canadiens : un compte rendu d'entretien daté du 13 mars 1981, et une note de Michael Kirby à Pierre Elliott Trudeau, également datée du 13 mars 1981. Archives du ministère des Affaires étrangères du Canada, RG 25-A-3-C 25-6, 20-CDA-16-1-4, vol. 11078, partie 20.

raux, comme le démontre sa deuxième question : n'est-il pas vrai qu'il y a non plus six, mais huit provinces contre le gouvernement fédéral ? « Que c'est regrettable ! » s'exclame-t-il.

Wadds ne goûte pas particulièrement cette dernière remarque, mais plonge à son tour en expliquant que la requête constitutionnelle devrait arriver en mars ou en avril. Le gouvernement canadien espère aussi qu'une fois le projet de loi constitutionnelle adopté, Thatcher et la reine pourront venir au Canada pour les célébrations officielles, prévues pour le 1er juillet. Pym n'en revient pas, et, suivant les mots de Wadds, il « feint d'être étonné que la reine projette de se rendre au Canada ».

Étonné ou pas, l'Anglais se fait sombre. Avant de sabler le champagne, prévient-il, il importe de régler quelques difficultés de substance et de calendrier, faisant référence à la Charte et au programme législatif du gouvernement, toujours très chargé. « Nous sommes très sensibles aux problèmes possibles en matière de calendrier, rétorque Wadds, mais cette question a maintenant acquis un momentum, et la requête sera sans doute transmise de façon cérémonieuse, y compris la remise à la reine. La population canadienne souhaite une action rapide. »

Pym ne l'entend pas de cette oreille. « Nous ne pouvons pas faire fi de la responsabilité parlementaire et de la procédure propre à Westminster ! martèle-t-il. On ne peut penser que le momentum acquis va régler des problèmes très réels. S'il y a précipitation, tout va faire long feu ! » Les demandes canadiennes sont « irréalistes », poursuit-il, précisant que les fédéraux avaient été prévenus par son prédécesseur St. John-Stevas.

À ce stade, il est impossible de dire comment le gouvernement pilotera la résolution quand elle arrivera. Thatcher voudra peut-être bouger rapidement, mais Pym et elle devront en discuter. Une chose est sûre, par contre : « il importe qu'aucun commentaire sur la question ne soit fait au Canada pendant l'examen de la requête au Royaume-Uni », dit-il, expliquant du même souffle que les ministres britanniques s'étaient abstenus, eux, de faire des déclarations controversées.

C'est alors que Wadds annonce que Trudeau doit prononcer un important discours sur la Constitution le 23 mars prochain. Il compte notamment parler des attentes du Canada envers le Royaume-Uni. Pym bondit de sa chaise. Un tel discours aura beaucoup d'échos à Westminster, gronde-t-il, exhortant presque ses interlocuteurs à faire taire leur premier ministre.

Il y a tout de même une bonne nouvelle, admet le leader parlementaire : la décision de la Cour d'appel du Manitoba, favorable à Ottawa. Mais l'affaire ne se rendra-t-elle pas en Cour suprême ? Selon Wadds, les provinces attendront vraisemblablement le jugement de la Cour d'appel du Québec et de celle de Terre-Neuve avant de pousser plus loin. De toute manière, explique-t-elle, il s'agit d'une question politique et non juridique. Pym est parfaitement d'accord. Mais voilà, « des arguments fondés sur l'attente d'une décision des tribunaux pourraient produire un effet considérable. Ne serait-il pas merveilleux que les tribunaux se prononcent avant que nous ne votions sur la résolution » ?

Le ministre fait ensuite référence à la bataille parlementaire féroce que livrent les conservateurs au gouvernement Trudeau contre le projet de rapatriement. Le débat s'éternise à Ottawa, dit-il avec un air mi-figue mi-raisin. Pourquoi le Parlement britannique n'aurait-il pas le droit de traiter le dossier constitutionnel aussi lentement que le Parlement canadien ? Wadds ne la trouve pas drôle. Elle répond du tac au tac que l'intérêt des deux gouvernements est d'en finir au plus vite, précisant que Trudeau « est fermement d'avis que, si la question était réglée dans les plus brefs délais, cela éviterait qu'elle s'envenime ».

La conversation se porte ensuite sur le rapport Kershaw. Pym explique que son gouvernement prépare une réponse écrite aux arguments qui ont été utilisés dans le document. Le tout sera très solide. Il est confiant de pouvoir renverser la vapeur dans cet aspect du dossier. Ce seront les seules paroles positives qu'émettra le Britannique pendant tout l'entretien.

Pour le reste, Pym est inflexible, ne promet rien et refuse de bouger. À quoi bon ? Le gouvernement conservateur a perdu la maîtrise du programme parlementaire, si ce n'est carrément de sa députation. L'homme n'est certain de rien et, par conséquent, ne peut s'engager à quelque action que ce soit.

Toutefois, même après cette rencontre infructueuse avec le leader parlementaire, Michael Kirby garde l'espoir que le gouvernement Thatcher se pliera à la volonté de Trudeau ; mais il faudra travailler fort. Comme il l'écrira au premier ministre, « mon évaluation personnelle est la suivante : il faudra probablement exercer de fortes pressions sur le gouvernement britannique pour l'amener à adopter la mesure avant les vacances parlementaires estivales[8] ».

Les dangers de la BBC en français au Canada

Au sein du gouvernement britannique, l'inquiétude est palpable, et un incident vient renforcer cet état d'esprit. Toujours prêt à rendre service à son ami Trudeau, l'ancien premier ministre britannique James Callaghan se lève en chambre pour houspiller les députés conservateurs. « Vous allez vous ridiculiser si vous rejetez le projet de loi », lance-t-il, défiant. Comme le note un journaliste qui assiste à la scène, « la réponse à l'ancien premier ministre travailliste a pris la forme d'un hurlement de rage de la part des députés conservateurs, lequel a clairement ébranlé les ministres présents[9] ».

La question constitutionnelle est tellement sérieuse que, s'il faut en croire le *Daily Telegraph,* Thatcher décide de ne pas venir au Canada au tournant des mois de février et mars 1981, alors qu'elle se rend aux États-Unis. Un tel séjour l'aurait plongée au

---

8.   Note de Michael Kirby à Pierre Elliott Trudeau, datée du 13 mars 1981. Archives du ministère des Affaires étrangères du Canada, RG 25-A-3-C 25-6, 20-CDA-16-1-4, vol. 11078, partie 20.

9.   *The Daily Telegraph,* 30 mars 1981.

cœur de la tourmente[10]. Le même genre de raisonnement la guide lorsqu'elle reçoit une demande inhabituelle de la part du député travailliste David Ginsburg. Bilingue, ce dernier est un ancien journaliste du service français de la BBC. Il est parfois interviewé par Radio-Canada au sujet de la Constitution. Or, fait-il valoir à la chef du gouvernement, en cette période de rapatriement, de nombreux Canadiens anglais écoutent la BBC, s'informant directement des événements en Grande-Bretagne. Malheureusement, rien d'équivalent n'existe pour les Canadiens français, même si la célèbre chaîne de radio publique diffuse dans la langue de Molière en France et en Afrique, notamment. Étendre un tel service au Canada permettrait aux francophones d'avoir un compte rendu plus équilibré de ce qui se passe au Royaume-Uni.

La première ministre explique qu'avec les restrictions budgétaires actuelles, un tel projet s'avérerait difficile, sans compter qu'il faudrait du temps à la BBC pour se tailler un auditoire et que le problème constitutionnel serait sûrement réglé d'ici là. Mais la principale raison de son refus tient à autre chose : la réaction du gouvernement Trudeau : « Idéalement, il est souhaitable que les Canadiens français puissent écouter des reportages de la BBC en français à propos de la question constitutionnelle. Mais, si un service français destiné au Canada devait être mis sur pied maintenant, aussi équilibré et aussi bien intentionné soit-il, il y a un risque très réel que le gouvernement fédéral y voie une ingérence dans les affaires intérieures du Canada[11]. »

La prudence absolue est de mise, car on ne sait jamais d'où viendra la prochaine complication. Ce pourrait être de l'Australie, par exemple. Le député travailliste Michael English vient d'écrire au premier ministre australien, Malcolm Fraser, pour

---

10. *The Globe and Mail*, 9 février 1981.

11. Projet de lettre de Margaret Thatcher à David Ginsburg, daté du 13 avril 1981. Document obtenu du Foreign Office à la suite d'une demande d'accès à l'information.

savoir quelle est la politique de son gouvernement dans cette affaire de rapatriement. English est un fauteur de troubles pro-provinces qui fait tout ce qu'il peut pour que le processus s'enlise. À l'automne, il a notamment présenté, sans succès, une motion parlementaire enjoignant à Sa Majesté de renvoyer la requête constitutionnelle au Canada dès qu'elle lui serait transmise. Visiblement informé sur le député English, Malcolm Fraser lui répond qu'étant donné que l'Australie n'est pas concernée, il ne fera aucun commentaire sur la question. Conscient, par ailleurs, des difficultés que ce dossier pose à Thatcher, Fraser l'informe par écrit de ce développement. Celle-ci lui répond aussitôt que, « si je puis dire, la position que vous avez prise était, bien entendu, tout à fait la bonne. Merci de me tenir au courant[12] ».

Ainsi, English n'aura pas réussi à allumer un nouveau foyer d'incendie. C'est heureux pour Trudeau et ses alliés, car l'arrivée de la Saskatchewan dans le camp des rebelles risque de provoquer des flammèches. Depuis les plaines de l'Ouest, d'où il suit l'évolution des choses, Roy Romanow, le ministre des Affaires inter-gouvernementales de la Saskatchewan, pense que ce n'est pas à Londres que les huit devraient mettre leur énergie : jamais les Britanniques n'oseront barrer la route aux fédéraux dans ce dossier. Mais il dépêche tout de même à Londres son sous-ministre Howard Leeson, histoire d'évaluer la situation.

Une fois arrivé, l'émissaire se met rapidement au travail. Il s'entretient d'abord avec Gilles Loiselle. Ce dernier fait part à Leeson de sa conviction. La résolution fédérale sera battue si elle est présentée à Westminster[13]. Cette analyse sera toutefois contredite par le délégué de la Saskatchewan, Merv Johnson.

---

12. Note de Margaret Thatcher à Malcolm Fraser datée du 7 avril 1981. Document obtenu du Foreign Office à la suite d'une demande d'accès à l'information.

13. Roy Romanow, John Whyte et Howard Leeson, *Canada… Notwithstanding: The Making of the Constitution, 1976-1982*, Agincourt, Carswell/Methuen, 1984, p. 148.

Une troisième opinion est donc requise. Leeson l'obtiendra auprès de nul autre qu'Anthony Kershaw. Ce dernier est on ne peut plus clair : malgré les insultes de Trudeau, le rapport du comité des Affaires étrangères et l'aversion des Britanniques pour la Charte, les opposants totalisent au plus une centaine de députés, dont plusieurs risquent de ne pas se donner la peine d'aller voter.

Leeson aura toutefois une rencontre déterminante avec le délégué général de l'Alberta. Pour McKibben, l'arrivée d'un représentant de la Saskatchewan à Londres est un cadeau du ciel, et il aborde d'entrée de jeu la question des travaillistes. Si la majorité de ceux-ci se rangent derrière Trudeau, dit-il, cette situation annulera l'impact de la dissidence pro-provinciale au sein de la députation conservatrice[14]. Par conséquent, il est crucial de faire des gains à gauche. Avec à sa tête l'unique gouvernement néo-démocrate au Canada, la Saskatchewan est la seule province capable de mener cette tâche à bien. Il est donc urgent que le ministre Romanow, qui est également vice-premier ministre de la province, fasse une visite à Londres.

La visite à Londres de Romanow l'ingénu

Même si ce dernier n'est pas convaincu, il décide finalement de se rendre à Londres à la mi-mars. Il compte surtout rencontrer des députés, mais pense qu'une rencontre avec un ministre britannique serait aussi appropriée. Une demande d'entretien avec Nicholas Ridley est donc acheminée par l'intermédiaire du Haut-Commissariat canadien. C'est exactement le genre d'initiative provinciale que détestent les fédéraux. Mais ceux-ci connaissent l'état d'esprit de Ridley : ce dernier voit les provinces comme des importunes. Homme au tempérament sec et froid, il profitera

---

14. *Ibid.*

certainement de cette rencontre pour passer son message. Ottawa décide donc de ne pas trop s'objecter à l'affaire.

De son côté, tel l'Ingénu de Voltaire, Romanow débarque à Londres, ne se doutant aucunement du choc qui l'attend. À l'en croire, tout ira bien ; il prédit même devant la presse que son entretien avec Ridley constituera un tournant dans les relations entre le gouvernement de Sa Majesté et les provinces rebelles.

Visiblement mal informé de la disposition de ses hôtes, Romanow l'est tout autant par rapport à Sonny Ramphal, le secrétaire d'État du Commonwealth, qu'il rencontre juste avant Ridley. Romanow commence par expliquer la position de sa province. La Saskatchewan ne veut pas d'un référendum dans la formule d'amendement, et la portée de la Charte de droits doit être réduite, notamment en respectant les compétences provinciales. Son gouvernement, dit-il, a mis de l'avant des positions éminemment raisonnables, et c'est à son corps défendant qu'il s'est joint aux provinces rebelles[15].

Ignorant complètement ce que Romanow vient de dire, Ramphal charge. Il souligne à quel point il a été impressionné par la récente prestation de Mark MacGuigan à Edmonton et précise : « Quelles que soient leurs raisons d'exercer des pressions à Londres sur le gouvernement britannique, les provinces donnent en fait l'impression d'agir comme des colonies et de tenter d'obliger le gouvernement britannique à agir comme un gouvernement colonial. » Cessez de vous comporter de la sorte une fois pour toutes, conclut Ramphal.

En route vers le Foreign Office, où il doit rencontrer Ridley, le visiteur fait part de ses impressions à Christian Hardy, le numéro deux du Haut-Commissariat. Il trouve que l'entretien avec Ramphal s'est mal passé. Il n'a rien vu encore.

---

15. Compte rendu d'entretien préparé par Christian Hardy, daté du 19 mars 1981. Archives du ministère des Affaires étrangères du Canada, RG 25-A-3-C 25-6, 20-CDA-16-1-4, vol. 11078, partie 19.

La veille, le gouvernement Thatcher a survécu *in extremis* à l'adoption de son budget d'austérité. Pas moins de quarante députés conservateurs ont voté contre ou se sont abstenus, même si une telle mesure engageait la survie du gouvernement. Voilà qui illustre bien la situation critique dans laquelle se trouve Thatcher. Son fidèle Ridley est donc d'une humeur massacrante.

Ce dernier commence la rencontre en critiquant les déclarations de Romanow à la presse, faisant état de leur entretien. Il n'a pas du tout goûté ces propos. J'aurais franchement préféré que notre rencontre garde un caractère privé, lance-t-il, furieux. Romanow est désarçonné par cette entrée en matière. Il bafouille des excuses, puis essaie péniblement d'expliquer la position de sa province[16]. Mais Ridley lui coupe la parole pour lui asséner un autre coup : « Pourquoi faites-vous tant d'histoires ? Pourquoi venir à Londres et mettre le gouvernement britannique en position difficile[17] ? »

« C'est Trudeau qui a mis le gouvernement britannique dans la position où il se retrouve maintenant », rétorque Romanow, tentant de se remettre en selle. « Nous ne voulons pas que les provinces viennent faire des pressions à Londres », l'interrompt Ridley. Le ministre de la Saskatchewan affirme que les provinces font des demandes légitimes, citant à l'appui le rapport Kershaw. « Ne restez pas à Londres, vous ne gagnerez pas ! » martèle Ridley en guise de réponse, enchaînant avec une critique en règle du rapport du comité des Affaires étrangères. De toute façon, indique-t-il, « il est inconcevable que le gouvernement britannique envisage autre chose que l'acceptation telle quelle de toute résolution conjointe future du Parlement national du Canada. Croire le contraire n'a pas de sens[18] ».

---

16. *Ibid.*

17. Roy Romanow, John Whyte et Howard Leeson, *Canada… Notwithstanding*, p. 149.

18. Compte rendu d'entretien préparé par Christian Hardy, daté

Ce n'est pas ce qui a été convenu dans le Statut de Westminster, risque Romanow. Les Britanniques ont une responsabilité constitutionnelle envers le Canada. « Je ne sais pas ce que les négociateurs canadiens avaient alors en tête, mais les Britanniques ne considéraient pas qu'ils avaient accepté une telle tutelle », s'exclame Ridley.

Même si la conversation ne mène nulle part, Romanow persiste en posant trois questions, « frôlant une insolence [...] qui n'a probablement fait qu'irriter davantage ses hôtes britanniques », selon Christian Hardy, qui assiste à l'entretien. Premièrement, lance le visiteur, le gouvernement compte-t-il utiliser les whips ? Deuxièmement, attendra-t-il un éventuel jugement de la Cour suprême ? Troisièmement, aidera-t-il les provinces à retarder le processus afin qu'ait lieu une nouvelle conférence constitutionnelle, laquelle a de bonnes chances de déboucher sur un compromis ?

Ignorant cette dernière question, Ridley affirme que la Cour suprême n'a aucun pouvoir sur le Parlement britannique, même s'il reconnaît en passant que certains députés se préoccuperont de cet aspect. Quant aux whips, le Britannique ne peut nier l'évidence : ils ne sont pas très efficaces. On pourrait donc se contenter de donner « aux députés d'arrière-ban l'indication la plus ferme possible sur la position gouvernementale ».

L'entretien se termine sur cette explication. Romanow est complètement défait. Et comme si ce n'était pas assez, seulement treize des quatre-vingts députés du comité Aitken-Foulkes se déplacent pour l'entendre lors d'une allocution devant eux. Pire encore, on sent par les questions posées que plusieurs d'entre eux sont tentés de rejoindre le camp des fédéraux.

La rencontre de Romanow avec Denis Healey, le chef adjoint des travaillistes, n'est pas un grand succès non plus, s'il faut en

---

du 19 mars 1981. Archives du ministère des Affaires étrangères du Canada, RG 25-A-3-C 25-6, 20-CDA-16-1-4, vol. 11078, partie 19.

croire le compte rendu du *Globe and Mail*. Peu de temps auparavant, Healey a reçu la visite du secrétaire de l'aile fédérale des
néo-démocrates, Robin Sears, qui l'a convaincu d'appuyer la
démarche d'Ottawa, même si les travaillistes n'ont pas encore de
politique officielle sur le rapatriement. Romanow tente de faire
changer Healey d'avis, mais échoue lamentablement[19].

Les malheurs du vice-premier ministre saskatchewanais ne
s'arrêtent pas là. Au lendemain de la rencontre avec Ridley, le
Globe and Mail annonce en grand titre que Romanow a frappé
un mur et dresse un compte rendu retentissant de l'entretien[20].
Qui a orchestré cette fuite ? Les soupçons se portent vers Christian Hardy, qui a mal dissimulé son bonheur devant les déboires
de Romanow. Mais le diplomate fédéral nie fermement l'affaire
et le fait savoir au principal intéressé, lequel n'en croit absolument rien. Furieux, le visiteur se vide le cœur lors d'une conférence de presse juste avant son départ, affirmant que le journal
l'a placé dans « une position extrêmement difficile » : « L'affaire
du *Globe and Mail* fait presque partie d'une campagne délibérée
visant à saper ce qui, à mon avis, a été jusqu'à maintenant la
position provinciale très solide qui a été défendue ici à Londres »,
dit-il, précisant qu'il est faux de dire qu'il a été ébranlé[21]. Tout
cela est un « commentaire subjectif fait apparemment par un
responsable présent à la réunion ». Quant à sa rencontre avec
Denis Healey, il n'y a pas une once de vérité dans ce que rapporte
le quotidien torontois.

Les agapes de Reeves Haggan

Romanow repart au Canada convaincu que les provinces ne
pourront gagner en Angleterre. D'ailleurs, sa visite à Londres

---

19. *The Globe and Mail*, 19 mars 1981.
20. *Ibid.*
21. *The Globe and Mail*, 21 mars 1981.

sème l'inquiétude au sein des provinces rebelles, particulièrement l'Alberta, qui a suivi l'affaire de près. Il faut dire que la
machine fédérale tourne désormais à plein régime. Sur le devant
de la scène, il y a Jean Wadds et son second, Christian Hardy, qui
participent à différentes interventions publiques. Dans le rôle de
directeur artistique, on retrouve Reeves Haggan, qui est à la fois
chef d'orchestre, organisateur, coach, homme de main et meneur
de claques. Sa grande spécialité demeure toutefois l'ingurgitation
de repas somptueux et bien arrosés. Seul ou avec des collègues, il
déjeune, dîne et soupe presque chaque jour avec une multitude
d'intervenants, dans les plus grands restaurants, où il s'offre les
meilleurs crus. L'équipe fédérale rencontre ainsi dix à vingt personnes par jour en moyenne, un rythme qui impressionne particulièrement le délégué général albertain, à tel point qu'il lance
un avertissement à Edmonton. D'ici le mois de mai, les fédéraux
auront rencontré au moins une fois chacun des quelque 600 députés que compte alors la Chambre des communes[22].

S'ils ne sont pas les seuls à être invités au restaurant, les députés restent les principaux bénéficiaires des agapes de Reeves Haggan et de ses collègues, surtout s'ils ont été identifiés comme
faisant partie des indécis. C'est ce dont s'aperçoit un groupe de
députés du petit Parti social-démocrate. Ils sont fermement derrière Ottawa et, par conséquent, n'ont pas été invités à manger.
L'un d'eux entre donc en contact avec Reeves Haggan. Écoutez,
lui dit-il, il y a des choses que certains ne saisissent pas au sein de
notre groupe parlementaire. Des éclaircissements seraient nécessaires. Lisant très bien entre les lignes, le Canadien invite les inté-
ressés. Après plusieurs bonnes bouteilles et quelques milliers de
dollars de fonds publics dépensés, ils ont enfin compris : ils seront
fermement derrière Ottawa.

----

22. Note de James McKibben au ministre Dick Johnston datée du
31 mars 1981. Document obtenu du Foreign Office à la suite d'une
demande d'accès à l'information.

S'il apprécie l'ambiance feutrée des salons et des grands restaurants, Haggan, cet homme au physique impressionnant, ne rechigne pas non plus à tordre des bras et à cogner du poing sur la table. Lorsque la banque Wood Gundy invite Sterling Lyon à un dîner-conférence au cours de son séjour à Londres, Haggan les avertit : mêlez-vous de vos affaires et cessez d'inviter les provinces à vos activités[23]. Les organisations qui permettent aux politiciens provinciaux d'exercer leur liberté d'expression, en s'exprimant contre une charte censée protéger ce genre d'exercice, ont droit aux mêmes menaces, que ce soit le Commonwealth Parliamentary Association, le Canadian Club ou le Maple Leaf Club.

Les fédéraux attaquent tous azimuts, bien secondés par certains acteurs clés, comme le secrétaire général du Commonwealth, qui en rajoute régulièrement auprès du gouvernement britannique. À tel point que Lord Carrington a mis Ramphal sur sa liste noire, refusant désormais de lui parler. Jamais découragé, le secrétaire général lui envoie donc une lettre, dans laquelle il présente une série de conseils non sollicités : pourquoi se gêner quand on est certain de détenir la solution ? Selon le chef du Commonwealth, celle-ci consiste en un amendement voté par Westminster qui donnerait le pouvoir de modification constitutionnelle au Parlement fédéral. L'opération aurait l'avantage d'éviter de faire en Grande-Bretagne le débat sur la Charte, laquelle pourrait ensuite être adoptée par les députés et sénateurs fédéraux. Le fait que même Pierre Trudeau n'ait jamais songé à accaparer autant de pouvoir pour Ottawa ne gêne pas du tout le secrétaire général. Comme il l'explique à Carrington, « à condition que cela soit fait à la demande du Parlement canadien [...] cela représenterait un rapatriement complet et parfait[24] ». Il suffisait d'y penser !

---

23. *Ibid.*
24. Note de Sonny Ramphal à Lord Carrington datée du 8 février 1981. Document obtenu du Foreign Office à la suite d'une demande d'accès à l'information.

Ramphal brûle tellement d'envie de s'illustrer dans cette affaire qu'en février 1981 il a suggéré au sous-ministre Allan Gotlieb que Trudeau écrive aux chefs de gouvernement du Commonwealth. Comme le note Wadds dans un télégramme pour Ottawa, « les Britanniques seraient très irrités, soit dit en passant », précisant par ailleurs qu'un malaise commençait à se développer parmi les représentants des nations du Commonwealth à Londres devant la perspective d'un affrontement entre Britanniques et Canadiens[25].

Ces réserves n'empêchent pas Ramphal de s'inviter au Canada quelques semaines plus tard, histoire de parler de la Constitution une nouvelle fois. Même les fédéraux commencent à trouver cet allié un peu gênant. Comme l'écrit Mark MacGuigan à Trudeau, « M. Ramphal a mentionné que la raison première de sa présence à Ottawa maintenant est de discuter de la Constitution avec vous. Tant les parlementaires que le gouvernement britanniques seraient certainement très sensibles à toute indication publique en ce sens. Quant à nous, nous ne croyons pas qu'il est nécessaire que M. Ramphal vienne à Ottawa pour discuter de la Constitution[26] ».

Heureusement, les diplomates canadiens ont plus d'un tour dans leur sac pour les hauts fonctionnaires internationaux en manque d'activité. Les Affaires extérieures lui ont ainsi concocté un programme entièrement axé sur les questions Nord-Sud. Ramphal sera tellement occupé à rencontrer ceux-ci et ceux-là, à visiter tel et tel endroit qu'il lui restera à peine assez de souffle pour prononcer le mot « constitution ». La seule faille du plan : une rencontre de trente minutes avec Trudeau. Ce sera l'occasion

---

25. Note de Jean Wadds envoyée à Ottawa, datée du 20 mars 1981. Archives du ministère des Affaires étrangères du Canada, RG 25-A-3-C 25-6, 20-CDA-16-1-4, vol. 11078, partie 21.

26. Note de Mark MacGuigan à Pierre Elliott Trudeau, non datée. Archives du ministère des Affaires étrangères du Canada, RG 25-A-3-C 25-6, 20-CDA-16-1-4, vol. 11078, partie 19.

ou jamais pour Ramphal d'aborder le sujet. Les deux hommes en avaient déjà parlé lors d'une rencontre en octobre 1980, à New York, situation qui n'avait pas tourné à l'avantage des fédéraux, comme l'explique MacGuigan à Trudeau : « Le Foreign Office est au courant de cette conversation et nous devons présumer qu'il en a été informé directement ou indirectement par M. Ramphal. [...] Le gouvernement britannique va considérer très peu favorablement toute tentative d'exercer des pressions sur lui maintenant, pendant que nous coopérons [...] Il ne serait d'aucune utilité d'offrir un créneau à Ramphal dans notre réflexion à l'heure actuelle[27]. »

Trudeau restera donc sur son quant-à-soi lors de l'entretien du 31 mars. Aussi motivé qu'à l'habitude, Ramphal commence par énoncer quelques évidences. D'abord, dit-il, il est important de contrer la désinformation provinciale à Londres... comme si Trudeau ne le savait pas. Ensuite, Thatcher pourrait aller de l'avant en présentant la résolution fédérale à Westminster, mais blâmer ultérieurement ses députés en cas d'échec. Très intéressant ; personne à Ottawa n'y avait pensé !

Enfin, le secrétaire général enchaîne avec des choses plus intéressantes. Il a parlé du problème constitutionnel à plusieurs leaders du Commonwealth, se disant qu'il aurait été gênant pour le Canada de le faire à ce stade. Ceux-ci ne partagent pas du tout l'interprétation du comité Kershaw par rapport au Statut de Westminster. Ramphal les a avertis que cette question risquait de rebondir lors du Sommet du Commonwealth qui doit avoir lieu à Melbourne en octobre 1981.

Trudeau répond que le moment n'est pas venu de jouer la carte du Commonwealth, et c'est sur cette conclusion que les deux hommes se quittent. Mais le premier ministre fédéral, s'il s'est bien gardé de donner des détails à Ramphal, envisage sérieu-

---

27. *Ibid.*

sement d'en appeler aux chefs de gouvernement de l'ancien Empire britannique si les choses n'évoluent pas comme il le souhaite.

Comment Jean Chrétien est entré dans le folklore royal

Mais n'allons pas trop vite. Pour l'heure, il s'agit de séduire Britannia plutôt que de sonner la charge contre elle. Et l'homme qui est chargé de cette tâche est nul autre que Jean Chrétien, qui effectue une visite remarquée à Londres à la fin du mois de mars. Première station, première difficulté : le ministre de la Justice entame sa visite par une allocution devant le prestigieux Canada Club… réservé aux hommes seulement. Que faire de la haute-commissaire Jean Wadds ? Dans ce *gentlemen's club* créé en 1810, plusieurs semblent tenir aux traditions. Par contre, refuser l'entrée à la représentante du gouvernement canadien alors que l'endroit porte le nom du pays créerait un incident diplomatique. Heureusement, les dirigeants du club ont l'idée de conférer à Wadds le statut d'« homme honoraire », à l'instar de ce qu'avait fait l'Arabie Saoudite lors d'une visite de la reine dans le royaume arabe[28].

Il y a beaucoup de monde à la rencontre, dont plusieurs ministres et anciens ministres. Jean Chrétien est en grande forme[29]. Il commence par saluer les dignitaires présents, dont Denis Healey, ancien ministre travailliste des Finances que Chrétien a bien connu. Il garde même un souvenir indélébile d'un commentaire qu'Healey lui avait fait après un discours qu'il avait prononcé dans les deux langues officielles : « Denis m'a remercié en disant : je n'ai compris ni ton français ni ton anglais ! »

Découvrant le côté coloré et désopilant du petit gars de

---

28. *The Globe and Mail,* 28 mars 1981.

29. Note. Archives du ministère des Affaires étrangères du Canada, RG 25-A-3-C 25-6, 20-CDA-16-1-4, vol. 11078, partie 21.

Shawinigan, la salle en redemande. Chrétien rappelle donc ses années comme ministre des Affaires indiennes, au début de la décennie 1970, et partage une anecdote. La reine, accompagnée du prince Charles, effectuait une visite de cinq jours dans le Grand Nord, où elle devait notamment inaugurer une plaque commémorant les exploits de l'explorateur Alexander Mackenzie. Devant 3 000 personnes, le maître de cérémonie est venu voir Chrétien. Ému par la présence royale, il était trop gêné pour chanter le *Ô Canada*. Que faire ? « À l'appel du devoir, je me suis levé, me suis approché du micro. J'ai commencé à chanter en français, mais personne n'a entonné à ma suite. Mon épouse n'a jamais été aussi mal à l'aise parce que très peu d'entre nous ont déjà été solistes pour la famille royale. »

Il faut dire que les talents de chanteur du ministre ont marqué les esprits. Quelques mois plus tard, le prince Charles le reconnaît lors d'une réception officielle. « Comment pourrais-je vous oublier ? lui lance-t-il. Votre interprétation du *Ô Canada* dans le Grand Nord l'été dernier fait maintenant partie du folklore royal[30]. »

À l'époque, les circonstances font en sorte que Chrétien rencontre la reine cinq fois en deux ans, notamment lors d'un séjour à Londres, au cours duquel on lui demande à la dernière minute d'accompagner des vétérans de la Première Guerre au palais de Buckingham. « Encore vous ! » s'exclame la souveraine en le voyant entrer. « Votre Majesté, je suis le seul royaliste du Québec ! »

L'auditoire se tord de rire. Maintenant que l'assemblée est séduite, le moment est venu de passer aux choses sérieuses et de livrer le message. Durant le référendum, explique Chrétien, « j'ai dit aux Québécois que s'ils décidaient de rester dans la Confédération nous changerions le statu quo et que la Constitution enchâsserait les deux langues officielles. Nous devons créer une charte des droits qui devra garantir les droits fondamentaux

---

30. Jean Chrétien, *Dans la fosse aux lions*, p. 196.

importants pour tous les Canadiens [...] C'est ainsi que l'on pourra assurer l'éducation dans la langue maternelle aux minorités ».

Évidemment, ni lui ni Trudeau n'ont explicité ainsi leurs promesses durant la campagne référendaire, et ils n'ont certainement pas mis l'accent sur une charte avec de soi-disant « droits linguistiques ». Mais qu'importe, car personne ne va contredire le visiteur, qui, contrairement au discours qu'il tient au Canada, parle de la Charte non pas comme un outil de défense des droits fondamentaux, mais comme un instrument servant à renforcer les structures fédérales, l'unité du pays et le multiculturalisme. Le Canada « n'est pas un melting pot », explique Chrétien, chacun peut y conserver sa culture. « Nous avons une société très diversifiée du fait que plusieurs Canadiens sont originaires des îles britanniques, mais bon nombre de Français arrivèrent avant [...] Plusieurs proviennent de Russie, de Hongrie, d'Allemagne, etc. »

L'orateur termine son discours en rejetant du revers de la main l'idée que la requête fédérale puisse mettre le gouvernement britannique dans l'embarras. Pourtant, c'est précisément de la situation parlementaire embarrassante que veulent lui parler les ministres Nicholas Ridley et Ian Gilmour, que Chrétien rencontre le 26 mars.

Le ministre canadien commence en affirmant que le gouvernement fédéral ne cherche pas à accroître ses pouvoirs, contrairement à ce qu'on dit. Il y a beaucoup d'incompréhension à cet égard[31]. Le problème tient à la « liste de demandes toujours croissante, qui est devenue la marque de commerce des provinces dans leur marchandage. Cette liste est devenue inacceptable et le

---

31. La reconstitution de cet entretien est basée sur le compte rendu britannique rédigé par Martin Berthoud, daté du 31 mars 1981 (document obtenu du Foreign Office à la suite d'une demande d'accès à l'information), et sur le compte rendu canadien (archives du ministère des Affaires étrangères du Canada, RG 25-A-3-C 25-6, 20-CDA-16-1-4, vol. 11078, partie 21).

gouvernement fédéral a révélé le bluff ». Soit, rétorque Ridley. Mais le problème en Grande-Bretagne n'est pas lié aux mérites ou aux défauts du projet fédéral. Il tient au fait que « les provinces ont persuadé certaines personnes que Westminster a un rôle de gardien ou de tuteur à jouer et [qu']elles veulent qu'on demande pourquoi le gouvernement du Canada va de l'avant en dépit de toute cette opposition ». De plus, les parlementaires ne comprennent pas qu'Ottawa ne puisse se contenter d'un simple rapatriement sans charte. « Les députés n'aiment pas croire que le premier ministre Trudeau cherche à les embobiner. »

Ce commentaire pique Chrétien au vif. Il réplique en soulignant l'importance qu'accorde son gouvernement à cette affaire, ajoutant que si on le questionne sur le rôle de Westminster, il répondra très franchement que « la décision d'aller de l'avant qu'a prise le gouvernement fédéral ne vous regarde pas ». Comme le note Martin Berthoud après la rencontre, « Chrétien a eu de la difficulté à oublier ses manières légèrement démagogiques, qui sont peut-être appropriées dans l'enceinte du Parlement canadien mais qui ne sont pas forcément accueillies avec grand plaisir par nos ministres ».

Ceux-ci tentent d'ailleurs de calmer le jeu. Personne ne conteste le point de vue du visiteur : il prêche auprès de convertis qui ne demandent pas mieux que de se débarrasser de cette satanée constitution canadienne. Il s'agit plutôt de la façon de le dire, explique Ian Gilmour. Autre problème : « Si le gouvernement britannique peut soumettre publiquement la question au Parlement, il ne peut pas mener une campagne visant les députés d'arrière-ban. »

Fort de ces éclaircissements, Chrétien rencontre ensuite Francis Pym[32]. À ce stade, le gouvernement fédéral espère pouvoir proclamer la nouvelle loi constitutionnelle le 1er juillet. L'envoyé fédéral insiste donc sur ce point en expliquant qu'il est cru-

---

32. *Ibid.*

cial que la résolution canadienne, qui arrivera au Royaume-Uni dans une douzaine de jours, soit introduite à la Chambre des communes avant Pâques. « Cela éviterait toutes sortes de conjectures », dit-il. Le visiteur explique aussi que son gouvernement voudrait que la deuxième lecture du projet constitutionnel soit complètement escamotée. Après tout, dit-il, Thatcher a promis qu'elle traiterait l'affaire « le plus rapidement possible ».

« Le temps et la préparation représentent la manière la plus diplomatique de traiter cette requête », répond Pym. Si on essaie de « faire adopter la requête à toute vitesse par Westminster, je peux vous assurer qu'elle ne passera pas ». Le gouvernement, dit-il, « n'est pas en position de mener une campagne visant à dissuader les députés de prendre en compte l'ampleur de l'opposition provinciale ou de se considérer eux-mêmes comme les garants de la structure fédérale canadienne. »

Le juge en chef saute dans la mêlée

Le Britannique s'intéresse beaucoup, par ailleurs, à la question d'une possible intervention de la Cour suprême dans ce dossier. Sûr de lui, il annonce à Chrétien que le tribunal suprême entendra la demande d'appel du Manitoba le 28 avril, alors même qu'aucune annonce en ce sens n'a été faite. Comment expliquer cette certitude ?

La veille, le Foreign Office a reçu un message de John Ford : « Nous avons appris confidentiellement que la Cour suprême a décidé aujourd'hui qu'elle va entendre l'appel manitobain le 28 avril, soit beaucoup plus tôt que ne le prévoyait le gouvernement fédéral. Le juge en chef a donné l'impression (à une source du gouvernement fédéral, s.v.p. ne pas divulguer) qu'il espérait transmettre l'avis de la cour avant la fin du processus parlementaire au Royaume-Uni[33]. »

---

33.   Note de John Ford adressée au Foreign Office, datée du 26 mars 1981.

Cette information est immédiatement communiquée au procureur général de Grande-Bretagne, Michael Havers. Ce dernier confirme ce que tout le monde redoute, à savoir que cette situation « fait en sorte qu'il sera très difficile, voire impossible, que le Parlement britannique se prononce sur la requête canadienne avant que le jugement prévu de la Cour suprême du Canada ne soit rendu public ». Ceux qui souhaitent attendre que les juges se prononcent auront désormais des « arguments très solides à leur disposition[34] ».

Toute cette situation part de Bora Laskin, que Trudeau a nommé juge à la Cour suprême, puis juge en chef. Laskin, grand partisan de la charte, est manifestement en contact direct avec le pouvoir exécutif : il parle à quelqu'un de haut placé au sein du gouvernement fédéral, lequel fait suivre le message au gouvernement britannique. Pourquoi ? Parce que, visiblement informé des difficultés du gouvernement anglais avec la question du *sub judice*, il tente d'accélérer le processus juridique.

En même temps, le juge en chef informe les fédéraux qu'ils n'ont pas à craindre que l'affaire s'enlise devant le plus haut tribunal. Laskin a pris sur lui de les informer de ce qui va se passer ; ils savent qu'ils peuvent compter sur l'aide du magistrat le plus influent. En quelque sorte, le message de Laskin consiste à dire : faites-moi confiance, la Cour suprême va livrer la marchandise. Attention : nous ne parlons plus ici de rendre justice, mais de se livrer à une manœuvre politique. Il est important de souligner que ce dialogue au sommet de l'État viole un principe démocratique sacré : la séparation des pouvoirs. Le pouvoir judiciaire doit agir indépendamment du pouvoir exécutif, et non pas en tandem avec lui. Les agissements de Laskin et du gouvernement fédéral,

---

Document obtenu du Foreign Office à la suite d'une demande d'accès à l'information.

34. Ce commentaire est écrit sur la note de John Ford datée du 26 mars 1981.

de même que la complicité de Londres, sont une violation très claire du régime constitutionnel. Nous y reviendrons.

Mais Francis Pym ne se formalise pas des gestes du juge en chef ; l'important est de ne pas s'enliser davantage. Fort de ces informations, il met Chrétien en garde par rapport à la question du *sub judice,* mais ce dernier balaie ses objections du revers de la main. « Vous devriez considérer ça comme un défi », lance-t-il, jovial. « Je m'y applique », réplique un Pym quelque peu perplexe devant ce commentaire. « Tout ça pourrait bien nous prendre plus de temps que vous ne le prévoyez ou ne le voulez », ajoute-t-il, précisant que le gouvernement britannique devra aussi présenter sa réponse au rapport Kershaw et qu'un débat en chambre est à prévoir. Après ces étapes, dit-il, « nous irons de l'avant ».

La rencontre se termine sur un avertissement. Visant à l'évidence Pierre Trudeau, Pym déclare que « les Britanniques ne devraient pas être critiqués au Canada », expliquant qu'à part Ford les Anglais s'étaient bien gardés de faire des commentaires à voix haute sur la façon de faire des fédéraux. « Si certains en sont froissés, la question en sera d'autant plus difficile à résoudre. »

Malgré les différences de perspectives, tout le monde repart satisfait. Que ce soit avec Gilmour et Ridley ou avec Pym, les entretiens ont été relativement constructifs et cordiaux. Les fédéraux s'attendaient à pire. Mais le débat se poursuit au sein du gouvernement britannique. À la fin mars, les principaux ministres concernés par la Constitution canadienne tiennent une réunion importante sur le sujet. On y retrouve notamment Havers, Gilmour, Ridley et, bien sûr, Pym. Le groupe en arrive à la conclusion suivante :

> Il a été convenu de recommander au cabinet que le gouvernement attende la décision de la Cour suprême concernant la cause manitobaine avant d'agir à la suite de toute requête canadienne. Le gouvernement canadien avait été informé, lorsque ses émissaires ont rencontré la première ministre en octobre 1980, que la

situation parlementaire serait très difficile si une cause se trouvait encore entre les mains de la Cour suprême au moment de la réception de toute requête, et il ne pourrait pas prétendre en toute équité que l'engagement de la première ministre à faciliter l'examen par Westminster des propositions du gouvernement fédéral était inconditionnel, bien qu'il ait choisi depuis lors d'annoncer publiquement les promesses qu'il avait reçues en ce sens[35].

Le gouvernement Thatcher se prépare donc à suspendre la procédure parlementaire en raison du principe du *sub judice,* quitte à mettre Trudeau de mauvais poil. Depuis le début, Ottawa affirme que la Cour suprême n'a pas à trancher une question politique. Par conséquent, les fédéraux ont refusé jusque-là de faire valider leur démarche auprès du plus haut tribunal. Mais voilà que, le 31 mars, la Cour d'appel de Terre-Neuve décrète qu'Ottawa agit anticonstitutionnellement. Les provinces, tranche la cour, sont des communautés autonomes, et le gouvernement fédéral met en péril le fédéralisme canadien en procédant de manière unilatérale[36]. Même si, quelques semaines plus tard, la Cour d'appel du Québec, à l'instar de celle du Manitoba, donnera raison à Ottawa, la défaite à Terre-Neuve change la donne en suscitant un doute profond sur la légalité du rapatriement unilatéral.

Le gouvernement fédéral sent qu'il n'a plus le choix et change son fusil d'épaule. Il décide de soumettre toute l'affaire à la Cour suprême et de suspendre le débat au Parlement. Comme l'expliquera Mark MacGuigan à Lord Carrington, deux choses ont motivé la décision des fédéraux : d'abord, leur approche parais-

---

35. Compte rendu d'entretien obtenu du Foreign Office à la suite d'une demande d'accès à l'information.

36. Robert Sheppard et Michael Valpy, *The National Deal: The Fight for a Canadian Constitution,* Toronto, MacMillan, 1982, p. 232.

sait illégitime à la suite de la décision de la Cour d'appel de Terre-Neuve ; ensuite, Ottawa s'est rendu aux arguments du gouvernement britannique[37].

Le résultat de cette décision est immédiatement palpable dans la capitale britannique, comme en témoignent les discussions qui ont lieu au cabinet au début d'avril. Nicholas Ridley explique : « La décision de M. Trudeau de suspendre l'envoi de la résolution à Londres jusqu'à ce que la Cour suprême se soit prononcée avait beaucoup apaisé l'opposition au Parlement. » Thatcher envisage aussi la suite plus sereinement. Tout comme Ridley, elle pense que la résolution constitutionnelle pourrait être introduite en chambre à la fin du mois de juillet, après le jugement de la Cour suprême. Le milieu de l'été correspondant à la fin de la session parlementaire à Westminster, tout le monde sera pressé de partir en vacances. Thatcher et Ridley pensent que le gouvernement maximisera alors ses chances de se défaire de ce damné boulet constitutionnel[38]. L'impression qui domine maintenant au sein du gouvernement, c'est que la Cour suprême donnera raison à Ottawa, comme l'ont fait deux des trois cours provinciales qui ont examiné l'affaire. Les fédéraux projettent par ailleurs une image de confiance qui renforce ce sentiment. Trudeau y va même d'une déclaration apaisante : « Si nous perdons devant les tribunaux et en Grande-Bretagne, eh bien, je ne prétendrai pas avoir été empoisonné. Je dirai seulement que j'ai fait une erreur de jugement politique, ou une erreur de jugement juridique, puis nous allons tenter de résoudre les problèmes comme auparavant[39]. »

---

37. Compte rendu d'entretien entre Mark MacGuigan et Lord Carrington, daté du 5 mai 1981. Archives du ministère des Affaires étrangères du Canada, RG 25-A-3-C 25-6, 20-CDA-16-1-4, vol. 11078, partie 24.

38. Note de Vivien Hughes, datée du 9 avril 1981. Document obtenu du Foreign Office à la suite d'une demande d'accès à l'information.

39. Note de John Ford adressée au Foreign Office, datée du 27 avril 1981.

Le premier ministre fédéral a de bonnes raisons d'afficher une telle sérénité. Tout au long d'avril, son gouvernement reçoit des nouvelles encourageantes de Londres, enfin. C'est particulièrement le cas du 16 avril, quand Nicholas Ridley invite Christian Hardy à manger chez lui, histoire de parler de la Constitution[40]. Le ministre britannique est optimiste. Depuis quelques semaines, le gouvernement fait le décompte des parlementaires des deux côtés de la chambre. Malgré le rapport Kershaw, les déclarations fracassantes de Trudeau, le front commun de huit provinces et le lobby des Loiselle, McKibben et compagnie, le gouvernement fédéral dispose d'une courte majorité au sein de la députation, du moins parmi les élus qui ont manifesté un intérêt pour la Constitution. Ridley est formel : la tendance est redevenue favorable à Ottawa. La partie n'est pas gagnée, mais le pire semble être passé.

Document obtenu du Foreign Office à la suite d'une demande d'accès à l'information.

40. La reconstitution de cet entretien est basée sur le compte rendu britannique daté du 16 avril 1981 (document obtenu du Foreign Office à la suite d'une demande d'accès à l'information) et sur le compte rendu canadien (archives du ministère des Affaires étrangères du Canada, RG 25-A-3-C 25-6, 20-CDA-16-1-4, vol. 11079, partie 29).

CHAPITRE 13

Le Québec et ses alliés

Si le printemps marque une remontée des fédéraux à Londres, il amène aussi la résurrection de René Lévesque. L'affaire surprend les observateurs, mais pas le principal intéressé. Lors d'une rencontre avec le corps consulaire l'hiver précédent, le doyen des consuls avait demandé au chef péquiste d'évaluer ses chances de gagner l'élection. Le premier ministre venait justement d'avoir une réunion avec son sondeur, Michel Lepage, et celui-ci était formel : le PQ allait gagner avec 50 % des suffrages et quelque 80 circonscriptions.

Devant les diplomates qui le questionnaient, Lévesque avait abondé dans le même sens que Lepage : « Je crois que nous pourrions compter sur le même nombre de sièges que la dernière fois, au moins soixante-douze[1]. » Cette prédiction avait laissé ses interlocuteurs perplexes, ainsi que deux journalistes cachés dans un placard pour espionner la rencontre. En entendant Lévesque, ils avaient surgi de leur cachette en pouffant de rire à l'idée d'aller répandre la nouvelle. Si bien qu'en sortant de la salle Lévesque avait fait face à une cohorte de journalistes hilares qui l'attendaient « en se tenant les côtes ». Furieux, Lévesque ne s'est pas laissé démonter par cet épisode. Il a répété aux médias et à ses

---

1. René Lévesque, *Attendez que je me rappelle...*, Montréal, Québec Amérique, 1986, p. 425.

propres troupes que le PQ n'était pas fini, histoire de contrer le défaitisme de ses militants[2].

Fort d'un budget à saveur électorale au printemps et, comme il le dira, de « notre chance suprême » d'affronter un Claude Ryan possédé par « un *power trip* d'une intensité déconcertante », le premier ministre déclenche des élections[3]. Des sept campagnes électorales que mènera Lévesque, ce sera de loin la plus facile tellement Ryan est perçu comme arrogant, faible, prétentieux et peu fiable[4]. En plus, le chef du PLQ est traité comme une quantité négligeable par Trudeau. Comme le fera remarquer Robert Bourassa, en refusant d'attendre que son allié fédéraliste soit élu au Québec pour entreprendre le rapatriement, Trudeau a donné à Ryan le coup de l'âne[5].

Tout cela fait l'affaire du Parti québécois, dont la Constitution est l'un des trois principaux thèmes de campagne – les deux autres sont l'économie et la famille. Trudeau est accusé d'avoir trahi sa promesse référendaire, de menacer la loi 101 et de détruire le système fédéral canadien[6]. Et devant cette incarnation politique de Belzébuth, la question qui se pose est la suivante : « qui sera le plus fort face au gouvernement d'Ottawa[7] », lui ou Ryan ? Comme on peut le lire dans le programme du PQ, « poser la question, c'est y répondre[8] ».

La réponse tombe le 13 avril. Avec 49,3 % des suffrages, le PQ obtient son plus grand succès électoral, jamais égalé depuis. Les

---

2.   *Ibid.,* p. 58.

3.   *Ibid.,* p. 428.

4.   Pierre Godin, *René Lévesque. L'homme brisé,* Montréal, Boréal, 2005, p. 112.

5.   *Ibid.,* p. 119.

6.   Robert Sheppard et Michael Valpy, *The National Deal: The Fight for a Canadian Constitution,* Toronto, MacMillan, 1982, p. 191.

7.   Pierre Godin, *René Lévesque. L'homme brisé,* p. 119.

8.   *Ibid.,* p. 431.

libéraux terminent avec 46,1 %. L'électorat n'a jamais été aussi polarisé entre les deux grands partis. Le PLQ ne conserve que 77 % du soutien obtenu par les fédéralistes le soir du 20 mai 1980.

Les résultats respectifs des partis sont importants, car ils mènent à une légende, propagée par Trudeau : ce dernier affirme, sondages à l'appui, qu'une majorité de Québécois appuie sa réforme constitutionnelle, argument qu'il répétera jusqu'à sa mort. Cette affirmation est démentie par l'élection de 1981, dont le rapatriement est l'un des enjeux les plus importants. La victoire du PQ traduit une opposition réelle au projet tru-deauiste, une partie importante des partisans du non ayant en outre voté pour Lévesque. Quant aux 46 % d'appuis au PLQ, ils ne représentent pas un soutien inconditionnel pour Trudeau, puisque Ryan s'oppose lui aussi au premier ministre fédéral, bien qu'il le fasse discrètement. Enfin, Roch La Salle, le nouveau chef de l'Union nationale, qui recueille 4 % des suffrages, est aussi très critique d'Ottawa. La donnée la plus forte et la plus concrète sur l'appui des Québécois au rapatriement est celle de cette élection printanière. Et elle indique clairement un désaveu du premier ministre fédéral.

Voilà la raison pour laquelle Trudeau minimise la portée de ce vote. Comme il l'écrit alors à Lévesque, « les résultats de cette élection n'étonneront vraiment que ceux qui ignorent la pru-dence légendaire des Québécois, qui ont toujours refusé de mettre tous leurs œufs dans le même panier[9] ». S'il veut dire par là que les Québécois préfèrent voter rouge à Ottawa et bleu à Québec, il est bien placé pour savoir que cette théorie ne tient pas la route. À l'époque de Pearson, pendant laquelle Trudeau est devenu député puis ministre, les rouges ont « cohabité » à

9.   Cité dans Martine Tremblay, *Derrière les portes closes. René Lévesque et l'exercice du pouvoir (1976-1985)*, Montréal, Québec Amérique, 2006, 710 p.

Québec et à Ottawa pendant trois ans : les Québécois ont fait confiance majoritairement aux libéraux tant au provincial qu'au fédéral. De plus, de 1970 à 1976, le vis-à-vis québécois du premier ministre canadien était aussi rouge que lui : c'était Robert Bourassa. Mais grâce à cette mémoire sélective, Trudeau évite les remises en question désagréables concernant ses appuis réels dans sa province d'origine.

Pendant ce temps, les huit provinces rebelles poursuivent leur combat. Elles font face depuis plusieurs mois à un argument de taille : celui de ne pas offrir de solution de rechange au projet Trudeau. À la fin de l'année 1980, le premier ministre de la Colombie-Britannique, Bill Bennett, conçoit l'idée que les anti-Trudeau devraient mettre de l'avant leurs propres propositions[10].

Ce processus s'avère des plus difficile, notamment en raison de l'arrivée de la Nouvelle-Écosse et de la Saskatchewan dans le groupe. Ces dernières ne demandent qu'à revenir à la table des négociations, influençant les autres provinces en ce sens, notamment la Colombie-Britannique. À cela s'ajoute le choc des personnalités et des visions entre les huit premiers ministres et leurs ministres des Affaires constitutionnelles. Tous ces écueils font en sorte qu'il n'est pas facile d'arriver à une position commune.

L'exercice est d'autant plus compliqué qu'au début mars Claude Morin quitte les négociations pour participer à la campagne électorale. Le Québec est donc représenté par le sous-ministre Robert Normand. Le 27 mars, ce dernier assiste à une réunion importante à Winnipeg avec plusieurs ministres et fonctionnaires de la Bande des Huit. Le groupe y discute d'un scénario de rapatriement qui mettrait de côté la Charte des droits, une exigence venue du Québec, en échange de laquelle celui-ci laisserait tomber sa demande d'un meilleur partage des pouvoirs avant que la Constitution soit rapatriée. On se bornera donc à inclure une formule d'amendement dans la loi suprême. Pour ce

---

10. Robert Sheppard et Michael Valpy, *The National Deal*, p. 190.

faire, on s'inspirera d'une proposition faite initialement par l'Alberta en janvier 1979, la « formule de Vancouver[11] ». Cette approche repose sur le principe que toutes les provinces sont égales. Il n'y aurait donc pas de statut particulier ou de droit de veto pour le Québec, l'Ontario ou toute autre province. Les changements constitutionnels se feraient grâce à l'accord du Parlement fédéral et de sept provinces formant 50 % de la population. Dans l'hypothèse où un tel changement empiéterait sur ses compétences, une province pourrait exercer un droit de retrait.

Fort bien, dit Robert Normand. Il importe toutefois qu'une compensation financière soit versée à la province qui se retirerait d'un amendement. L'idée fait grincer des dents les autres premiers ministres, en particulier Allan Blakeney, de la Saskatchewan. Ce dernier pense qu'une telle disposition donnera aux provinces riches une forme de veto. Si elles retirent leurs billes de certains amendements et demandent une compensation financière, ces amendements deviendront impossibles à réaliser en raison du manque à gagner qu'entraînerait le retrait des provinces mieux nanties[12]. Cette option risque aussi de déplaire considérablement à Trudeau, qui ne manquera pas d'y voir une forme de séparatisme à la pièce. Secondé par Buchanan et Bennett, Blakeney fait donc obstacle. Mais il trouve objection chez Peckford, Lougheed et Lyon, qui veulent absolument une entente et qui pèsent plus lourd au sein de l'alliance. Après de longues discussions, un compromis est trouvé. Le droit de retrait ne pourra s'exercer qu'avec l'accord des deux tiers de l'Assemblée législative de la province concernée, rendant ainsi le retrait plus difficile.

11. James Ross Hurley, *Amending Canada's Constitution: History, Processes, Problems and Prospects,* Ottawa, ministère des Approvisionnements et des Services, 1996, p. 50.

12. Robert Sheppard et Michael Valpy, *The National Deal,* p. 193.

L'entente est entérinée par les huit premiers ministres lors de deux conférences téléphoniques, dont la deuxième a lieu trois jours avant l'élection québécoise. Lévesque a dû s'extirper de la campagne électorale pendant quelques heures. Mais il n'a pas le choix. La signature publique de l'accord doit avoir lieu le 16 avril, soit trois jours après l'élection. Dans ses mémoires, rédigées quatre ans après les faits, il affirme avoir formellement averti ses collègues : « En toute franchise nous aurons quelques objections assez importantes à faire valoir[13]. »

Ce souvenir est toutefois contesté par Peter Lougheed. Selon ce dernier, Lévesque a certes fait savoir qu'il n'aimait pas que le retrait avec compensation ne puisse s'exercer qu'avec une majorité des deux tiers, mais il n'en a pas fait un plat. Comme son allié albertain le lui rappellera, « jamais durant cet appel vous n'avez laissé entendre que vous aviez d'importantes réserves au sujet de la formule d'amendement[14] ». Ces propos sont tirés d'une lettre envoyée à Lévesque quelques semaines seulement après que le rapatriement s'est terminé ; ils constituent donc une version plus crédible de l'histoire[15]. De plus, les dires de Lougheed sont corroborés par Bill Bennett, de la Colombie-Britannique[16].

---

13. *Ibid.*

14. Institute of Intergovernmental Relations, *Constitutional Patriation: The Lougheed-Lévesque Correspondance,* Kingston, Queen's University, 1999, p. 19.

15. Dans sa réponse à la lettre de Lougheed, Lévesque ne conteste pas la version de son homologue, admettant qu'il était d'accord « *in principle* » avec son récit des événements, « *though certain nuances could be drawn* » (*ibid.,* p. 29).

16. Robert Sheppard et Michael Valpy, *The National Deal,* p. 192.

Mythe nº 1 : le Québec a été trahi par ses alliés

Cette précision concernant l'objection de Lévesque est importante, car l'affaire va évidemment ressortir lors de la réunion
de la Bande des Huit du 15 avril, la veille de la séance publique de
signature. Les chefs des provinces rebelles se rencontrent alors
dans la suite de Sterling Lyon au Château Laurier, à Ottawa ; Lyon
attend d'ailleurs les convives avec une valise pleine de boissons
alcoolisées faites dans sa province. Mais l'alcool n'est pas suffisant
pour aplanir les difficultés. C'est un René Lévesque combatif et
fort de sa réélection qui débarque dans la capitale, où il discutera
« d'arrache-pied » avec ses collègues de la question d'un vote aux
deux tiers de l'Assemblée législative. « J'étais prêt à y passer la nuit
entière, écrit-il. Heureusement, les sept avaient eu l'imprudence
de convoquer une conférence de presse en matinée en vue d'annoncer l'accord[17]. » De fait, la discussion se prolonge jusqu'à
deux heures du matin. Lévesque invoque le fait que sa province
consent à ne plus avoir de droit de veto et que le Québec accepte
ainsi une certaine égalité des provinces. Les autres trouvent qu'il
exagère, mais finissent par abandonner en voyant qu'il n'en
démord pas. Cette séance de négociation nocturne, orageuse et
de dernière minute n'échappe évidemment pas à l'attention des
journalistes, qui accourent à la conférence de presse du lendemain. Comme l'écrivent Robert Sheppard et Michael Valpy, qui
assistent à l'événement, l'encre de l'entente n'est même pas sèche
que « les tensions entre les Huit [sont] déjà apparentes[18] ».

Mais quelle est la portée de cette entente que les sept provinces anglophones, selon le mythe que répandra le Québec,
auraient trahie ? La signature de l'accord signifie-t-elle que la
position de la Bande des Huit est désormais irrévocable ? Selon
Lougheed, il est établi clairement que le document ne lie pas les
signataires à une position constitutionnelle immuable. C'est ce

---

17. René Lévesque, *Attendez que je me rappelle...*, p. 438-439.
18. Robert Sheppard et Michael Valpy, *The National Deal*, p. 194.

qu'explique aussi Allan Blakeney, de même que d'autres premiers ministres. L'entente ne vise qu'à forcer Trudeau à revenir à de meilleurs sentiments et à négocier de nouveau. Comme l'Albertain l'écrira au Québécois, « personne n'a exprimé d'objection envers cette position[19] ». Cette version est cependant contestée par Lévesque et ceux qui l'accompagnaient à l'époque : ces derniers affirment que l'accord était en quelque sorte coulé dans le béton et que les provinces anglophones ont par la suite trahi leur engagement.

Parler ici de trahison est toutefois exagéré. Il faut comprendre que la Bande des Huit est une alliance contre nature au sein de laquelle, suivant Roy Romanow, « l'opposition à Ottawa était le facteur d'unification qui maintenait ensemble ce groupe fragile et méfiant[20] ». Ce mariage forcé accouchera d'un malentendu. Comme l'explique Louis Bernard, alors secrétaire du conseil exécutif du Québec, « il était entendu entre les huit que la formule qui avait fait l'objet d'un accord signé constituait un tout et qu'elle ne devait pas faire l'objet d'une négociation à la pièce. En ce sens c'était à prendre ou à laisser. Mais il était également entendu que cette formule devait être discutée avec Ottawa[21] ».

Le Québec et les sept provinces anglophones donnent donc un sens différent à ce qui vient de se passer. Le premier y voit un tout qui peut être échangé pour un autre accord, global et unanime – mais pas davantage. Pour les seconds, il s'agit d'une position tactique intéressante pour forcer Trudeau à abandonner son rapatriement unilatéral. Cet objectif doit aussi laisser la porte ouverte à un accord sous une forme ou une autre, qui ne serait

---

19. Institute of Intergovernmental Relations, *Constitutional Patriation*, p. 20.

20. Roy Romanow, John Whyte et Howard Leeson, *Canada… Notwithstanding: The Making of the Constitution, 1976-1982*, Agincourt, Carswell/Methuen, 1984, p. 132.

21. Correspondance avec Louis Bernard, 6 décembre 2011.

pas nécessairement unanime, selon certains premiers ministres. Comme le dira Lougheed à Lévesque, « même en faisant un gros effort d'imagination, on ne peut pas dire qu'une province a été placée dans une situation où, si M. Trudeau changeait d'idée et acceptait la position d'une province spécifique quant à ses objectifs constitutionnels, la province en question ne pourrait toujours pas accepter les propositions nouvelles et différentes de M. Trudeau ou ne pourrait le faire qu'avec l'accord et le consentement des sept autres provinces du Groupe des Huit[22] ».

Les membres du gouvernement québécois ne sont pas ignorants de ces divergences d'interprétation, ce qui tend à infirmer la thèse de la trahison. Dans les mois qui suivent la signature de l'entente, l'idée que celle-ci a une portée limitée est répétée quelques fois, notamment par Roy Romanow[23]. La question qui se pose dès lors est la suivante : pourquoi les Québécois tiennent-ils tant à cette entente avec les sept provinces anglophones ? Tout simplement parce qu'il s'agit de la seule et unique façon de bloquer Trudeau. Comme le rappelle Claude Morin, « nous étions convaincus que le projet fédéral serait rejeté par Londres tant et aussi longtemps qu'Ottawa n'aurait que deux provinces pour l'appuyer, l'Ontario et le Nouveau-Brunswick[24] ». En faisant bande à part, le gouvernement québécois se serait discrédité en Grande-Bretagne et aurait donné prise aux accusations des fédéraux, qui prétendent que les péquistes sont de mauvaise foi. La stratégie québécoise consiste donc à insister sur l'idée que l'entente est à prendre ou à laisser, tout en tentant de maintenir ensemble la Bande des Huit, même si ces deux objectifs vont devenir de plus en plus difficiles à concilier.

---

22. Institute of Intergovernmental Relations, *Constitutional Patriation*, p. 20.

23. Claude Morin, *Lendemains piégés. Du référendum à la nuit des longs couteaux*, Montréal, Boréal, 1988, p. 366.

24. Correspondance avec Claude Morin, 11 décembre 2011.

Ce raisonnement vaut aussi pour les sept provinces anglophones, pour qui il n'y a pas d'autre solution en dehors de l'alliance avec le Québec. Avec 25 % de la population du pays, cette province est de loin la plus peuplée parmi les rebelles et demeure le foyer d'une des communautés nationales du Canada. Sa bureaucratie contribue fortement à alimenter l'argumentaire anti-Trudeau. À Londres, les Québécois mènent la bataille avec brio ; seuls les Albertains y contribuent à un niveau comparable. Bien sûr, personne n'oublie que René Lévesque est un souverainiste et que, à ce titre, le projet trudeauiste de judiciarisation du Canada, de bilinguisation et de multiculturalisation du Québec lui est particulièrement inacceptable. Mais comme le notent Robert Sheppard et Michael Valpy, « les autres se sont aussi servis de lui, et ce n'était pas vraiment un pacte avec le diable[25] ». Certains premiers ministres, comme Lyon, sont également convaincus que l'accord du Québec est nécessaire à une réforme constitutionnelle. L'alliance des huit provinces et les bonnes relations qu'elle permet de maintenir avec Lévesque sont vues comme un moyen pour atteindre ce but.

Mythe n° 2 : le Québec n'aurait jamais consenti au rapatriement

Ce jugement de Lyon, à savoir que l'aval du Québec est indispensable à une réforme de la Constitution, permet aussi d'écarter une deuxième contre-vérité, selon laquelle le Québec n'aurait jamais consenti au rapatriement constitutionnel. Comme l'explique Louis Bernard, « il est certain que le Québec aurait signé un rapatriement suivant la formule des Huit. Lévesque lui-même l'avait déjà signée[26] » ! En effet, comment imaginer qu'en obte-

---

25. Robert Sheppard et Michael Valpy, *The National Deal,* p. 195.
26. Correspondance avec Louis Bernard, 6 décembre 2011.

nant ce qui était dans l'entente signée avec ses collègues, le premier ministre péquiste aurait pu revenir sur son engagement, en disant que finalement le tout ne lui convenait plus ? Un tel scénario est difficile à imaginer. Lévesque recherchait de bonne foi une entente qui protégerait les pouvoirs et l'identité du Québec. « Si quelque chose de positif était sorti des négociations, explique Claude Morin, et si ce quelque chose avait conservé l'avenir ouvert, nous l'aurions accepté[27]. »

Évidemment, avec ce que Lévesque appelle en privé « la maudite charte[28] », rien de positif n'est possible. Tout son être et toutes ses convictions l'amènent à une collision frontale avec l'enjeu fétiche du premier ministre fédéral. Le Canada, aux yeux de René Lévesque, est un pays auquel ses ancêtres ont consenti par le truchement d'un pacte ; la Charte ne fait aucun cas de celui-ci en enlevant aux Québécois l'autorité exclusive quant à leur éducation. Son Québec est la patrie des francophones du pays, « ce seul coin du monde où nous puissions être pleinement nous-mêmes[29] » ; le bilinguisme et le multiculturalisme sapent les fondements de l'identité québécoise. Ses valeurs reposent sur la démocratie ; la Charte va donner naissance à un gouvernement de juges. Il n'est donc pas question de souscrire à quoi que ce soit tant que cette charte ne sera pas retirée de la table ou ramenée à une coquille vide.

Pour Trudeau, qui a envoyé, pendant la crise d'Octobre, des centaines de personnes en prison sans la moindre accusation avec la Loi sur les mesures de guerre, il n'y a qu'une seule explication possible à ce refus : René Lévesque est tout bonnement hostile aux libertés fondamentales. Voilà ce qu'il explique à propos du premier ministre québécois et de ses partenaires la journée même

---

27. Correspondance avec Claude Morin, 6 décembre 2011.

28. Correspondance avec Claude Morin, 16 décembre 2011.

29. René Lévesque, *Option Québec*, Montréal, Les Éditions de l'Homme, 1968, p. 19-20.

où le groupe scelle son alliance. « Ce qui étonne, dit-il, c'est que les provinces ne se sont pas entendues pour protéger les droits fondamentaux des Canadiens[30] » – comme si les libertés démocratiques étaient gravement menacées au pays. Mais qu'importe la réalité. Selon Trudeau, la situation est d'autant plus grave que la formule d'amendement proposée par les Huit permettra aux provinces de se retirer de certains changements constitutionnels. Brossant un portrait orwellien du Canada, il affirme que « l'on pourrait avoir, par exemple, la protection des droits de la femme au Québec, mais [qu']on ne les aurait pas en Ontario. On aurait la protection des droits des aborigènes au Manitoba, mais on ne l'aurait pas en Saskatchewan. On aurait la protection de la liberté de parole à l'Île-du-Prince-Édouard, mais pas en Nouvelle-Écosse ». Et le premier ministre de conclure que la proposition des Huit transformera le pays en cette fameuse « confédération de centres d'achat », voire à son éclatement en dix morceaux.

Mythe n° 3 : le Québec a perdu son veto par sa propre faute

À cette critique, Trudeau en ajoutera une autre après les événements : la formule d'amendement des Huit a conduit le Québec à la perte de son veto. C'est le troisième mythe dont il sera ici question. Lévesque aurait imprudemment échangé son veto contre le droit de retrait avec compensation, lequel a finalement été mis de côté lors de l'entente finale de novembre 1981. Le gouvernement péquiste est donc coupable, tandis que le chef fédéral, lui, était prêt à reconnaître un tel droit dans ses propositions unilatérales. Quelques années après les faits, Trudeau confiera

---

30. Entrevue accordée par Pierre Elliott Trudeau à Luc Lavoie (TVA) et à Peter Mansbridge (CBC), 16 avril 1981.

même à l'historien Ramsay Cook son espoir que l'histoire se souviendra de son regret devant cette perte pour le Québec[31].

Le problème de ce raisonnement tient au fait que l'idée du Québec comme jouissant d'un droit de veto était vue, jusqu'en 1981, comme un principe constitutionnel fondamental. En 1964, par exemple, Jean Lesage avait donné son appui au rapatriement lors des négociations ayant mené à la formule Fulton-Favreau. Il s'est ravisé ensuite et a retiré ses billes. Tout le monde a accepté que le Québec exerce ainsi son veto, stoppant du même coup la tentative de rapatriement lancée par Diefenbaker et poursuivie par Pearson. Même chose lorsque Bourassa avait accepté, puis rejeté la formule de Victoria en 1971. Mais voilà : en septembre 1981, la Cour suprême va décréter que l'unanimité des provinces n'est pas nécessaire au rapatriement, privant d'un veto n'importe laquelle de celles-ci. Un an plus tard, elle invalidera plus précisément la notion selon laquelle le Québec disposait d'un tel droit.

Voilà comment le Québec a perdu son veto. Si celui-ci avait bel et bien existé, le fait que le Québec l'échange contre un droit de retrait, dans le cadre d'une entente politique entre huit provinces, n'aurait pu provoquer en soi la perte du droit de veto : cet accord n'avait aucune valeur juridique.

Certains rétorqueront que la perte du veto ne se pose pas tant du point de vue juridique que du point de vue politique ; il existait un veto sur ce plan, et René Lévesque l'aurait perdu en signant l'entente du 16 avril 1981. Peut-être. Mais en supposant que, politiquement parlant, un tel droit existait pour le Québec, la conclusion qui s'impose, c'est que Pierre Trudeau demeure le principal responsable de la perte du veto québécois. Car c'est bien lui qui a lancé l'idée d'un rapatriement sans l'assentiment des provinces. Dans la mesure où l'accord de celles-ci n'est plus essentiel à cette

---

31.   John English, *The Life of Pierre Elliott Trudeau*, vol. 2 : *Just Watch Me, 1968-2000*, Toronto, Knopf Canada, 2009, p. 534.

opération, il devient évident que l'accord d'une seule province, le Québec ou une autre, est encore moins nécessaire.

Le premier ministre libéral était certes prêt à donner un droit de veto au Québec dans la formule d'amendement qu'il avait proposée en octobre 1980, mais seulement après que lui-même aurait pu apporter des changements fondamentaux à la Constitution… sans l'accord du Québec et de sept autres provinces. Au cours de son règne, Trudeau évoque bien des fois la possibilité d'une action constitutionnelle unilatérale, avant de finalement passer aux actes. Ce branle-bas de combat a pour effet de miner la légitimité de la pratique de l'unanimité, coutume sur laquelle repose l'idée du veto québécois. Tant au Canada qu'en Grande-Bretagne, cette attitude rend de plus en plus acceptable l'idée qu'on puisse se passer d'une ou plusieurs provinces. C'est d'ailleurs à cette conclusion qu'en viendra la Cour suprême, guidée par son juge en chef.

CHAPITRE 14

Coup d'État à la Cour suprême

Tout au long du printemps et de l'été 1981, Londres demeure le théâtre d'une activité diplomatique sans précédent pour les Canadiens. Les fédéraux et les Britanniques poursuivent leur chassé-croisé sur la procédure de rapatriement et la date à laquelle l'exercice sera terminé. Trudeau tient mordicus à la date du 1er juillet. Il a même invité la reine ce jour-là, histoire de mettre de la pression sur les Anglais. Le combat est dès lors inévitable.

David Collenette, secrétaire parlementaire du leader en chambre Yvon Pinard, est l'un de ceux qu'on envoie dans l'arène. Son adversaire est nul autre que Francis Pym. Porteur d'un message de Trudeau, Collenette débarque à Londres à la mi-mai. Il explique alors à Pym que le chef fédéral « tient absolument à ce que le Parlement britannique adopte les mesures canadiennes avant le 1er juillet ». Certes, reconnaît-il, nous avons tardé à faire adopter la résolution, mais le Royaume-Uni, lui, devra agir rapidement dans l'hypothèse où la Cour suprême donne le feu vert. « Tant que le Parlement britannique n'aura pas promulgué la loi, le gouvernement va marcher sur des œufs au Canada et la réconciliation avec les provinces ne pourra pas s'amorcer[1]. »

---

1. Note de Martin Berthoud à Emery Davies, faisant suite à l'entretien entre Francis Pym et David Collenette, datée du 15 mai 1981. Document obtenu du Foreign Office à la suite d'une demande d'accès à l'information.

Le thème de la réconciliation avec les provinces, nouveau dans la bouche des fédéraux, n'émeut guère Pym. « On dirait bien que le bon message sur la situation au Parlement britannique ne passe pas », répond-il, rappelant au visiteur que les Canadiens ont été avertis à plusieurs reprises. « La Chambre des communes n'a jamais été une chambre d'enregistrement et je m'attends à des difficultés, quelle que soit la décision de la Cour suprême. À moins d'un miracle, je ne prévois pas que la loi sera adoptée avant le 1er juillet, dit-il. Tout comme M. Trudeau a été incapable de faire adopter ses propositions au Canada selon le calendrier qu'il avait défini, ce sera probablement aussi difficile pour nous. »

Collenette prend note et assure Pym qu'il passera le message. La rencontre se termine là-dessus. Les Britanniques ne sont pas contents. Martin Berthoud, pour sa part, a de sérieux doutes, dont il fait part à son collègue Emery Davies, à Ottawa : « J'ai l'impression que ça pourrait s'embrouiller en chemin, en raison de craintes au sujet des réactions de M. Trudeau à l'exposé de la situation prévalant ici qu'a fait M. Pym. Je suggère donc que vous saisissiez les occasions appropriées de souligner les arguments de M. Pym à l'intention de vos contacts fiables en haut lieu[2]. »

Davies n'a pas besoin de chercher longtemps à qui parler. Michael Kirby débarque quelques heures plus tard rue Elgin. Après avoir écouté Davies, le conseiller du premier ministre lui explique que, d'après Collenette, Pym semblait « moins sombre qu'auparavant ». Comme le craignait Londres, les proches de Trudeau versent dans le jovialisme pour ne pas déplaire au grand chef. Informé, Carrington envoie aussitôt de nouvelles instructions à Davies : « Il importe que les Canadiens ne se fassent aucune illusion sur la possibilité que le Parlement adopte leur loi avant le 1er juillet. Vous allez donc sans aucun doute saisir la première occasion de transmettre ce message à Kirby[3]. »

---

2. *Ibid.*

3. Note de Lord Carrington à Emery Davies, datée du 18 mai 1981.

Davies s'assure donc de passer le message une fois de plus ; mais rien n'y fait, les fédéraux se retranchent dans la pensée magique. Et encore, s'il n'y avait qu'eux. Mais il y a aussi les Indiens qui ne veulent rien comprendre. Depuis des mois, on leur répète *ad nauseam* que les responsabilités du Royaume-Uni en matière de traités ancestraux ont été transférées à Ottawa en 1867. Qu'importe, semblent se dire les Premières Nations – notamment les autochtones de l'Alberta, qui ont envoyé une délégation de vingt-quatre représentants à Londres. Leur chef, Wallace Manyfingers, se présente au palais de Buckingham le 7 mai pour présenter une pétition à la souveraine. Manque de chance, celle-ci est à l'étranger, se voit-il répondre. Dans ce cas, le prince de Galles fera l'affaire, rétorque en substance le visiteur[4]. On lui explique alors que les membres de la famille royale ne reçoivent pas de pétitions. Le tout devra être envoyé au gouverneur général.

Bloqués sur les marches du palais, les autochtones se contentent finalement de fumer le calumet de la paix à Westminster Square, en face du parlement. Mais ce piètre résultat ne refroidit pas leurs ardeurs. La Fraternité nationale des Indiens décide d'établir un bureau à Londres et engage un constitutionnaliste pour plaider sa cause.

Pendant ce temps, le consul britannique Murray Simons s'active au Québec. Le 19 mai, il est dans la Vieille Capitale pour assister à la séance inaugurale de l'Assemblée nationale, pendant laquelle Lévesque livre un grand discours réitérant l'opposition québécoise au projet Trudeau. Le charisme du chef péquiste – verbe qui fait mouche, voix caverneuse et ton solennel – opère une fois de plus, même auprès de ceux qui se croyaient immuni-

---

Document obtenu du Foreign Office à la suite d'une demande d'accès à l'information.

4.   Note. Archives du ministère des Affaires étrangères du Canada, RG 25-A-3-C 25-6, 20-CDA-16-1-4, vol. 11078, partie 26.

sés. « Le vieux pro était en grande forme et a reçu un accueil enthousiaste de ses troupes à l'Assemblée nationale », rapporte Simons dans sa dépêche pour Londres. « À l'opposé, les libéraux étaient aussi désabusés et M. Ryan donnait l'impression d'être au bord de l'épuisement général[5]. »

Deux jours plus tard, le consul participe à une rencontre avec Claude Morin et Robert Normand, qui l'assurent que le Québec n'abandonnera pas la lutte constitutionnelle, même si l'avis de la Cour suprême lui est défavorable. La décision a été prise récemment lors d'une réunion du cabinet. De plus, quoi qu'il advienne, il n'y aura pas d'élection hâtive sur le thème de la souveraineté[6]. Le gouvernement inscrira plutôt son action dans la défense de l'autonomie québécoise, poursuit Morin, expliquant du même souffle que son parti est devenu l'héritier de Maurice Duplessis.

Les Québécois comptent bien sûr poursuivre la lutte outre-Atlantique. Avec ses collègues des autres provinces, Lévesque se rendra à Londres, dont il garde un excellent souvenir pour y avoir séjourné durant la guerre. Comme le note Simons, les Québécois sont galvanisés depuis la publication du rapport Kershaw, confiants qu'ils gagneront la bataille de Londres. Il est primordial de les décourager.

Se gardant de vendre la peau de l'ours avant de l'avoir tué, Morin évoque quand même les conséquences d'une défaite en Grande-Bretagne. Il laisse tomber le mot *rébellion* pour décrire les suites possibles d'un rapatriement qui serait agréé par Londres malgré l'opposition provinciale. « Nous pourrions épuiser tous les moyens judiciaires possibles, et même aller au-delà, pour atteindre les objectifs du gouvernement du Québec », explique le ministre québécois, un commentaire lancé « intentionnelle-

---

5. Compte rendu d'entretien entre Murray Simons, Claude Morin et Robert Normand, daté du 21 mai 1981. Document obtenu du Foreign Office à la suite d'une demande d'accès à l'information.

6. *Ibid.*

ment sans le moindre doute », selon Simons, « dans le but de nous donner la chair de poule ».

Si tel est le but de Morin, on peut dire que la manœuvre rate complètement sa cible. Elle fait plutôt remonter à la surface l'âme poétique de Simons, lequel enjolive sa narration des événements en citant le roi Lear, le malheureux souverain du classique de Shakespeare qui subit toutes les calamités après avoir partagé son royaume entre ses filles : « Je veux faire des choses… Ce qu'elles seraient, je ne le sais pas encore ; mais elles feraient l'épouvante de la terre. »

Le croisé de la Charte

Mais voici qu'un autre personnage s'apprête à jouer un rôle étonnant dans cette histoire.

Né en 1912 dans une famille d'immigrants juifs, Bora Laskin, le futur juge en chef, fait ses études à l'Université de Toronto dans les années 1930 ; c'est dans cet établissement qu'il deviendra professeur. Il s'y taille une réputation d'homme sérieux, dynamique, disponible, mais qui sait rester simple[7]. La chevelure blanche et abondante, lissée vers l'arrière, les yeux noirs, le regard pénétrant, il dégage une autorité naturelle. Cela le sert bien, entre autres dans les multiples causes d'arbitrage qu'il préside en droit du travail.

Laskin l'académicien s'intéresse beaucoup à la Constitution et à la question des droits de la personne. À l'époque, sa conception de la chose accorde peu de place aux tribunaux dans la défense des libertés fondamentales. Il est même opposé à l'enchâssement constitutionnel d'une charte[8].

---

7. Faculté de droit de l'Université de Toronto, [en ligne]. [www.law.utoronto.ca/prosp_stdn_content.asp?itemPath=3/4/15/0/0&contentId=1299]

8. Robert Sharpe, « Laskin and the Constitutional Protection of Rights

Son opinion change du tout au tout à partir de 1965, année où il devient juge à la Cour d'appel de l'Ontario. Dès lors qu'il est lui-même sur le banc, les réserves qu'il entretenait sur l'interventionnisme de la magistrature lui semblent désuètes.

Sa nomination à la Cour suprême en 1970, puis au poste de juge en chef en 1973, lui permettent de passer de la théorie à la pratique. Il devient un croisé en faveur du pouvoir des juges[9].

Autant Trudeau compte sur Laskin pour faire triompher sa cause au printemps 1981, autant les Québécois sont sans illusion. Comme le confie René Lévesque à Murray Simons, « il n'y a rien à espérer du juge en chef en ce qui concerne la cause du Québec[10] ».

Les Britanniques sont bien placés pour le savoir. Comme on l'a vu, ils ont été informés grâce à Laskin que la Cour suprême se saisirait de la question du rapatriement et l'expédierait promptement. L'information ayant transité par les fédéraux, il semble impossible que Trudeau ne soit pas au courant. Et comme Laskin est un centralisateur doublé d'un grand partisan de la Charte des droits[11], il est évident que la rapidité avec laquelle il

and Freedoms », dans Neil Finkelstein et Constance Backhouse (dir.), *The Laskin Legacy: Essays in Commemoration of Chief Justice Bora Laskin*, Toronto, Irwin Law Inc., 2007, p. 116.

9. Michael Mandel, *The Charter of Rights and the Legalization of Politics in Canada*, Toronto, Thompson Educational Publishing, 1994, p. 26.

10. *Ibid.*

11. Voir Roy McMurtry, « Laskin's Legacy to National Unity and Patriation », dans Neil Finkelstein et Constance Backhouse (dir.), *The Laskin Legacy: Essays in Commemoration of Chief Justice Bora Laskin*, Toronto, Irwin Law Inc., 2007, p. 89. Voir aussi, dans le même ouvrage, Robert Sharpe, « Laskin and the Constitutional Protection of Rights and Freedoms », p. 126.

entend mener le processus vise à servir la cause d'Ottawa à Londres. Le message qu'il a envoyé aux Anglais a pour but de les encourager : la cour expédiera l'affaire rapidement.

Laskin n'a fait des confidences qu'aux gouvernements fédéral et britannique. Il ne compte évidemment pas transmettre son plan de match aux opposants de Trudeau. Ils sauraient ainsi qu'ils doivent préparer la suite d'urgence, c'est-à-dire se lancer dans une campagne de lobbying encore plus intensive à Londres pour contrer un jugement de la Cour suprême qui leur sera défavorable. Mieux vaut que les opposants soient pris de court, et que les fédéraux et les Britanniques profitent d'informations privilégiées pour mieux voir venir.

Il faut dire que Laskin n'est pas le seul juge de la Cour suprême qui parle à ces derniers.En octobre 1980, son collègue Bud Estey a livré à John Ford ses impressions sur le rapatriement. La légalité du processus sera remise en question, avait-il dit, indiquant par ailleurs que la Cour suprême aurait besoin de deux mois pour juger l'affaire.

La situation politique lui était aussi apparue fort préoccupante :

> Le juge Estey a dit qu'il était rentré la semaine dernière d'un voyage dans l'Ouest et qu'il a été frappé par le rejet du gouvernement fédéral de la part de la population. Il a pris la parole devant un groupe de jeunes avocats et a constaté leur inquiétante indifférence envers le concept de Canada. Il a ajouté qu'il avait parlé au premier ministre Blakeney, de la Saskatchewan, qui aimerait jouer un rôle positif pour résoudre la crise mais qui craint de perdre l'appui de son électorat[12].

---

12. Compte rendu d'entretien entre le juge Estey et John Ford, daté du 9 octobre 1980. Archives du Foreign Office, FCO 82/822.

Il est pour le moins frappant de voir qu'un juge de la Cour
suprême s'engage librement dans une conversation politique
avec un représentant du pouvoir exécutif – en matière constitutionnelle, Londres est toujours le gouvernement impérial, et par
conséquent John Ford fait partie de la branche exécutive du pouvoir. Or, Estey lui indique que la cour risque fort d'être saisie de
l'affaire, avertissant ainsi le gouvernement de Sa Majesté.

Il faut également noter les commentaires peu flatteurs d'Estey
pour les gens de l'Ouest : à ses yeux, ils sont indifférents à leur
pays. Bora Laskin aussi a des remontrances à adresser aux provinces. Ces dernières ont émis des demandes concernant la Cour
suprême, mais elles ont tout faux selon le juge en chef. En
mars 1981, ce dernier a même pris la peine d'expliquer dans un
discours que les provinces font fausse route lorsqu'elles demandent un plus grand droit de regard dans le fonctionnement de la
Cour suprême, comme elles l'ont fait à l'été 1980 :

> Il semble que les ministres engagés dans les discussions constitu-
> tionnelles aient le sentiment que la Cour suprême devrait être
> régionalisée, que la nomination de ses juges devrait être faite dans
> ce cadre et que, en outre, elle devrait être élargie pour accommo-
> der le régionalisme... Je suis attristé de voir qu'on a manifesté si
> peu de compréhension [...] envers l'importance de la fidélité de
> ses membres à leur serment professionnel.
>
> Ce qui m'a paru consternant, pendant que j'observais les discus-
> sions constitutionnelles tenues l'an dernier, c'est la conception
> complètement erronée de la Cour suprême qu'entretenaient un
> si grand nombre de ministres et de premiers ministres. Ils en
> parlaient en termes politiques et, de manière fallacieuse, la consi-
> déraient comme une instance fédérale placée sur le même pied
> que le Sénat. Je vous dirai, dans les termes les plus vigoureux
> possible, que la Cour suprême fédérale n'est pas une instance
> fédérale. C'est une instance nationale dont les membres ne sont
> assujettis à aucune allégeance fédérale même si leur nomination
> relève du gouvernement fédéral. Tout comme il n'existe aucune

allégeance fédérale, il n'existe aucune allégeance provinciale ni aucune allégeance politique[13].

S'il jure publiquement que l'institution qu'il dirige est impartiale, cela n'empêche pas Laskin de poursuivre son dialogue avec les fédéraux et les Britanniques, et de multiplier les discussions à propos de la cause qu'il entend. Établir le contact est d'autant plus facile qu'il passe ses vacances en Grande-Bretagne. Le hasard faisant bien les choses, Laskin s'y trouve à la fin juin, au moment même où Pierre Trudeau rend visite à Margaret Thatcher. Le 26, la journée même où les deux chefs de gouvernement se rencontrent, Laskin téléphone comme par hasard à Michael Pitfield, le greffier du Conseil privé, qui se trouve aussi à Londres. Ce dernier rencontre ensuite son vis-à-vis Robert Armstrong, qui rapporte ainsi la conversation : « M. Pitfield a dit qu'il avait reçu un appel du juge en chef de la Cour suprême pour lui annoncer qu'il interrompait ses vacances dans ce pays et qu'il regagnerait le Canada au début de juillet pour se réunir avec ses confrères de la Cour suprême pendant deux ou trois jours. Le juge en chef a dit ceci à M. Pitfield : "Vous comprenez ce que cela signifie", puis il a raccroché[14]. »

Pitfield semble décoder parfaitement ce message pourtant court et énigmatique. Il explique à Armstrong que cela signifie que le jugement de la Cour suprême devrait tomber le 7 juillet. La date du 1er juillet est donc désormais impossible à envisager, ce qui n'empêche pas Pitfield d'insister pour que l'adoption de la résolution constitutionnelle se fasse au cours de la session d'été, qui se termine fin juillet, plutôt que d'attendre à l'automne.

---

13. Discours de Bora Laskin devant l'Empire Club de Toronto, 12 mars 1981. Document obtenu du Foreign Office à la suite d'une demande d'accès à l'information.

14. Note de Robert Armstrong, datée du 26 juin 1981. Document obtenu du Foreign Office à la suite d'une demande d'accès à l'information.

Il ne reste plus à Trudeau qu'à plaider sa cause devant Thatcher, ce qu'il fait quelques heures plus tard ; les deux premiers ministres passent deux heures et demie ensemble, officiellement dans le but de préparer le sommet du G7 de Montebello, en juillet. Mais bien sûr, l'occasion est trop belle pour ne pas parler de la Constitution. Thatcher demande donc à son visiteur s'il a « le moindre indice sur le moment où la cour va se prononcer[15] ».

Les extrapolations de Pierre Trudeau

Trudeau hésite à répondre à la question, mais la tentation est trop forte. Le premier ministre fédéral explique donc que Laskin suspend temporairement ses vacances en Angleterre pour aller s'occuper du jugement. Que doit-on en conclure ? Trudeau démontre alors une capacité d'extrapolation hors du commun. Le juge en chef, dit-il, en est venu à la conclusion suivante : « la réputation de la Cour suprême serait entachée s'il s'avérait que les juges ont été incapables de prendre une décision en deux mois et demi, alors que les tribunaux provinciaux étaient parvenus à se prononcer en un laps de temps moindre. » Il poursuit : « Je suis très déçu de la Cour suprême. Après avoir examiné la question comme elle l'a fait, elle aurait dû se prononcer beaucoup plus tôt. » Laskin se sent sûrement humilié « par l'incapacité de la cour de prendre une décision plus rapidement », croit Trudeau, ajoutant que son jugement est sans doute écrit depuis des semaines. Mais comme Laskin n'est pas « en position d'obliger les autres juges à rédiger leur propre jugement, il a créé un problème très difficile pour les deux chefs de gouvernement ».

En somme, selon Trudeau, Laskin retourne à Ottawa pour

---

15.   Compte rendu de l'entretien entre Pierre Elliott Trudeau et Margaret Thatcher, daté du 26 juin 1981. Document obtenu du Foreign Office à la suite d'une demande d'accès à l'information.

faire aboutir l'affaire plus rapidement. Le greffier du Conseil privé est au courant, tout comme son patron. Pourquoi ? Parce que, selon toute vraisemblance, le juge en chef les a tenus au courant des délibérations du tribunal, ne serait-ce qu'avec des bribes d'information ou des indices.

Penchons-nous maintenant sur l'explication que donne Trudeau des gestes du juge en chef. Celui-ci tente d'accélérer le processus, songeant au prestige de l'institution qu'il dirige. Au lieu de prendre le temps nécessaire afin de rendre la meilleure justice possible, Laskin se comporte comme un politicien. Son objectif n'est plus tant de juger le droit que de positionner sa cour, d'en assurer le prestige et l'autorité dans un processus qui tient de la judiciarisation du politique – conception qui est désormais le paradigme du plus haut tribunal.

Par ailleurs, le premier ministre met en garde son interlocutrice. Il faudra agir rapidement une fois le jugement rendu. Dans le cas inverse, « les provinces auront du temps pour faire traîner les choses ». Impossible, répond la Dame de fer d'une voix de velours : « Le programme législatif du gouvernement jusqu'aux vacances parlementaires est absolument rempli. » La seule solution consisterait à prolonger le travail des parlementaires. Mais voilà, « l'ajout d'une semaine à la session, au début d'août, serait une très mauvaise idée. Les députés les plus susceptibles d'être présents seraient ceux qui sont hostiles au rapatriement. Je crains qu'obliger la chambre à reprendre ses travaux après le mariage royal ne suscite un mécontentement, quels que soient les mérites des questions liées au rapatriement ». Trudeau comprend très bien ces difficultés. Il se demande donc s'il ne serait pas mieux de « soumettre la résolution à l'examen de la Chambre des communes pendant, disons, trois jours et ensuite, si nécessaire, reconnaître qu'il faudrait attendre à l'automne pour le vote ».

« Agir ainsi et échouer serait le pire de tous les résultats possibles. L'incertitude régnerait », réplique une Thatcher qui refuse de concéder quoi que ce soit. Dans ce cas, prédit Trudeau, « des voix critiques et même de la colère pourraient se manifester si le gouvernement britannique ne fait pas l'effort nécessaire ». Bien sûr, prend-il la peine d'ajouter, lui-même « n'éprouverait ni n'exprimerait un sentiment de colère ». Mais il est également possible que les provinces organisent des référendums pour contrer Ottawa. Le risque qu'elles réussissent est réel, affirme-t-il.

« Je tiens absolument à éviter toute action qui nuirait aux relations entre la Grande-Bretagne et le Canada », précise alors Thatcher, pour mieux resserver sa fin de non-recevoir : « Il faut reconnaître que le projet de loi ne sera pas forcément adopté par la Chambre des communes, puis par la Chambre des lords aussi rapidement qu'on le souhaiterait. » De guerre lasse, Trudeau laisse tomber les armes. Il s'agit d'une décision qui vous revient entièrement, concède-t-il : « Nous sommes tellement en retard par rapport à notre propre calendrier que nous ne sommes pas en position de faire pression sur le gouvernement de Sa Majesté[16]. »

L'entretien se termine sur cette apparente concession ; mais si Trudeau a fait un pas en arrière, ce n'est que pour mieux rebondir devant les médias au sortir de la rencontre. « Je crois que Mme Thatcher va comprendre, autant que nous, l'inconvénient qu'il y aurait à obtenir un jugement positif de la cour, à le faire appliquer au Canada et ensuite à attendre pendant des mois. Je crois que ç'est une éventualité qu'aucun premier ministre britannique n'envisagerait avec plaisir[17] », conclut-il.

Mais malgré ces affirmations, Trudeau a à peine quitté Londres que déjà l'idée d'une adoption du rapatriement durant l'été n'est plus possible. Pour bien comprendre, il convient de revenir à Laskin. Comme il l'a indiqué à Pitfield, le juge en chef est sur le point de rentrer au Canada pour quelques jours ; mais avant de partir, il demande à rencontrer le procureur général

---

16. *Ibid.*
17. *The Globe and Mail*, 27 juin 1981.

britannique, Michael Havers. Quelques semaines auparavant, Jean Wadds a informé Ottawa que Havers a été désigné pour répondre, à la Chambre des communes britannique, aux questions de nature juridique sur la résolution constitutionnelle qui sera envoyée par Ottawa[18]. Le procureur général se trouve donc au cœur même du processus politique sur lequel la Cour suprême doit se prononcer. Une source des fédéraux au Foreign Office, l'attaché de presse Ian McCrory, les a aussi avertis qu'un jugement serré en faveur d'Ottawa serait vu à Londres comme un match nul, avec toutes les complications que cela implique.

À ce stade, toute cette information est confidentielle. Mais curieusement, Laskin semble avoir été informé du rôle crucial qui sera joué par Havers, puisqu'il profite de son voyage en Angleterre pour le rencontrer. La teneur de la conversation entre les deux hommes nous est connue grâce à une dépêche envoyée par Lord Carrington à Lord Moran, à Ottawa. Exceptionnellement, le document porte la mention « Secret, ne divulguer sous aucun prétexte », ce qui signifie, dans le système britannique, que le dévoilement de son contenu peut représenter « une menace mortelle, perturber la sécurité publique ou nuire aux relations diplomatiques avec des pays amis[19] ». Le message relate les échanges entre Laskin et Havers :

> Le juge en chef a dit qu'il existait un important désaccord entre les juges de la Cour suprême. Il serait bientôt de retour à Ottawa, mais il ne croyait clairement pas que cela résoudrait immédiatement leurs problèmes. Si aucune solution rapide n'apparaissait, il estimait que le jugement ne serait pas rendu avant la fin d'août.

---

18.   Note à Ottawa du Haut-Commissariat canadien à Londres. Archives du ministère des Affaires étrangères du Canada, RG 25-A-3-C 25-6, 20-CDA-16-1-4, vol. 11078, partie 24.

19.   Wikipedia, « Classified information in the United Kingdom », [en ligne]. [en.wikipedia.org/wiki/Classified_information_in_the_United_Kingdom]

Nous devions demeurer conscients que le jugement devait être soigneusement peaufiné et publié dans les deux langues. Le procureur général a noté qu'il comprenait très bien qu'un tel verdict historique devait être méticuleusement préparé et peaufiné. Étant donné le caractère confidentiel de la conversation du juge en chef avec le procureur général, il serait certainement erroné de votre part de révéler maintenant que nous avons une indication claire d'un nouveau délai probable de la part de la Cour suprême[20].

Les fédéraux sont-il au courant des confidences de Laskin à Havers ? Un des leurs, Henry Richardson, du Haut-Commissariat canadien, a assisté à une partie de l'entretien, mais a juré de ne rien dire. Informé de cet aspect des choses, Lord Moran réplique à Carrington que, « à moins que certains facteurs à cet égard ne nous échappent, il semble extrêmement improbable que Richardson n'aura pas présenté un compte rendu complet[21] ».

Ce qui ne fait pas de doute, c'est que Laskin, bientôt de retour à Londres, continue son grand déballage. Le 15 juillet, il est invité à dîner au Middle Temple. Jadis propriété du célèbre ordre des Templiers, cette église datant du Moyen Âge est désormais utilisée par le barreau anglais. Après le repas, le magistrat rencontre Ian Sinclair, l'un des juristes du Foreign Office qui travaillent sur le rapatriement. Le Britannique rapporte la réunion en ces termes : « Il a dit qu'il était récemment retourné à Ottawa "tenter de frapper quelques têtes l'une contre l'autre" (*"to try to knock a few heads together"*). Il n'avait cependant pas obtenu beaucoup

---

20. Note de Lord Carrington adressée au Haut-Commissariat britannique à Ottawa, datée du 2 juillet 1981. Document obtenu du Foreign Office à la suite d'une demande d'accès à l'information.

21. Note de Lord Moran à Lord Carrington datée du 2 juillet 1981. Document obtenu du Foreign Office à la suite d'une demande d'accès à l'information.

de succès en ce sens. Cela signifiait clairement que la Cour suprême demeurait toujours sérieusement divisée[22]. »

Cette nouvelle confidence doit être mise en parallèle avec des propos tenus lors d'une autre rencontre, entre le greffier du Conseil privé et premier fonctionnaire fédéral, Michael Pitfield, et son vis-à-vis britannique, Robert Armstrong. Leur entretien a eu lieu quelques jours auparavant à Ottawa, alors que Laskin s'y trouvait encore. L'Anglais rapporte ainsi la conversation : « Pitfield a dit que la Cour suprême s'était de nouveau réunie et il a supposé que c'était parce que le juge en chef voulait qu'ils "frappent leurs têtes l'une contre l'autre" (*"bang their heads together"*). Mais il semblait résigné à l'idée que la cour ne se prononcerait pas cette semaine[23]. » Le Canadien évoque donc l'action du juge en chef en utilisant une expression quasiment identique à celle rapportée par Sinclair, qui la tient de la bouche même de Laskin. Comment ne pas penser alors que ce dernier a parlé une nouvelle fois à Pitfield ?

Le 10 septembre 1981, Lord Moran a droit lui aussi à une petite séance d'information de la part du juge en chef. Selon le haut-commissaire, Laskin déclare que, « contrairement au premier ministre, il ne pouvait pas contraindre ses confrères, qui faisaient preuve d'une grande indépendance dans leurs idées (ce qui, je crois, était une façon indirecte de dire que la cour était divisée)[24] ».

---

22. Note de Ian Sinclair à Martin Berthoud datée du 16 juillet 1981. Document obtenu du Foreign Office à la suite d'une demande d'accès à l'information.

23. Note de Robert Armstrong à Michael Alexander datée du 9 juillet 1981. Document obtenu du Foreign Office à la suite d'une demande d'accès à l'information.

24. Note de Lord Moran adressée au Foreign Office, 10 septembre 1981. Document obtenu du Foreign Office à la suite d'une demande d'accès à l'information.

La révolte des élites et la trahison de la démocratie

La conduite du juge en chef doit ici être examinée de plus près, d'abord en ce qui a trait aux mobiles profonds pouvant expliquer son comportement, mais aussi en ce qui concerne les objectifs immédiats qu'il poursuit. Commençons par les objectifs. Avec la série de nouvelles confidences qu'il distille au cours de l'été, Laskin souhaite corriger le message qu'il avait transmis au gouvernement britannique en mars 1981. Il avait alors informé Londres que le processus irait vite, lançant le message aux Britanniques de ne pas perdre patience avec le projet Trudeau et de ne pas céder à l'opposition : le plus haut tribunal s'apprêtait à intervenir pour faciliter les choses. Or, c'est la situation contraire qui prévaut désormais. La Cour suprême avance plus lentement que prévu, et elle est divisée. Il importe d'informer le gouvernement impérial de ce développement, ce que Laskin fait trois fois plutôt qu'une au cours de l'été 1981, notamment en parlant à Michael Havers. Cette information n'est pas banale, car celui-ci, de même que les autres ministres concernés par le dossier, prévoit qu'un jugement serré rendra plus difficile l'adoption du projet constitutionnel. Les ministres de Sa Majesté comprennent très bien le message et préparent donc la bataille législative à venir en connaissance de cause. Plus ils seront préparés, plus Laskin aura de chances de voir naître la Charte.

Quelques années après que celle-ci a été finalement enchâssée dans la Constitution, le successeur de Laskin, Brian Dickson, dira aux insatisfaits d'adresser leurs blâmes aux politiciens. Les juges n'ont jamais voulu la Charte, expliquera-t-il ; ils se sont contentés d'obéir au pouvoir politique quand celui-ci a voulu leur faire jouer un nouveau rôle[25]. Largement utilisée, par la suite, par les partisans du pouvoir judiciaire, cette affirmation est complètement contredite par le rôle de Laskin.

25. Michael Mandel, *The Charter of Rights and the Legalization of Politics in Canada*, Toronto, Thompson Educational Publishing, 1994, p. 36.

Cette précision étant faite, venons-en au plus grave. En dévoilant à des politiciens, en temps réel, de l'information sur les délibérations d'une cause dont ils sont partie prenante, Laskin enfreint l'éthique, transgresse les règles, bafoue son serment et viole la Constitution qu'il est responsable de protéger. Car n'oublions pas que la séparation des pouvoirs est un principe constitutionnel fondamental au Canada. Et cette infraction gravissime, le juge en chef la commet dans une cause exceptionnelle. Comme le dira Trudeau lui-même, il s'agit de la « décision la plus importante dans toute l'histoire passée et future de la Cour suprême[26] ».

Interrogés sur cette affaire des années plus tard par l'auteur du présent ouvrage, certains participants n'en croiront pas leurs oreilles. « Je n'aurais pas cru que le juge en chef avait agi ainsi, dira Peter Lougheed. Son rôle est de rester neutre depuis le début[27]. » « Il va de soi que nous aurions frappé fort si nous avions su ça », renchérit de son côté Claude Morin. « Ceci démontre une collusion vraiment inacceptable puisque la Cour suprême aurait pu être assimilée à un agent consentant au coup de force fédéral. Ça aurait même pu être déterminant pour la suite des événements[28]. »

Laskin ne semble pourtant voir aucun mal à ce qu'il fait. Mieux encore, il continue de faire la leçon aux uns et aux autres. Comme on l'a vu, il a déjà sermonné les provinces. Il demande ensuite des excuses à Thomas Berger, juge de la Colombie-Britannique, qui a écrit dans le *Globe and Mail* pour dénoncer le manque de reconnaissance des droits des autochtones dans la Charte. Laskin dira alors qu'un juge qui « a des opinions

---

26. Philip Girard, *Bora Laskin: Bringing Law to Life,* Toronto, University of Toronto Press, 2005, p. 504.

27. Entrevue avec Peter Lougheed, 12 avril 2011.

28. Correspondance avec Claude Morin, 2 septembre 2011.

tellement tranchées sur des questions politiques qu'il doit le dire publiquement est bien avisé de renoncer à ses fonctions de juge[29] ».

Berger refusera de s'excuser, invoquant une distinction entre les questions politiques courantes et la défense des droits fondamentaux. Ironiquement, il s'agit probablement de la raison que Laskin s'est donnée pour rationaliser son action. Car l'homme est profondément convaincu de la supériorité d'une justice fondée sur la Charte plutôt que sur la common law et la souveraineté parlementaire. Comme l'écrit l'un de ses biographes, « Laskin le juge affirmait que la protection constitutionnelle des libertés et des droits fondamentaux non seulement était conforme à la démocratie, mais aussi qu'elle représentait le fondement même de la démocratie[30] ». Ajoutons à cela qu'il épouse totalement, selon Roy McMurtry, alors procureur général de l'Ontario, une certaine vision de l'unité nationale : celle d'un gouvernement central fort et d'un pays qui, grâce aux pouvoirs des tribunaux, ne connaîtra pas le sort infâme de devenir une communauté de communautés[31].

En somme, le juge en chef confond tout, le rapatriement avec l'avènement de la Confédération, la Charte de Trudeau avec la naissance de la démocratie. En quelque sorte, il se prend à la fois pour Thomas Paine et John A. Macdonald. Mais il est freiné par les moyens limités de la politique judiciarisée. Il n'a pas de base politique et, bien sûr, il n'a aucun mandat pour intervenir, alors qu'il s'agit à ses yeux de défendre le Canada et la démocratie. Comment ne pas être disposé, dès lors, à enfreindre toutes les

29.   Thomas R. Berger, *One's Man Justice: A Life in the Law*, Seattle, University of Washington Press, 2002, p. 150.

30.   Robert Sharpe, « Laskin and the Constitutional Protection of Rights and Freedoms », p. 126.

31.   Roy McMurtry, « Laskin's Legacy to National Unity and Patriation », p. 89.

règles pour le triomphe d'une cause aussi noble ? Comme le note Ian Binnie, juge à la Cour suprême de 1998 à 2011, Laskin possède « l'âme d'un rebelle [...] et est demeuré un penseur radical[32] ». C'est d'ailleurs pour son radicalisme qu'il a été canonisé par l'*establishment* juridique canadien. Des prix, des bourses, dont une du Conseil de recherches en sciences humaines du Canada, des séries de conférences prestigieuses, de même que la bibliothèque de droit de l'Université de Toronto, entre autres, portent son nom. Comme l'écrit encore Binnie, « Bora Laskin était et demeure une figure héroïque[33] ».

Au-delà des orientations de Laskin en faveur de la Charte et du pouvoir des juges, la question du mobile de ses agissements mérite d'être élargie. Comment expliquer que ses convictions l'amènent à commettre des actions aussi graves ? L'explication tient peut-être dans ce que l'historien et essayiste américain Christopher Lasch a nommé « la révolte des élites et la trahison de la démocratie[34] ». Par élites, il faut entendre ici les professionnels du savoir, une nébuleuse regroupant les travailleurs des milieux de l'éducation, de l'information, de la création, de la bureaucratie et, bien sûr, du droit. Pour nombre de ces professionnels, la culture occidentale constitue un système de domination, lequel vise à assurer la conformité aux valeurs bourgeoises et patriarcales qui prévalent et à garder les minorités (femmes, groupes ethniques, homosexuels, etc.) dans un état de sujétion permanent[35]. Selon Lasch, ces élites se sont lancées dans

---

32. Ian Binnie, « Laskin's Legacy to the Supreme Court », dans Neil Finkelstein et Constance Backhouse (dir.), *The Laskin Legacy: Essays in Commemoration of Chief Justice Bora Laskin,* Toronto, Irwin Law Inc., 2007, p. 51 et 57.

33. *Ibid.,* p. 53.

34. Christopher Lasch, *The Revolt of the Elites and the Betrayal of Democracy,* New York/Londres, W. W. Norton & Co., 1995, 276 p.

35. *Ibid.,* p. 26.

une quête sans fin visant à rendre la collectivité toujours plus tolérante, égalitaire, inclusive et politiquement correcte.

Le problème vient de la majorité, qui n'a pas envie de participer à cette entreprise de réingénierie sociale à grande échelle et qui ressent un besoin profond de repères et de sens pour maintenir la cohésion de la communauté[36]. C'est ici que la révolte des élites se change en trahison. Avec le projet de charte, Laskin veut faire avancer le projet plus large d'une minorité de professionnels éclairés. Et devant l'opposition des provinces, sa réaction est à l'image de celle des élites que dépeint Lasch : « En présence d'une résistance à leur initiative, ils affichent la haine venimeuse qui se dissimule sous le visage souriant de leur bienveillance, celle de la classe moyenne supérieure. L'opposition amène les humanitaires à oublier la vertu libérale qu'ils affirment préconiser. Ils deviennent irascibles, outrecuidants et intolérants[37]. »

En cela, Laskin est l'inspirateur de la théorie du dialogue entre l'exécutif et le judiciaire, que développeront plus tard ses adulateurs, et suivant laquelle il est légitime pour des juges de s'interposer en prenant des décisions politiques. Bien que la chose ne soit jamais admise par les juristes, cette approche se fonde sur l'idée que la politique est une manifestation de la vie en société moins importante que l'exercice de la justice[38]. La première est le royaume des querelles politiciennes, tandis que la seconde relève de la noble défense des droits fondamentaux. Les juges sont donc plus aptes à déterminer ce qui constitue un droit et à en établir les limites. Possédant une meilleure capacité que

---

36. *Ibid.*, p. 28.

37. *Ibid.*

38. Bradley Watson, « The Language of Rights and the Crisis of the Liberal Imagination », dans Anthony A. Peacock (dir.), *Rethinking the Constitution: Perspectives on Canadian Constitutional Reform, Interpretation, and Theory*, Don Mills, Oxford University Press, 1996, p. 92.

les élus à établir les principes sur lesquels le droit s'appuie, ils constituent les meilleurs interprètes de la loi.

Pour parvenir à cette conclusion, les laskiniens ont laissé de côté certaines leçons de l'histoire. Au XIXᵉ siècle, par exemple, la Cour suprême des États-Unis a jugé l'esclavage légal, tandis qu'un élu, Abraham Lincoln, a mené une guerre sanglante pour l'abolir. Mais de tels exemples n'ébranlent point leur conviction. Pour les laskiniens, le droit est ce que la cour dit, point final : un pouvoir absolu et autoritaire que se sont arrogé les magistrats et qu'ils habillent du noble vocable de « suprématie constitutionnelle ». Comme l'écriront les juges quelques années plus tard dans l'arrêt Vriend, l'adoption de la Charte a donné lieu à une « redéfinition de la démocratie canadienne[39] ».

À l'époque du rapatriement, Lévesque ne cesse de dire que le gouvernement fédéral était en train de commettre un coup d'État. Cette accusation semble alors exagérée, fruit d'un débat vif et fondamental entre le chef péquiste et son vieil ennemi Trudeau. Mais on ne saurait dire la même chose au sujet de John Ford. Il fait partie d'une poignée d'initiés qui est parfaitement au courant du double jeu que mène Bora Laskin avec le gouvernement fédéral. Au moment de terminer sa mission à Ottawa, il met Londres en garde une dernière fois dans une dépêche très bien reçue par ses collègues et certains ministres. L'ensemble de ce qui se passe, dit-il, est une « véritable tentative de coup d'État en vue de modifier l'équilibre des pouvoirs dans la Confédération[40] ».

---

39. Cité par Stéphane Bernatchez et Marc-André Russell, « Grandeur et misère de la théorie du dialogue en droit constitutionnel canadien », *Le droit public existe-t-il ?*, p. 8, [en ligne]. [dev.ulb.ac.be/droitpublic/index. php?id=26]

40. Note de John Ford à Lord Carrington datée du 30 avril 1981. Document obtenu du Foreign Office à la suite d'une demande d'accès à l'information.

CHAPITRE 15

Invalide et sans effet

L'été 1981 se déroule dans l'attente du jugement de la Cour suprême, le tout dans un calme relatif – celui qui prévaut à la veille d'une bataille décisive. On s'active de part et d'autre sans savoir ce que l'avenir nous réserve.

C'est sur cette toile de fond que le nouveau haut-commissaire britannique au Canada fait l'apprentissage de son rôle. Lord Moran, John Wilson de son patronyme, débarque dans la capitale fédérale en juin. La réputation de son père, qui était le médecin de Winston Churchill, le précède partout où il va. Il est aussi l'auteur d'une biographie primée de Sir Henry Campbell-Bannerman, premier ministre à l'époque d'Édouard VII. L'homme est vu par les Affaires extérieures comme intelligent et compétent. Il se prépare depuis plusieurs mois en vue de sa nouvelle mission.

Enfin débarrassés de John Ford, les fédéraux espèrent que l'arrivée de Moran constituera un nouveau départ. Première étape : une rencontre entre le diplomate et Trudeau[1]. Fait rarissime, le premier ministre se laisse d'abord aller à ses états d'âme. « Lorsque je lis les coupures de presse et les lettres des lecteurs publiées dans les journaux, je suis étonné de voir à quel point je

---

1. Note destinée à Pierre Trudeau, datée du 16 juin 1981. Archives du ministère des Affaires étrangères du Canada, RG 25-A-3-C 25-6, 20-CDA-16-1-4, vol. 11078, partie 26.

suis devenu une fripouille [*a scoundrel*] aux yeux d'une partie du public[2] », explique-t-il au sujet de l'image qu'on se fait de lui outre-mer. « C'est inexact, monsieur le premier ministre », le rassure Moran. Se référant aux opposants de la requête constitutionnelle, il explique que nombre d'entre eux « pensent qu'ils connaissent bien le Canada et c'est peut-être de l'arrogance de leur part, mais ils ont subi d'énormes pressions ».

Trudeau émet par ailleurs des doutes quant à la décision de la Cour suprême. Si celle-ci est défavorable, tout sera à recommencer, lance-t-il. « Personne ne croit que nous tentons d'établir un État unitaire. Si le projet de loi est adopté, il va y avoir du mécontentement, mais le Canada en ressortira plus fort. Si la cour rend une décision contraire, quel sera le cri de victoire des opposants du gouvernement ? Qu'ils ont protégé le Canada contre le fait d'avoir sa propre Constitution et sa propre charte ? Qu'il n'y aura aucun droit pour les autochtones ni aucun droit pour les minorités en matière de scolarisation ? » Avant d'établir son jugement, la cour devrait réfléchir à toutes ces questions, observe le premier ministre, sans compter que, en cas de rejet du projet constitutionnel, elle devra se prononcer sur une formule d'amendement.

Ses inquiétudes ne s'arrêtent pas là. Trudeau enchaîne avec le Parlement britannique. Il m'est apparu au départ inconcevable que celui-ci refuse d'entériner la Charte, dit-il. Mais c'est exactement ce qu'a recommandé le rapport Kershaw. Comment Thatcher réussira-t-elle à faire face à cette situation ? se demande-t-il à voix haute. Il espère qu'elle ne le contredira pas.

« Je suis sûr que non », rétorque aussitôt l'Anglais. Thatcher est surtout préoccupée par l'aspect pratique de l'opération. Elle procédera « sans hâte et sans causer de problèmes au Parlement.

---

2.   Compte rendu d'entretien entre Lord Moran et Pierre Elliott Trudeau, daté du 16 juin 1981. Archives du ministère des Affaires étrangères du Canada, RG 25-A-3-C 25-6, 20-CDA-16-1-4, vol. 11078, partie 26.

Le fait que le gouvernement fédéral a soumis sa cause à la Cour suprême devrait faciliter les choses en ce qui concerne les indécis ». Une décision judiciaire claire et favorable à Ottawa aidera beaucoup, dit-il.

La nouvelle Irlande du Nord

Lord Moran semble très satisfait de sa prise de contact avec cette icône politique qu'est Pierre Trudeau. Le haut-commissaire ne s'en est pas rendu compte, mais le premier ministre lui a servi sa version d'un numéro vieux comme le monde. Au prince le beau rôle, et à son valet celui du méchant. Ce dernier sera ici incarné par Michael Pitfield, qui reçoit Moran quelques jours plus tard.

Après les présentations d'usage, le greffier du Conseil privé explique qu'Ottawa ne souhaite qu'une chose : améliorer les relations anglo-canadiennes, notamment grâce à une augmentation des échanges économiques. Trudeau espère encore l'adoption rapide de son projet par Westminster, sans quoi il y aura des risques « que des gens comme Claude Morin, au Québec, mènent des activités destructrices[3] ». Moran rétorque que, d'après une conversation récente avec le Lord Privy Seal Ian Gilmour, un tel scénario lui semble impossible. Se référant ensuite à la rencontre de juin entre les deux premiers ministres, il souligne que le mieux serait que la résolution constitutionnelle ne soit pas envoyée en Grande-Bretagne avant le mois d'octobre.

Mais Pitfield n'écoute pas. Il insiste, comme si Moran n'avait pas compris. Voyez-vous, dit-il, le gouvernement devrait être très impopulaire en raison du chômage et de l'inflation. Or, il ne l'est

---

3. Note de Lord Moran adressée à Londres, datée du 1er juillet 1981. Document obtenu du Foreign Office à la suite d'une demande d'accès à l'information.

pas. Pourquoi ? En raison de « l'appui populaire national à sa position concernant la Constitution. Nous allons nous en servir », martèle-t-il, enchaînant avec ce que Moran décrit comme des « remarques à donner la chair de poule à propos des graves conséquences de toute incapacité de notre part à respecter la volonté du gouvernement canadien. À un certain moment, il a dit que, si nous ne le faisions pas, nous aurions un Ulster transatlantique sur les bras » !

Et pour éviter que le Canada ne devienne une nouvelle Irlande du Nord, Pitfield explique au haut-commissaire quel est son rôle. « Le représentant britannique est plus important que tout autre ambassadeur, y compris celui des États-Unis. Votre position est unique, avec tous les avantages et toutes les difficultés propres à une vieille relation familiale. Les risques de mésentente et d'embarras sont beaucoup plus prononcés avec nous qu'avec n'importe qui d'autre. »

Outré par de tels commentaires, Moran se défend. Lui aussi ne souhaite que l'épanouissement des liens entre le Canada et la Grande-Bretagne, assure-t-il. Il n'a aucunement l'intention de prendre parti dans la querelle qui oppose Ottawa aux provinces, même s'il compte parler à tout le monde, incluant des gens comme Lougheed et Lévesque. Comme il l'écrit à Londres après la rencontre, « il m'avertit qu'un gouvernement libéral, dont le premier ministre et bon nombre de ses collègues les plus importants sont des Canadiens français, a tendance à penser que le haut-commissaire britannique est parfaitement à l'aise avec les progressistes-conservateurs, le milieu des affaires de Toronto […] et le monde exclusivement anglophone de l'Alberta et de l'Ouest ».

Pitfield vient de défier Moran, mais celui-ci n'est pas le genre d'homme à se défiler en pareilles circonstances. Car plus il prend connaissance du problème canadien, plus il développe une aversion épidermique envers Pierre Trudeau, ses conseillers, ses ministres, sa Constitution, sa philosophie et sa politique, comme il l'écrira au terme de sa mission :

Il n'a jamais tourné le dos à son passé de hippie bien nanti et de conscrit réfractaire… Un grand nombre de mes collègues ici l'admirent. Je ne peux pas dire que c'est mon cas. M. Trudeau a toujours dit que seul un accroissement des pouvoirs d'Ottawa permettrait au Canada de devenir un État fort. Il n'a eu que du mépris envers les premiers ministres provinciaux et traite les gouvernements provinciaux comme s'ils étaient de simples conseils municipaux […] Peu de Canadiens partagent sa position centralisatrice extrême. La plupart croient que, en raison de l'étendue géographique et de la diversité du Canada, le pays a besoin d'un système fédéral et d'une répartition des pouvoirs, où chacun des ordres de gouvernement fait preuve de courtoisie, de respect et de compréhension envers les autres, ce qui s'est rarement produit sous le règne de M. Trudeau[4].

Moran réserve aussi quelques flèches à Marc Lalonde et à sa « politique nationale de l'énergie largement discréditée, qui applique une discrimination flagrante contre les entreprises non canadiennes ». L'entreprise est ruineuse, crée du chômage et prive le pays d'investissements étrangers, notamment britanniques. Un échec sur toute la ligne, à l'image des ministres fédéraux dont Trudeau s'entoure : le haut-commissaire les qualifie de « pas impressionnants et même, dans quelques cas, franchement bizarres ».

L'émissaire britannique se console toutefois en regardant le peuple canadien. Ce sont des gens raisonnables, qui souffrent toutefois d'un complexe d'infériorité. « Quiconque a le moindre succès dans son domaine, écrit-il, en littérature, en théâtre, en ski, etc., a tendance à être vu comme une gloire nationale. » Si Moran trouve que les gens de l'Alberta, de la Saskatchewan et des Maritimes sont particulièrement sympathiques, ce n'est certainement

---

4.   Note de Lord Moran datée du 12 juin 1984. Document obtenu du Foreign Office à la suite d'une demande d'accès à l'information.

pas le cas de ceux qu'il côtoie dans la capitale fédérale. « Les Canadiens les plus difficiles, les plus ombrageux et les moins amènes se trouvent certainement parmi ceux qui travaillent pour le gouvernement fédéral à Ottawa. »

Après le savon que lui a passé le greffier du Conseil privé, l'ambassadeur prend une première décision. Il met le cap sur l'Ouest, bastion rebelle, histoire de rencontrer les principales figures de l'opposition au trudeauisme et de rapporter dûment leur point de vue à Londres.

Il y a au moins une bonne nouvelle en provenance de cette partie du pays qui permet d'espérer la fin des batailles entre l'Ouest et le gouvernement central. Au début de septembre, Edmonton et Ottawa ont conclu une trêve dans la guerre énergétique qui les oppose. Les fédéraux ont consenti à tripler le prix du brut, se rapprochant du prix mondial, en échange d'une augmentation de leurs revenus tirés de l'exploitation pétrolière[5]. Lougheed a obtenu l'essentiel de ce qu'il voulait. Au moment de rencontrer Moran, l'Albertain l'assure que l'entente énergétique constitue un développement positif pouvant favoriser une paix constitutionnelle[6], propos qui sont repris devant le haut-commissaire par Allan Blakeney lors d'une escale à Saskatoon[7]. À Winnipeg, Lyon profite de la visite du Britannique pour se pencher sur la situation québécoise. On ne fait pas assez attention à ce que dit le premier ministre québécois, explique-t-il. « Peu importe ce que feraient le Parlement et le gouvernement fédéraux ou le Parlement britannique, Lévesque n'acceptera jamais

---

5.   *The Globe and Mail*, 2 septembre 1981.

6.   Note de Lord Moran adressée à Londres, datée du 18 septembre 1981. Document obtenu du Foreign Office à la suite d'une demande d'accès à l'information.

7.   Note de Lord Moran adressée à Londres, datée du 8 septembre 1981. Document obtenu du Foreign Office à la suite d'une demande d'accès à l'information.

la Charte des droits. » Et il lance cet avertissement : « Tout le Québec l'appuierait. » Devant « la distorsion de la structure fédérale résultant de l'action d'un gouvernement fédéral non représentatif », le Manitoba fera cause commune avec la province francophone, et la lutte sera épique, promet-il. Tout sera mis en œuvre pour résister à la Charte, quitte à être injustement accusé de verser dans la désobéissance civile.

La visite des Huit à Londres

À l'instar de ses collègues dissidents, le chef du gouvernement manitobain n'en fait aucun mystère : il informe Moran qu'il ira à Londres plaider leur cause et voudra rencontrer Thatcher. Lyon l'ignore, mais il prêche à un converti. Moran travaille fermement en coulisses pour que les Huit soient reçus dans la capitale britannique, au plus haut niveau.

> Je suis fermement d'avis, écrit-il à Londres, que les premiers ministres provinciaux devraient être reçus, en compagnie du haut-commissaire canadien, par la première ministre. C'est Mme Thatcher qu'ils veulent rencontrer. Ce sont les premiers ministres de grandes provinces importantes et riches, comme le Québec, l'Alberta, la Colombie-Britannique et la Saskatchewan. Ce sont des hommes fiers qui auront des comptes à rendre à leur électorat respectif dès leur retour ; ces provinces et leurs gouvernements revêtent une grande importance pour nous sur le plan commercial, notamment l'Alberta et la Colombie-Britannique… Je ne vois pas pourquoi les autorités fédérales s'opposeraient si leur haut-commissaire est présent[8].

---

8.   Note de Lord Moran au Foreign Office, datée du 6 juillet 1981. Document obtenu du Foreign Office à la suite d'une demande d'accès à l'information.

La suggestion est reçue avec réticence au Foreign Office, surtout que Moran a averti ses collègues que, si les Huit vont à
Londres, Hatfield et Davis voudront faire la même chose. Les
arguments du haut-commissaire sont « convaincants », admet
Martin Berthoud dans une note interne. Mais le responsable de
la direction Amérique du Nord pense qu'« il serait néanmoins
approprié qu'ils ne soient pas reçus par quelqu'un œuvrant à un
niveau supérieur à celui de M. Ridley[9] ».

L'affaire remonte jusqu'à Lord Carrington, qui prend le
temps d'y réfléchir. Il profite d'une nouvelle visite de Mark Mac-
Guigan à Londres pour expliciter ses vues sur le sujet. Bien au
courant du projet des premiers ministres dissidents, le ministre
fédéral espère convaincre son vis-à-vis de tuer cette affaire dans
l'œuf. Il n'y aura pas de problème s'ils se présentent un par un,
lui explique le chef du Foreign Office. « Par contre, si un grand
nombre d'entre eux demandent une rencontre avec la première
ministre, il pourrait être désastreux, sur le plan tactique, qu'elle
refuse de les voir, souligne-t-il. Un tel refus ferait l'objet de critiques au Parlement et ailleurs[10]. » L'objectif doit être de ne rien
faire qui nuirait à l'adoption de la résolution constitutionnelle,
conclut Carrington.

La décision de recevoir les Huit constitue une victoire pour
Moran, qui ne s'arrête pas là pour autant. Il tente ensuite d'inflé-
chir l'ensemble de la politique britannique en ce qui a trait à la
Charte, dans une note qu'il envoie à Londres :

> La proposition selon laquelle le Parlement britannique devrait
> être invité à adopter une charte des droits pratiquement

---

9.   Note de Martin Berthoud à Derek Day, datée du 15 juillet 1981.
Document obtenu du Foreign Office à la suite d'une demande d'accès à
l'information.

10.   Compte rendu d'entretien entre Lord Carrington et Mark MacGuigan, daté du 18 septembre 1981. Document obtenu du Foreign Office à la
suite d'une demande d'accès à l'information.

immuable mais controversée pour un autre pays indépendant, peu importe les affirmations de M. Trudeau suivant lesquelles la population du Canada veut une telle charte, paraît essentiellement déraisonnable. C'est ce qui explique la position virulente qu'ont adoptée en octobre dernier […] les deux ministres canadiens : « Les Britanniques ne peuvent pas se permettre d'intervenir sur le fond de la question » (a dit M. Roberts). D'une certaine façon, pourtant, c'est exactement ce que le gouvernement fédéral nous oblige à faire…

M. Roberts semble avoir tenté également d'induire en erreur nos ministres lors de la rencontre, lorsqu'il a dit que « la charte des droits a été mise de l'avant essentiellement en réponse à l'exigence du Québec ». En fait, c'est le gouvernement du Québec ayant été récemment réélu qui s'oppose le plus vivement à la Charte, parce que celle-ci l'emporterait sur sa loi chérie qui donne la primauté au français dans la province[11].

Après s'être demandé s'il n'aurait pas mieux valu refuser la Charte dès le départ, Moran rappelle que les provinces rebelles se sont entendues sur une formule d'amendement et que 90 % des Canadiens étaient en faveur d'une solution négociée au Canada, selon un sondage fait durant l'été. La charte, poursuit-il, est un corps étranger dans le système parlementaire, associé au républicanisme américain ou, pire encore, à l'Union soviétique. Or, à part le Québec, qui est un cas particulier, « nos amis ici, les Canadiens qui croient en la reine, aux liens avec les Britanniques, etc., se retrouvent presque tous dans le camp anti-Trudeau, tandis que ceux qui appuient le projet de Trudeau ne sont pas, en général, nos grands amis. Le gouvernement fédéral cherche à

---

11. Note de Lord Moran adressée à Londres, datée du 14 septembre 1981. Document obtenu du Foreign Office à la suite d'une demande d'accès à l'information.

nous obliger à nous rallier à lui et a très bien réussi à atteindre son objectif ».

Le débat se poursuit au Foreign Office, avec Berthoud qui suit fidèlement la ligne tracée par le chef du gouvernement. « On peut prétendre, bien sûr, que le gouvernement britannique avait un choix à faire et qu'il aurait pu s'abstenir de toute intervention », écrit-il dans une note destinée au sous-ministre Derek Day. « Mais… il fallait choisir entre la position du gouvernement fédéral, avec lequel nous avons des relations, et la position des provinces, avec lesquelles nous n'en avons pas. En d'autres termes, il n'y avait pas d'autre possibilité réelle que d'accepter la requête fédérale[12]. »

C'est donc un échec pour Moran, même si, comme le lui fait valoir Berthoud, les Britanniques ont obtenu que la Cour suprême se penche sur l'affaire au préalable. Si le jugement du tribunal est défavorable à Trudeau, « la balle va quitter notre camp. Si son jugement est favorable à la position du gouvernement fédéral, alors le traitement parlementaire du problème s'en trouvera simplifié[13] ». Le seul risque, reconnaît Berthoud, et il est de taille, serait que la décision soit partagée. Cela constituerait le pire scénario.

Moran n'est pas satisfait de cette réponse et revient à la charge quelques jours plus tard :

> Je soupçonne que la plupart des Canadiens n'ont qu'une vague idée de la chose et estiment généralement qu'un document garantissant les libertés fondamentales, les droits démocratiques, la non-discrimination, l'emploi des deux langues officielles et le

---

12. Note de Martin Berthoud à Derek Day datée du 23 septembre 1981. Document obtenu du Foreign Office à la suite d'une demande d'accès à l'information.

13. Note de Martin Berthoud à Lord Moran datée du 25 septembre 1981. Document obtenu du Foreign Office à la suite d'une demande d'accès à l'information.

droit de la minorité à l'enseignement dans sa langue doit certainement être une bonne chose. Je crois qu'assez peu de Canadiens (à l'exception de M. Sterling Lyon, premier ministre du Manitoba), comprennent bien la nature fondamentale de la Charte, qui, après son enchâssement, l'emporterait sur le Parlement fédéral et les assemblées législatives provinciales et ne serait sujette à interprétation que par les tribunaux. Ce serait complètement contraire à la conception britannique d'un Parlement souverain (ce qui rend d'autant plus étrange le fait que le Parlement britannique est invité à l'adopter).

Par-dessus le marché, de nombreux juristes sont d'avis que la Charte pourrait bien avoir des répercussions pratiques regrettables. Elle est susceptible de donner le feu vert à des criminels, comme des trafiquants de drogue et des réseaux de pornographie, et à des minorités ayant des exigences extrêmes. Il demeure extraordinaire qu'on nous demande de l'adopter, ce qu'on ne nous demanderait certainement pas de faire pour l'Inde, la France ou les États-Unis. Je ne crois pas que beaucoup de Canadiens saisissent encore tout le caractère étrange d'une telle requête[14].

Au Foreign Office, qui demeure avec le 10, Downing Street l'un des ministères les plus favorables au gouvernement Trudeau, cet avertissement est ignoré. Les provinces se préparent néanmoins activement en vue du jugement de la Cour suprême, attendu désormais à tout moment. À la mi-septembre, les sous-ministres aux Affaires intergouvernementales de la Bande des Huit se réunissent à Londres pour préparer la suite des choses. Il est décidé que James McKibben sera le coordonnateur de tous les délégués généraux. Du personnel supplémentaire est embauché,

---

14. Note de Lord Moran adressée à Londres, datée du 5 octobre 1981. Document obtenu du Foreign Office à la suite d'une demande d'accès à l'information.

et on fait appel à des firmes de lobbying. Des activités conjointes avec les Indiens sont prévues. Les dissidents se sont aussi dotés d'un emblème officiel, les armoiries de chacune des huit provinces formant un cercle autour d'une feuille d'érable rouge ; ils font produire enveloppes et papier à en-tête. La seule chose qui manque, c'est un drapeau.

Les fédéraux aussi se préparent d'arrache-pied[15]. Ils prévoient mobiliser les différents centres d'études canadiennes au Royaume-Uni. Les multinationales canadiennes seront également appelées à jouer un rôle, et de nouveaux documents informatifs sont préparés. Le Nouveau-Brunswick et l'Ontario seront mis à contribution.

La Constitution : l'arme suprême des travaillistes

C'est dans ce contexte que se prépare la convention du Parti travailliste, fin septembre, à Brighton. À la veille de ce rassemblement, le magazine satirique *Punch*, toujours bien renseigné, rapporte que les travaillistes accordent de plus en plus d'intérêt au rapatriement, même s'il constitue « une question fastidieuse qui ennuie même les Canadiens. De pleins camps de bûcherons s'endorment dès qu'ils commencent à en discuter. Le simple fait d'y penser a pour effet presque garanti qu'un agent de la police montée ne pourra pas capturer celui qu'il poursuit[16] ». Comment expliquer alors cet intérêt ? C'est qu'un projet de loi constitutionnel doit être débattu longuement en chambre. Le gouvernement

---

15.   Note. Archives du ministère des Affaires étrangères du Canada, RG 25-A-3-C 25-6, 20-CDA-16-1-4, vol. 11078, partie 27.

16.   Article reproduit dans une note envoyée à Ottawa par le Haut-Commissariat canadien à Londres, datée du 24 septembre 1981. Archives du ministère des Affaires étrangères du Canada, RG 25-A-3-C 25-6, 20-CDA-16-1-4, vol. 11078, partie 27.

ne peut suspendre les débats pour forcer le vote. Comme l'explique le magazine, les députés travaillistes se frottent déjà les mains :

> Quelle mine inépuisable de possibilités de perdre son temps qui est ainsi mise à la disposition [...] des champions de la perte de temps aux Communes [...] Ils peuvent passer deux heures à débattre de l'Ordonnance de rétention des attache-feuilles ou une heure et demie à discuter du projet de loi sur les repas (et l'amélioration de la qualité des sandwichs) servis à bord des trains britanniques sans le moindre effort. Imaginez ce qu'ils vont faire avec toute une Constitution ! Personne en Grande-Bretagne ne pense une seconde à la Constitution canadienne, si bien qu'il s'agit d'un gain politique net. Avec un tant soit peu d'habileté, ils bloqueront le calendrier législatif pendant un an s'ils recourent à l'expédient simple consistant à ne pas laisser de temps pour débattre d'autre chose [...] et Mme Thatcher ne peut absolument rien faire pour empêcher ça.

Cette lecture glace le sang des diplomates fédéraux, qui se lancent aussitôt dans un travail de contre-vérification, lequel confirme leurs appréhensions :

> Selon nos sources au sein du Parti travailliste, un groupe de députés menés par Ian Mikardo ont préparé 70 amendements qu'ils tenteront d'intégrer au projet de loi sur le Canada... Le Parti travailliste mobilise toutes ses ressources pour repousser à tout prix les projets de loi gouvernementaux portant sur les syndicats et le financement municipal [...] Ce dernier projet de loi n'est rien d'autre qu'une attaque en règle contre les gouvernements régionaux qui, aussi fondée soit-elle sur le plan économique, sera très mal accueillie parce qu'elle sera considérée comme un empiètement du pouvoir central sur les gouvernements régionaux, qui forment la pierre angulaire de la démocratie dans un État unitaire. Ces projets de loi vont rendre la session houleuse et

les travaillistes sont prêts à utiliser tous les moyens à leur disposition pour « faire de l'obstruction systématique ». Le projet de loi sur le Canada donne une occasion aux travaillistes de faire perdre du temps au Parlement[17].

Les fédéraux mesurent très bien le sérieux de la situation, mais celle-ci est en réalité pire que ce qu'ils imaginent. Car s'ils anticipent correctement les difficultés en provenance de l'aile radicale des travaillistes, ils surestiment grandement leurs appuis parmi les ténors du parti, notamment son nouveau chef, Michael Foot, que l'on croit acquis à la cause en raison de ses bonnes relations avec Trudeau. Or, depuis que le premier ministre néo-écossais, John Buchanan, s'est joint à la Bande des Huit, il utilise l'une des meilleures cartes à la disposition des rebelles : Jeremy Akerman. Sous-ministre responsable des Affaires intergouvernementales de sa province, ce Britannique d'origine est un personnage singulier. Ancien chef du NPD néo-écossais, il a abandonné son parti pour poursuivre sa carrière avec les conservateurs. Après le rapatriement, il entreprendra même une carrière d'acteur à Hollywood. Mais Akerman est surtout un grand ami du nouveau chef des travaillistes. Il a même travaillé bénévolement dans son cabinet politique quand Michael Foot était ministre, durant le fameux *winter of discontent* de 1978-1979, une saison de grèves généralisées qui ont paralysé le Royaume-Uni et propulsé Thatcher au pouvoir[18].

L'épreuve a resserré la relation entre les deux complices. Lorsqu'ils se revoient dix-huit mois plus tard, Foot est le chef de

---

17. Information contenue dans deux notes du Haut-Commissariat canadien à Londres, envoyées à la délégation canadienne au Sommet du Commonwealth à Melbourne, datées du 30 septembre 1981 et du 2 octobre 1981, classées « secrètes ». Archives du ministère des Affaires étrangères du Canada, RG 25-A-3-C 25-6, 20-CDA-16-1-4, vol. 11078, parties 27 et 28.

18. Entrevue avec Jeremy Akerman, 11 janvier 2010.

son parti et Akerman, l'émissaire de sa province. Comme le rappelle ce dernier,

> Nous avons déjeuné et dîné ensemble à diverses reprises. M. Foot m'a aussi aidé à organiser des rencontres et a emmené avec lui des députés lors d'une de ces rencontres, à l'un des clubs de Londres, au Club automobile royal, si je me souviens bien.
>
> Il n'a jamais vraiment dit qu'il nous appuyait, pas aussi ouvertement, parce qu'il était alors le leader de l'opposition. Mais il m'a amené à croire qu'il soutenait la position du Groupe des Huit. J'avais toutes les raisons de penser qu'il nous appuyait. Sinon, je ne sais pas pourquoi il aurait fait l'effort de nous diriger vers d'autres députés. Il disait : « Allez voir celui-ci, allez parler à celui-là », etc.
>
> Je crois que Michael était bien disposé à notre égard parce qu'il songeait déjà à la décentralisation des pouvoirs, au transfert de pouvoirs à l'Écosse et au pays de Galles, parce qu'il représentait une circonscription galloise et qu'il comprenait la nature d'un système fédéral ou décentralisé[19].

Un jugement invalide et sans effet

Tandis que les provinces rebelles profitent du Congrès des travaillistes pour gagner des appuis, la Cour suprême accouche finalement de sa décision, le 28 septembre 1981, alors qu'un vent de tempête souffle sur la vallée de l'Outaouais. Les juges ont même convoqué la télévision d'État pour qu'elle retransmette l'événement en direct – une grande première qui ne fonctionnera pas comme prévu. Un des micros placés devant Bora Laskin ne marchera pas, privant de son les téléspectateurs. Jean Chrétien, qui garde le fort dans la capitale en l'absence de Trudeau, assiste à

---

19. *Ibid.*

l'événement depuis son bureau et peine à comprendre la décision. Bill Bennett, le nouveau porte-parole des Huit, rencontre les mêmes difficultés, lui qui suit l'affaire depuis les bureaux de la Colombie-Britannique à Ottawa.

Comme l'avait annoncé Laskin aux Britanniques et aux fédéraux, la cour est divisée, sauf sur une question. Tous les juges reconnaissent que le projet fédéral empiète sur les compétences provinciales, contrairement à ce qu'Ottawa affirme depuis le début. Sur la question de la légalité, sept des neuf juges considèrent que la démarche fédérale est légale, soulignant qu'un tribunal n'a pas l'autorité pour empêcher le Parlement fédéral d'envoyer une résolution constitutionnelle au Parlement britannique ; les deux juges nommés à l'époque de Diefenbaker sont tout de même en désaccord. Par ailleurs, six des neuf magistrats affirment que la démarche fédérale est anticonstitutionnelle au regard des conventions, lesquelles veulent qu'Ottawa procède avec un nombre substantiel de provinces dans un dossier comme celui-là. Les trois autres juges, dont Laskin et Estey, bien sûr, se rangent du côté du fédéral.

Trudeau est amer, même s'il n'en dit rien publiquement. « À mon avis, ce jugement était défectueux », écrira-t-il plus tard dans ses mémoires. « Je crois que les dissidents, qui avaient à leur tête le juge en chef Bora Laskin, avaient raison de souligner : "C'est là une question de loi et nous ne pouvons pas évoquer ici les conventions qui sont des ententes conclues entre des politiciens[20]". Le jugement constitue pour lui une défaite relative. Même s'il obtient la reconnaissance de la légalité de sa démarche, il se verra forcé de payer un prix politique élevé s'il n'obtient pas un consensus provincial plus large, situation qui va rapidement lui poser des problèmes quasi insurmontables, comme on le verra.

---

20. Pierre Elliott Trudeau, *Mémoires politiques,* Montréal, Éditions Le Jour, 1993, p. 284-285.

Mais ce qu'il faut retenir, à la lumière de ce que nous ont révélé les archives britanniques, c'est que ce jugement est entaché de graves irrégularités. En effet, comme nous l'avons vu au cours des chapitres précédents, le juge en chef, Bora Laskin, de même que le juge Estey n'ont pas hésité à intervenir directement dans le processus politique en livrant secrètement de l'information aux gouvernements canadien et britannique.

Il faut bien comprendre que le principe de séparation des pouvoirs est aussi important dans notre système que la responsabilité ministérielle, une autre convention constitutionnelle qui veut que le gouvernement doive démissionner s'il n'a pas la confiance de la chambre. Violer une telle convention constitue une atteinte fondamentale aux règles de la démocratie. En de telles circonstances, une seule conclusion est possible : le jugement de la Cour suprême est invalide et sans effet.

Dans notre système de droit, la violation d'une convention constitutionnelle entraîne une sanction politique. Sauf que pour que celle-ci soit rendue, il aurait fallu que l'affaire soit connue. Si la conduite d'au moins deux des neuf juges avait été révélée dans l'atmosphère explosive de l'époque, la Cour suprême aurait été complètement discréditée, tout comme le gouvernement Trudeau. L'affaire aurait probablement entraîné un refus très légitime des provinces de se soumettre aux décisions du plus haut tribunal, en plus de provoquer la chute du gouvernement libéral, la mort de la Charte ainsi qu'une crise constitutionnelle sans précédent. Mais faute d'avoir su ce qui se passait vraiment, les opposants de Trudeau n'ont pas eu droit à une défense pleine et entière et n'ont pu réagir comme ils auraient dû le faire. Au moment où sont écrites ces lignes, justice n'a toujours pas été rendue dans cette affaire.

À la lecture de ces révélations, certains voudront minimiser ou excuser la conduite de Laskin, prétextant que c'est de l'histoire ancienne et qu'il faut passer à autre chose, comme si la Charte des droits ne s'appliquait plus au pays. On dira que la Charte est une bonne chose et que son adoption était nécessaire, comme si

la fin justifiait les moyens. On invoquera certainement le jugement, assez défavorable à Trudeau, pour dire que l'affaire n'est
pas si grave. Après tout, affirmera-t-on, la manœuvre du juge en
chef a échoué. Comme si un voleur de banque ratant son méfait
devenait de ce fait moins coupable.

Sauf qu'il est aussi permis de penser qu'en l'absence des jeux
de coulisses du juge en chef et du juge Estey, la Cour suprême
aurait peut-être trouvé la démarche fédérale illégale, à l'instar de
la Cour d'appel de Terre-Neuve, ce qui aurait forcé les fédéraux
à une retraite complète. Mais telle n'est pas la réalité : si le jugement était une défaite partielle pour Ottawa, il a aussi affaibli
considérablement la position québécoise et manitobaine. Le professeur de droit Michael Mandel résume bien l'état de la situation : « L'obtention du consentement unanime des provinces et
du gouvernement fédéral était un objectif tout simplement
impossible à atteindre tant et aussi longtemps que Trudeau et
Lévesque devaient signer le même document. La non-unanimité
que la Cour suprême a voulu autoriser a rendu possible le seul
accord concevable, soit un accord qui exclut le Québec[21]. »

Ne serait-il pas alors légitime de voir, dans le processus du
rapatriement constitutionnel mené par Trudeau avec la complicité du juge en chef de la Cour suprême et des autorités britanniques, un coup d'État, ainsi que l'affirmait déjà John Ford dans
sa note à Lord Carrington, citée à la fin du chapitre précédent ?
Examinons ici attentivement la définition de ce terme. Le coup
d'État est une notion qui ne doit pas être confondue avec celle de
putsch militaire. Comme l'explique l'historien Maurice Agulhon,
spécialiste de la question, ce dernier concept s'applique quand
un groupe « cherche à s'emparer du pouvoir par la force » et
« lance son assaut de l'extérieur de l'État, sans complicité dans les

---

21.   Michael Mandel, *The Charter of Rights and the Legalization of Politics
in Canada*, Toronto, Thompson Educational Publishing, 1994, p. 35.

institutions mais en les violentant[22] ». Le coup d'État, lui, « revêt une spécificité supplémentaire, celle du coup de force mené de l'intérieur du système institutionnel par quelqu'un qui détient déjà l'essentiel du pouvoir… ou qui y dispose de puissants complices[23] ».

Voilà bien ce dont il est question ici puisque Trudeau, aidé de Laskin, tente de renverser l'ordre constitutionnel existant, quitte à violer les règles que celui-ci prescrit, c'est-à-dire la séparation des pouvoirs. Comme l'explique encore Agulhon, « pour nous modernes, le coup d'État est une violation du droit. Or le respect du droit est au cœur de l'éthique libérale et de la démocratie[24]… ».

22. Maurice Agulhon, *Coup d'État et République,* Paris, Presses de la Fondation nationale des sciences politiques, 1997, p. 10.

23. *Ibid.*

24. *Ibid.,* p. 9.

CHAPITRE 16

The Lady's not for turning

Le jugement de la Cour suprême avait beau être attendu, il prend quand même au dépourvu certains acteurs du dossier. Peter Lougheed est à Munich pour y faire la promotion de Calgary, dans l'espoir d'obtenir les Jeux olympiques d'hiver de 1988. Bill Davis est aux îles Fidji. Ed Broadbent est dans un avion qui le ramène de Paris. Trudeau vient d'arriver à Séoul, en route vers le Sommet du Commonwealth en Australie. On donne donc au premier ministre les grandes lignes du jugement au téléphone. Michael Pitfield, qui l'accompagne, passe ensuite la nuit au bout du fil avec Ottawa, histoire de démêler toutes les subtilités de l'avis de la cour, malgré l'écho et la distorsion qui accompagnent cette conversation transocéanique[1].

« On a gagné ! » s'exclame Jean Chrétien en apprenant que la cour confirme la légalité de la démarche fédérale. « *Yes !* » se réjouit à son tour son sous-ministre, Roger Tassé[2]. Suivant les indications de Trudeau, tel sera le message fédéral de la journée : Ottawa a gagné. Chrétien explique donc devant la presse que la question de la légalité est bien plus importante que celle du non-respect des conventions. Par exemple, explique-t-il en usant d'un bon sens un peu fruste, il y avait auparavant une convention

---

1. Robert Sheppard et Michael Valpy, *The National Deal: The Fight for a Canadian Constitution*, Toronto, MacMillan, 1982, p. 250.
2. *Ibid.*

selon laquelle les caméras de télévision n'étaient pas admises dans l'enceinte de la Cour suprême. Étant donné de nouvelles circonstances, cette pratique a été mise de côté[3].

Se faisant demander si les Britanniques ne risquaient pas de s'intéresser, eux, à l'aspect « conventions » du jugement, Chrétien se dit convaincu que le gouvernement Thatcher passera la résolution. Plus tard dans la journée, il précise qu'agir autrement reviendrait à traiter le Canada comme une colonie. Les Britanniques ne voudront pas faire cela, car « ils en ont déjà plein les bras avec l'Irlande du Nord[4] ».

Rue Elgin, ces déclarations déchaînent la colère de Lord Moran. Il pond une analyse qui se répand ensuite comme une traînée de poudre à Londres. Avec un jugement aussi défavorable, écrit-il, une personne raisonnable aurait conclu à l'impossibilité de maintenir le cap. « Il me paraît étrange que, sans aucun examen gouvernemental et avant même l'étude adéquate du document, le ministre de la Justice, après un très bref entretien avec M. Trudeau, ait annoncé tout net qu'il irait de l'avant. » Le premier ministre, pense Moran, doit être très déçu.

> Peut-être juge-t-il que le projet est voué à l'échec, mais, dans ce cas, il vaudrait bien mieux qu'il soit tué dans l'œuf par le Parlement britannique plutôt que par son gouvernement, car cela lui permettrait de nous en faire porter la responsabilité. C'est dire que, si la première ministre, à Melbourne, lui indique qu'elle doute encore plus qu'auparavant de la possibilité d'une adoption facile au Parlement britannique, il en serait peut-être secrètement moins contrarié qu'il ne veut bien l'admettre.

---

3.   Roy Romanow, John Whyte et Howard Leeson, *Canada… Notwithstanding: The Making of the Constitution, 1976-1982*, Agincourt, Carswell/Methuen, 1984, p. 185.

4.   Note de Lord Moran adressée au Foreign Office, datée du 29 septembre 1981. Document obtenu du Foreign Office à la suite d'une demande d'accès à l'information.

Maintenant que le gouvernement fédéral a pris le parti de faire fi de la convention constitutionnelle, nous pouvons avancer que nous sommes alors moins obligés de respecter cette convention, selon laquelle nous sommes censés faire exactement ce que les Canadiens nous demandent à propos de la Constitution. Si M. Trudeau envisage vraiment une défaite finale dont il nous rendrait responsables, il peut se révéler moins préjudiciable pour nous de tout simplement trouver un moyen juridique, si possible, de nous départir de toute responsabilité concernant la Constitution canadienne et de la remettre au Canada afin qu'il opère lui-même toute modification souhaitée[5].

Tandis que Moran s'en prend à Trudeau en coulisses, les huit premiers ministres dissidents préparent leur réplique au jugement. Dès l'annonce de celui-ci, Bill Bennett amorce une ronde d'appels téléphoniques qui dure deux heures et demie. Certains de ses collègues, comme Lougheed, veulent une déclaration dure. D'autres souhaitent une approche plus conciliante. Finalement, le premier ministre de la Colombie-Britannique déclare que les Huit sont très heureux du jugement, qui leur donne raison – plaidoyer qu'il livre toutefois sans conviction[6]. De son côté, René Lévesque ne peut résister à la tentation de convoquer la presse pour expliquer la position québécoise. La décision de la Cour suprême constitue une victoire claire pour les dissidents, dit-il.

Par ailleurs, le NPD annonce qu'il exige une nouvelle rencontre fédérale-provinciale, faute de quoi il retirera son appui[7]. Cet avertissement n'est pas sans conséquence en Grande-

5. Note de Lord Moran adressée au Foreign Office, datée du 28 septembre 1981. Document obtenu du Foreign Office à la suite d'une demande d'accès à l'information.

6. Robert Sheppard et Michael Valpy, *The National Deal*, p. 250.

7. Michael Mandel, *The Charter of Rights and the Legalization of Politics in Canada*, Toronto, Thompson Educational Publishing, 1994, p. 33.

Bretagne, où le congrès travailliste se poursuit toujours ; une partie des conversations porte justement sur le jugement. Les néo-démocrates fédéraux y ont dépêché un observateur en la personne de Robin Sears, le directeur du parti. Les diplomates fédéraux y sont également, et plusieurs députés leur prodiguent des conseils :

> Selon l'avis mûrement réfléchi de Michael English, une décision de la cour permet aux opposants de recourir au terme « anticonstitutionnel », ce qui équivaudra à un baiser de la mort pour Westminster, étant donné le respect des parlementaires britanniques pour les convenances constitutionnelles et pour les « conventions ».
>
> Le très honorable Roland Moyle et Nigel Spearing (membre du comité Kershaw) ont donné le conseil suivant : notre cause bénéficierait d'un coup de pouce optimal si Blakeney et le NPD de la Saskatchewan concluaient un accord avec le gouvernement fédéral et nous apportaient leur soutien. Tous deux ont reconnu le poids des pressions que peut exercer le NPD de la Saskatchewan en tant que parti socialiste frère [...] De manière globale, la décision de la cour a nui à nos efforts déployés depuis neuf mois pour sensibiliser et impressionner les parlementaires britanniques[8].

De son côté, Trudeau est toujours en Corée du Sud, où tout a été prévu pour qu'il puisse réagir à la télévision. Le problème ? Les fédéraux se demandent quel sens donner au jugement et quelles conséquences en tirer. Le sous-ministre à la Justice, Roger Tassé, pense que l'aspect légal prévaut ; il faut foncer[9]. Michael

---

8.   Note du Haut-Commissariat canadien à Londres, envoyée à la délégation canadienne au Sommet du Commonwealth à Melbourne, datée du 2 octobre 1981. Archives du ministère des Affaires étrangères du Canada, RG 25-A-3-C 25-6, 20-CDA-16-1-4, vol. 11078, partie 28.

9.   Robert Sheppard et Michael Valpy, *The National Deal*, p. 256.

Kirby affirme de son côté qu'il est nécessaire de mettre une nouvelle offre sur la table, puis de procéder à un référendum en cas d'échec. Le problème, c'est que, si une nouvelle proposition, en principe plus généreuse, est refusée, il sera difficile de revenir à l'offre précédente. Ottawa aura ainsi abattu une carte pour rien.

Aucune conclusion ferme ne se dégage de ces discussions, et c'est finalement un Trudeau sombre qui apparaît devant les caméras, livrant un numéro destiné à garder toutes les options ouvertes. Après avoir répété que la question de la légalité ne se pose plus et que son gouvernement ira donc de l'avant, il affirme qu'il n'a pas « totalement exclu la possibilité d'écouter ce que les provinces ont à dire ». Reprenant sa rengaine, il affirme toutefois qu'il n'est pas question d'échanger des droits contre des pouvoirs : l'exercice serait dès lors inutile[10].

Une planche de salut nommée Thatcher

Même s'il semble résolu à ne rien céder en ce qui concerne la Charte, les difficultés de Trudeau n'échappent pas aux observateurs. Le Cabinet Secretary, Robert Armstrong, explique la situation à Thatcher :

> Bien que M. Trudeau se montre heureux de la décision de la Cour suprême, je crois qu'il est parfaitement conscient que sa position s'en trouve affaiblie. Il ne peut plus prétendre que ce qu'il compte faire est autre chose qu'une violation de la convention constitutionnelle ; il serait donc nettement moins crédible, tant au Canada qu'en Grande-Bretagne, s'il se plaignait qu'un rejet de ce projet de loi par le Parlement britannique serait une violation de la convention constitutionnelle selon laquelle West-

---

10. Transcription de la conférence de presse de Trudeau. Document obtenu du Foreign Office à la suite d'une demande d'accès à l'information.

minster doit adopter telle quelle toute mesure dûment requise
et approuvée par le Parlement canadien[11].

Armstrong en est venu à cette conclusion après avoir parlé à
Michael Pitfield. Comme il l'explique à sa patronne, ce dernier
« a clairement indiqué que M. Trudeau attend du gouvernement
britannique qu'il maintienne son engagement de présenter à
Westminster tout projet de loi qui aura été dûment adopté par le
Parlement canadien. Si était évoquée la moindre possibilité d'affaiblir ou de nuancer cet engagement, sa position au Canada en
serait gravement compromise. Il va donc chercher à savoir auprès
de vous si cet engagement demeure toujours aussi ferme ».

En position de faiblesse, Trudeau dépend plus que jamais de
sa vis-à-vis britannique. Elle est sa planche de salut, et il compte
s'y accrocher de toutes ses forces. Cependant, d'autres jugent que
Thatcher n'a pas à lui tendre la main. Les suggestions de Lord
Moran recueillent une grande adhésion au sein de l'administration et du gouvernement, même auprès de ceux qui jusqu'alors
étaient les alliés d'Ottawa. Le premier à changer son fusil d'épaule
est Martin Berthoud. Il élabore des scénarios en vue de la rencontre des deux chefs de gouvernement. Une première possibilité
est que la première ministre soit « le plus évasive possible. Elle
pourrait indiquer que [...] nous ferons de notre mieux pour faire
adopter ce projet de loi [...] mais elle doit l'avertir qu'il existe un
grand risque d'échec. Elle pourrait aussi avancer que, selon des
indications préliminaires, il ne serait pas adéquat de présenter
une requête dans les circonstances actuelles et que cette requête
ne serait donc pas débattue par le Parlement ici[12]. »

---

11. Note de Robert Armstrong à Margaret Thatcher, datée du 4 octobre 1981. Document obtenu du Foreign Office à la suite d'une demande
d'accès à l'information.
12. Note de Martin Berthoud datée du 28 septembre 1981. Document
obtenu du Foreign Office à la suite d'une demande d'accès à l'information.

La défection de Berthoud, jumelée à l'hostilité de Lord Moran, n'est pas en soi dramatique pour les fédéraux. Après tout, il ne s'agit que de deux fonctionnaires. Mais leurs recommandations rallient bientôt le nouveau Lord Privy Seal, Humphrey Atkins, et surtout Lord Carrington, qui jusqu'alors avait été un allié indéfectible d'Ottawa au cabinet. Comme Trudeau semble déterminé à aller de l'avant, Carrington suggère que la première ministre lui dise que « le jugement apporte une nouvelle dimension, [...] ce qui pourrait rendre bien plus difficile l'adoption du projet de loi canadien au Parlement. Si M. Trudeau tente de rappeler ses engagements à la première ministre, elle pourrait de la même manière prendre le parti d'affirmer que la situation semble avoir entièrement changé[13] ».

Parallèlement au ministre des Affaires étrangères, un comité spécial formé de six ministres, dont Havers, Pym et le whip en chef de chacune des deux chambres, étudie l'affaire. Le groupe se réunit deux jours après le jugement pour établir des recommandations. Humphrey Atkins, le Lord Privy Seal, lance le bal. Nous devrions suivre la ligne proposée par Lord Moran, dit-il. Thatcher « devrait s'engager le moins possible. Elle peut même aller plus loin et dire que M. Trudeau ne devrait pas présenter sa requête[14] ». Le Lord Chancellor, Quintin McGarel Hogg, enchaîne en disant que le jugement ne fera qu'augmenter les difficultés parlementaires. Mais le gouvernement devrait quand même introduire la législation en chambre. Après tout, dit-il, le Canada est un pays indépendant. Michael Havers prend ensuite la parole. Il est établi que les fédéraux violent les conventions, note-t-il. Mais ceux-ci affirment haut et fort qu'ils poursuivront

---

13. Note de Lord Carrington adressée à la délégation britannique au Sommet du Commonwealth à Melbourne et datée du 29 septembre 1981.

14. Les échanges ont été recréés grâce à une note de Lord Carrington envoyée à Melbourne le 30 septembre 1981 et à un compte rendu d'entretien fait le même jour. Ces deux documents ont été obtenus du Foreign Office à la suite d'une demande d'accès à l'information.

dans la même voie. Cela ouvre peut-être une porte. Le gouvernement britannique pourrait faire la même chose et « promulguer un court texte de loi rapatriant la Constitution canadienne, sans adopter en même temps les propositions d'amendement du gouvernement fédéral ».

Cette idée n'est pas poussée plus loin, du moins pour l'instant. Par contre, tous les membres du comité s'entendent pour dire que l'adoption de la résolution canadienne est désormais encore plus difficile que ce qui avait été envisagé précédemment. Surtout que Jean Wadds et ses collègues viennent de commettre une bévue : tout juste après le jugement, ils ont distribué un dépliant clamant la victoire d'Ottawa en raison de la reconnaissance de la légalité de la démarche fédérale. Le document ne fait aucune mention de la partie du jugement qui touche les conventions et qui est très critique envers Ottawa, comme si les députés et lords britanniques n'allaient pas en entendre parler.

Les provinces ont aussi produit un document informatif. Ce dernier mentionne que la démarche fédérale est légale, mais souligne en même temps qu'elle est anticonstitutionnelle au sens des conventions. Les Huit ont également dépêché à Londres une équipe de juristes dirigée par Yves Pratte, que les diplomates fédéraux appellent « Big Gun ». L'ancien juge de la Cour suprême ne fait pas mentir sa réputation. Avec autorité, il explique pendant plusieurs jours à des parlementaires et à d'autres personnages influents le sens de la décision prise par la Cour suprême, laquelle est selon lui une condamnation sans appel du projet fédéral. Son pilonnage est dévastateur.

Tout cela alors que du point de vue fédéral, « le caractère tendancieux du document qu'a récemment publié le haut-commissariat canadien ne fera qu'empirer les choses », comme le notent les membres du comité ministériel britannique lors de leur réunion. La conséquence est sans appel : « Il faut demander à Trudeau d'obtenir un certain consensus avant son arrivée à Londres. » Tel est le sens du message qui est envoyé à Thatcher à la fin de la réunion :

La nature du jugement de la Cour suprême, et en particulier ses réserves sur les conventions constitutionnelles, soulève de nouvelles questions très importantes qui vont grandement accroître les difficultés que nous avions de toute façon prévues au Parlement. Nous avons toujours prévenu les ministres canadiens que l'opposition au sein du Canada va sans doute avoir un écho ici. Étant donné le degré de l'opposition aux propositions actuelles de M. Trudeau qui s'est manifestée au Canada, nous estimons tout à fait réaliste de croire qu'un texte de loi fondé sur ces propositions risque d'être rejeté[15].

Les ministres britanniques ne sont pas les seuls à faire le point sur la question. À Melbourne, Robert Armstrong se livre à cette activité avec son vis-à-vis Pitfield, en vue de préparer l'entretien de leurs patrons. Le Canadien explique que l'élément jugé crucial par Trudeau est que la cour a reconnu à Ottawa le pouvoir légal d'aller de l'avant. Le premier ministre sait depuis le début que son projet viole les conventions, explique Pitfield[16]. Certes, celles-ci sont très importantes, mais elles ne sont pas immuables. Il revient au gouvernement et au Parlement canadien de décider quand elles doivent être abandonnées. Contrairement aux Britanniques, dit-il, les élus fédéraux pourront être jugés par la population canadienne lors des prochaines élections, si celle-ci désapprouve cette façon de faire.

Pitfield se garde bien de mentionner que, dans l'hypothèse où la population désavouerait le gouvernement libéral lors d'un scrutin, cela n'affecterait en rien les changements qui auraient été introduits par Westminster, en particulier la nouvelle charte.

---

15. Note de Lord Carrington envoyée à Melbourne le 30 septembre 1981. Document obtenu du Foreign Office à la suite d'une demande d'accès à l'information.

16. Cette conversation a été reconstituée à partir d'une note de Robert Armstrong à Margaret Thatcher, datée du 4 octobre 1981. Document obtenu du Foreign Office à la suite d'une demande d'accès à l'information.

Coulée dans le béton constitutionnel, celle-ci sera à l'abri des électeurs insatisfaits, lesquels ne pourront plus forcer le gouvernement à s'en défaire.

Le greffier du Conseil privé n'élabore pas davantage sur le fait que les fédéraux ne sont pas élus pour intervenir dans les compétences de leurs vis-à-vis provinciaux. Ils répondent de leurs compétences devant les électeurs et n'ont, en vertu de la Constitution, ni mandat ni légitimité pour s'immiscer dans les sphères de responsabilité des provinces. Celles-ci tiennent leur propre mandat du peuple pour agir en ce domaine.

Évidemment, Armstrong n'est pas dupe des omissions de son vis-à-vis. Il revient donc à la charge sur la question centrale de la Charte, dont les juges ont unanimement conclu qu'elle empiète sur les compétences provinciales. Ne serait-il pas possible de la laisser tomber, comme le propose Brian Peckford ? Il ne saurait en être question, répond Pitfield, qui explique alors la stratégie fédérale pour la suite. L'heure de vérité a sonné pour le Québec, dit-il. Trudeau compte détacher les provinces modérées de la Bande des Huit. Toutefois, comme le rapporte Armstrong à Thatcher, « bien qu'il puisse parvenir à en détacher quelques-unes, ce ne sera pas suffisant pour satisfaire à l'une ou l'autre des formules d'amendement, qui imposent toutes l'obtention de l'accord de l'Ontario et du Québec pour l'apport de quelque modification que ce soit ». Autrement dit, le premier ministre fédéral sait d'ores et déjà qu'il ne pourra satisfaire sa province d'origine. Il devra donc isoler celle-ci et outrepasser la formule d'amendement qu'il propose lui-même et qui donne au Québec un droit de veto. Le jugement de la Cour suprême lui permet justement de procéder ainsi. Selon Armstrong, « Trudeau s'attend à une opposition hâtive de la part du Québec et à une sorte d'affrontement avec M. Lévesque ; et il estime essentiel que soient inscrites dans la loi les dispositions de la charte des droits qui garantissent les droits des minorités francophones ».

Pitfield, pour sa part, explique que Trudeau ne blâmera pas le gouvernement britannique si son projet est défait à Westminster, même s'il pourrait s'en prendre à certains parlementaires. Les relations anglo-canadiennes ne seront pas affectées, assure-t-il.

Cette promesse est reçue avec beaucoup de scepticisme du côté britannique, notamment par Lord Carrington. Ce dernier a raison de se méfier. Un plan détaillé de représailles économiques et politiques est fin prêt à Ottawa et ne demande qu'à être sorti du tiroir où il a été rangé. Mais l'heure de l'offensive antibritannique n'est pas encore venue : Pitfield affirme que le premier ministre fédéral a un plan « qui, espère-t-il, garantirait que le projet de loi parvienne à Westminster après avoir obtenu un plus grand soutien des provinces canadiennes et ait de bonnes chances d'y être adopté ». À quoi pense Trudeau ? Selon toute vraisemblance, il songe à la proposition de double référendum qu'il soumettra lors de la conférence des premiers ministres, le 4 novembre 1981.

La conversation se poursuit. Armstrong explique que, s'il est un peu tôt pour se prononcer de façon définitive, tout indique que la décision de la Cour suprême rendra l'adoption du projet constitutionnel plus difficile. De plus, « le gouvernement ne peut pas perdre de vue ses propres priorités législatives : plusieurs projets de loi d'ordre financier doivent être promulgués avant une certaine date, y compris l'important et très controversé projet de loi sur le financement des gouvernements régionaux[17] ».

Quoi qu'il en soit, ce qui importe à ce stade, c'est la position qu'adoptera Thatcher lors de sa rencontre avec Trudeau. Sur ce point, Armstrong ne partage pas l'avis des membres du comité ministériel :

> À mon sens, rien de ce qui est advenu ne justifie l'annulation de l'engagement que vous avez pris et réitéré, à savoir que le gouver-

---

17. Cette partie de la conversation est rapportée dans une note de Robert Armstrong à Derek Day, datée du 19 octobre 1981. Document obtenu du Foreign Office à la suite d'une demande d'accès à l'information.

nement britannique va présenter à Westminster, sous la forme d'un projet de loi gouvernemental, toute mesure dûment requise et approuvée par le Parlement canadien et va l'inviter à l'adopter. Vous pourriez poursuivre en rappelant à M. Trudeau que la décision de la Cour suprême sur la convention constitutionnelle va à coup sûr rendre plus difficile l'adoption du projet de loi à Westminster et que tout ce qu'il pourra faire afin de le modifier et de le rendre acceptable pour un plus grand nombre de gouvernements provinciaux réduirait les risques d'un échec et augmenterait les chances de faire adopter le projet de loi dans un délai raisonnable.

Trudeau a induit Thatcher en erreur

Mieux que quiconque, Armstrong sait mesurer l'état d'esprit de Thatcher. Pour elle, toute cette affaire de rapatriement est comme un anachronisme auquel il importe de mettre fin au plus tôt, tout en préservant les relations avec l'allié fidèle que demeure le Canada. C'est dans cette perspective qu'elle aborde son entretien avec Trudeau, le 5 octobre, à la résidence du consul britannique à Melbourne[18].

La première ministre commence par dire qu'elle n'a pas pu lire le jugement, mais qu'elle comprend que la proposition d'Ottawa, bien que légale, est contraire aux conventions constitutionnelles. « Cela amènera vraisemblablement certains de mes partisans à maintenir leur opposition à cette proposition », lance-t-elle. Son gouvernement introduira quand même une requête en provenance du Parlement canadien, dans le but de « faire voter cette mesure avec le plus large soutien possible ».

---

18. L'entretien a été reconstitué grâce à un compte rendu daté du 5 octobre. Document obtenu du Foreign Office à la suite d'une demande d'accès à l'information.

Trudeau ne saurait demander davantage et comprend les difficultés auxquelles fait face sa vis-à-vis. Il promet de tout faire pour lui faciliter la tâche, précisant qu'il sondera de nouveau les premiers ministres provinciaux afin de voir si une nouvelle rencontre avec eux est souhaitable et une entente, possible. « Mais je dois reconnaître que la probabilité d'un compromis est faible. Les premiers ministres provinciaux opposés aux propositions du gouvernement ont toujours dit que, même s'ils perdaient la bataille judiciaire, ils poursuivraient la bataille politique. » Tout cela entraînera des délais supplémentaires, nuira aux deux gouvernements et se répercutera sur les relations anglo-canadiennes, prévient-il.

La réalité, c'est que chacun de nos gouvernements est élu et responsable devant son électorat, répond Thatcher. L'important est donc de préserver de bonnes relations entre les deux pays. Le succès de la résolution dépendra d'éventuels progrès au Canada et de la façon dont le gouvernement britannique pourra présenter le tout à Westminster, dit-elle.

Trudeau s'en remet entièrement à sa sagesse dans cet aspect de l'affaire. Il précise toutefois que plus les choses tarderont, plus grandes seront les conséquences pour les relations entre Ottawa et Londres. Le lobbying provincial se poursuivra de plus belle, de nouveaux premiers ministres provinciaux viendront à Londres, des députés et lords se rendront au Canada, et ainsi de suite. Si cette situation se poursuit plus longtemps, « je devrai dire aux Canadiens de ne pas écouter les députés d'arrière-ban britanniques. Il arrivera peut-être un moment où vous devrez dire aux premiers ministres provinciaux que, en droit, vous ne pouvez pas ne pas prendre connaissance de leurs objections ».

Le chef du gouvernement central enchaîne au sujet de René Lévesque : « le premier ministre du Québec a l'intention de créer des difficultés. Si une bataille doit nous opposer au Québec, il est préférable de la mener maintenant et non plus tard [...] alors que la majorité des Canadiens appuient la teneur des propositions du gouvernement fédéral, à défaut de la méthode utilisée pour leur mise en œuvre. » Trudeau explique alors que même si la majorité désapprouve sa façon de procéder, il reste que 80 % des Canadiens appuient le rapatriement et l'inclusion d'une charte dans la Constitution, selon les sondages.

Ce dernier commentaire ne manquera pas de faire sourciller Martin Berthoud, qui prendra connaissance de la discussion. « M. Trudeau a invoqué les sondages de façon trompeuse au cours de son entretien avec la première ministre, écrit-il dans une note. Il faudra réfuter adéquatement ses propos dans le rapport que nous ferons à Mme Thatcher après son retour[19]. »

Devant la Britannique, le premier ministre canadien affirme aussi que ses opposants n'ont jamais osé dénoncer le principe de la Charte, tant celle-ci est populaire. Ils s'en sont au contraire servi dans leur bataille contre le fédéralisme : les Huit, et pas seulement René Lévesque, rejettent ce principe. Pourquoi alors autant d'opposition ? Ils n'ont tout simplement pas compris que la Charte réduira autant les pouvoirs des législatures provinciales que ceux du Parlement fédéral. Cela dit, Trudeau affirme qu'il est prêt à réduire la portée de la Charte, mais s'attend à ce que Lévesque et probablement Lyon continuent de s'opposer.

Le chef du gouvernement central rappelle par ailleurs que le 11 décembre, le Statut de Westminster fêtera son cinquantième anniversaire. Voilà une excellente date pour l'obtention de l'indépendance complète du Canada. Armstrong intervient alors : cela nécessiterait que le projet de loi soit présenté en chambre vers la mi-novembre, ce qui rend l'affaire impossible. Thatcher est moins catégorique. Ce sera difficile, « mais je vais garder cette date en tête », assure-t-elle. « Lorsqu'on est sur le point de faire quelque chose de juste, il ne sert à rien de procrastiner, dit Trudeau. La bataille fait rage, c'est donc le temps d'y mettre fin. »

En trente-cinq minutes de discussion, Thatcher a démontré

---

19. Note de Martin Berthoud, datée du 7 octobre 1981. Document obtenu du Foreign Office à la suite d'une demande d'accès l'information.

qu'elle est toujours derrière Trudeau. Malgré tout, les Britanniques ont cette fois pris des précautions pour que le Canadien ne lui prête pas, devant les médias, des paroles qu'elle n'a pas dites. D'abord, il a été convenu qu'il y aurait un communiqué de presse conjoint. Ensuite, il n'est pas question de mentionner l'utilisation des whips. Le communiqué explique plutôt que la résolution constitutionnelle devra attendre la prochaine session parlementaire avant d'être introduite à Westminster et mentionne que cette situation a été acceptée par le premier ministre canadien.

Malgré ces nuances, la Dame de fer vient de tirer son allié du no man's land politique où le jugement de la Cour suprême l'avait laissé – position précaire où le feu de l'ennemi risquait de l'achever. Une seule hésitation de la première ministre, une nuance ou un désaveu aurait tué le projet Trudeau et fait triompher les Huit. Mais, bravant ses ministres, ignorant le Foreign Office et faisant fi du barrage de critiques de ses propres députés, elle s'est lancée à son secours, démontrant une fois de plus que « *The Lady's not for turning* », expression qu'elle affectionne.

Lougheed à Londres

De leur côté, stimulées par le jugement de la Cour suprême, les provinces s'activent. Quatre parlementaires britanniques visitent d'abord le Canada, invités par le Québec, toutes dépenses payées. Comme le fait remarquer avec sarcasme un diplomate fédéral, « il n'est pas très compliqué de faire accepter aux Britanniques des voyages toutes dépenses payées[20] ». Très facile, en effet, mais aussi très efficace. C'est ce qu'observe Lord Moran : « Je me suis

---

20.   Note du Haut-Commissariat canadien envoyée à Ottawa, datée du 28 octobre 1981. Archives du ministère des Affaires étrangères du Canada, RG 25-A-3-C 25-6, 20-CDA-16-1-4, vol. 11478, partie 29.

aperçu que tous les membres des deux chambres venus ici récemment (le dernier en date étant Lord Limerick) semblent tous impressionnés par la virulence de l'opposition aux propositions du gouvernement fédéral et que leurs doutes sont encore plus prononcés à leur retour à Londres[21]. »

Au sein du quatuor qui visite le pays au moment où la Cour suprême rend son jugement se trouve notamment Tony Marlow, député conservateur coloré qui a rejoint le camp de la fronde et profite de son séjour pour enfoncer le clou. « Il est assez évident qu'on nous demande de modifier l'équilibre des pouvoirs entre le gouvernement fédéral et les gouvernements provinciaux, déclare-t-il lors d'une conférence de presse. Cela ne regarde pas le Parlement britannique […] C'est aux Canadiens d'en décider eux-mêmes[22]. »

« Nous, au Parlement, accordons énormément d'importance aux conventions constitutionnelles », ajoute Jonathan Aitken, qui fait aussi partie du voyage. Le principal problème demeure la Charte, dit-il, et les chances de succès d'Ottawa ont beaucoup diminué à la suite du jugement. Les deux dernières fois qu'un projet de loi constitutionnel a été présenté à Westminster, cela s'est terminé par un échec pour le gouvernement, conclut-il.

Le député britannique a fait de cette affaire une croisade. Il s'y consacre corps et âme. Son voyage lui donne l'occasion de débattre de la question avec plusieurs personnalités, notamment Jean Chrétien. Au retour, il est à peine descendu de l'avion qu'il rencontre Peter Lougheed, lequel revient d'Allemagne et en profite pour s'arrêter à Londres : le premier ministre albertain veut

21. Note de Lord Moran envoyée à Londres, datée du 16 octobre 1981. Document obtenu du Foreign Office à la suite d'une demande d'accès à l'information.

22. Déclaration faite à la presse le 2 octobre 1981, rapportée dans une note de Lord Moran adressée au Foreign Office et datée du même jour. Document obtenu du Foreign Office à la suite d'une demande d'accès à l'information.

évaluer lui-même la situation. L'entretien se déroule à l'hôtel Dorchester, à côté de Hyde Park[23].

> Lougheed : « Comptez-vous vraiment débattre de cette question ? »
> Aitken : « Bien sûr. Nous défendrons les provinces et étudierons le projet de loi. Je ne pense pas que nous l'emporterons en fin de compte, mais nous en débattrons correctement et peut-être aurons-nous même gain de cause pour quelques articles. »
> Lougheed : « Bien. Cela me donne un meilleur rapport de force pour soutirer un accord à Trudeau. »

S'il est à l'aise dans les multiples face à face et rencontres en petits groupes auxquels il participe durant son séjour londonien, Lougheed l'est aussi devant la presse. Il ne manque pas de s'adresser aux journalistes pour donner son interprétation de l'avis de la Cour suprême. « Ce fut un coup très dur porté contre la volonté de M. Trudeau de faire fi des provinces et de changer la nature du Canada », affirme-t-il. Tombant à bras raccourcis sur le premier ministre fédéral, il fustige en particulier le fait qu'il a balayé du revers de la main la partie du jugement portant sur les conventions : « C'est presque comme si un premier ministre défait aux élections annonçait qu'il ne démissionne pas, parce que rien dans la loi ne mentionne qu'il doit le faire. C'est inacceptable[24] ! »

Convaincu, convaincant et conservateur, Lougheed est naturellement pris très au sérieux par les tories britanniques, dont la convention du parti à Blackpool est l'événement marquant de l'automne. Toutes les provinces dissidentes y ont envoyé des

---

23. Entrevue avec Jonathan Aitken, 20 décembre 2006.

24. Déclaration faite à la télévision britannique, retranscrite dans une note du Foreign Office datée du 19 octobre 1981. Document obtenu du Foreign Office à la suite d'une demande d'accès à l'information.

représentants, en plus d'organiser des réceptions et d'inviter les fonctionnaires à dîner. L'opération fait mal aux fédéraux, comme le résume le Haut-Commissariat à Londres : « À Blackpool, les provinces ont démontré leur volonté de saisir toutes les occasions de déployer des efforts intenses afin de projeter […] une image d'unité dans l'opposition et de professionnalisme, en faisant appel à des spécialistes des relations publiques pour présenter la décision de la cour de manière favorable et en laissant l'impression à ses lecteurs que la cour serait intervenue au sujet de la légalité si elle avait pu le faire, mais que la décision incombe maintenant au Royaume-Uni[25]. »

Cette opération de séduction est efficace, mais il importe surtout de montrer au gouvernement britannique que le front commun des Huit est solide, même s'il y a des tiraillements au sein de l'alliance. Inquiet de cette situation, Claude Morin s'emploie donc à un jeu auquel il excelle : celui du poker menteur. Son nouvel adversaire est Murray Simons, le consul britannique à Montréal, tandis que le sous-ministre Robert Normand s'invite comme troisième larron dans cette partie de bluff qui a lieu au début d'octobre.

Normand est le premier à jouer. Il affirme que « le seul premier ministre dissident qui pourrait hésiter est M. Blakeney ; mais son ministre de la Justice, M. Romanow, est ferme en la matière, si bien qu'on peut se fier à lui pour que son premier ministre ne faiblisse pas[26] ». Morin explique que Trudeau essaiera sans aucun doute de s'attaquer à l'unité des Huit, mais tout indique qu'il ne réussira pas. « Je n'ai jamais vu une opposition aussi inébranlable, et étant donné le jugement de la Cour

---

25. Note du Haut-Commissariat canadien envoyée à Ottawa, datée du 19 octobre 1981. Archives du ministère des Affaires étrangères du Canada, RG 25-A-3-C 25-6, 20-CDA-16-1-4, vol. 11478, partie 29.

26. Note du consul Murray Simons envoyée à Londres, datée du 1er octobre 1981. Document obtenu du Foreign Office à la suite d'une demande d'accès à l'information.

suprême, une scission est improbable. » En plus, ajoutent les deux Québécois, la bataille à Londres sera féroce comme jamais si Trudeau persiste. Mais visiblement, Morin et Normand ne sont pas assez convaincants. Simons rapportera ensuite que le gouvernement québécois s'est fait à l'idée d'une défaite à Westminster et que Lévesque songe par ailleurs à présenter des candidats à l'élection fédérale. Suivant les sondages du PQ, le taux d'appui à Lévesque est à 51 %, contre 25 % pour Trudeau.

Simons prend ensuite la parole pour parler de la dernière campagne de publicité québécoise. Intitulée *Minute Ottawa,* elle prend la forme de panneaux publicitaires. On y voit une main qui froisse le drapeau québécois tandis que le drapeau britannique se profile à l'horizon. « Nous n'avons pas aimé cette utilisation de l'Union Jack, lance le consul. Elle pourrait donner l'impression que nous sommes quelque peu de connivence avec le gouvernement fédéral. »

Même si les provinces ont de bonnes raisons de se plaindre du gouvernement de Sa Majesté, Morin et Normand battent aussitôt en retraite, se confondant en excuses. Ils finissent par blâmer le concepteur publicitaire : « Il n'a sans doute pas pu résister à l'idée de réveiller des sentiments anti-anglophones en sous-entendant que les Britanniques étaient associés au plan d'action de M. Trudeau », avancent les deux hommes.

Morin s'empresse ensuite de changer de sujet. Les Québécois n'accepteront jamais la Charte de Trudeau, dit-il. Dans l'hypothèse où le Parlement britannique entérinerait sa proposition, le gouvernement péquiste réfléchit à une façon « de paralyser le fonctionnement de l'appareil administratif au Canada ». Comme le note Simons dans son rapport, « en dépeignant si précisément pour moi un portrait alarmant des conséquences possibles de l'accord britannique sur les propositions de M. Trudeau, il avait peut-être l'intention d'amener le gouvernement britannique à réfléchir à l'utilité du projet fédéral, plutôt qu'à appuyer la position des provinces, à savoir un simple rapatriement assorti d'une formule d'amendement ».

Le lendemain de cet entretien, René Lévesque réussit un grand coup à l'Assemblée nationale. En ce 2 octobre, son gouvernement parvient à rallier une majorité de libéraux en faveur d'une motion parlementaire qui dénonce l'attitude d'Ottawa tout en demandant une reprise des pourparlers. Cent onze parlementaires votent pour, neuf députés libéraux anglophones votent contre. Loin d'y voir un désaveu à son endroit, Trudeau claironne depuis Melbourne que les libéraux fédéraux représentent désormais la « véritable opposition » au gouvernement Lévesque, une déclaration qui pique Claude Ryan au vif : « Si M. Trudeau veut prendre la tête du Parti libéral du Québec, rétorque-t-il, il n'a qu'à se présenter contre moi dans un congrès à la direction du parti[27]. » Comme le câble de Lord Moran à Londres : « En la matière, il existe un fossé net entre les libéraux provinciaux et les libéraux fédéraux[28]. »

Onze jours plus tard, Bill Bennett, le nouveau porte-parole des provinces, rencontre Trudeau à sa résidence d'Ottawa. L'entretien a lieu dans le solarium. Après avoir fait une tournée des capitales provinciales, le porte-parole des Huit peut assurer au chef fédéral qu'il y a une possibilité d'entente. Il n'en tient qu'à Trudeau. Ce dernier a fait la veille une offre qui, en y regardant bien, est très proche de celle qu'il avait déjà présentée. Il comprend que ce ne sera pas suffisant ; mais il est sceptique quant au désir des provinces de reprendre le dialogue. Il pense que Bennett bluffe ou qu'il ne parle pas vraiment au nom des Huit. Celui-ci insiste : « ils (les autres premiers ministres) sont prêts à accepter un accord si vous présentez quelque chose de raisonnable[29]. » Cependant, au final, le courant passe mal, la méfiance est grande,

---

27. *The New York Times,* 3 octobre 1981.

28. Note de Lord Moran envoyée à Londres, datée du 2 octobre 1981. Document obtenu du Foreign Office à la suite d'une demande d'accès à l'information.

29. Robert Sheppard et Michael Valpy, *The National Deal,* p. 257.

et les deux hommes ne s'entendent sur rien, pas même sur une possible reprise des pourparlers.

Quelques jours plus tard, la rencontre annuelle des dix premiers ministres provinciaux a lieu au Ritz-Carlton de Montréal, dans une atmosphère quelque peu étrange. Bennett est à la fois le porte-parole des huit provinces dissidentes et le président de la conférence annuelle des dix provinces, laquelle ressemble davantage à un affrontement entre le duo Hatfield-Davis et ses huit collègues. Le Néo-Brunswickois, l'Ontarien et leur suite ont eu droit à des chambres isolées de celles des autres délégations, sur un étage à part, de sorte qu'il leur soit difficile de savoir ce qui se passe. Les Québécois ont choisi une chambre d'où ils peuvent surveiller Bennett et le reste de la délégation britanno-colombienne, soupçonnés de jouer un double jeu[30].

Au moment où commencent les travaux de la conférence, Davis et Hatfield sont invités à quitter la salle. Davis ne se formalise guère de cette expulsion, mais Hatfield, qui s'est couché très tard, rumine en quittant les lieux. Le lendemain, il donnera une conférence de presse remplie d'émotion, au cours de laquelle il accusera des « forces obscures » de tenter de prendre la direction du pays.

Une fois les deux trouble-fêtes partis, les Huit préparent la suite des choses. Ils écoutent une présentation du sous-ministre albertain aux Affaires intergouvernementales : Peter Meekison fait rapport de la coordination des délégués généraux à Londres, opération menée par sa province. Ceux-ci pressent les huit premiers ministres de s'entendre sur le libellé d'une pétition qui serait éventuellement transmise à Westminster. Pour que cette munition puisse être utilisée le temps venu, le texte doit être finalisé et signé par chacun. La présentation d'une pétition au Parlement britannique doit suivre une procédure stricte qui demande un certain temps ; si le document n'est pas prêt maintenant, il

---

30. *Ibid.*, p. 258.

sera trop tard pour rattraper le coup ensuite. Les Huit suivent donc les conseils de leurs émissaires. Ils s'entendent sur un texte, le signent, et le tout est aussitôt envoyé à Londres[31].

La rencontre est aussi l'occasion pour Bill Bennett de lancer un appel public à Trudeau. Celui-ci doit être prêt à « faire preuve d'un véritable esprit de compromis » ou à mettre son projet de côté. Pour leur part, les Huit n'adopteront pas une position de compromis[32]. La réponse ne tarde pas à venir : elle a été pré-enregistrée deux jours plus tôt sous la forme d'une entrevue de Trudeau à CTV. L'entrevue est diffusée la première journée de la rencontre provinciale, comme le souhaitait le premier ministre fédéral. D'un ton ferme qui ne laisse aucun doute sur ses intentions, ce dernier lance un ultimatum : les provinces ont deux semaines pour s'entendre avec lui, sinon il ira à Londres sans elles. « S'il en ressort clairement qu'il n'y a ni accord ni possibilité d'accord, dit-il, nous devrons aller de l'avant sur le plan juridique et donner aux Canadiens ce qu'ils veulent, soit une charte enchâssée dans la Constitution canadienne. Il est clair que les premiers ministres provinciaux font tout pour nous empêcher de donner à la population ce qu'elle veut[33]. »

Les angoisses de Robert Armstrong

Cette déclaration ne passe pas inaperçue outre-mer, suscitant de nombreuses critiques, notamment lors d'une rencontre du Conseil des ministres qui a lieu le 20 octobre. Tout le monde craint que le chef du gouvernement fédéral débarque avec sa résolution sans avoir obtenu un plus grand assentiment des pro-

---

31. Roy Romanow, John Whyte et Howard Leeson, *Canada… Notwithstanding*, p. 152.
32. *The Globe and Mail*, 19 octobre 1981.
33. *Ibid.*

vinces. Lord Carrington souligne à quel point la situation est critique. Thatcher devrait mettre de nouveau Trudeau en garde lorsqu'elle le verra à Cancún, dans deux jours, lors d'un sommet sur les questions Nord-Sud[34].

La première ministre n'est pas contre l'idée de Carrington. Mais cette stratégie est risquée. Une rencontre avec son vis-à-vis canadien ne manquera pas d'attirer l'attention de la presse. Tous les regards se porteront sur les deux chefs de gouvernement. Une tentative de Lord Carrington auprès de Mark MacGuigan serait plus discrète. Sauf que le message risque d'être dilué.

On n'arrive pas à trancher. Mais le temps presse. Le cabinet décide donc que Robert Armstrong téléphonera la journée même à Michael Pitfield. Les deux hommes se connaissent bien, ils se sont liés d'amitié au fil du temps, et chacun a la confiance et l'oreille de son premier ministre. Lors de la rencontre de Melbourne, Trudeau avait demandé si le gouvernement britannique avait des conseils à prodiguer quant à la façon de mener le lobbying fédéral à Londres. Cette affaire servira de prétexte à l'appel téléphonique, l'idée centrale étant que le secrétaire du cabinet « pourrait faire part de ses inquiétudes quant au risque d'un échec au Parlement britannique[35] ».

Armstrong n'a pas besoin qu'on lui fasse un dessin. Il téléphone aussitôt à Pitfield. Après quelques mots sur la stratégie, il en vient au cœur du problème : « Depuis mon retour de Melbourne, la force de l'opposition parlementaire aux propositions fédérales m'a beaucoup frappé, lance-t-il. J'en suis venu à

---

34. Note de Roderic Lyne, secrétaire particulier de Lord Carrington, à Michael Alexander, conseiller diplomatique de Margaret Thatcher, datée du 20 octobre 1981. Document obtenu du Foreign Office à la suite d'une demande d'accès à l'information.

35. Note de Stephen Gomersall, secrétaire particulier du Lord Privy Seal, à David Wright, secrétaire particulier de Robert Armstrong, datée du 20 octobre 1980. Document obtenu du Foreign Office à la suite d'une demande d'accès à l'information.

craindre l'éventualité d'un échec. L'obtention d'un accord plus large de la part des provinces canadiennes pourrait faire toute la différence. M. Trudeau a parlé d'un compromis : tout compromis ralliant l'accord de quelques provinces de plus serait très précieux[36]. »

En guise de réponse, le greffier du Conseil privé dit espérer que les événements récents ont été bien compris à Londres, en particulier la patience dont Ottawa a fait montre envers les provinces depuis le jugement. Tout à fait, l'assure Armstrong, jouant un peu avec la vérité. Il ajoute que les propos optimistes de Bennett n'étaient pas non plus passés inaperçus.

Bennett a justement demandé à Trudeau d'organiser une nouvelle rencontre fédérale-provinciale, dit Pitfield. Le premier ministre fédéral va certainement accepter cette offre. Il y a une possibilité réelle d'en arriver à une entente avec un nombre substantiel de provinces. Tant mieux, se réjouit Armstrong. Un accord aura un grand impact quand la résolution arrivera à Westminster.

Le lendemain de cette conversation, Trudeau annonce qu'il convoque les premiers ministres à Ottawa : ce sera la réunion de la dernière chance. La date prévue est le 2 novembre. Mais cela ne change pas le plan de match de Thatcher, qui décide finalement de laisser le soin à Carrington de passer le message gouvernemental à Mark MacGuigan. Les deux hommes se rencontrent brièvement le 22 octobre, sous le soleil mexicain. « Le gouvernement britannique en a conclu à contrecœur que, en raison du jugement de la Cour suprême, il ne peut garantir l'adoption de la requête commune, lance Carrington d'entrée de jeu. Les députés d'arrière-ban y sont si farouchement opposés que même les whips ne pourront rien y faire[37]. »

---

36.   Compte rendu de la conversation entre Robert Armstrong et Michael Pitfield, daté du 20 janvier 1981. Document obtenu du Foreign Office à la suite d'une demande d'accès à l'information.

37.   Cet entretien a été reconstitué grâce au compte rendu britannique

MacGuigan est étonné. « Mes informations ne m'incitent pas du tout à faire preuve d'un tel pessimisme », dit-il, ajoutant : « Un compromis est très peu probable. » Le Britannique rétorque que « tout devient beaucoup plus difficile pour un projet de loi n'ayant pas fait l'objet d'un compromis. Le whip en chef n'y croit guère ». Quoi qu'il advienne, reprend le Canadien, la résolution arrivera durant la première semaine de novembre.

Derrière son masque d'incrédulité, MacGuigan est inquiet. Comme il l'expliquera des années plus tard, « sans prendre cet avertissement pessimiste pour le dernier mot des Britanniques en la matière, j'ai néanmoins compris qu'il n'avait pas été formulé à la légère. J'en ai immédiatement fait part au premier ministre à titre de sérieuse mise en garde[38] ».

Pendant ce temps, Lord Moran poursuit son travail de sape au cours d'une nouvelle tournée des provinces dissidentes. Le 21 octobre, il est à Halifax, où il rencontre John Buchanan. Le premier ministre néo-écossais, qui a étudié le droit constitutionnel à l'Université Queen's, n'en revient tout simplement pas que Trudeau rejette les conventions du revers de la main. Ce dernier va détruire la Constitution du pays, pousser le Québec à la révolution et l'Ouest à la séparation. Ce qu'il veut, c'est un Canada républicain, unifié, avec des provinces réduites à l'insignifiance. « Son rêve de gouverner tout le Canada au moyen d'un gouvernement centralisé unique, qu'ont bien illustré ses écrits et sa carrière politique, n'est pas réalisable dans un pays aussi vaste. On se retrouve presque dans la situation où le seul espoir de survie du Canada relève du Parlement britannique. Fort du succès massif que j'ai obtenu aux dernières élections, dont la Constitution

---

daté du 22 octobre 1981 (document obtenu du Foreign Office à la suite d'une demande d'accès à l'information) et aux mémoires de Mark Mac-Guigan, *An Inside Look at External Affairs During the Trudeau Years,* Calgary, University of Calgary Press, 2002, p. 101.

38. *Ibid.,* p. 101-102.

était un enjeu important, je compte aller à Londres[39]. » Buchanan conclut en réitérant son opposition à la Charte des droits, mais affirme du même souffle qu'il serait prêt à faire des concessions si cela permettait d'en arriver à un accord.

Il y a donc une petite ouverture, que Moran perçoit également chez Peckford, qu'il rencontre le lendemain. Ce dernier soutient que le simple fait que Trudeau ait décidé d'attendre avant d'aller à Londres indique qu'il comprend que le rapatriement unilatéral pose un sérieux problème[40]. « La plupart des propos tenus de part et d'autre visaient à faire pression sur la partie adverse, explique-t-il. Un accord est tout à fait possible. Lors des dernières négociations véritables, chacun était prêt à faire de vraies concessions, même Lévesque à propos des droits linguistiques. »

Si Trudeau s'entête, par contre, ce sera une tout autre histoire. Il y aura « une guerre totale. Toutes les initiatives légitimes envisageables seront prises et j'irai à Londres ». Moran lui demande alors ce qui arriverait si Westminster approuvait quand même le projet fédéral. « Je reviendrais à la charge », répond Brian Peckford, prédisant que jusqu'à cinq provinces refuseraient toujours la mesure.

Le Terre-Neuvien n'est pas le seul à faire preuve d'ouverture : c'est aussi le cas de Bill Davis, qui rencontre le consul britannique Ray Holloway dans la capitale ontarienne. Il s'agit d'un entretien de courtoisie prévu depuis longtemps, mais, comme le note le Britannique, « Davis n'a pas perdu de temps et m'a immédiate-

---

39. Note de Lord Moran envoyée à Londres, datée du 21 octobre 1981. Document obtenu du Foreign Office à la suite d'une demande d'accès à l'information.

40. Note de Lord Moran envoyée à Londres, datée du 22 octobre 1981. Document obtenu du Foreign Office à la suite d'une demande d'accès à l'information.

ment parlé de la Constitution[41] ». Il serait vraiment dommage
que les premiers ministres dissidents aillent à Londres au lieu de
laver leur linge sale en famille, fait valoir l'Ontarien, précisant que
lui-même s'y rendrait en compagnie de Hatfield pour plaider la
cause fédérale. « Personne ne doit se faire d'illusion, dit-il. Le
premier ministre est résolu et apportera sa résolution à Londres,
qu'il y ait ou non un accord. Il peut être très têtu. »

Cette mise en garde étant faite, Davis ouvre un peu son jeu.
Lui-même est prêt à changer sa position pour en arriver à un
accord. Il pense que jusqu'à quatre des huit premiers ministres
dissidents seraient prêts à accepter une charte des droits amendée. Tout dépendra de leur niveau de flexibilité. S'ils sont vraiment ouverts, Trudeau pourrait l'être lui aussi.

Moran, de son côté, est de retour à Ottawa. Il veut savoir à
combien les fédéraux évaluent leurs chances de parvenir à une
entente. Il profite donc d'une rencontre avec Jean Chrétien pour
poser la question – et pour parler en français à son interlocuteur,
qui a l'air d'apprécier l'attention[42]. Le ministre de la Justice commence par dire : « Un accord n'est pas totalement exclu, mais il
n'y aura certainement pas d'unanimité. Le Québec n'acceptera
sans doute aucune entente, car, dans le cas contraire, Lévesque
serait dans une position intenable par rapport à son propre parti.
Par ailleurs, le gouvernement doit prouver à l'opinion publique
que des efforts sincères ont été faits. » Sans l'accord d'un plus
grand nombre de provinces, les difficultés parlementaires en
Grande-Bretagne risquent d'être insurmontables, avertit Moran.

---

41. Note de Ray Holloway envoyée à Londres, datée du 20 octobre 1981.
Document obtenu du Foreign Office à la suite d'une demande d'accès à
l'information.

42. Cet entretien a été reconstitué grâce au compte rendu britannique
daté du 28 octobre 1981 (document obtenu du Foreign Office à la suite
d'une demande d'accès l'information) et au compte rendu canadien
(archives du ministère des Affaires étrangères du Canada, RG 25-A-3-C
25-6, 20-CDA-16-1-4, vol. 11478, partie 28).

Le whip en chef a procédé à des sondages au sein de la députation conservatrice, et les résultats ne sont pas très encourageants. Le Britannique répète cette mise en garde à plusieurs reprises au cours de l'entretien. Mais Chrétien n'en a cure, répondant chaque fois qu'il y aura des conséquences pour la Grande-Bretagne, sans préciser davantage.

Le problème, dit-il en se lançant dans une longue diatribe, c'est que le gouvernement fédéral est déterminé à défendre les droits des Canadiens, en particulier ceux de la minorité anglophone du Québec. Et Ottawa ne va pas échanger des pouvoirs contre des droits fondamentaux. « Mes enfants reçoivent un enseignement bilingue parce qu'ils vivent à Ottawa. Mais mon frère, au Québec, n'est pas libre d'inscrire ses enfants à une école anglophone s'il le souhaite. Seul le gouvernement fédéral défend les anglophones du Québec. Nous sommes maintenant leur porte-drapeau, même si cela ne nous rapporte aucun vote. Si le projet échouait, les anglophones n'auraient aucun avenir au Québec. »

Moran écoute poliment ; toutefois, comme il le note dans la dépêche qu'il envoie ensuite à Londres, « M. Chrétien donne l'impression d'être totalement sincère, mais il n'envisage le problème qu'en fonction du Québec et de l'équilibre entre les droits des anglophones dans cette province et les droits des francophones ailleurs… »

Pendant ce temps, les choses bougent beaucoup à Londres. À quelques jours seulement du moment de vérité, la position des fédéraux y est battue en brèche. C'est le cas notamment au sein du cabinet, où les anti-Trudeau sont désormais majoritaires ; sans compter qu'Ottawa ne peut plus se fier autant à Thatcher. John Freeland, juriste au Foreign Office, rapporte à Moran que Michael Havers, qui doit éclairer la chambre sur les questions juridiques, « cause encore des problèmes. De toute évidence, il ne s'opposera pas à la résolution, mais tous vont remarquer son silence ». Freeland suggère donc que Roger Tassé, sous-ministre à la Justice, parle à Henry Steel, le sous-ministre de Havers, afin de s'assurer que celui-ci ne fasse rien qui compromette la position d'Ottawa[43].

Mais il n'y a pas que Havers. On ne doit pas oublier la commission Kershaw, qui a décidé de rédiger un troisième rapport à la suite du jugement de la Cour suprême[44].

En outre, les choses vont franchement mal du côté du Parti travailliste. C'est ce que constate Vivien Hughes, nouvelle venue à la direction Amérique du Nord. Seule femme au sein de cette équipe, elle compte parmi les plus favorables à Ottawa. D'ailleurs, Hughes est tellement passionnée par ce pays qu'elle passera chez les fédéraux quelques années plus tard, acceptant un poste au Haut-Commissariat canadien. Pour l'heure, toutefois, il s'agit de faire en sorte que le rapatriement réussisse, et elle y déploie toute son énergie. Justement, elle reçoit un appel d'un recherchiste du Parti travailliste, David Lowe : il veut savoir quand la résolution constitutionnelle arrivera en Angleterre. Je n'en sais rien, se voit-il répondre par Hughes, qui en profite pour s'enquérir de la situation du côté des travaillistes :

> Il a dit que la majorité des membres du parti approuvaient le principe du rapatriement, mais qu'ils étaient farouchement opposés à toute requête unilatérale du gouvernement fédéral canadien ainsi qu'à toute mesure qui n'aurait pas reçu l'accord d'un nombre raisonnable de provinces. À cet égard, ils étaient d'accord avec le rapport Kershaw. Certains estimaient qu'ils devraient se prononcer uniquement sur une requête de rapatriement assortie d'une formule d'amendement et que la Charte des droits ne relève pas de Westminster. Quelques politiques, tel Callaghan, soutenaient M. Trudeau, mais, eux mis à part, l'ensemble

---

43. Note du Haut-Commissariat canadien envoyée à Ottawa, datée du 27 octobre 1981. Archives du ministère des Affaires étrangères du Canada, RG 25-A-3-C 25-6, 20-CDA-16-1-4, vol. 11478, partie 28.

44. Correspondance avec John Finnis, 9 janvier 2009.

du parti soutenait les provinces. Ils attachaient une grande importance au jugement de la Cour suprême et notamment à sa position sur les conventions[45].

Si la situation est mauvaise du côté de la gauche, elle devient carrément catastrophique du côté de la droite. Le 29 octobre, vingt et un députés conservateurs écrivent une lettre au *Times,* invitant leurs collègues à rejeter la résolution fédérale. Les fédéraux sont estomaqués. Reeves Haggan téléphone à Vivien Hughes pour se plaindre.

> Haggan : « Ils sont tous d'extrême droite. Ils sont pour la pendaison, s'opposent à la Communauté économique européenne, ont des liens impériaux, appuient Enoch Powell sur l'immigration, sont d'âges très variés, ont des intérêts dans l'industrie de l'ingénierie et de la construction, mais ils n'ont aucun lien connu avec le Canada ! »
> Hughes : « Quelles conclusions en tirez-vous ? »
> Haggan : « Aucune. Mais je pense qu'ils ont tous été approchés par l'Alberta[46] ! »

Reeves Haggan n'est pas le seul à être surpris. C'est le cas également de Lord Carrington, qui écrit aussitôt à Moran. « Cette lettre est inquiétante en ce qu'elle révèle l'accroissement de l'opposition à toute résolution qui n'aura pas reçu un large assentiment de la part des provinces. Tous les signataires sont des conservateurs. Aucun jusqu'ici ne s'est ouvertement opposé aux propositions canadiennes. Plus tôt cette année, certains d'entre

---

45.   Note de Vivien Hughes à Martin Berthoud et Berry, datée du 30 octobre 1981. Document obtenu du Foreign Office à la suite d'une demande d'accès l'information.

46.   Cet entretien a été reconstitué grâce à une note de Vivien Hughes à Martin Berthoud, datée du 29 octobre 1981. Document obtenu du Foreign Office à la suite d'une demande d'accès à l'information.

eux avaient été approchés par le Haut-Commissariat canadien et leur opinion allait alors de la neutralité à une position "presque certainement favorable[47]". » Moran doit donc « se servir à bon escient de cette lettre pour étayer davantage le message qui a été transmis à Mark MacGuigan à Cancún et que Sir Robert Armstrong a délivré à M. Pitfield ».

Alors que le gouvernement britannique multiplie les avertissements en coulisses, une fuite se produit dans la presse, comme par hasard, venant renforcer le message publiquement. Il s'agit d'un article de Julia Langdon, publié dans le *Guardian* quatre jours avant la conférence de la dernière chance. Le titre donne le ton : « *Undemocratic Trudeau move faces defeat in Commons* ». L'auteure y explique, détails à l'appui, que la majorité de la députation votera contre la demande fédérale.

> Un haut responsable gouvernemental a laissé entendre hier que pas un seul député conservateur n'estimait la requête fondée, au vu du jugement de la Cour suprême du Canada.
> Tout cela ne poserait guère de problème aux whips gouvernementaux, qui croient qu'au moins trente députés conservateurs sont même prêts à refuser *a three-line-whip*. Une telle rébellion n'embêterait pas la plupart des sections locales du parti. Elle aurait même les faveurs de quelques ministres, y compris des membres du cabinet, qui ont manifesté beaucoup de doutes à propos de ce projet de loi […] Un plan de contingence est en cours d'élaboration.

La journée même de la parution de l'article, des employés du Haut-Commissariat britannique découvrent des graffitis sur les murs de l'édifice de la rue Elgin, en lien avec le rapatriement. On

---

47. Note de Lord Carrington à Lord Moran datée du 29 octobre 1981. Document obtenu du Foreign Office à la suite d'une demande d'accès à l'information.

les efface à toute vitesse dans la crainte que la presse ait vent de l'affaire. Heureusement, les journalistes ne s'aperçoivent de rien, trop occupés à recueillir les réactions aux révélations du *Guardian*. Toujours partant pour une bonne bagarre, Jean Chrétien saute dans le ring lorsque ces derniers l'interrogent. « Ne parlez pas d'une lame de fond. Je sais ce que c'est. La bataille constitutionnelle du Canada est le dernier de leurs soucis. Ils ont quelques problèmes nettement plus prioritaires que la Constitution canadienne ou que vingt-deux députés qui ont été traités comme des princes par les provinces. » Tout cela ne m'impressionne pas du tout, poursuit Chrétien. Les Anglais devront peser toutes les conséquences d'un refus. « Ils ne voudront pas voir le Canada leur compliquer la vie au lieu d'agir en allié[48]. »

Mais le ministre de la Justice a beau faire le brave, il reste que la défaite des fédéraux à Londres semble désormais programmée. Les autres possibilités sont aussi peu nombreuses que risquées.

---

48. Note de Lord Moran envoyée à Londres, datée du 30 octobre 1981. Document obtenu du Foreign Office à la suite d'une demande d'accès à l'information.

CHAPITRE 17

Une paix de compromis

Les Huit jouissent donc d'un avantage décisif sur le terrain. Mais cette situation pose paradoxalement plusieurs problèmes. Le premier, c'est que certaines provinces ne le réalisent pas. Pour peu que les dissidents se tiennent, le Québec est sûr que Trudeau sera défait outre-mer. Son de cloche similaire chez certains alliés provinciaux, comme le sous-ministre néo-écossais Jeremy Akerman[1]. Affichant moins de certitude, l'Alberta reste tout de même confiante. « Nous estimions que nous gagnions constamment du terrain au Parlement britannique, explique Peter Lougheed. C'est ce qu'indiquaient les rapports que nous transmettait Jim McKibben[2]. » Même la Saskatchewan abonde en ce sens. « La victoire semblait possible[3] », dira Roy Romanow, bien que son patron, Allan Blakeney, nourrisse toujours des doutes[4].

Un autre problème, c'est que plusieurs premiers ministres ne souhaitent pas vraiment la défaite de Trudeau, du moins pas sa défaite totale. Le Québec pense qu'il faut lui imposer l'accord d'avril et rapatrier la Constitution sur cette base, point final. En

---

1.   Entrevue avec Jeremy Akerman, 11 janvier 2010.

2.   Entrevue avec Peter Lougheed, 12 avril 2011.

3.   Roy Romanow, John Whyte et Howard Leeson, *Canada… Notwithstanding: The Making of the Constitution, 1976-1982*, Agincourt, Carswell/Methuen, 1984, p. 152.

4.   Allan Blakeney, *An Honourable Calling: Political Memoirs*, Toronto, University of Toronto Press, 2008, p. 182.

cas de refus, le chef fédéral sera battu à Londres et devra mettre de côté son projet. Peut-être y renoncera-t-il avant même de perdre l'ultime bataille.

La perspective québécoise n'est toutefois pas partagée par les sept provinces anglophones. Elles n'ont jamais conçu l'accord d'avril comme une fin en soi, mais plutôt comme un outil de négociation. Ceci est particulièrement vrai de la part de la Colombie-Britannique et de la Saskatchewan. En dépit des signes de victoire qui se multiplient dans la capitale britannique, depuis le jugement de la Cour suprême, ces deux provinces travaillent en sous-main à rechercher un compromis.

Bennett a établi des contacts discrets avec les fédéraux au cours de l'été, et il a rencontré Trudeau à l'automne. Après l'intervention du tribunal, c'est au tour de Chrétien et de Romanow de s'activer. Les deux hommes ont fait un pari. Si la cour juge que la démarche fédérale est légale, Romanow donnera une bouteille de scotch à Chrétien, et inversement si l'action d'Ottawa est jugée illégale. Ils se parlent au téléphone le soir du 28 septembre. « Nous avons gagné et vous me devez une bouteille de scotch[5] », lance fièrement Chrétien à Romanow, lequel est en compagnie de son vis-à-vis ontarien, Roy McMurtry. Bon joueur, le ministre fédéral invite les deux Roy à venir boire un verre chez lui. La paire rebondit aussitôt, mais sans bouteille, la commission des liqueurs étant déjà fermée pour la journée. Alors qu'Aline Chrétien conseille à son mari de ne pas se coucher trop tard, le trio discute pendant une heure. McMurtry affirme notamment qu'il faudra bien en arriver à une entente, d'une manière ou d'une autre. Le lendemain, une bouteille de scotch est livrée chez les Chrétien, avec un mot signé par les deux ministres provinciaux.

Sitôt de retour à Regina, Romanow explique à Blakeney que la Saskatchewan peut rester avec la Bande des Huit ou essayer de parvenir à une entente tout en incitant d'autres provinces à la

---

5. *Ibid.*, p. 252.

suivre. Le premier ministre est hésitant. Il n'est pas partisan d'une charte des droits, mais il pense que des dispositions linguistiques doivent être incluses dans la Constitution – pas à titre de droits fondamentaux, mais comme compromis constitutionnel visant à assurer le bilinguisme. Cependant, puisque Trudeau y tient tellement, « nous pourrions peut-être accepter une charte minimale assortie d'une disposition de dérogation effective, écrira-t-il plus tard. Et, après des décennies de débats et une année ou deux de négociations, j'estimais que nous devions, pour le bien de la population canadienne, conclure une entente[6] ».

À Winnipeg et à Québec, la décision de la Cour suprême est vue comme une victoire. Le moment n'est donc pas venu de chercher un compromis. Même son de cloche à Edmonton, même si en privé Lougheed se montre moins catégorique et est tenté par l'idée de compromis. Il s'en est ouvert à Jonathan Aitken lors de sa visite à Londres. Évidemment, il cache son jeu, observant Trudeau, guettant Bennett, freinant Lévesque et poursuivant son bluff.

C'est donc sur fond de tiraillements que se déroule, à la mi-octobre, la conférence annuelle des premiers ministres à Montréal, dont il a été question plus haut. Malgré la solidarité apparente et les affirmations de bonne foi de la Saskatchewan et de la Colombie-Britannique, les manœuvres secrètes se poursuivent. Ces deux provinces s'échangent des documents de travail officieux, une manœuvre à laquelle l'Ontario est bientôt associée.

Tous ces contacts sont tellement délicats qu'on multiplie les précautions pour garder le secret… en vain. Le 27 octobre, alors que les ministres des Affaires intergouvernementales des Huit se réunissent à Toronto, le *Globe and Mail* fait état de pourparlers avancés entre les trois provinces. Claude Morin accuse ses collègues Roy Romanow, de la Saskatchewan, et Garde Gardom, de la Colombie-Britannique, d'affaiblir la Bande des Huit. Secondé

---

6. *Ibid.*, p. 177.

par Dick Johnston, de l'Alberta, il leur enjoint d'informer les autres de ce qu'ils font, surtout s'ils ont l'intention de changer leur fusil d'épaule. Les deux hommes font amende honorable, mais Romanow affirme tout de même que son gouvernement tentera de trouver un compromis avec Ottawa lors de la réunion de la dernière chance, le 2 novembre.

La cohésion de la Bande des Huit est mise à l'épreuve – situation qui n'échappe pas à l'observateur attentif qu'est Lord Moran. « Je doute beaucoup que M. Bennett partage vraiment l'avis du gouvernement du Québec ou que les autres premiers ministres dissidents vont se rallier à la position complètement intransigeante du Québec, écrit-il. Certains d'entre eux (Lougheed, de l'Alberta, Buchanan, de la Nouvelle-Écosse, et Blakeney, de la Saskatchewan) semblent s'être ménagé diverses options et être sérieusement favorables à une solution de compromis, bien qu'il semble dans ce cas que cela contraindrait M. Trudeau à faire un compromis sur des questions qui lui paraissent, à mon avis, essentielles[7]. » Aux yeux de Moran, les négociations peuvent réussir, mais pas avec le Québec.

La république du Canada

Le représentant britannique n'est pas le seul à tenter d'anticiper les choses. Les fédéraux se préparent au cas où l'affaire tournerait mal à Londres. Trudeau a en main un plan préparé par Michael Kirby depuis quelques mois, qui consiste à utiliser des représailles politiques et économiques pour forcer les Britanniques à adopter la résolution constitutionnelle. Pour que cette stratégie réussisse, il importe que les mesures punitives soient crédibles et que les

---

7.   Note de Lord Moran envoyée à Londres, datée du 2 octobre 1981. Document obtenu du Foreign Office à la suite d'une demande d'accès l'information.

Anglais soient certains que « le Canada est prêt, davantage que le gouvernement de Sa Majesté, à causer et à subir des difficultés[8] ». Comme l'enjeu est de la première importance pour Ottawa, cela devrait être le cas, pense Kirby, ajoutant qu'il sera crucial que l'opinion publique appuie le gouvernement fédéral.

Plus précisément, le gouvernement fédéral pourrait mobiliser les pays du Commonwealth contre le Royaume-Uni. « La démarche doit être axée sur quelques pays, plutôt que sur tout le Commonwealth, et elle serait alors fructueuse à 80 %. » Les fédéraux estiment pouvoir obtenir l'appui des premiers ministres Lee (Singapour), Fraser (Australie), Williams (Trinidad) et peut-être Gandhi (Inde), ainsi que celui du président Nyerere (Tanzanie). Pour coordonner l'opération, on compte mettre Ramphal dans le coup : ce dernier meurt toujours d'envie de sauter dans la mêlée. « Nous devons demander à ces gouvernements de faire connaître leur opinion respective au Royaume-Uni. L'appui le plus solide viendra sans doute des Antilles, de l'Afrique, de la Malaisie et de Singapour. » Il y a aussi les pays du G7, « qui sont moins faciles à mobiliser quand il est question de colonialisme et dont le principal souci pourrait être de limiter les dégâts. Les États-Unis seraient notre allié le plus utile si nous parvenions à les convaincre que la question doit être réglée rapidement pour le bien de l'unité canadienne et de l'harmonie au sein de l'alliance. Vos bonnes relations avec Schmidt [...] pourraient inciter les Allemands à parler calmement en notre nom ».

Il reste bien sûr le nerf de la guerre, l'argent, auquel Kirby a évidemment songé :

---

8.   Note de Michael Kirby à Pierre Elliott Trudeau, intitulée *Pressure for Patriation: Carrots and Sticks* et datée du 13 mars 1981. Archives du ministère des Affaires étrangères du Canada, RG 25-A-3-C 25-6, 20-CDA-16-1-4, vol. 11478, partie 19.

Il existe un type de pression que les Britanniques comprennent bien : le recours tranquille au pouvoir discrétionnaire du gouvernement pour désavantager certains intérêts économiques britanniques au Canada. Une liste des possibilités à cet égard sera prête bientôt.

Bien entendu, il s'agit d'un jeu dangereux, car les Britanniques peuvent aussi brandir la menace de représailles. Sur le plan économique, ils peuvent non seulement peser directement sur nos relations avec eux, mais aussi se servir de leur influence au sein de la Communauté économique européenne. Sur le plan politique, ils constituent un allié des grandes puissances qui est plus important que le Canada. Le Canada dépend assez fortement des Britanniques en ce qui concerne les services de renseignement, la représentation diplomatique dans certains pays du tiers-monde et la coopération militaire. Si le gouvernement de Sa Majesté cessait toute collaboration dans ces domaines, ce serait plus dommageable pour le Canada que pour le Royaume-Uni[9].

Kirby conclut toutefois que, si les fédéraux réussissent à mobiliser l'opinion publique, l'opération a de bonnes chances de réussir. Préparé au printemps de 1981, ce plan est toujours d'actualité en automne. Tandis qu'Ottawa et les provinces fourbissent leurs armes en vue de l'affrontement final, tout en se ménageant une porte de sortie par la négociation, les fédéraux utilisent des seconds couteaux pour menacer les Britanniques.

C'est ainsi que Murray Simons, consul britannique à Montréal, rencontre Jacques Olivier, le président du caucus des libéraux fédéraux. L'ancien syndicaliste de la Confédération des syndicats nationaux commence l'entretien en disant qu'il ne rencontre jamais de représentants étrangers. Mais Simons est chanceux, il a décidé de faire une exception pour lui[10]. Le député

---

9.   *Ibid.*

10. Note de Murray Simons adressée au Foreign Office, datée du

lui explique que seulement 4 à 5 % de la population québécoise a un intérêt pour les questions constitutionnelles. Le brouhaha actuel s'explique parce que « la popluation pourrait être mobilisée par l'invocation de totems linguistiques ou tribaux et par des menaces réelles ou imaginaires contre des droits du Québec ».

Par-dessus tout, il est important que les Britanniques fassent ce qui est attendu d'eux, poursuit Oliver. Dans le cas contraire, « nous serions contraints de lancer une campagne et de blâmer les Anglais pour leur néocolonialisme ». Les Québécois se rangeraient alors massivement derrière Trudeau grâce à la résurrection de l'épouvantail des méchants Anglais refusant de donner au Canada son indépendance, privant le Québec des droits tant attendus que la Charte va enfin leur donner. Une telle perspective n'est pas pour déplaire à Olivier, qui montre de plus en plus les dents. « Nous serions quelque peu soulagés si nous déclenchions une campagne sur une question aussi viscérale, après avoir dû accomplir si longtemps la tâche ingrate de défendre rationnellement les propositions de M. Trudeau. Le PQ n'aurait pas d'autre choix que de se rallier à cette campagne. Le gouvernement fédéral pourrait enchaîner avec une sorte de proclamation unilatérale d'indépendance. » Rapportant alors les propos de Marc Lalonde, Olivier indique que dans un tel cas le Commonwealth aurait à choisir entre le Canada et la Grande-Bretagne.

Le diplomatique britannique décrit ainsi la fin de l'entretien :

> Il a dit qu'il espérait que Trudeau organiserait un référendum sur la question constitutionnelle et il était convaincu que Trudeau le gagnerait. Il a ajouté que, dans le cadre de ses relations extérieures et intérieures, le gouvernement fédéral pourrait imposer des sanctions beaucoup plus graves que celles dont disposent les gouvernements provinciaux.

---

9 octobre 1981. Document obtenu du Foreign Office à la suite d'une demande d'accès à l'information.

Il était notoire que, au Québec, le statut de la reine ou de la famille royale n'a aucun poids, et, dans les circonstances qu'il décrivait, il ne pouvait que se produire un déchaînement du sentiment national québécois qui était hostile au concept d'un Canada uni.

Murray est convaincu que Jacques Olivier a reçu des instructions claires pour parler de la sorte. Ce dernier lui a effectivement décrit point par point le plan B du premier ministre fédéral, en cas d'échec à Londres. Trudeau jouera alors son va-tout et déclenchera un référendum sur sa proposition. En cas de victoire, il procédera à une déclaration unilatérale d'indépendance, transformant du coup le Canada en république[11]. Au début d'octobre, Tom Axworthy, son conseiller, est chargé de préparer un plan à cet égard.

Le rapatriement unilatéral britannique

Mais Trudeau n'aura pas le temps de jouer cette carte. Car il n'est pas le seul à se préparer au pire : le gouvernement britannique s'apprête au même moment à introduire une législation de dernier recours pour renvoyer lui-même la Constitution au Canada. Évoqué auparavant par Ridley, Ford, Carrington et Pym, ce scénario est mis au point par Robert Armstrong au cours de l'automne. Le secrétaire général du gouvernement explique à Thatcher que deux scénarios se dessinent à Westminster. Dans le premier, la requête constitutionnelle passe le cap de la deuxième lecture, mais les parlementaires décident d'amender la proposition en comité, en amputant la Charte, malgré tous les efforts déployés par le gouvernement. Certains députés rebelles espèrent effectivement effacer la Charte de la proposition. Dans le deuxième scénario, le projet est rejeté en deuxième lecture.

---

11. Pierre Elliott Trudeau, *Mémoires politiques*, Montréal, Éditions Le Jour, 1993, p. 286.

Si la charte des droits est supprimée en comité, il vaut mieux que nous fassions adopter le projet de loi tronqué et ses dispositions relatives au rapatriement et à la formule d'amendement. Si le projet de loi n'est pas adopté en deuxième lecture, je crois que nous devrions songer à la présentation immédiate, non pas à la demande du Canada mais de notre propre initiative, d'un autre projet de loi contenant uniquement les dispositions relatives au rapatriement et à la formule d'amendement. L'une ou l'autre de ces démarches enfreindrait la convention constitutionnelle selon laquelle le Parlement de Westminster ne peut agir qu'à la demande du Parlement canadien et ne peut pas modifier les dispositions requises. Mais le gouvernement canadien ne pourrait pas nous blâmer d'enfreindre cette convention, alors qu'il aurait déjà enfreint lui-même cette convention constitutionnelle, comme l'ont confirmé les autorités compétentes en la matière[12].

Tout au long du mois d'octobre, ce cas de figure, avec différentes variantes, est discuté à maintes reprises alors qu'une atmosphère enfiévrée envahit les corridors de Whitehall, le quartier des ministères. Il faut envisager le plus de scénarios possible, d'anticiper toutes les répercussions et d'être fin prêt le moment venu. Comme l'indique Carrington à Lord Moran, « il semble possible que, après de telles consultations, vous receviez des instructions urgentes vous enjoignant personnellement d'agir [...] Assurez-vous d'être disponible à Ottawa[13] ».

Le haut-commissaire est prêt, mais demande à en savoir davantage sur les différents plans d'action qui circulent. Berthoud lui répond que la résolution sera introduite quoi qu'il

---

12.   Note de Robert Armstrong à Margaret Thatcher, datée du 4 octobre 1981. Document obtenu du Foreign Office à la suite d'une demande d'accès à l'information.

13.   Note de Lord Carrington à Lord Moran, datée du 7 octobre 1981. Document obtenu du Foreign Office à la suite d'une demande d'accès à l'information.

advienne, quitte à ce qu'elle soit défaite. « Il pourrait encore y avoir un raffut spectaculaire, mais les Canadiens ne pourraient pas en attribuer la faute au gouvernement de Sa Majesté, puisque nous aurions maintenu nos engagements et fait tout notre possible pour les concrétiser. Nous les avons informés à maintes reprises des difficultés à Westminster[14]. »

Moran en prend bonne note ; il prévient toutefois que, en cas de rapatriement unilatéral par les Britanniques, il faudra mettre de côté non seulement la Charte, mais aussi la formule d'amendement. « Toute formule que nous choisirions peut susciter des objections, dit-il. La formule actuelle fait l'objet d'une vive opposition de la part des provinces de l'Ouest. En choisir une autre constituerait une grossière ingérence dans les affaires canadiennes. Si le Parlement rejette le projet du gouvernement fédéral, il serait tout simplement préférable, à mon avis, que nous renoncions à toute responsabilité juridique. Dans les circonstances, une telle décision serait bien comprise ici et nous placerait en position de neutralité dans le débat politique intérieur[15]. » L'argument est bien reçu au Foreign Office. « Ici, nous sommes enclins à abonder dans votre sens, répond Berthoud. Si nos ministres décidaient d'agir unilatéralement, il serait généralement préférable d'exclure une formule d'amendement, même si, bien sûr, une telle exclusion engendrerait elle aussi des difficultés particulières[16]. »

Tous les scénarios sont à l'étude, et on demande aux diplo-

14. Note de Martin Berthoud à Lord Moran, datée du 23 octobre 1981. Document obtenu du Foreign Office à la suite d'une demande d'accès à l'information.

15. Note de Lord Moran à Martin Berthoud, datée du 29 octobre 1981. Document obtenu du Foreign Office à la suite d'une demande d'accès à l'information.

16. Note de Martin Berthoud à Lord Moran, datée du 3 novembre 1981. Document obtenu du Foreign Office à la suite d'une demande d'accès à l'information.

mates de la rue Elgin de fournir une analyse des réactions possibles du Canada en cas de rapatriement unilatéral par le gouvernement de Sa Majesté. En l'absence de Lord Moran, qui est rentré à Londres pour des consultations, c'est le conseiller politique Emery Davies qui se charge de l'exercice :

> Cela dépendrait en grande partie du climat où baignerait le débat à Westminster, ainsi que de la façon dont une action unilatérale serait présentée au gouvernement fédéral et à la population. S'il était clairement établi que Westminster n'adopterait pas le projet fédéral, on peut penser que M. Trudeau se réjouirait (au moins en privé) d'un rapatriement unilatéral immédiat sans formule d'amendement. Ce rapatriement lui permettrait de s'adresser immédiatement au pays ou, plus probablement, de tenir un référendum. Dans ces circonstances, il pourrait bien s'abstenir de jouer ouvertement sur le mécontentement envers les Britanniques. Le pire scénario pour M. Trudeau serait le suivant : à la suite d'un échec à Westminster, la responsabilité lui incomberait d'entreprendre et de justifier une nouvelle démarche du gouvernement fédéral touchant la Constitution. Dans ce cas, un biais antibritannique se manifesterait probablement.
>
> Au cours de discussions précédentes, vous estimiez qu'il serait malavisé de consulter M. Trudeau au sujet d'une action unilatérale du gouvernement de Sa Majesté avant l'événement. Il vaudrait toutefois peut-être la peine de réfléchir à l'opportunité de cette démarche. Si M. Trudeau donne son accord, tant mieux. S'il n'est pas d'accord et qu'il n'offre aucune solution de rechange, nous pourrions alors dire que nous avons fait tout en notre pouvoir pour aller de l'avant et qu'un rapatriement unilatéral semblait être l'option la moins indésirable, étant donné que tous les gouvernements provinciaux et le gouvernement fédéral s'entendent au moins sur une question : la nécessité du rapatriement[17].

---

17. Note d'Emery Davies à Lord Moran, rentré à Londres, datée du 4 no-

La conférence de la dernière chance

Le questionnement des Britanniques en est là lorsque commencent à Ottawa les négociations de la dernière chance. Le dimanche 1er novembre prend l'allure d'une veillée d'armes. Durant l'après-midi, un groupe de conseillers de Bill Davis rencontre des membres de la garde rapprochée de Trudeau à l'hôtel Quatre Saisons. Afin de trouver un terrain d'entente, les Ontariens proposent que la charte soit assortie d'une disposition de dérogation qui permettrait aux élus de prévaloir contre les juges quand ceux-ci invalideraient des lois en invoquant la nouvelle charte. De leur côté, les fédéraux ont déjà concocté leur proposition de référendum sur la Charte en cas de blocage des négociations. Bill Davis est au courant, et il n'aime pas du tout cette perspective. « Le résultat serait imprévisible, comme pour une élection complémentaire[18] », estime-t-il. Il le dit clairement à Trudeau lorsque les deux hommes se rencontrent dans le solarium du 24, Sussex vers dix-sept heures. Le référendum ne doit être envisagé que comme moyen de pression, fait valoir Davis. Mais Trudeau n'en démord pas.

Les fédéraux ont par ailleurs travaillé leur plan de match pour la conférence. Le premier jour, ils montreront de la flexibilité. Le lendemain, ils proposeront d'échanger leur formule d'amendement contre celle des provinces, en retour de quoi celles-ci accepteront la Charte. La troisième journée, ils sortiront le scénario du double référendum, un sur la Charte et l'autre sur la formule d'amendement.

Pendant ce temps, la Bande des Huit tente de serrer les rangs. C'est ce qu'explique à Peter Lougheed le ministre albertain des

---

vembre 1981. Document obtenu du Foreign Office à la suite d'une demande d'accès à l'information.

18. Robert Sheppard et Michael Valpy, *The National Deal: The Fight for a Canadian Constitution*, Toronto, MacMillan, 1982, p. 265.

Affaires intergouvernementales, Dick Johnston. La Colombie-Britannique et la Saskatchewan veulent une entente ; Claude Morin et lui-même ont dû jouer les pères Fouettard pour que ces provinces poursuivent la lutte commune. Puis, Johnston exprime tout haut ce que certains pensent tout bas au sein des sept provinces anglophones : si entente il y a, le Québec n'en fera peut-être pas partie. Lougheed doit commencer à réfléchir sérieusement à cette question. Le premier ministre hoche la tête pour indiquer qu'il comprend[19].

Lougheed part ensuite pour une rencontre des Huit dans la suite de Bennett au Château Laurier. L'idée, dit-il alors à ses collègues, consiste à « débusquer » Trudeau. Il s'agit de le forcer à sortir de sa position pour voir s'il est sérieux dans cette négociation ou s'il s'agit simplement d'une démonstration cosmétique[20]. Certaines provinces pensent qu'il faudrait lancer de nouvelles propositions pour voir comment réagira le premier ministre fédéral.

Lougheed intervient alors de nouveau. Puisque personne ne sait comment les choses évolueront, il faudrait, par respect pour les autres partenaires, que chacun avertisse à l'avance d'un éventuel changement de position de sa province[21]. Tout le monde est d'accord. Comme le dira Lougheed à Lévesque pour répondre à son accusation de trahison, « la question que je n'ai cessé de soulever est implicite dans cette entente : si jamais Trudeau abandonnait sa démarche unilatérale et entamait des négociations sérieuses, alors chacun de nous était libre de réexaminer et reformuler sa position[22] ».

Les négociations commencent le lendemain au centre de

---

19. *Ibid.*, p. 266.
20. Institute of Intergovernmental Relations, *Constitutional Patriation: The Lougheed-Lévesque Correspondence*, Kingston, Queen's University, 1999, p. 22.
21. *Ibid.*, p. 23.
22. *Ibid.*

conférences, se divisant entre des séances publiques, des discussions en privé et plusieurs conciliabules improvisés un peu partout. Devant les caméras, le premier ministre fédéral affirme qu'il préfère la formule d'amendement de Victoria. Mais il est prêt à se contenter d'autre chose, dit-il. Il tient par ailleurs à ce que le recours à un référendum fasse partie de la solution retenue pour la formule d'amendement. Pas question, toutefois, de faire de concessions sur la Charte. Ce concept est discuté au Canada depuis 1971, souligne-t-il avec force. Il est donc faux de dire qu'il s'agit d'une disposition « fabriquée en Angleterre », à l'instar de ce qu'affirment les Huit[23], qui ont étiqueté ainsi une charte ayant fait l'objet de pourparlers infructueux au pays et dont la seule chance de survie est d'être approuvée à Westminster.

Suivant un scénario préparé à l'avance, Davis et Hatfield interviennent ensuite. Le premier affirme qu'il est prêt à sacrifier le droit de veto de l'Ontario, lequel est prévu par la formule d'amendement d'Ottawa. Hatfield enchaîne en proposant une charte à deux niveaux : certains droits seraient enchâssés, comme les droits linguistiques et les droits démocratiques, et le reste serait négocié plus tard.

Au terme de cette petite démonstration, les fédéraux et leurs deux alliés apparaissent comme modérés et ouverts. Devant eux, les Huit avancent, dispersés. Blakeney affirme qu'il préfère la formule d'amendement des Huit plutôt que le référendum. Lévesque rappelle la résolution quasi unanime de l'Assemblée nationale dénonçant le projet fédéral. Il pourrait dire oui à une charte, mais seulement si celle-ci était circonscrite. Lougheed poursuit en soulignant l'importance de l'égalité des provinces. Ces principes ayant été réitérés publiquement, les premiers ministres continuent les discussions derrière des portes closes, accompagnés chacun d'un ministre et d'un conseiller.

---

23. Roy Romanow, John Whyte et Howard Leeson, *Canada… Notwithstanding*, p. 194.

Personne ne semble vouloir céder et, au terme de la journée, Trudeau conclut que l'exercice n'a pas été fructueux[24]. Cette dynamique se poursuit la deuxième journée, à la différence près que les discussions laissent maintenant place aux attaques personnelles[25]. C'est le cas particulièrement entre Lévesque et Trudeau. Le premier accuse le deuxième de n'avoir aucun mandat pour rapatrier la Constitution puisqu'il n'a pas fait campagne sur ce sujet. Le second rétorque que la campagne référendaire a donné le mandat à tous les gouvernements d'agir rapidement pour régler la question constitutionnelle[26]. Lévesque dit que Trudeau a gagné grâce à l'argent, à une campagne de peur et à des publicités mensongères, ce à quoi ce dernier répond qu'en cas de référendum fédéral, « au moins, nous ne manipulerons pas la question[27] ».

L'échange dégénère en une violente dispute à propos des dispositions linguistiques que Trudeau veut inclure dans la Charte. Si une telle chose ne se concrétise pas, explique ce dernier, le pays évoluera vers deux solitudes linguistiques. Selon Lévesque, c'est plutôt de l'avenir du français au Québec qu'il faut se préoccuper. En enlevant à la province le pouvoir de décider qui peut fréquenter l'école française et l'école anglaise, prétendument pour défendre les droits fondamentaux, le premier ministre fédéral fait peser une lourde menace sur la pérennité de la culture québécoise. À un certain moment, Trudeau est tellement outré de se faire sermonner ainsi qu'il quitte la salle. Les Huit rejoignent la suite de Bennett au Château Laurier, de l'autre côté de la rue.

Ils décident alors d'envoyer Bennett, Lougheed et Buchanan

---

24. *Ibid.*, p. 195.
25. Ron Graham, *The Last Act: Pierre Trudeau, the Gang of Eight and the Fight for Canada*, Toronto, Penguin, 2011, p. 41.
26. Roy Romanow, John Whyte et Howard Leeson, *Canada… Notwithstanding*, p. 199.
27. Robert Sheppard et Michael Valpy, *The National Deal*, p. 273.

discuter avec Trudeau d'un compromis auquel Bill Davis a donné son aval. Ce dernier accompagne les trois premiers ministres afin d'expliquer la proposition au chef du gouvernement fédéral. Celle-ci consiste à reprendre l'accord d'avril signé par les Huit, et à y ajouter une charte des droits limitée ainsi que des garanties pour les provinces en matière de paiements de transferts et de ressources naturelles. Trudeau ne veut rien entendre ; il accuse les émissaires de faire le jeu des séparatistes[28]. Vous vous laissez duper par René Lévesque, lance-t-il. Je suis prêt à négocier, mais si vous croyez que je suis mortellement blessé par vos attaques, vous vous trompez, tonne le premier ministre fédéral. Nullement impressionné, Lougheed contre-attaque. Pourriez-vous nous dire en quoi votre proposition est une réponse aux promesses que vous avez faites aux Québécois[29] ? Trudeau fusille l'Albertain des yeux… et finalement ne répond rien. Il prend plutôt congé de ses interlocuteurs en disant qu'une charte tronquée ne l'intéresse aucunement. Bennett, Lougheed et Buchanan retournent vers leurs collègues. Le Néo-Écossais a le visage rouge comme un radis, à tel point que les autres pensent qu'il souffre de « choc post-traumatique ».

Le mercredi matin, Trudeau annonce à Davis et à Hatfield qu'il va proposer son référendum. Ceux-ci lui répondent qu'il fait erreur, mais il ne veut rien entendre. Dans l'autre camp, les Huit déjeunent ensemble, comme ils ont convenu de le faire chaque matin. Blakeney en profite pour annoncer qu'il fera une proposition, laquelle prévoit une charte sans droits linguistiques et une formule d'amendement avec droit de retrait, mais sans compensation financière. Bennett, de son côté, pense qu'il faut offrir les droits linguistiques à Trudeau, sachant que cette approche est encore plus inacceptable aux yeux de Lévesque que

---

28. Institute of Intergovernmental Relations, *Constitutional Patriation,* p. 23.

29. Robert Sheppard et Michael Valpy, *The National Deal,* p. 276.

ce que vient de proposer Blakeney. L'ambiance est exécrable. Lévesque est furieux, Lyon aussi. Les deux hommes accusent le Saskatchewanais d'affaiblir l'alliance. Lougheed rejette aussi la proposition, mais pense que, d'un point de vue tactique, il pourrait être intéressant de la soumettre à Trudeau, histoire de mesurer sa réaction.

La conférence se poursuit, et Blakeney se lance avec sa proposition. En fait, il cherche surtout à maintenir les discussions en vie, tant il craint que l'exercice ne se termine en queue de poisson[30]. L'affaire ne va nulle part. Les craintes du premier ministre de la Saskatchewan semblent se réaliser. Lévesque annonce qu'il va partir en après-midi, tandis que Lyon, qui est en pleine campagne électorale, fait ses valises et prend la direction de l'aéroport, laissant les rênes à son ministre Gerry Mercier. Toisant Trudeau une dernière fois, il lui réserve son mot de la fin : « Je n'accepterai jamais l'enchâssement d'une charte[31] ». Enfin, John Buchanan quitte lui aussi la conférence, mais pour d'autres raisons. Il vient d'apprendre que son beau-père est mort.

C'est alors que Trudeau sort sa carte maîtresse. Il propose une mécanique comprenant deux référendums, qui serait utilisée après deux ans si ce délai ne permettait pas aux négociations d'aboutir. Le premier référendum servirait à déterminer si les Canadiens veulent d'une charte. La proposition devrait recueillir à la fois une majorité nationale et une autre dans deux provinces, le Québec et l'Ontario, de même que dans deux régions, l'Ouest et les Maritimes. Le deuxième référendum servirait à décider de la formule d'amendement constitutionnel, entre celle de Victoria (proposée par Ottawa) et celle de Vancouver (mise de l'avant par les Huit). Les Britanniques voteraient le cadre légal pour permettre l'exercice.

Les fédéraux ne donnent pas beaucoup de détails, mais

---

30. Allan Blakeney, *An Honourable Calling*, p. 187.
31. Ron Graham, *The Last Act*, p. 83.

Lévesque montre immédiatement son intérêt. Voyant la Bande des Huit vaciller de plus en plus chaque jour, il devine là une porte de sortie, surtout qu'il pense pouvoir battre Trudeau dans une campagne référendaire sur la Charte. Lougheed, quant à lui, veut en savoir davantage. Comment la mécanique référendaire fonctionnerait-elle exactement[32] ? Sur ces questions, la séance est ajournée pour le repas du midi. Voyant l'intérêt de Lévesque et la réticence évidente des provinces anglophones, Trudeau en rajoute devant la presse dans le but apparent de semer la zizanie parmi ses opposants. Il annonce fièrement une nouvelle entente Canada-Québec et ajoute que « *the cat is among the pidgeons* ». De son côté, Lévesque parle du double référendum comme d'un moyen honorable de sortir de la crise et annonce qu'il reste à Ottawa un peu plus longtemps pour en discuter.

Les Ontariens sont frustrés de l'évolution des choses. Nous nous sommes fait avoir, « cet enfant de chienne [*son of a bitch*] ne veut faire aucun compromis », dit McMurtry à Davis, en parlant de Trudeau[33]. Au moment du dîner, le premier ministre ontarien envoie donc ses conseillers parler à leurs vis-à-vis fédéraux. Le message est simple : « Si vous tous ne parvenez pas à établir un compromis, ne comptez pas sur nous pour vous appuyer à Westminster. » Selon Hugh Segal, proche conseiller de Davis, « les fédéraux étaient abasourdis[34] ».

Telle est peut-être la réaction de certains, mais ce n'est certainement pas celle de Jean Chrétien, qui a pris sur lui de faire le tour des délégations provinciales. L'homme qui a juré à Roy Romanow qu'il ne vivrait plus une autre campagne référendaire répète la même chose à chacun. « Vous savez, les gars, il va y avoir un référendum. Je n'en veux pas et vous n'en voulez pas. Mais je

---

32. Roy Romanow, John Whyte et Howard Leeson, *Canada… Notwithstanding*, p. 205.
33. Ron Graham, *The Last Act*, p. 141.
34. *Ibid.*, p. 163.

vous le dis tout de suite : je vais aller dans vos provinces et je vais dire que vous êtes contre la liberté religieuse et contre l'égalité des femmes et tout le reste. Et vous allez en manger une belle[35]. »

« Nous allons les combattre et nous allons gagner[36] », déclare Lougheed en guise de réponse. Il n'aime pas l'idée d'un référendum, mais pense tout de même qu'il va le gagner. Trudeau n'a pas fait élire un seul député dans sa province depuis 1968, et le Parti libéral du Canada est au plus bas dans les sondages. La charte de Victoria ne passera jamais en Alberta, croit-il. Malgré tout, il ne veut pas de cette bataille. Les Huit en discutent à l'heure du dîner. Peckford pense aussi qu'il vaut mieux un compromis qu'un référendum. Lougheed répète que Trudeau doit tout soumettre par écrit. « Coinçons-le[37] », dit-il.

Passant de la parole aux actes, il somme le premier ministre fédéral, au début de l'après-midi, de démontrer que sa proposition référendaire tiendrait vraiment compte des régions. L'Albertain veut savoir quel genre de majorité serait nécessaire dans l'Ouest. Méfiant, il exige une version écrite, ce à quoi Trudeau consent. On prend une pause, et les Huit se réunissent de nouveau. Lougheed explique alors que cette affaire de référendum est stupide. Les provinces abandonneraient l'autorité morale et juridique que leur a donnée le jugement de la Cour suprême[38]. Tout le monde hoche la tête. Cette proposition est un piège, poursuit-il, mais si nous nous tenons, Trudeau devra céder. Nouvelle approbation générale.

La conférence recommence ensuite. Trudeau fait un autre tour de table pour sonder les provinces sur son référendum. À la grande surprise des autres premiers ministres, Lévesque se montre toujours intéressé. C'est alors que le texte écrit de la pro-

35. *Ibid.*, p. 190.
36. *Ibid.*, p. 119.
37. Robert Sheppard et Michael Valpy, *The National Deal,* p. 285-286.
38. *Ibid.*, p. 287.

position est distribué aux participants. Trudeau explique que sa charte et sa formule d'amendement seraient immédiatement adoptées par les Britanniques, contrairement à ce qu'il laissait entendre le matin. Une fois rapatriée, la constitution serait discutée au Canada, et les deux référendums auraient lieu au bout de deux ans pour la modifier. Le tout se déroulerait en vertu d'une mécanique référendaire très complexe, qui soulève encore davantage la méfiance des provinces. Tout cela est un plan pour faire approuver le rapatriement à Londres en contournant les provinces, grondent en chœur Blakeney et Lougheed. Lévesque, enfin, affirme qu'il n'est plus preneur[39].

L'atmosphère est une fois de plus orageuse. Les critiques pleuvent, le premier ministre fédéral hausse les épaules. La question de la langue refait surface. Trudeau et Lévesque se sautent à la gorge, tandis que les autres observent, silencieux et impuissants. Après trois heures, c'est toujours l'impasse. Peckford déclare qu'il a une proposition à soumettre, mais qu'il préférerait en discuter le lendemain. Trudeau annonce donc une dernière rencontre pour le lendemain, à neuf heures. Ensuite, il enverra sa résolution à Londres.

Les Huit se rencontrent dès la sortie de la réunion. Selon une interprétation assez répandue, Lévesque, en acceptant brièvement la proposition fédérale de double référendum, a brisé l'alliance provinciale et a été l'artisan de son propre isolement. Mais la réalité est plus nuancée. Certes, Lougheed et d'autres reprochent à Lévesque d'avoir initialement montré de l'intérêt pour la proposition référendaire du fédéral, deux fois plutôt qu'une. Le geste du premier ministre québécois et les récriminations qu'il suscite ne sont toutefois qu'une nouvelle manifestation du manque de cohésion des Huit. Le matin même, la Saskatchewan et la Colombie-Britannique sont elles aussi sorties des rangs, avec leur propre proposition, sans parler des tractations secrètes de

---

39. *Ibid.*, p. 286.

ces deux provinces dans les semaines précédant la rencontre ultime. À chaque événement, la solidarité de la Bande des Huit s'étiole un peu plus. Lévesque ajoute à cette dynamique, mais il n'est pas le premier et il ne s'est pas caché pour le faire. Son attitude est bien plus loyale que celle d'autres premiers ministres. Comme le notera Allan Blakeney : « Je n'ai pas considéré cela comme une rupture de l'entente entre les huit, sauf qu'il n'a transmis aucun préavis à ses collègues[40]. » « Je suis d'accord avec Blakeney[41] », affirme à cet égard Brian Peckford.

Au moment de l'intervention de Lévesque, quelques membres de l'alliance ont fait une croix sur le Québec, c'est le cas de Roy Romanow, convaincu qu'il sera impossible de satisfaire à la fois Lévesque et Trudeau. En cet après-midi du 4 novembre, le Saskatchewanais rencontre Chrétien et McMurtry dans l'une des cuisines du centre de conférences afin de trouver un compromis. Il s'agirait pour Ottawa d'accepter la formule de Vancouver, mais sans la compensation financière en cas de retrait d'un amendement – disposition à laquelle les Québécois tiennent beaucoup. En retour, les provinces accepteraient la Charte, dont la portée serait réduite grâce à une disposition de dérogation[42].

Quelques heures plus tard, Trudeau rencontre ses conseillers et ses ministres après une séance de natation. L'atmosphère est électrique ; plusieurs souhaitent en découdre. Chrétien insiste de son côté sur la possibilité d'un accord, comme il en a discuté plus tôt avec McMurtry et Romanow. Pour un de ses collègues qui préfère l'option référendaire, il a une réplique cinglante : « Mets tes culottes et va les convaincre[43]. » Mais le ministre de la Justice a beau se démener, il est, pendant une heure, plus ou moins seul

---

40. Allan Blakeney, *An Honourable Calling*, p. 187.
41. Correspondance avec Brian Peckford, 24 février 2013.
42. Ron Graham, *The Last Act*, p. 192.
43. Terence McKenna, *The Deal*, documentaire de la CBC diffusé en 1990.

dans son camp. Trudeau ne veut rien savoir. C'est alors que le téléphone sonne. Bill Davis est au bout du fil et veut parler au premier ministre fédéral. « Je crois que nos gens ont fait du bon travail, dit-il, qu'en pensez-vous[44] ? » Trudeau grogne qu'il n'aime pas la proposition discutée par McMurtry, Chrétien et Romanow : elle exige trop de compromis. Davis explique qu'il en a parlé à Hatfield ; tous deux trouvent qu'il s'agit de la voie à suivre. « Si vous n'êtes pas prêt à signer un compromis comme celui-là, ne comptez pas sur nous pour vous appuyer à Londres, menace l'Ontarien. Demain, nous pourrons encore discuter de certains détails, mais, dans ses grandes lignes, ce compromis nous convient. »

C'est un Trudeau métamorphosé qui retourne voir ses ministres et conseillers. « Je crois qu'il vaut mieux accepter ce compromis, dit-il, même s'il me répugne. Autrement, nous devrons nous présenter tout seuls devant le Parlement de Londres[45]. » Autour de la table, certains fédéraux pensent qu'il faut quand même aller en Angleterre et s'y battre avec toute l'énergie possible. Mais Trudeau est bien trop conscient des difficultés qui l'attendent pour se lancer dans pareille aventure. Il faut dire que les dernières nouvelles en provenance de la capitale britannique sont particulièrement préoccupantes pour Ottawa ; elles ont fait le tour du centre de conférences dans la journée. James Callaghan, l'appui le plus solide de Trudeau au sein des travaillistes, a changé de camp. Il a informé Jean Wadds de ses intentions, et ce, alors même que de nouveaux députés franchissent le Rubicon constitutionnel avec lui.

Tom Wells, le ministre ontarien des Affaires intergouvernementales, dira la semaine suivante au consul britannique à Toronto que ce développement aura été crucial, précisant que « la

---

44. Pierre Elliott Trudeau, *Mémoires politiques,* p. 292.
45. *Ibid.*

presse n'a pas eu vent de la proximité d'un désaccord total[46] ». Il faut dire que Wells a suivi les choses de très près. Il est resté aux côtés de Davis durant toute la durée des négociations, sauf pendant une heure.

L'importance des événements londoniens dans la décision de Trudeau d'accepter un compromis est aussi corroborée par Mark MacGuigan. Comme il l'écrira dans ses mémoires, « la situation au Parlement britannique a certainement été un facteur important à l'origine de la volonté du premier ministre d'accepter un compromis[47] ». Trudeau écrira lui-même : « À cette époque j'avais acquis suffisamment d'expérience politicienne pour savoir que parfois, il vaut mieux opter pour une solution imparfaite[48]. » En ce soir du 4 novembre 1981, le premier ministre fédéral donne donc l'instruction à Chrétien de travailler à une solution allant dans le sens d'un compromis.

Dans la mémoire collective des Québécois, les événements qui se déroulent ensuite sont devenus la « nuit des longs couteaux », selon l'interprétation qu'en a faite Claude Morin[49]. Cette référence à la liquidation par Hitler de ses rivaux au sein du Parti nazi, en 1934, est totalement excessive, pour dire le moins. Ensuite, si le Québec s'est bel et bien retrouvé isolé, la façon dont cela s'est produit ne relève pas d'un complot, d'une volonté concertée de ses sept alliés de le trahir. D'abord, trois autres premiers ministres de la Bande des Huit, outre Lévesque, sont

---

46. Note d'Emery Davies à Martin Berthoud datée du 17 novembre 1981. Document obtenu du Foreign Office à la suite d'une demande d'accès à l'information. L'importance du revirement de Callaghan est aussi attestée, avec quelques nuances, par George Anderson, du ministère des Affaires extérieures du Canada, lors d'une conversation avec Davies.

47. Mark MacGuigan, *An Inside Look at External Affairs During the Trudeau Years,* Calgary, University of Calgary Press, 2002, p. 101.

48. Pierre Elliott Trudeau, *Mémoires politiques,* p. 293.

49. Pierre Godin, *René Lévesque. L'homme brisé,* Montréal, Boréal, 2005, p. 171.

absents des négociations cette nuit-là. Lyon est rentré à Winnipeg, Lougheed a décidé d'aller se coucher, tout comme son ministre Dick Johnston et Bill Bennett, de la Colombie-Britannique. Ceux-ci soupçonnent fortement qu'il y aura des tractations durant la nuit, mais souhaitent évaluer la situation le lendemain matin.

Des discussions commencent ensuite au sein de la Bande des Huit et elles se prolongent dans la nuit du 4 au 5 novembre. L'exercice est lancé à l'initiative de Terre-Neuve. Brian Peckford a concocté un compromis qu'il n'a pu présenter au cours de la journée. Il demande à ses fonctionnaires d'en discuter avec ceux de la Saskatchewan, de la Colombie-Britannique et de l'Alberta. Le premier ministre terre-neuvien veut qu'on le tire de son sommeil si les choses évoluent positivement[50]. C'est ce qui se produit et Peckford arrive un peu avant minuit. Les autres premiers ministres qui se joignent aux pourparlers sont Allan Blakeney (Saskatchewan), Angus MacLean (Île-du-Prince-Édouard) et John Buchanan (Nouvelle-Écosse). On compte également certain ministres responsables du dossier constitutionnel. Il n'y a personne du Québec ni du Manitoba au sein du groupe.

Le compromis qui se dessine consiste essentiellement à ce qu'Ottawa accepte la formule d'amendement des Huit, laquelle serait toutefois modifiée. Une province pourra exercer un droit de retrait mais sans compensation financière. En retour, les provinces acceptent une charte des droits modifiée, c'est-à-dire moins contraignante. Une clause nonobstant permettrait à une législature provinciale ou au parlement fédéral de passer outre à une décision judiciaire basée sur certaines dispositions de la charte. Pour ce qui est des « droits linguistiques » en éducation, la proposition de Terre-Neuve prévoit qu'une province voulant se soustraire à ceux-ci pourrait le faire si elle obtient une majorité en ce sens dans un référendum (Trudeau s'objectera à cette dis-

---

50. Correspondance avec Brian Peckford, 24 février 2013.

position le lendemain et obtiendra son retrait). Les représentants des six provinces présentes ont espoir d'avoir en main la base d'un compromis, même si rien n'est encore coulé dans le béton.

Il faut maintenant présenter le tout aux autres. À ce stade, Peckford pense qu'on pourra rallier le Québec. Il demande d'ailleurs à son ministre de la Justice, Gerald Ottenheimer, qui parle couramment français, d'entrer en contact avec la délégation québécoise[51]. Celui-ci n'arrive à joindre personne du côté québécois. Il réussit par contre à parler à la délégation ontarienne, ce qui permet à Blakeney et à Davis de discuter de la proposition au téléphone.

Des tentatives sont également faites pour joindre les Manitobains. On trouve finalement le ministre Gerry Mercier, à qui on explique ce qui vient de se passer. Ceci est important, car Lyon est aussi opposé que Lévesque à la charte des droits. La délégation manitobaine est informée en temps réel des discussions, mais cela n'a pas pour effet de modifier les choses. Le fait est qu'au cours des jours et des semaines précédentes, six des premiers ministres de la bande des Huit ont exprimé, à différents degrés, un désir de compromis. Cette approche est dès lors susceptible de mener à l'isolement du Québec et du Manitoba.

Ce résultat se concrétise le matin du 5 novembre. Bennett et Lougheed, qui dormaient pendant la nuit, examinent le fruit des tractations et concluent qu'ils peuvent se contenter de tels résultats. Minimalement, l'exercice démontrera la bonne foi des provinces en cas de refus de la part du fédéral. Chrétien, de son côté, est convaincu que huit provinces soutiendront le compromis. Il en informe Trudeau, qui hésite d'abord, puis finit par se réjouir de la situation. Le ministre de la Justice parle aussi à Romanow. En bon homme d'État, il lui demande de s'assurer que le Manitoba ne signe pas l'accord, afin que deux provinces, et non une

---

51. *Ibid.*

seule, ne soient pas dans le coup[52]. Son idée est de relativiser l'isolement du Québec, calcul étonnant selon lequel un résultat final encore plus divisé constitue une bonne chose pour le pays.

L'affaire reste en suspens. À huit heures, les premiers ministres de la Bande des Huit se réunissent pour leur déjeuner quotidien. Six des sept anglophones sont d'accord avec le projet d'entente, avec quelques réserves. Ils veulent surtout voir si Trudeau l'acceptera comme tel. Comme souvent, Lévesque est en retard, de vingt-cinq minutes cette fois. La réunion est pratiquement terminée quand il arrive. Réalisant ce qui se passe, il est furieux. Ce compromis est inacceptable pour le Québec, fait-il valoir, arguant qu'il vaut mieux livrer bataille en Angleterre. Les autres pensent qu'il est plus sage de s'en tenir au projet d'entente, quitte à tenter de l'améliorer. Un nouvel échec au Canada et la poursuite du combat à Londres seraient mauvais pour le pays, pensent-ils[53]. Mais d'après Lévesque, le statu quo serait encore préférable, annulant les conséquences d'un nouvel échec. Voyant que les autres ne bougent pas, il demande que soit rétabli le droit de retrait avec compensation financière qui existait dans l'accord d'avril. Lougheed se montre ouvert et restera pour discuter seul avec Lévesque pendant vingt minutes, alors que les autres partent.

Le premier ministre albertain téléphone ensuite à Lyon, l'autre laissé-pour-compte de ces négociations, et lui conseille d'accepter la Charte. Dans le cas contraire, le Manitobain aura la tâche ingrate d'expliquer en campagne électorale pourquoi il a été le seul premier ministre à faire cause commune avec Lévesque. Lyon en est bien conscient : ses conseillers lui ont déjà fait valoir cet argument. Il donne donc l'autorisation à son ministre Gerry Mercier de signer l'entente, avec une réserve, toutefois : l'accord

---

52.   Robert Sheppard et Michael Valpy, *The National Deal,* p. 214.

53.   Roy Romanow, John Whyte et Howard Leeson, *Canada… Notwithstanding,* p. 210.

devra être discuté et entériné par la législature, particulièrement la question du « droit fondamental à l'école française ». Deux semaines plus tard, le premier ministre manitobain perd ses élections au profit du néo-démocrate Howard Pawley, lequel s'empresse de faire adhérer la province au compromis de novembre.

En attendant, tous les regards sont fixés sur la dernière journée de la conférence, qui démarre à neuf heures trente-cinq avec une séance en privé. Lévesque est en état de choc. Son état oscille entre la rage et une détresse psychologique profonde, qu'il cache sous un air défiant. Trudeau lance le bal. Dissimulant ses intentions, il commence par grimacer, tenant tout le monde en haleine – tout en donnant sous la table un coup de pied complice à Jean Chrétien, qui s'est installé à ses côtés. « Pas mal, beau travail. Tout ça est très sensé[54] », finit-il par dire. Évidemment, Lévesque ne partage pas cet avis. Il revient donc à la charge avec l'idée d'un référendum. Trudeau répond qu'il regrette que cette disposition ait disparu, mais que par ailleurs un accord constitutionnel est désormais à portée de main.

La discussion bifurque ensuite vers la Charte et la portée de la disposition de dérogation – le futur article 33 – qui permettra de s'en soustraire. Lougheed veut que cette clause soit renforcée : elle devrait s'appliquer aux dispositions sur les libertés fondamentales et sur les garanties juridiques. Trudeau accepte, mais exige en retour que l'article 33 ne s'applique pas au-delà de cinq ans, période après laquelle il faudra l'invoquer à nouveau.

Le premier ministre fédéral refuse par ailleurs que les « droits de la personne » à l'école anglaise au Québec et à l'école française dans les autres provinces puissent être outrepassés par la clause dérogatoire. Il tient aussi à ce qu'aucune province ne puisse se soustraire au nouveau régime de « droits linguistiques ». Cette exigence de Trudeau vise directement à invalider la loi 101. Lougheed s'objecte : il ne veut pas faire partie d'une manœuvre visant

---

54. Ron Graham, *The Last Act*, p. 217.

à légiférer de force, par l'intermédiaire des tribunaux, dans les compétences du Québec. Mais l'Albertain a obtenu presque tout ce qu'il voulait – notamment sa formule d'amendement avec droit de retrait, qui protège les compétences de sa province entre autres sur les ressources naturelles, lesquelles font aussi l'objet d'une garantie supplémentaire dans le projet qui est sur la table –, et Trudeau exige maintenant qu'il laisse tomber Lévesque dans le domaine de la langue. Lougheed finit par céder. Les anciens alliés du Québec acquiescent à sa suite.

On passe ensuite à la formule d'amendement si chère à l'Alberta. Lévesque réclame de nouveau le droit de retrait avec compensation, ou encore le droit de veto. Trudeau rétorque que le Québec a abandonné cette disposition, que le fédéral était prêt à lui donner ; évidemment, il oublie encore une fois de dire qu'il n'aurait accordé cette ouverture qu'après avoir fait avaler au Québec des changements inacceptables.

Un à un, les premiers ministres acceptent ce qui vient d'être discuté. Trudeau tente une dernière fois de convaincre Lévesque, dans un dialogue qui n'aura jamais été aussi stérile. « Allez, un geste ! Étonne-moi. Tu as perdu cette manche, mais fais un grand geste maintenant. Rallie-toi et nous allons prendre cette décision à l'unanimité[55]. » Pour Lévesque, il n'en est pas question. Il n'a pas obtenu le droit de retrait avec compensation financière ; au lieu d'élargir ses compétences, le Québec voit celles-ci diminuées en éducation, en raison de la Charte ; l'Ontario ne sera pas bilingue ; et une clause sur la mobilité de la main-d'œuvre vient limiter la capacité québécoise de légiférer dans ce domaine. La défaite est totale. Morin a les larmes aux yeux, tandis que Lévesque, dans un geste désespéré, en appelle à Trudeau en tant que Québécois pour qu'il ne permette pas une telle chose. L'espoir est futile. C'est la fin de la séance.

---

55. Pierre Elliott Trudeau, *Mémoires politiques,* p. 294.

Mais le chef péquiste n'en a pas fini avec son vis-à-vis, qu'il apostrophe en aparté :

Lévesque : « Tu ne l'emporteras pas au paradis ! C'est le peuple qui tranchera ! »
Trudeau : « Le peuple a déjà décidé, René. Tu as perdu[56]. »

Lévesque tourne les talons et décide de quitter Ottawa illico. Louis Bernard, le secrétaire du conseil exécutif, pense que ce serait une grave erreur : une séance finale de discussion est prévue pour l'après-midi, et c'est une séance publique. Il demande à Claude Charron, alors leader parlementaire, d'intervenir. Celui-ci enjoint à son patron de répéter aux Québécois ce qui a été dit durant la matinée. Lévesque finira par accepter, mais ne fera pas connaître ses intentions aux autres participants.

La promesse trahie

Les premiers ministres sont dans l'expectative : l'idée d'une chaise vide à la place de Lévesque, devant des millions de téléspectateurs, les fait frémir. Alors que tout le monde y va de ses suppositions sur ce qui va se passer, les fédéraux se rendent compte que l'accord n'a pas été traduit en français. Cette situation risque d'augmenter de façon importante la perception d'un isolement du Québec. André Burelle est appelé en catastrophe pour traduire le document à vitesse grand V. Des années plus tard, il écrira :

Je sortis ce jour-là du centre de conférences avec le sentiment d'avoir été trompé en même temps que tous les Québécois et Québécoises à qui M. Trudeau avait promis un fédéralisme

---

56.   Pierre Godin, *René Lévesque. L'homme brisé*, p. 183.

renouvelé inspiré du rapport Pépin-Robarts, du livre beige de
Claude Ryan, voire du *Temps d'agir,* en échange d'un NON majo-
ritaire à la souveraineté-association que leur proposait René
Lévesque[57].

Deux semaines plus tard, Burelle rédige sa lettre de démission.

Dans l'intervalle, Lévesque se présente devant ses collègues,
à leur grand soulagement, pour la dernière fois. Devant les caméras, les dix autres premiers ministres se félicitent de l'entente,
de l'esprit de compromis qui a prévalu. Le chef du gouvernement québécois déclare pour sa part que l'entente est une trahison et qu'il poursuivra la lutte. « Ce qui vient de se passer aura
des conséquences incalculables pour l'avenir du Québec et du
Canada[58] », lance-t-il finalement, la voix brisée par l'émotion.
Lors d'une conférence de presse subséquente, Lévesque se déchaî-
nera, traitant ses vis-à-vis de « marchands de tapis qui n'hésite-
raient pas à marcher sur leur mère pour un cornet de crème
glacée[59] ». Il évoquera même « un coup de poignard au milieu de
la nuit[60] ».

Quelques mois après le rapatriement, Lougheed écrira une
longue lettre à Lévesque pour soutenir que le Québec n'a pas été
trahi par ses alliés. Citant plusieurs événements à l'appui, il répétera que l'accord d'avril 1981 avait un caractère tactique, qu'il
devait servir à stopper la tentative unilatérale de rapatriement et
à forcer Trudeau à négocier de nouveau. « Je suis d'accord en
principe avec votre compte rendu des différents événements qui
ont mené à l'entente conclue le 5 novembre 1981 », répondra

---

57. André Burelle, *Pierre Elliott Trudeau. L'intellectuel et le politique,*
Montréal, Fides, 2005, p. 361.
58. Pierre Godin, *René Lévesque. L'homme brisé,* p. 186.
59. *Ibid.*
60. *Ibid.,* p. 171.

Lévesque, précisant que seules des nuances séparaient son souvenir de celui de son collègue[61].

À tête reposée et loin des projecteurs, le premier ministre québécois pose un regard plus juste et moins émotif sur les événements. Mais il conserve un reproche, qu'il ne manque pas d'exprimer à Lougheed :

> Les événements en question ne peuvent pas être bien compris du point de vue du Québec si on ne prend pas en considération le fait que, lors du référendum tenu en mai, les partisans du fédéralisme, dont vous-même, s'étaient engagés en faveur du renouvellement de notre système politique dans un cadre satisfaisant pour la population du Québec. Vous devez cependant reconnaître que l'accord constitutionnel conclu le 5 novembre contredit sensiblement cet engagement. En fait, il a consacré une érosion des pouvoirs du Québec et la négation de l'existence ici d'une société distincte[62].

En effet, comment oublier les promesses des premiers ministres provinciaux qui, à la suite de Trudeau, ont fait clairement miroiter aux Québécois l'idée que leurs aspirations pouvaient être satisfaites à l'intérieur du Canada ? Bennett, Lougheed, Blakeney et surtout Hatfield puis Davis sont venus au Québec pour participer à la campagne référendaire et mieux livrer ce message[63]. L'Ontarien et le Néo-Brunswickois ont ici une responsabilité particulière, puisqu'ils sont devenus les plus fidèles alliés d'Ottawa. Davis se permettra même de prendre le premier ministre québécois en pitié, critiquant l'attitude de ses sept alliés : « Le plus triste, c'est que personne ne l'a jamais dit à

---

61. Institute of Intergovernmental Relations, *Constitutional Patriation*, p. 29.

62. *Ibid.*

63. Robert Sheppard et Michael Valpy, *The National Deal*, p. 33.

Lévesque. Je ne comprendrai jamais ça. Il avait travaillé avec les autres. Il était blessé[64]. »

Les sept premiers ministres peuvent au moins se targuer d'avoir tenté de trouver une solution compatible avec les demandes du Québec, avant d'abandonner devant cette alternative : un possible compromis avec Ottawa ou une bataille finale à Londres, qui les effrayait. Mais la plupart d'entre eux ont quand même joué les Ponce Pilate. Lors d'une conversation avec Trudeau sur l'isolement du Québec, le 5 novembre, Blakeney lui a dit : « Très bien, mais assumez-le[65]. » Des années plus tard, Lougheed aussi jettera le blâme sur le premier ministre fédéral : « Pourquoi n'incombait-il pas à M. Trudeau de s'assurer que le projet final était suffisamment bien étoffé pour honorer les promesses irréalistes qu'il avait faites lors du référendum[66] ? » Bien sûr, Trudeau demeure le premier responsable, mais on ne saurait oublier que Lougheed et Blakeney se sont associés aux promesses de changement du chef fédéral durant la campagne référendaire, comme d'autres de leurs collègues. Dans une certaine mesure, la promesse livrée le 14 mai 1980 était aussi la leur. La crédibilité de Trudeau quand il a pris cet engagement était d'autant plus grande que plusieurs premiers ministres provinciaux tenaient le même discours que lui.

Dans toute cette affaire, Brian Peckford est probablement l'un de ceux qui ont été les plus cohérents. À l'instar de ses voisins Angus MacLean et John Buchanan, il s'est gardé de faire campagne au Québec et n'a pas fait miroiter n'importe quoi à ses habitants. S'il a parlé lui aussi de renouveau constitutionnel, il a surtout souligné les intérêts de sa province dans cette affaire[67].

---

64. *Ibid.*, p. 211.

65. Allan Blakeney, *An Honourable Calling*, p. 189.

66. Terence McKenna, *The Deal*, documentaire.

67. Intervention de Brian Peckford au Conference Board de Toronto, *The Globe and Mail*, 7 mai 1980.

Ces trois premiers ministres, avec Sterling Lyon, sont ceux à qui Lévesque n'aurait pas dû adresser de reproche, sinon leur réticence à reconnaître les Québécois comme un des peuples fondateurs du pays. Au moins, ils n'ont pas laissé entendre le contraire. Quant au Manitobain, plus particulièrement, on l'a mis au pied du mur, en pleine campagne électorale ; même dans cette situation, il se réservait l'option de rejeter l'entente en cas de réélection. Bref, le plus conservateur des premiers ministres provinciaux n'a jamais vraiment abandonné son collègue nationaliste québécois. Devant la Charte et la refondation bilingue et multiculturelle proposées par Trudeau, Lyon voulait sauver l'héritage britannique du Canada anglais, et Lévesque, le fait français au Québec.

En fin de compte, il demeure que le Québec seul a subi l'isolement. Dès le 5 novembre, les plus clairvoyants, comme Gordon Robertson, ancien greffier du Conseil privé, entrevoient déjà la suite, qui s'annonce encore plus déchirante : « Ce serait faire preuve d'un optimisme extrême de penser que nous pourrons éviter une nouvelle crise sur la question de la séparation d'ici quelques années à peine[68]. »

68. Robert Sheppard et Michael Valpy, *The National Deal*, p. 318.

CHAPITRE 18

Que Dieu bénisse Margaret Thatcher

La dernière journée de la conférence constitutionnelle est à peine terminée que Trudeau s'envole pour New York, pour recevoir le prix d'excellence internationale Family Man[1]. À peine arrivé dans la Grosse Pomme, il profite du premier moment qui s'offre à lui pour écrire une lettre de remerciement à Thatcher. Il lui doit ce qui sera perçu, au fil du temps, comme le grand succès de sa carrière :

> Ma chère Margaret, encore dans l'ivresse de notre succès après notre récente conférence fédérale-provinciale sur la Constitution, je tenais à vous écrire pour vous exprimer mon immense grati-tude pour l'appui que vous m'avez apporté depuis un an et demi. Ce fut très important pour moi, tant dans mes fonctions offi-cielles que sur le plan personnel, de savoir que, durant les moments éprouvants survenus depuis plusieurs mois, je pouvais compter sur l'appui et l'amitié de la première ministre du Royaume-Uni. Nous avons partagé une conception commune de ce que devait être la démarche appropriée du gouvernement britannique à la suite d'une requête du Parlement canadien, aussi controversée fût-elle, mais je sais que la défense de cette concep-tion a nécessité du courage et un engagement constant de votre

---

1. John English, *The Life of Pierre Elliott Trudeau*, vol. 2 : *Just Watch Me, 1968-2000,* Toronto, Knopf Canada, 2009, p. 509.

part. Vos démarches, tant avant qu'après la décision de la Cour suprême, ont certainement joué un rôle important pour préserver la crédibilité de la stratégie du gouvernement fédéral et, par la suite, pour produire le consensus qui a émergé le 5 novembre[2].

Quelques années plus tard, lors d'un discours devant le Sénat, Trudeau se laissera même aller au lyrisme : « Margaret Thatcher, Dieu la bénisse[3] ! » La gratitude du premier ministre est immense, avec raison. Mais elle est aussi prématurée à ce stade de l'histoire. Car bien que Trudeau pense que l'affaire est dans le sac, de nouvelles complications vont se dresser sur son chemin. À tel point que Thatcher suspendra le débat sur la résolution constitutionnelle, au grand dam de son homologue.

Pour l'instant, l'affaire n'est pas encore tout à fait réglée au Canada. Il y a d'abord l'exclusion du Québec, qui laisse un arrière-goût amer à plusieurs participants. Les neuf premiers ministres provinciaux signataires de l'accord ont d'ailleurs donné le mandat à Ottawa de voir s'il serait possible de trouver un terrain d'entente avec le Québec.

Mais Lévesque est intraitable. Les fédéraux se tournent donc vers le chef de l'opposition, Claude Ryan, pour déterminer les ajouts qui rendraient le projet plus admissible. Ottawa veut gagner les nationalistes mous. Après quelques jours, Trudeau accepte de restaurer partiellement la compensation financière qui accompagnait le droit de retrait en vertu de l'entente d'avril 1981. Ce mécanisme pourra s'appliquer en matière de langue et de culture. Par ailleurs, il décide de modérer son attaque contre la loi 101 en incluant un mécanisme limité d'adhésion volontaire pour les « droits linguistiques ». Le droit fondamental

---

2.   Note. Archives du ministère des Affaires étrangères du Canada, RG 25-A-3-C 25-6, 20-CDA-16-1-4, vol. 11478, partie 30.

3.   Pierre Elliott Trudeau, *Lac Meech. Trudeau parle…*, textes réunis et présentés par Donald Johnston, Montréal, HMH, 1989, p. 59.

d'étudier en anglais au Québec ne s'appliquera pas aux enfants d'immigrants ayant étudié dans cette langue à l'étranger, à moins que le Québec y consente. Cette disposition signifie que la loi 101 s'appliquera aux immigrants anglophones.

Les féministes se déchaînent

Alors qu'on procède à ces modifications, des groupes de femmes se soulèvent contre le fait que la nouvelle disposition de dérogation puisse s'appliquer à l'article 28, qui garantit l'application de la Charte aux deux sexes. Les féministes souhaitent que cela soit corrigé. La controverse qui s'ensuit mérite d'être analysée ici. On peut d'abord se demander pourquoi il est nécessaire de préciser que la Charte s'applique à telle ou telle catégorie de citoyens, par exemple les deux sexes. Si on n'avait pas inclus cette précision, aurait-il fallu conclure qu'elle ne s'applique qu'aux hommes ? Le Canada de 1981 est-il un pays si sexiste qu'il est nécessaire de dire que la Charte touche autant les femmes que les hommes ? Bien sûr que non.

Mais qu'importe ces considérations. Des manifestations organisées par le lobby féministe ont lieu un peu partout au Canada. Le gouvernement fédéral les encourage ouvertement à se mobiliser, soulignant qu'il n'en tient qu'aux neuf gouvernements provinciaux de donner suite à leur demande. Mieux encore, les fédéraux mettent l'épaule à la roue. La ministre à la Condition féminine, Judy Erola, place en effet ses bureaux d'Ottawa à la disposition du mouvement qui s'organise[4]. Pour plusieurs observateurs, dont les journalistes Robert Sheppard et Michael Valpy, cette dynamique illustre la victoire du peuple : « la Constitution, pour la première fois, appartient à la population

---

4.   Robert Sheppard et Michael Valpy, *The National Deal: The Fight for a Canadian Constitution*, Toronto, MacMillan, 1982, p. 307.

du Canada[5] ». Mais est-ce vraiment le cas ? On doit se demander plutôt en quoi ces manifestations organisées grâce à l'argent des contribuables et orchestrées par l'État fédéral constituent un mouvement du peuple canadien réclamant de son gouvernement qu'il lui donne ses droits. Il serait plus juste de parler d'une bureaucratie et de sa clientèle féministe qui se mobilisent pour que le gouvernement et les tribunaux puissent intervenir davantage dans la vie des citoyens, sous le couvert de l'égalité des sexes.

Toujours est-il que les féministes sont déchaînées et ne se gênent pas pour traîner les premiers ministres provinciaux dans la boue ; ces neuf hommes blancs sont la cible de toutes sortes d'accusations. Cette situation amène Blakeney à changer de position. Ironiquement, ce dernier pense que la cause des femmes reculera si les premiers ministres cèdent aux groupes féministes, qui demandent que la disposition de dérogation ne s'applique pas aux clauses sur l'égalité des sexes. Le Saskatchewanais a toujours compris que cet élément de la Charte devait permettre au législateur de mettre en place des programmes de discrimination positive en faveur des femmes. La levée de boucliers le laisse donc pantois[6].

Mais dans l'immédiat, il a une autre idée derrière la tête. Il vient de rencontrer une délégation autochtone, qui souhaite que des changements soient apportés à l'accord final. Sympathique à leur cause, il leur a fait savoir que l'entente était scellée, mais qu'il serait attentif à d'éventuelles circonstances permettant une modification. Le mouvement féministe, et le désir subséquent d'Ottawa de soustraire l'article 28 à la clause nonobstant lui fournit cette occasion. Blakeney annonce qu'il est prêt à accepter un tel changement, pourvu que quelque chose soit fait en faveur des autochtones.

---

5.   *Ibid.*, p. 305.

6.   Allan Blakeney, *An Honourable Calling: Political Memoirs*, Toronto, University of Toronto Press, 2008, p. 192.

Pendant ce temps, Ottawa exerce des pressions sur les autres premiers ministres. Rectitude politique oblige, ceux-ci comprennent rapidement que, peu importe le bien-fondé de leurs arguments, ils passeront pour une bande de machistes finis s'ils s'opposent au lobby féministe. Ils finissent tous par reculer sur ce point.

Il reste alors à tenter de satisfaire les autochtones. Ceux-ci sont frustrés que l'accord final ne fasse plus mention d'une clause reconnaissant leurs droits ancestraux et ceux issus des traités. Trudeau n'était pas très chaud à cette disposition incluse à la suite des consultations menées par le comité conjoint du Sénat et de la Chambre des communes. Il ne s'est donc pas objecté lorsque certaines provinces anglophones ont insisté pour qu'elle soit retirée de l'accord du 5 novembre. La Colombie-Britannique avait un certain nombre de réserves dans cette affaire : la majorité des réclamations territoriales des autochtones visent son territoire. Et il faut dire que leur mobilisation est forte, particulièrement dans l'Ouest. Alors qu'il tente d'entrer à l'Assemblée législative, à Edmonton, le premier ministre Peter Lougheed est pris à partie par 4 000 Indiens qui manifestent. Il finit par accepter de les soutenir et rédigera lui-même une clause précisant que leurs droits existants sont protégés[7]. De leur côté, Jean Chrétien et Ed Broadbent pressent Trudeau d'inclure une telle disposition dans l'accord. Ils la jugent importante pour faciliter l'approbation de Westminster[8].

Les autochtones finissent donc par avoir gain de cause, mais ils restent insatisfaits de l'accord. Les féministes, elles, sont pleinement satisfaites, contrairement aux autres lobbies chartistes. Aidés par le sénateur Eugene Forsey, certains groupes réclament

7. Robert Sheppard et Michael Valpy, *The National Deal,* p. 307.
8. Ron Graham, *The Last Act: Pierre Trudeau, the Gang of Eight and the Fight for Canada,* Toronto, Penguin, 2011, p. 219.

l'abolition pure et simple de la disposition de dérogation[9]. D'autres exigent l'inclusion des droits du fœtus dans la Charte. Car si celle-ci ouvre la porte à une pléiade de groupuscules de gauche, elle fait de même pour les fondamentalistes chrétiens, les pro-vie et les autres associations droitistes. Pas plus bêtes que leurs pendants de gauche, celles-ci jugent également que leurs objectifs politiques constituent des droits humains fondamentaux, lesquels doivent s'imposer à toute la société par l'intermédiaire des tribunaux.

Malgré cette agitation, la résolution constitutionnelle est finalement adoptée par la Chambre des communes le 2 décembre 1981. Seuls dix-sept conservateurs, cinq libéraux et deux néo-démocrates votent contre. Six jours plus tard, le Sénat emboîte le pas. Trudeau espère que les choses se dérouleront rondement à Westminster. Après tout, il a fait des compromis et, comme il l'a dit lui-même, « entre les parlementaires britanniques qui se pincent le nez et moi qui pince le mien, je préfère ce dernier[10] ».

À Londres, enfin

Le lendemain du vote aux Communes, le premier ministre s'entretient avec Lord Moran, histoire de prévoir la suite des choses. L'exercice sert aussi à préparer un entretien téléphonique avec Thatcher, lequel doit avoir lieu la même journée[11]. Le chef fédéral entame donc la conversation en exprimant une fois de plus sa

---

9.   *Ibid.*, p. 307.

10.   Robert Sheppard et Michael Valpy, *The National Deal,* p. 303.

11.   Cet entretien a été reconstitué grâce à un compte rendu canadien (archives du ministère des Affaires étrangères du Canada. RG 25-A-3-C 25-6, 20-CDA-16-1-4, vol. 11478, partie 30) et à un compte rendu britannique (document obtenu du Foreign Office à la suite d'une demande d'accès à l'information), tous deux datés du 3 décembre 1981.

« énorme gratitude » pour l'appui qu'il a reçu de son homologue. « Sa déclaration faite à Melbourne, dit-il, qui a été si franche, a joué un rôle-clé dans le maintien des méthodes de négociation du gouvernement fédéral. Les provinces savaient qu'elles avaient effrayé certains députés britanniques et il était très important qu'elles voient qu'elles n'effrayaient pas le gouvernement britannique. Un autre premier ministre britannique aurait peut-être agi comme Mme Thatcher, mais il aurait peut-être aussi été plus prudent. Ça a été très important de pouvoir compter sur son appui. »

Trudeau aborde ensuite le calendrier des étapes à venir. Une question le préoccupe : le gouvernement britannique entend traiter la question constitutionnelle vers la mi-février, mais Trudeau aurait aimé que tout soit fini avant Noël. Moran explique que la première lecture et l'introduction du projet en chambre auront lieu avant les fêtes, mais qu'il est impossible que toutes les étapes législatives soient franchies avant cette période. Le haut-commissaire précise que toute forme de pression, particulièrement une déclaration publique, n'aidera pas la cause d'Ottawa.

Trudeau n'en démord pas. « Ce serait avantageux parce que le processus s'achèverait avant que les Indiens et le Québec ne s'organisent, sans quoi de nouveaux problèmes pourraient encore surgir. » Le chef du gouvernement fédéral est notamment inquiet de la procédure juridique que vient de lancer le Québec, qui souhaite que les tribunaux lui reconnaissent un droit de veto.

Moran tente de le rassurer. Les démarches du Québec devant les tribunaux canadiens ne changeront rien à ce stade. Quant au comité Kershaw, dont Trudeau se préoccupe aussi, il ne posera plus de problème avec l'appui de neuf provinces. Le premier ministre demande alors si un appui provincial unanime pourrait permettre un rapatriement avant Noël. Moran évite de répondre directement, mais assure Trudeau que l'issue finale ne fait plus aucun doute. La date du 15 février, anniversaire du drapeau canadien, serait-elle alors un objectif plus réaliste ? Le haut-commissaire répond par la négative.

Michael Kirby intervient : « Les parlementaires britanniques seraient-ils plus susceptibles de réagir à l'annonce d'une date-butoir s'ils savaient que le Palais la prévoyait ? » La réponse de Moran est sans appel : « Le Palais ne peut pas être mis dans cette position, c'est inacceptable. » Dans ce cas, ajoute Trudeau, « nous devrons peut-être procéder sans la reine. Si nous ne pouvons pas faire des plans, nous devrions simplement effectuer la proclamation le lendemain ». « Vous devez le dire clairement, rétorque Moran. Si le gouvernement canadien veut faire appel à la reine, cela ne regarde que vous. Discuter d'un calendrier avec le Palais et le gouvernement britannique ne posera aucun problème. »

Le haut-commissaire enchaîne en s'enquérant auprès du premier ministre de la façon dont il voit la suite des choses au Québec. Trudeau répond que Lévesque a menti depuis le début. Il n'aurait jamais signé quoi que ce soit, et maintenant il se fait rattraper par la réalité, particulièrement sur le plan économique. Pas moins de 300 000 personnes par année quittent la province, affirme-t-il, dix fois plus qu'avant l'arrivée du Parti québécois. « Ils ont sans doute conclu que le déclin économique au Québec est irréversible et que le gouvernement du Québec ne modifiera aucune de ses politiques, comme la loi linguistique, qui sont la cause de ce déclin. Lévesque va alors aggraver la situation dans l'espoir de pousser ses opposants à quitter la province et d'établir une base de ressentiment. C'est pourquoi je suis prêt à le combattre maintenant, sur mon terrain, à propos du rapatriement et de l'octroi de droits aux Canadiens français. »

Moran est frappé par les paroles de Trudeau et par son attitude au cours des derniers jours. La veille, le premier ministre n'a presque pas participé au débat final sur l'adoption de la résolution constitutionnelle, laissant le travail à Jean Chrétien. Il a même quitté la Chambre des communes sans répondre aux questions.

Cela me laisse croire que, en dépit de tous les éloges reçus pour ce qu'il a fait, M. Trudeau n'est pas heureux du résultat. Pendant le lunch aujourd'hui, il a manifesté tout le contraire de la jubilation. Toute sa vie, il a rêvé d'un cadre d'unité nationale allant d'un océan à l'autre, dans lequel le Québec serait satisfait, mais les drapeaux dans la province sont maintenant en berne. Tous les Québécois que j'ai rencontrés sont déçus de la tournure des événements, et M. Trudeau est bien entendu un Québécois. Il a mis tout le blâme sur le dos de Lévesque, ce qui n'est pas déraisonnable, et a dit clairement qu'il s'apprête à se lancer dans une grande bataille contre Lévesque pour l'âme du Québec, et c'est une bataille qu'il croit pouvoir gagner[12].

Triste ou pas, Trudeau téléphone à Thatcher pour l'informer de la suite des choses, notamment du fait que la réforme constitutionnelle sera en Grande-Bretagne le 9 décembre. Après de chaleureux remerciements, le premier ministre fédéral revient à la charge concernant sa première date butoir, Noël[13]. L'agenda parlementaire est complètement rempli d'ici les fêtes, rétorque la Dame de fer. Trudeau répond qu'il s'en remet à elle, mais dit craindre l'action du Québec et des Indiens. « Je le sais, mais je ne vais rien précipiter. Exercer des pressions et refuser de donner une occasion appropriée de s'exprimer à ceux qui s'intéressent au projet de loi ne ferait que créer des problèmes. Après tout, il a fallu au gouvernement canadien beaucoup plus de temps que ce qu'il avait initialement prévu. » La première ministre rassure toutefois Trudeau quant à l'action juridique des Québécois : cela n'aura pas d'impact.

Le chef du gouvernement fédéral passe alors à la date de la mi-février et à la visite de la reine. Thatcher répond que tout

12. Note de Lord Moran envoyée à Londres, datée du 3 décembre 1981. Document obtenu du Foreign Office à la suite d'une demande d'accès à l'information.

13. La conversation a été reconstituée grâce à un compte rendu britannique daté du 3 décembre 1981. Document obtenu du Foreign Office à la suite d'une demande d'accès à l'information.

dépendra du processus parlementaire. « J'espère avoir tort, mais il pourrait être difficile de respecter cette date butoir et de régler la question avant une éventuelle visite de la reine en février. Ce serait très serré. » Certes, mais les Canadiens risqueraient d'être irrités. « Je ne crois pas qu'une telle irritation serait justifiée, réplique Thatcher. Après tout, il y a quelque temps, nous nous attendions à recevoir le requête canadienne il y a près d'un an. »

Parallèlement, Trudeau poursuit ses échanges acerbes avec Lévesque, à coups de lettres et de déclarations. Suivant les conseils de son ministre Jacques-Yvan Morin, le premier ministre québécois a annoncé à son homologue fédéral qu'il compte exercer par décret le droit de veto du Québec. Le geste est d'abord politique, et Trudeau répond que le gouvernement québécois a abandonné son droit de veto en avril 1981. Mais en agissant de la sorte, Lévesque a trouvé un bon prétexte pour saisir les tribunaux de la question de l'existence d'un droit de veto québécois, processus qui aboutira en Cour suprême un an plus tard. Dans une décision complètement prévisible, Laskin et ses collègues affirmeront que le Québec n'a jamais eu une telle prérogative.

Un homme dévasté

L'affaire du décret soulève les sarcasmes de Jean Chrétien. « Lévesque peut adopter un décret stipulant qu'il n'y aura pas de neige au Québec cet hiver. Il aura le même effet[14]. » Le décret est tout de même passé le 25 novembre et envoyé à Londres six jours plus tard. La province poursuit la bataille en Grande-Bretagne aux côtés des Amérindiens. Les événements de novembre ont anéanti Gilles Loiselle, qui tente tant bien que mal de poursuivre son travail. Sauf qu'il n'y croit plus du tout. Selon Jean Wadds, qui le croise le 6 novembre, l'homme est complètement dévasté.

---

14.   Robert Sheppard et Michael Valpy, *The National Deal,* p. 310.

La diplomate canadienne rapporte alors à Vivien Hughes. « Il avait toujours été des plus courtois et amical, peu importe l'état des négociations. Toutefois, lorsque je l'ai rencontré vendredi, il ne pouvait même pas se résoudre à marmonner un seul mot. Plusieurs des autres délégués ont constaté la même chose[15]. »

Parmi ceux-ci, certains ont de la difficulté à se réjouir de la situation. C'est le cas de James McKibben, qui écrit à Jacques Frémont, le conseiller constitutionnel du Québec, lequel vient de quitter son poste. Après lui avoir souligné à quel point il a aimé travailler avec la délégation québécoise, il explique que « le plaisir que j'ai éprouvé à conclure un accord fédéral-provincial est amoindri par l'exclusion du Québec et par mon inquiétude pour notre avenir[16] ». Le délégué albertain tente aussi de réconforter Loiselle lorsqu'il le rencontre après l'accord du 5 novembre. Son état d'esprit reflète assez bien le sentiment général dans la capitale britannique, comme l'explique son conseiller Chris Watts dans une dépêche qu'il envoie à Edmonton :

À Londres, les réactions à l'accord de rapatriement ont été partagées. D'une part, le gouvernement et les députés qui défendent notre cause sont soulagés de voir qu'ils n'auront pas à affronter la situation difficile dans laquelle les aurait placés la résolution. D'autre part, certains comprennent bien que le Québec et les peuples autochtones (« deux des trois groupes fondateurs ») sont exclus de l'accord. On estime que la première exclusion pourrait avoir de graves conséquences à long terme pour le Canada (c'est-à-dire que la séparation du Québec est maintenant plus probable). Un dirigeant du Parti travailliste, David Lowe, a dit qu'un malaise est palpable chez les deux parties et a demandé

15. Note de Vivien Hughes à Martin Berthoud datée du 9 novembre 1981. Document obtenu du Foreign Office à la suite d'une demande d'accès à l'information.

16. Note de James McKibben à Jacques Frémont datée du 19 novembre 1981. Archives de Jacques Frémont.

si l'Alberta ferait des pressions sur le gouvernement fédéral pour améliorer cette situation[17].

Le malaise est réel, et les Indiens, ou du moins une partie d'entre eux, sont déterminés à l'exploiter en intensifiant leur lobbying dans la capitale britannique. Cette agitation n'inquiète toutefois pas Jean Wadds. Comme on peut le lire dans une dépêche envoyée à Ottawa, « une sympathie se manifeste envers les autochtones et le Québec, mais elle se traduira très probablement par l'expression de préoccupations plutôt que par une tentative d'empêcher l'adoption de la résolution[18] ». « Les autochtones étaient très divisés, explique le député travailliste Bruce George. Quelques-uns réclamaient la prise en main de leurs réserves, d'autres, l'indépendance totale. Au bout du compte, leur coalition a échoué[19]. »

Si le lobby autochtone apparaît impuissant, il peut quand même être lassant. Au début décembre, Wadds se voit dans l'obligation d'assister à une cérémonie impliquant quarante représentants de tribus albertaines : un genre de pow-wow qui se tient devant la presse. Le tout commence par un long réquisitoire accusant Ottawa d'avoir menti et vendu leurs droits aux « provinces avides ». Les autochtones demandent à la reine d'intervenir. Cet appel est suivi de cinq interminables incantations, des prières récitées par des chefs ou des anciens. Après deux heures et demie de ce spectacle, Wadds doit vaquer à d'autres occupa-

---

17. Note de Chris Watts envoyée au ministère des Affaires fédérales et intergouvernementales du Canada, datée du 11 novembre 1981. Document obtenu du Foreign Office à la suite d'une demande d'accès à l'information.

18. Note du Haut-Commissariat canadien à Londres envoyée au ministère des Affaires extérieures à Ottawa, datée du 18 novembre 1981. Archives du ministère des Affaires étrangères du Canada, RG 25-A-3-C 25-6, 20-CDA-16-1-4, vol. 11478, partie 30.

19. Entrevue avec Bruce George, 4 janvier 2013.

tions. Elle s'excuse et part sans fumer le calumet de la paix. Les Indiens, en colère, l'accusent de leur avoir manqué de respect[20].

Thatcher suspend le débat

Malgré cette mobilisation, le gouvernement britannique introduit la résolution constitutionnelle le 22 décembre à la Chambre des communes. La journée même, toutefois, la Cour d'appel d'Angleterre et du pays de Galles décide d'entendre la cause des Indiens au début de février. « Ce n'est pas le genre de chose qu'on devrait régler à toute vitesse », déclare le juge en chef, Lord Denning, précisant que « de toute évidence, cela revêt une très grande importance pour les Indiens[21] ». Ceux-ci pourront donc contester en justice l'interprétation que fait le gouvernement britannique de ses obligations en matière autochtone.

Tant à Londres qu'à Ottawa, ce développement a l'effet d'un coup de tonnerre. Pym, soucieux, sonde la députation conservatrice. Il a ensuite une rencontre déterminante avec Denis Healey, le leader parlementaire travailliste. Celui-ci l'avertit : « Je ne pourrai peut-être pas rallier mes députés d'arrière-ban à ce sujet. Ils vont invoquer la décision imminente de la cour pour retarder l'adoption du projet de loi, pour des motifs essentiellement intérieurs. Les mérites de la cause ne sont pas remis en question, mais il serait imprudent de poursuivre[22]. »

---

20.   Note du Haut-Commissariat canadien à Londres envoyée au ministère des Affaires extérieures du Canada, datée du 4 décembre 1981. Archives du ministère des Affaires étrangères du Canada, RG 25-A-3-C 25-6, 20-CDA-16-1-4, vol. 11478, partie 31.

21.   *The Globe and Mail,* 22 décembre 1981.

22.   Cette information est contenue dans une note de Michael Kirby adressée à Pierre Elliott Trudeau, datée du 30 décembre 1981. Archives du ministère des Affaires étrangères du Canada, RG 25-A-3-C 25-6, 20-CDA-16-1-4, vol. 11478, partie 31.

Le soir même, Pym assiste à une réunion avec Humphrey Atkins, le Lord Privy Seal, et le whip en chef, Michael Jopling. Ce dernier est particulièrement préoccupé par la situation du côté de l'opposition, qui risque fortement de faire dérailler le programme parlementaire du gouvernement. Les trois hommes en viennent au même constat : il faut stopper la machine le plus vite possible. Informée, Thatcher se range aussitôt à cette conclusion[23]. Tant la première ministre que Francis Pym comprennent que reporter les choses mènerait possiblement à l'ouverture d'une boîte de Pandore. Mais ils misent sur une décision rapide et favorable des tribunaux, ce qui leur permettrait de reprendre le débat dans un contexte plus serein. Si d'autres recours judiciaires sont ensuite intentés, le gouvernement pourra se targuer d'avoir déjà attendu une fois et plaider qu'il est désormais temps d'aller de l'avant.

La nouvelle situation crée tout un émoi à Ottawa, presque de la panique, surtout que les fédéraux l'apprennent dans les journaux. Pour ces derniers, il importe d'exercer le maximum de pression : on craint que tout nouveau retard ne fasse dérailler le rapatriement. Jean Wadds et Reeves Haggan ont donc l'agréable tâche de rencontrer à nouveau Francis Pym, au début de janvier[24].

Haggan commence en soulignant l'importance du 15 mars comme nouvelle date butoir, soit avant que la Cour d'appel du Québec ne commence à examiner la requête du gouvernement québécois quant à l'existence d'un droit de veto pour la province.

---

23. Cette information est contenue dans une note du Haut-Commissariat canadien à Londres envoyée à Ottawa, datée du 23 décembre 1981. Archives du ministère des Affaires étrangères du Canada, RG 25-A-3-C 25-6, 20-CDA-16-1-4, vol. 11478, partie 31.

24. Note de Michael Kirby à Pierre Elliott Trudeau datée du 11 janvier 1982. Archives du ministère des Affaires étrangères du Canada, RG 25-A-3-C 25-6, 20-CDA-16-1-4, vol. 11478, partie 32. L'entretien entre Jean Wadds et Francis Pym a été reconstitué grâce à une note du Haut-Commissariat canadien, datée elle aussi du 11 janvier 1982.

Pym ignore le commentaire. Avec l'attitude zen d'un moine bouddhiste, il leur conseille la patience et le *fair play*. « Nous ne serions pas plus avancés s'il y avait blocage à Westminster plutôt que devant les tribunaux », dit-il. L'Anglais explique aussi qu'il a suspendu le processus « parce que, dans le cas contraire, cela aurait suscité la controverse et eu pour effet certain que l'opposition se serait servie de cette question pour retarder le programme législatif. Une confrontation à l'étape actuelle aurait coûté cher ». Il ajoute aussi qu'il souhaite, comme tout le monde, voir le rapatriement aboutir dès que possible.

Dans ce cas, répliquent les Canadiens, il importe d'aller très vite quand la Cour d'appel aura tranché. Nouveau refus de Pym. Il veut garder toute sa marge de manœuvre et analyser la décision en temps et lieu. « Si le verdict est partagé ou si la décision prise contient beaucoup d'éléments satisfaisants pour les Indiens, nous allons procéder à la deuxième lecture seulement après que la Chambre des lords aura entendu la cause. »

Une telle décision allongerait le processus d'au moins deux semaines. Wadds et Haggan reçoivent ce commentaire comme un coup de massue. De plus, le leader parlementaire refuse de promettre qu'il n'attendra pas aussi le résultat des procédures entamées à la Chancery Court par les Indiens de la côte Ouest. La seule bonne nouvelle est que Pym accepte de consulter davantage les fédéraux : ceux-ci n'en seront donc plus réduits à apprendre les développements dans les journaux.

Comme l'explique Michael Kirby au premier ministre au terme de cet exercice, « la rencontre n'a pas été très satisfaisante. Il est clair que Pym entend procéder à son propre rythme et au moment qui lui convient. Il ne semble pas éprouver le moindre sentiment d'urgence[25] ». Il ne reste qu'une chose à faire pour

---

25. Note de Michael Kirby à Pierre Elliott Trudeau datée du 30 décembre 1981. Archives du ministère des Affaires étrangères du Canada, RG 25-A-3-C 25-6, 20-CDA-16-1-4, vol. 11478, partie 31.

Trudeau : passer par-dessus le ministre britannique et en appeler directement à la Dame de fer. « Je me rends compte que le désaccord avec le gouvernement britannique s'en trouve poussé très rapidement jusqu'aux premiers ministres, dit Kirby. Mais je crois qu'il est essentiel que nous agissions ainsi si nous voulons éviter de subir une série de délais qui pourraient bien s'étendre au-delà du 15 mars. » Le 13 janvier, Trudeau s'exécute par lettre :

> Ce qui m'inquiète, c'est que la décision de reporter le début de la deuxième lecture après le jugement de la Cour d'appel sur la cause des Amérindiens de l'Alberta ouvre la porte à des demandes visant à retarder davantage la deuxième lecture. Les possibilités de délai découlant des tribunaux sont abondantes : la cause de l'Alberta pourrait être portée en appel devant les lords ; comme vous le savez, les Amérindiens de la Colombie-Britannique ont entamé des procédures auprès de la Cour de la chancellerie ; nous prévoyons que les Amérindiens de la Saskatchewan vont prendre certaines mesures ; d'autres groupes d'Amérindiens, y compris les Cris dans le Nord du Québec, pourraient également amorcer des procédures. En fait, il n'y a aucune limite théorique au nombre de causes qui pourraient être soumises tant au Canada qu'au Royaume-Uni…
>
> Au Canada, le gouvernement du Québec va présenter une demande à la Cour d'appel, le 15 mars, dans le but d'obtenir un jugement sur sa revendication d'un veto constitutionnel, une question à propos de laquelle, je crois comprendre, M. Lévesque vous a écrit. Cette cause sera sûrement portée en appel devant la Cour suprême du Canada, de sorte que les procédures devraient s'étirer jusqu'à l'automne prochain.
>
> Quels que soient leurs résultats, ces procédures vont prolonger et intensifier les problèmes politiques au Québec et dans tout le Canada, sauf si la question se règle promptement à Westminster. Par ailleurs, si la sanction royale était donnée au projet de loi sur le Canada avant le début des procédures devant la Cour d'appel du Québec, le 15 mars, il est presque certain que celle-ci va consi-

dérer que la question est hypothétique et que la cour n'a donc pas à se prononcer à son sujet[26].

La réponse arrive douze jours plus tard. Thatcher explique qu'elle comprend très bien la situation. « Cependant, la cause des Amérindiens a reçu un certain appui à Westminster et je ne doute pas que, si nous avions procédé à la deuxième lecture avant que les tribunaux n'examinent la cause de l'Alberta, nous aurions suscité une vive opposition au projet de loi. Nous prévoyons que la Cour d'appel fera connaître sa décision dans un avenir très rapproché et, à la lumière de cette décision, nous déterminerons de toute urgence la meilleure façon de procéder au Parlement. »

Quelle réponse pour Lévesque?

En somme, Thatcher ne promet rien à Trudeau. Mais ce dernier peut se consoler : il est beaucoup mieux traité que René Lévesque. Quelques jours avant Noël, le premier ministre québécois s'est également adressé à Thatcher :

> À notre avis cette entente frappe de plein fouet l'alliance des francophones et des anglophones qui a permis la création de la Confédération canadienne en 1867. Jamais auparavant, au cours de notre histoire, on n'avait demandé au Parlement britannique de restreindre sans leur consentement les droits et pouvoirs de la législature et du gouvernement du Québec. La loi projetée constitue une offensive sans précédent contre les pouvoirs permettant à la seule société d'expression française d'Amérique du Nord de défendre et de promouvoir sa langue et sa culture[27].

---

26.   Note de Pierre Elliott Trudeau à Margaret Thatcher datée du 13 janvier 1982. Archives du ministère des Affaires étrangères du Canada, RG 25-A-3-C 25-6, 20-CDA-16-1-4, vol. 11478, partie 32.

27.   Document reproduit dans Claude Morin, *Lendemains piégés. Du référendum à la nuit des longs couteaux*, Montréal, Boréal, 1988, p. 360.

Au départ, Thatcher veut répondre rapidement, c'est-à-dire avant le 25 décembre. Mais des complications surgissent, avec les fédéraux. Ceux-ci souhaitent que les Britanniques ignorent la missive et que, tel un facteur, ils l'envoient tout simplement à Ottawa. Ils ont même préparé un court projet de lettre que la première ministre pourrait reprendre à son compte :

> J'ai bien reçu votre lettre du 19 décembre. La position du gouvernement de Sa Majesté au Royaume-Uni sur cette question est formulée dans les observations du ministre des Affaires étrangères et du Commonwealth ayant fait suite au rapport du Comité des affaires étrangères, lequel est daté de décembre 1981 et dont vous avez reçu une copie. Comme vous le savez, pour toute question concernant le Canada, seuls le gouvernement et le Parlement du Canada conseillent la reine. Par conséquent, j'ai remis votre lettre aux autorités canadiennes et j'ai ajouté une copie de la présente réponse.

Le texte est accompagné d'une note expliquant aux Anglais le sens de la stratégie utilisée :

> A) Accusé de réception de la lettre. Une simple affirmation que nous avons pris note de la position du Québec. Le projet de lettre évite toute mention du gouvernement du Québec et toute phraséologie qui indique qu'il s'agit d'une réponse personnalisée de Mme Thatcher.
> B) Il revient au gouvernement canadien de décider ce qui est acceptable au Canada en ce qui a trait à la Constitution canadienne. La position du gouvernement de Sa Majesté consiste à agir le plus promptement possible à propos de la requête du Parlement canadien.
> C) Des copies de cette réponse et de la correspondance originale ont été remises aux autorités canadiennes[28].

---

28.   Le projet de lettre est contenu dans une note du Haut-Commissariat

Depuis Ottawa, Lord Moran a vent de cette proposition de lettre. Il réagit aussitôt. Si la nouvelle se propageait que les Affaires extérieures canadiennes ont rédigé la réponse de Thatcher à René Lévesque, dit-il, cela créerait un scandale. Une telle situation serait vue comme une insulte aux Canadiens français[29]. Carrington le rassure : la proposition fédérale a été refusée. Toutefois, le Foreign Office discute de son propre projet de lettre avec les fédéraux, et le document est finalement assez proche de ce que souhaitent ceux-ci. Les instructions de Carrington sont claires : « La réponse doit être assez intransigeante et ne laisser à M. Lévesque aucun motif d'espérer qu'il parviendra à interrompre le processus ici et de douter que ses problèmes reflètent un enjeu strictement canadien[30]. » Comme le rapporte le sous-ministre De Montigny Marchand à Mark MacGuigan, « le Foreign Office a bon espoir que ce conseil sera entendu ». Lorsque la lettre de Lévesque sera transférée aux Canadiens, ajoute le sous-ministre, le bureau de Michael Kirby préparera une deuxième réponse, la vraie, de Trudeau celle-là[31].

Mais ce scénario ne se réalisera pas. Le 24 décembre, Thatcher refuse le projet de lettre qui lui est soumis[32]. D'abord, elle veut

---

canadien à Londres envoyée au ministère des Affaires extérieures à Ottawa, datée du 22 décembre 1981. Archives du ministère des Affaires étrangères du Canada, RG 25-A-3-C 25-6, 20-CDA-16-1-4, vol. 11478, partie 31.

29.　Note de Lord Moran adressée au Foreign Office, datée du 29 décembre 1981. Document obtenu du Foreign Office à la suite d'une demande d'accès à l'information.

30.　Note interne du Foreign Office datée du 21 décembre 1981. Document obtenu du Foreign Office à la suite d'une demande d'accès à l'information.

31.　Note de De Montigny Marchand à Mark MacGuigan datée du 22 décembre 1981. Archives du ministère des Affaires étrangères du Canada, RG 25-A-3-C 25-6, 20-CDA-16-1-4, vol. 11478, partie 31.

32.　L'auteur n'a pas retrouvé le premier projet de note du Foreign Office soumis à Thatcher.

éviter d'éventuels reproches de Lévesque. Il pourrait l'accuser de suspendre le débat parlementaire en raison de la procédure juridique lancée par les autochtones, alors qu'elle refuse de le faire pour le recours intenté par Québec devant sa Cour d'appel. La lettre doit fournir un argument pour justifier ce « deux poids, deux mesures ».

La Dame de fer trouve aussi que le message au premier ministre québécois manque de doigté. Elle semble penser qu'il est indigne de s'acharner sur un adversaire qui est déjà au tapis. Les diplomates du Foreign Office sont donc priés de refaire leurs devoirs. Ils lui remettent quelques jours plus tard « un projet de lettre un peu plus favorable[33] ». C'est cette version qui sera remise à Lévesque le 14 janvier par Murray Simons, lequel précise au premier ministre qu'il peut la rendre publique.

> Mon cher premier ministre,
>
> Je vous remercie de votre lettre du 19 décembre, dans laquelle vous invitez le gouvernement britannique à ne prendre aucune mesure concernant la résolution fédérale avant que le gouvernement du Québec ne donne son consentement ou que les tribunaux canadiens ne se prononcent sur la question du droit de veto du Québec.
>
> J'ai étudié attentivement votre requête. J'ai été déçue d'apprendre que la province de Québec a été incapable de s'entendre avec le gouvernement fédéral et les gouvernements des neuf autres provinces du Canada, le 5 novembre. Une résolution commune des deux chambres du Parlement fédéral a été transmise à Sa Majesté. Conformément à la procédure établie, le gouvernement britannique va maintenant demander au Parlement britannique d'adopter un projet de loi qui va juridiquement valider la réso-

---

33.   Note de Roderic Lyne adressée au 10, Downing Street et datée du 30 décembre 1981. Document obtenu du Foreign Office à la suite d'une demande d'accès à l'information.

lution du Parlement canadien. Étant donné la teneur du jugement de la Cour suprême du Canada publié le 28 septembre 1981
et le fait qu'une résolution a été transmise à Sa Majesté, je me
félicite du fait que la poursuite des procédures judiciaires au
Canada que vous évoquez soit un enjeu strictement canadien.
Je ne crois donc pas qu'il serait approprié de suspendre l'étude
du projet de loi sur le Canada de la façon mentionnée dans
votre lettre[34].

Quelques années plus tard, Claude Morin se plaindra de la
« réponse polie » qui a été servie au premier ministre québécois.
« Le *Canadian Way* se pratiquait aussi en Grande-Bretagne[35] »,
écrira-t-il avec amertume, ignorant que sans l'intervention de la
première ministre britannique, c'est un véritable camouflet que
Trudeau aurait présenté à Lévesque.

René Lévesque assiste désormais, impuissant, à la fin du processus de rapatriement. Gilles Loiselle fait bien parvenir un
mémorandum aux deux chambres du Parlement, tentant d'activer ses contacts, rien n'y fait. La guérilla amérindienne n'a guère
plus de succès. Quatre leaders, dont le chef Charlie Girek, paré
de plumes, réussissent à obtenir une audience avec le pape grâce
aux bons offices du *pro-nuncio* de Londres, mais l'opération
s'avère un coup d'épée dans l'eau. Le 28 janvier, la Cour d'appel
anglaise tranche en faveur du gouvernement fédéral : lui seul est
responsable des questions autochtones.

Le dernier obstacle tient au fait que la loi constitutionnelle
de 1982 est bilingue, ce qui suppose que le Parlement de Westminster doit l'adopter également en français. Une poignée de
députés s'agitent devant cette perspective. La dernière fois qu'une

---

34.   Note de Margaret Thatcher à René Lévesque datée du 13 janvier 1982.
Archives du ministère des Affaires étrangères du Canada, RG 25-A-3-C
25-6, 20-CDA-16-1-4, vol. 11478, partie 32.

35.   Claude Morin, *Lendemains piégés*, p. 318.

telle chose s'est produite, c'était en 1454, alors que la conquête normande faisait encore sentir ses effets sur l'aristocratie anglaise. Mais beaucoup d'eau a coulé sous les ponts depuis. Finalement, ironie de l'histoire, la version française sera transformée en annexe de la version anglaise. L'adoption dans la langue de Molière n'aura pas lieu.

Le 17 février, le débat sur le projet constitutionnel peut donc reprendre ; Jean Chrétien est dépêché à Westminster pour y assister. La résolution est envoyée en commission parlementaire le lendemain avec quarante-quatre propositions d'amendement, touchant autant les droits du fœtus que ceux des autochtones. Tous les changements proposés sont rejetés, sauf quelques modifications à caractère technique. La loi constitutionnelle est finalement adoptée par la Chambre des communes le 9 mars, par 177 voix contre 33.

Le 25 mars, la Chambre des lords l'approuve à son tour, à l'unanimité. Seule fausse note : un Canadien installé dans la galerie des visiteurs se met à crier à tue-tête et doit être escorté à l'extérieur de l'édifice. La Constitution est rapatriée.

ÉPILOGUE

La bataille du Canada

Comme le notait Lord Moran en novembre 1981,

> Trudeau a obtenu un accord avec les autres provinces uniquement parce qu'il a renoncé à beaucoup d'éléments qu'il jugeait importants. Il n'est pas parvenu à accroître les pouvoirs du gouvernement fédéral au détriment des provinces. Au contraire, des personnes comme Lougheed, de l'Alberta, ont atteint tous leurs objectifs et ont gardé essentiellement intacts les pouvoirs provinciaux. M. Trudeau a certainement pensé qu'il valait mieux rapatrier la Constitution même dans des conditions relativement insatisfaisantes, mais il n'a pas montré qu'il en était très heureux, et le pacte actuel recèle des difficultés manifestes[1].

Si le premier ministre fédéral a réussi à imposer notamment ses droits linguistiques, malgré l'opposition du Québec, on peut dire que sa vision centralisée du Canada et sa charte toute puissante ont été passablement malmenées tout au long des dix-huit mois de l'épisode décisif qu'a été la bataille de Londres.

Cette situation ne manque pas de se refléter dans le résultat

---

1. Note de Lord Moran envoyée à Londres, datée du 3 décembre 1981. Document obtenu du Foreign Office à la suite d'une demande d'accès à l'information.

final, un résultat que regrettera amèrement Pierre Trudeau[2]. Les grandes gagnantes sont incontestablement six des sept provinces anglophones qui se sont opposées à Ottawa. Elles ont réussi à préserver une bonne partie de leurs prérogatives qui allaient à l'encontre de la Charte et du pouvoir des juges fédéraux grâce à l'obtention de la disposition de dérogation. Celle-ci est la clé de voûte du compromis de novembre 1981 : sans elle, la Charte n'aurait tout simplement jamais existé. Cette disposition incarne non seulement le principe de la souveraineté parlementaire, mais aussi celui d'un Canada fondé sur une communauté de communautés, puisqu'elle protège les provinces des décisions prises par des juges nommés par Ottawa. Mais si les provinces anglophones sortent gagnantes de la bataille de Londres, elles sont les grandes perdantes de la bataille du Canada.

Ce nouvel affrontement résulte du fait que « Trudeau s'est appliqué à créer, a posteriori, une véritable mythologie autour de la Charte des droits et libertés[3] », d'après André Burelle, et que la disposition de dérogation a été au centre de son entreprise. L'encre de l'accord final n'est pas encore sèche que tout ce que le Canada compte d'avocats se rue à l'assaut de la disposition maudite. Les étudiants en droit font circuler des pétitions pour demander son abrogation, soutenus par l'Association canadienne du barreau[4]. L'offensive est également appuyée par les milieux universitaires, notamment par les facultés de droit, lesquelles prennent un tournant résolument postmoderne en sacralisant la Charte et en diabolisant l'article 33. Comme l'observent Morton et Knopff, « la distinction entre l'éducation et l'action

---

2.   Il fera cette confidence à Roy Romanow, selon l'ancien sous-ministre de la Saskatchewan, John Whyte (*The Toronto Star,* 10 novembre 2011).

3.   André Burelle, *Pierre Elliott Trudeau. L'intellectuel et le politique,* Montréal, Fides, 2005, p. 89.

4.   Michael Mandel, *The Charter of Rights and the Legalization of Politics in Canada,* Toronto, Thompson Educational Publishing, 1994, p. 88.

politique s'est complètement évanouie dans le projet de contestation judiciaire fondé sur la Charte qu'avancent certaines écoles de droit[5] ».

En 1986, cette dynamique ne manque pas d'influencer la lecture des événements lorsque, pour la première et unique fois jusqu'au moment d'écrire ces lignes, la disposition de dérogation est utilisée au Canada anglais, en l'occurrence par la Saskatchewan. Le gouvernement conservateur de la province impose alors une loi spéciale pour mettre fin à une grève de ses 12 000 fonctionnaires. Suivant la loi constitutionnelle de 1982, le premier ministre, Grant Devine, utilise l'article 33 pour empêcher les tribunaux d'invalider sa nouvelle législation.

Cette décision lui vaut aussitôt des critiques, notamment une attaque virulente du *Globe and Mail*. Dans un éditorial intitulé « La Liberté en suspens », le prestigieux quotidien affirme que ce geste constitue « un troublant précédent de suspension désinvolte des garanties relatives aux libertés fondamentales ». La Saskatchewan « a manqué de respect pour la Charte[6] », conclut le quotidien, une dénonciation qui n'empêchera pas les électeurs de donner à Grant Devine une solide majorité aux élections neuf mois plus tard.

Pendant ce temps, les libéraux de Robert Bourassa accèdent au pouvoir au Québec. Jumelée au remplacement, à Ottawa, des libéraux par les conservateurs de Mulroney, cette situation entraîne en 1987 la signature de l'accord du lac Meech, une entente entre les dix provinces et le gouvernement fédéral devant permettre au Québec d'adhérer officiellement à la loi constitutionnelle de 1982. Entre autres choses, l'accord prévoit une clause reconnaissant le Québec comme société distincte parce que

5. F. L. Morton et Rainer Knopff, *The Charter Revolution and the Court Party*, Peterborough, University of Toronto Press, 2000, p. 134.

6. *The Globe and Mail*, 15 février 1986.

majoritairement francophone. Cette disposition doit servir à l'interprétation de la Constitution. Meech suscite aussitôt la controverse, laquelle est alimentée en grande partie par Pierre Elliott Trudeau. La clause de la société distincte porte ombrage à la Charte, ressuscite le dualisme et menace l'unité du pays, fait-il valoir en substance.

L'ancien premier ministre n'est pas le seul mécontent. La Cour suprême l'est tout autant. Comme durant la bataille de Londres, les juges plongent dans le débat politique afin de torpiller l'œuvre de Brian Mulroney. S'il est impossible de prouver cette hypothèse en s'appuyant sur des documents, contrairement au rôle de la Cour suprême en 1980-1981, cette interprétation est appuyée par une preuve circonstancielle convaincante.

Commençons par le début. Les magistrats sont frustrés par l'accord du lac Meech parce que les provinces ont enfin obtenu un droit de regard sur la nomination des juges de la Cour suprême, ce qui indispose ces derniers au plus haut point. On a vu que Bora Laskin s'était élevé en faux contre cette approche. En avril 1988, Willard Estey lui emboîte le pas. Contrairement à ce qu'il a fait sept ans auparavant, avertissant à l'avance les Britanniques que la cour entendrait l'affaire du rapatriement, le juge ne se contente plus de manœuvrer en coulisses. Cette fois, il lance un avertissement public, profitant du fait qu'il annonce sa retraite. L'implication des provinces dans la sélection des juges entraînera de terribles conséquences pour le Canada, affirme-t-il. « Vous pourriez détruire la Confédération, sans aucun doute. Mon instinct me dit que l'accord a un caractère décentralisateur et devrait donc susciter une certaine suspicion chez les citoyens canadiens[7]. »

Tout indique qu'il s'agit de l'opinion dominante au sein de la Cour suprême. Heureusement pour ces magistrats, une nouvelle contestation de la loi 101 va leur permettre d'influencer grande-

---

7.   *The Globe and Mail*, 27 avril 1988.

ment le cours des choses. Les anglophones contestent en effet les dispositions légales qui obligent à l'affichage unilingue français au Québec. L'affaire Ford chemine jusqu'à la Cour suprême, qui tranche en décembre 1988. Sans surprise, les cinq juges, tous nommés par Trudeau, décrètent que la loi 101 est contraire à la liberté d'expression garantie par la Charte.

Chose très curieuse, et peu remarquée alors : dans le même jugement, le tribunal annule les limites à l'utilisation de la disposition de dérogation imposées dans l'arrêt *Alliance des professeurs catholiques de Montréal* par la Cour d'appel du Québec. Les cinq juges du tribunal suprême affirment que, contrairement à ce que prétendait cette dernière, l'invocation de cette disposition n'est soumise à aucune limite juridique. Autrement dit, son utilisation relève de l'entière discrétion des élus, et aucun tribunal ne saurait y imposer des limites autres que celles énoncées spécifiquement dans la Constitution.

Le gouvernement québécois attendait la décision juridique sur la loi 101 avant d'en appeler à la Cour suprême dans cette autre affaire. Celle-ci le devance lors de l'arrêt *Ford* en faisant, en quelque sorte, coïncider deux décisions[8]. Comment expliquer un tel geste ? Selon toute vraisemblance, les juges ont voulu créer de l'hostilité envers l'accord du lac Meech. Il faut comprendre que, même s'il n'est aucunement question de la clause nonobstant dans l'entente, celle-ci devient rapidement l'objet du débat. Trudeau accuse Mulroney de n'avoir rien obtenu des provinces en échange des mesures de décentralisation prévues dans l'accord. Entre autres choses, le premier ministre conservateur aurait pu obtenir que la disposition de dérogation soit biffée de la Constitution[9]. Mulroney réplique qu'il est plutôt le sauveur des droits et libertés. En faisant adhérer le Québec à la Constitution, dit-il,

---

8.　　Michael Mandel, *The Charter of Rights and the Legalization of Politics in Canada*, Toronto, Thompson Educational Publishing, 1994, p. 93.

9.　　*Ibid.*, p. 94.

il a grandement renforcé la légitimité de la Charte. La province francophone sera donc moins susceptible d'utiliser la disposition de dérogation dans l'avenir.

Quel est le rapport avec la décision rendue dans la cause *Ford* ? Les juges savaient qu'ils allaient soulever un tollé chez les nationalistes québécois en invalidant la loi 101. Ils offrent donc en même temps une porte de sortie tout indiquée au gouvernement Bourassa : la clause dérogatoire, dont ils valident l'utilisation. Cette solution a toutefois un prix. Les partisans de la Charte procéderont à coup sûr à une campagne de dénigrement et de chantage, même si le Québec se trouverait à utiliser une disposition obtenue par les provinces anglophones dans la cadre d'un accord constitutionnel qui lui a été imposé.

Il ne fait aucun doute, par ailleurs, que les magistrats se préoccupent au plus haut point des négociations constitutionnelles, quitte à violer encore une fois le principe de la séparation des pouvoirs. Ainsi, en pleine négociation sur l'accord de Charlottetown, un des juges de la Cour suprême croise au marché By, à Ottawa, James Ross Hurley, un haut fonctionnaire du Conseil privé mêlé de près au dossier. Les deux hommes se connaissent, et le magistrat interroge Hurley de façon insistante. Est-il vrai que vous allez inclure ceci dans l'entente ? Qu'en est-il de cela ? Le fonctionnaire, mal à l'aise, se rebiffe et refuse de répondre. Dans ce cas, rétorque le juge, j'obtiendrai l'information de quelqu'un d'autre. « Est-ce que tu te rends compte de ce que tu viens de dire[10] ? » lance Hurley, abasourdi.

Devant cette absence de scrupules, comment ne pas penser que la Cour suprême s'est livrée, en décembre 1988, à une manœuvre politique dans le but de saborder l'accord du lac Meech ? Aucune autre explication ne semble pouvoir éclairer l'étrange coïncidence des deux décisions rendues dans l'*arrêt*

---

10. James Ross Hurley a fait ces confidences à l'auteur lors de deux entretiens téléphoniques, dont l'un le 14 février 2012.

Ford. Si telle était bien leur intention, les magistrats ont obtenu exactement ce qu'ils recherchaient. Leur jugement vient à peine de tomber qu'un immense tollé soulève le Québec, ne laissant d'autre choix à Robert Bourassa que d'invoquer la clause dérogatoire et de faire voter la loi 178, qui impose l'affichage unilingue à l'extérieur. Ce geste suscite une tempête au Canada anglais, notamment au Manitoba, où l'accord sera ultimement mis à mort. En guise de représailles, le premier ministre, Gary Filmon, plante le premier clou dans le cercueil en suspendant les débats sur l'adoption de l'entente.

Dans la foulée de la controverse croissante, le Comité consultatif des femmes du Manitoba fait une sortie en règle contre la clause de société distincte. Celle-ci pourra permettre au gouvernement québécois de faire augmenter la population francophone de la province en interdisant l'avortement ou en donnant de l'argent aux femmes qui ont plusieurs enfants[11]. Les féministes de l'Ontario ont le même genre de doutes. Au moment où Queen's Park adopte l'entente, certaines s'enchaînent aux galeries des visiteurs pour protester contre le fait que le droit des femmes québécoises est sacrifié sur l'autel du nationalisme québécois[12].

Dans le concert de réprobation, le sentiment de Trudeau quant à l'utilisation de l'article 33 reste certainement l'un des plus intéressants. « Toute la malfaisance de cette disposition a été brutalement mise en lumière à la fin de décembre 1988 lorsque Bourassa l'a invoquée pour valider le projet de loi 178 [...] et qu'il s'est vanté d'avoir foulé aux pieds l'une des libertés fondamentales du pays[13]. » Pourtant, lui-même tenait un tout autre discours sur le même sujet en novembre 1981, promettant d'utiliser

---

11. *The Gazette,* 26 avril 1990.

12.   Michael Mandel, *The Charter of Rights and the Legalization of Politics in Canada,* Toronto, Thompson Educational Publishing, 1994, p. 98.

13.   Thomas S. Axworthy et Pierre Elliott Trudeau, *Towards a Just Society: The Trudeau Years,* Markham, Penguin, 1992, p. 416.

la disposition de dérogation si les tribunaux remettaient en question les clauses entourant la légalité de l'avortement. « Nous nous réservons le droit de dire ceci : peu importe cette décision, peu importe l'interprétation de la Charte des droits par ce juge, la chambre légifère de telle et telle manière sur la question de l'avortement[14]. » Toutefois, au moment de l'accord du lac Meech, et après que la Cour suprême a interprété la Charte pour rendre l'avortement plus accessible, l'article 33 est devenu un verset satanique aux yeux de l'ancien premier ministre. Il importe donc de lancer une fatwa politique contre ceux qui l'utilisent, quitte à nier ce qui a été convenu dans la Constitution.

La manœuvre réussit au-delà de ses espérances. Avec l'échec de l'accord du lac Meech et grâce à la Cour suprême, Trudeau gagne la bataille du Canada. Il a enfin réussi à imposer complètement sa vision du pays.

---

14. Michael Mandel, *The Charter of Rights and the Legalization of Politics in Canada,* Toronto, Thompson Educational Publishing, 1994, p. 407.

Postface

Au moment où j'ai entrepris le travail menant à ce livre, à l'été 2005, personne ne pouvait me prédire – heureusement – la montagne de difficultés qui m'attendaient tout au long de cette enquête, laquelle m'a amené au cœur des événements de 1980-1982. Enthousiaste, je me suis lancé avec une insouciance quelque peu naïve dans un travail qui allait durer presque huit ans.

J'ai entendu parler de la bataille de Londres pour la première fois en 1995, alors que je travaillais pour le ministère des Relations internationales du Québec. Un midi, alors que nous marchions en groupe vers un restaurant sur la Grande Allée, mon collègue Roger Langlois m'a mentionné qu'il était en poste au sein de la délégation du Québec à Londres en 1980-1982, m'expliquant du même souffle que la première mouture du projet Trudeau, appuyée par deux provinces seulement, aurait été rejetée au Parlement britannique si Ottawa s'était entêté jusqu'au bout.

Cette affirmation avait suscité ma curiosité, car je m'intéressais à la question constitutionnelle depuis longtemps. Toutefois, je n'ai pas eu le loisir de lui en reparler. Peu de temps après, j'ai pris la décision d'interrompre ma carrière naissante dans la diplomatie québécoise.

Mon intérêt pour l'histoire, que j'avais étudiée au baccalauréat, continuait de m'occuper l'esprit, et j'ai choisi de mettre le cap sur Genève pour faire une maîtrise à l'Institut universitaire de hautes études internationales. J'ai alors passé plusieurs années à travailler sur un sujet fort intéressant : De Gaulle et les relations franco-

québécoises. *En 1999, mon labeur a mené à la naissance de mon premier livre*[1].

L'idée de travailler sur la bataille de Londres m'a alors traversé l'esprit pour la première fois. Mais un peu moins de vingt ans s'étaient écoulés depuis les événements, et j'anticipais un problème de taille : l'accès aux archives. Je risquais de frapper un mur, même si mon expérience dans les archives de François Mitterrand, que j'ai pu consulter quelques années seulement après qu'il a eu quitté le pouvoir, m'avait appris que les règles d'embargo peuvent parfois être contournées – surtout quand il s'agit de questions touchant le Canada, le Québec ou la Constitution, sujets bien obscurs vus de Paris ou de Londres et dont quasiment personne ne se soucie là-bas.

Quoi qu'il en soit, des problèmes plus immédiats se posaient à moi. J'avais entrepris une nouvelle carrière en journalisme, mais je réalisais qu'il n'y avait rien de plus satisfaisant pour moi que le travail d'enquête sur des sujets d'histoire récente. J'ai donc pris la décision de faire un doctorat, et je me suis plongé dans un aspect plus théorique des relations franco-québécoises : la coopération institutionnelle.

Une fois ce diplôme obtenu, en 2002, et après la publication d'un deuxième livre[2]*, le plus dur restait à faire : trouver un poste de professeur d'histoire. Malgré mes deux livres et de nombreux articles, le monde universitaire demeurait résolument hostile à l'histoire politique telle que je la concevais. J'en étais réduit à être chargé de cours, activité que je combinais avec du journalisme à la pige. Résultat : jonglant constamment avec plusieurs tâches, j'avançais dans mon projet à la vitesse d'une tortue.*

Après quelques années et une quinzaine de tentatives infructueuses pour trouver un poste à l'université, j'ai réussi à être embau-

---

1.   Frédéric Bastien, *Relations particulières. La France face au Québec après De Gaulle*, Boréal, 1999.

2.   Frédéric Bastien, *Le Poids de la coopération. Le rapport France-Québec*, Montréal, Québec Amérique, 2005.

ché au Collège Dawson en 2007. Cette nouvelle situation m'a enfin donné la stabilité nécessaire à la poursuite de mes recherches.

Le premier défi, et son issue était cruciale, consistait à consulter les archives, en particulier celles du Foreign Office britannique. Une foule de documents étaient disponibles pour la période allant de 1931, date du Statut de Westminster, jusqu'à 1975. Mais les années de 1976 à 1982 demeuraient fermées aux chercheurs. Qu'à cela ne tienne. Je me suis rendu une première fois au fameux Public Record Office londonien, situé à côté des jardins de Kew, afin d'examiner ce qui était disponible. Après deux semaines de travail, j'ai dû constater qu'il n'y avait là que des documents de nature technique et juridique, très utiles pour une thèse en droit constitutionnel, mais à faire bâiller d'ennui.

Seul point positif, j'avais fait une demande d'accès à l'information pour les documents touchant le référendum de 1980 ; après examen, le Foreign Office avait fait des photocopies d'archives qu'on voulait bien me remettre. On m'avait donné rendez-vous au célèbre Admiralty Arch, l'un des fleurons architecturaux de Whitehall, le quartier des ministères.

J'étais comme un enfant à son premier jour d'école. Une fois sur les lieux, j'ai été reçu dans le hall d'entrée de l'auguste bâtiment par un fonctionnaire. En deux minutes, celui-ci m'a expliqué qu'il adorait Montréal et m'a remis une liasse de documents dans une enveloppe brune, à la manière d'un pot-de-vin, et il m'a raccompagné aussitôt vers la sortie. Déçu par ce tour du propriétaire, trop bref à mon goût, j'étais tout de même très fébrile d'examiner le contenu de la fameuse enveloppe, tâche à laquelle je me suis attaqué dès que j'ai eu passé la porte, lisant en diagonale tout en marchant sur le trottoir. Il y avait là une mine d'informations inédites et extrêmement intéressantes.

Mon problème restait toutefois entier : je ne pourrais pas écrire un livre avec une dizaine de notes diplomatiques, aussi éclairantes soient-elles. J'ai alors songé aux archives des Affaires étrangères canadiennes. Ce ministère ne m'avait été d'aucune utilité dans mes recherches sur les relations franco-québécoises, mais peut-être aurais-je plus de chance cette fois-ci ? *Une recherche dans la liste des fonds m'a révélé rapidement ce que je soupçonnais : il existait plusieurs dizaines de boîtes d'archives et des centaines de documents portant sur les échanges anglo-canadiens lors du rapatriement. Mieux encore, on m'a appris bientôt que la plupart de ces documents étaient déclassés, à la suite d'une demande que j'avais faite en ce sens.*

Débarquant à Ottawa, je me suis lancé dans l'examen de ces précieuses archives... pour découvrir bientôt qu'une partie substantielle du fonds avait disparu. Cette disparition a causé des échanges colorés avec les Affaires étrangères, que j'accusais à mots couverts d'incompétence crasse : « Réalisez-vous que vous avez perdu des archives portant sur le rapatriement de la Constitution ? » Heureusement, ce mystère a été rapidement résolu. Par pur hasard, un employé du service extérieur avait fait venir ces documents à son bureau au moment même où je les avais commandés pour consultation. Ils furent bientôt retournés à leur résidence permanente, un mystérieux entrepôt enjolivant le paysage urbain de Gatineau – ce qui m'a permis finalement de les examiner.

Tout s'arrangeait grâce au précieux concours des Affaires étrangères, et aussi de Bibliothèque et Archives Canada. Après deux ans de travail, j'avais désormais assez d'information pour écrire quelque chose de substantiel. Car si je n'avais toujours pas accès aux documents britanniques, ce que j'avais obtenu fourmillait de détails sur une multitude d'événements et de rencontres entre les acteurs politiques du Canada et du Royaume-Uni. Pour compléter le portrait, je comptais sur de nouvelles demandes d'accès à l'information du côté britannique. Je savais que la clé du succès d'un tel exercice est la précision. Il importe de donner le plus de détails possible sur des événements particuliers, avec des dates précises. C'est exactement ce que me permettait de faire l'information contenue dans les archives des Affaires étrangères.

Je me suis donc lancé dans une série de démarches en ce sens, que j'ai adressées au Cabinet Office, l'équivalent de notre Conseil privé, et surtout au Foreign Office. Tant et si bien qu'un beau matin, j'ai reçu un message m'annonçant que les archives du rapatriement constitutionnel faisaient l'objet d'un déclassement accéléré, avant les délais normaux de trente ans. J'ai enfin pu retourner au Public Record Office, à Londres, pour y effectuer des recherches, qui se sont avérées très fructueuses.

Mais une ombre demeurait au tableau. Le déclassement accéléré s'était arrêté à l'année 1980. Le gouvernement venait de lancer une révision de sa politique d'accès à l'information, et, en attendant la fin de cet exercice qui pouvait durer très longtemps, le déclassement des précieuses archives était interrompu. Il me manquait toujours l'année 1981. Mais rien ne m'empêchait de faire des demandes d'accès à l'information touchant des événements particuliers, comme je l'avais fait au départ. J'ai donc recommencé le petit jeu auquel je m'étais déjà livré. On commençait visiblement à perdre patience avec ce chercheur canadien qui inondait de requêtes l'équipe de l'accès à l'information. L'affaire a alors été discutée en haut lieu, en consultation notamment avec Patrick Holdich, le consul général de la Grande-Bretagne à Montréal. Pouvait-on dire non à M. Bastien? Comment arrêter ce flot de demandes et passer à autre chose? C'est alors que les diplomates du Foreign Office ont songé à une solution. Il ne manquait que les documents de 1981, après quoi l'affaire du rapatriement était essentiellement terminée. On photocopierait donc toutes les archives de l'année manquante, et le tout serait envoyé au consulat britannique à Montréal. L'infatigable requérant canadien n'aurait plus qu'à prendre livraison des photocopies, et il cesserait enfin un manège qui durait depuis plus de cinq ans!

Il s'agissait d'un développement capital. Les documents que j'ai ainsi obtenus allaient me dévoiler le rôle secret joué par au moins deux des neuf juges de la Cour suprême. Je suis immensément reconnaissant au Cabinet Office et au Foreign Office de l'aide qu'ils m'ont apportée. Les Canadiens peuvent dire un immense merci aux autorités britanniques. Grâce aux dispositions de la loi sur l'accès à l'information en Grande-Bretagne, ils peuvent désormais prendre connaissance d'un aspect fondamental de leur histoire.

Il faut dire qu'il s'est avéré impossible d'en apprendre davantage sur le rôle des juges en utilisant les documents canadiens. J'aurais bien voulu examiner les archives du Conseil privé, puisque son ancien greffier, Michael Pitfield, est au centre de cet aspect de l'histoire. Après de multiples démarches auprès du Conseil privé, qui se sont étirées sur trois ans, j'ai reçu une boîte remplie de documents, mais ceux-ci avaient presque tous été caviardés du début à la fin par les censeurs gouvernementaux. Même insuccès du côté du bureau du sénateur Pitfield, où on m'a également refusé l'accès à ses papiers.

Ce livre offre donc une version incomplète du rôle de la Cour suprême. Pour d'autres raisons, je n'ai pu développer qu'un regard partiel sur l'action des provinces. Plusieurs ont joué un rôle dans la bataille de Londres, et je comptais au départ examiner les archives de la plupart d'entre elles. Après avoir obtenu un poste de professeur dans un établissement reconnu par le Conseil de recherches en sciences humaines (CRSH), je pouvais faire une demande de subvention pour m'aider dans cette vaste entreprise. J'imaginais naïvement que, étant le premier à travailler avec des archives inédites sur un sujet aussi fondamental que le rapatriement constitutionnel, on m'accorderait bien quelques milliers de dollars pour embaucher des assistants de recherche et effectuer des séjours dans les capitales provinciales, à Londres et à Ottawa. Erreur! Les cinq demandes faites en ce sens, en autant d'années, se sont heurtées à des refus.

On m'a fait systématiquement valoir que mon projet était faible sur le plan de la théorie. À la manière d'un sociologue ou d'un politologue, j'aurais dû utiliser une grille théorique, laquelle aurait eu l'immense avantage de fournir la réponse à mon investigation avant même l'ouverture de ma première boîte d'archives! Pour les historiens du CRSH, qui sont aussi professeurs à l'université, l'écriture de l'histoire consiste à déduire une conclusion d'avance, en utilisant une théorie. Celle-ci est d'autant mieux illustrée que le chercheur, fort de ce biais initial, se concentre nécessairement sur les documents appuyant son postulat de départ, tout en ignorant ceux qui ne cadrent pas avec l'approche abstraite qui lui dicte la théorie.

À cette critique s'ajoutait une chose qui n'était pas dite, mais

qui militait contre moi. Mon projet s'inscrivait dans l'histoire nationale et politique, et allait mettre en scène les dirigeants du pays
pendant des événements qui ont marqué notre mémoire collective
et qui peuvent intéresser un large public. Tout cela ne cadrait pas
avec les sujets à la mode dans les universités, particulièrement la
trilogie du gender, race and class, si bien nommée en anglais et qui
ravit presque toutes les subventions de recherche[3]. Et quand le
CRSH finance un projet en histoire politique et nationale, il le fait
pour une biographie convenue de Pierre Trudeau écrite par un historien ouvertement partisan libéral[4].

Devant ces refus répétés, j'ai dû me tourner vers d'autres sources
de financement – des organismes qui n'ont pas pour fonction première d'aider les historiens de métier et qui ne disposent pas des
moyens du CRSH. Je suis donc reconnaissant à la Fondation du prêt
d'honneur de la Société Saint-Jean-Baptiste, qui m'est venue en
aide pour un de mes voyages à Londres. De son côté, le Conseil des
arts du Canada m'a accordé une subvention d'écrivain lors de ma
toute première année de travail. Une fois à Dawson, j'ai pu aussi
utiliser des fonds de perfectionnement mis à la disposition des professeurs, et j'ai obtenu des réductions de tâche afin de pouvoir me
consacrer à ce projet. Le Collège m'a encouragé dans mes recherches.
Je remercie la direction pour cet appui.

Ma gratitude va également à plusieurs personnes qui m'ont aidé
ou accompagné au quotidien, alors que ce travail m'accaparait. Un
gros merci à ma femme, Marie-Ève, à ma mère, Yvette, ainsi qu'à
mes beaux-parents, Raymond et Louise. Merci à mes recherchistes
Howard Cohen et Samy Mesli pour leur travail, au professeur de
droit Pierre Thibault pour sa relecture attentive, ainsi qu'à Robert

3. À titre d'exemple, le CRSH a accordé 59 000 dollars pour un projet
en ce sens à l'historienne Donica Belisle de l'Université d'Athabasca, en
Alberta.
4. L'ancien député libéral et historien John English a reçu 72 000 dollars
de subvention pour un tel projet.

Comeau, dont les encouragements m'ont soutenu dans les nombreux moments difficiles. Merci à mon ami François-Philipe Champagne, qui m'a prêté pendant deux semaines son magnifique appartement londonien. Merci aussi à Chris Collins, de la Fondation Margaret-Thatcher, qui m'a donné de précieux conseils pour mes recherches dans les archives britanniques. Je remercie également tous les acteurs de la bataille de Londres qui m'ont livré leur témoignage. Merci à l'équipe du Boréal, que j'ai retrouvée avec plaisir après plusieurs années. Je suis redevable aussi à mon ancien directeur de thèse, Philippe Burrin, qui a beaucoup influencé ma façon d'écrire l'histoire. Merci, enfin, à mon ami Éric Bédard. Nos échanges sur Clio et son livre Recours aux sources[5] *ont alimenté la conception de* La Bataille de Londres.

Frédéric Bastien, Montréal, décembre 2012

---

5.   Éric Bédard, *Recours aux sources. Essais sur notre rapport au passé,* Boréal, 2011.

Bibliographie

Sources primaires

Archives du Foreign Office (ministère des Affaires étrangères britan-
niques).
Archives du Cabinet Office (Conseil privé britannique).
Archives du ministère des Affaires étrangères du Canada.
Archives du Conseil exécutif du Québec.
Archives du ministère des Affaires internationales et intergouvernemen-
tales de l'Alberta.
Archives de Jacques Frémont.
Correspondance entre Peter Lougheed et René Lévesque, publiée par
l'Institut des relations intergouvernementale de l'Université Queens,
1999, 39 p.

Entretiens et correspondance avec des témoins

Jonathan Aitken
Jeremy Akerman
Robert Armstrong
Louis Bernard
Martin Berthoud
André Burelle
Ken Curtis
John Finnis
John Ford
Jacques Frémont
Daniel Gagnier
Bruce George
Eddy Goldenberg

James Hurley Ross
Michael Kirby
Gilles Loiselle
Peter Lougheed
James McKibben
Kevin McNamara
Claude Morin
Robert Normand
Brian Peckford
Norman Spector

Mémoires

Blakeney, Allan, *An Honourable Calling: A Political Memoirs*, Toronto, University of Toronto Press, 2008, 258 p.

Lévesque, René, *Attendez que je me rappelle*, Montréal, Québec Amérique, 1986, 525 p.

MacGuigan, Mark, *An Inside Look at External Affairs During the Trudeau Years*, Calgary, University of Calgary Press, 2002, 208 p.

Morin, Claude, *Lendemains piégés. Du référendum à la nuit des longs couteaux*, Montréal, Boréal, 1988, 400 p.

—, *Mes premiers ministres*, Montréal, Boréal, 1991, 640 p.

Robertson, Gordon, *Memoirs of a very Civil Servant: Mackenzie King to Trudeau*, Toronto, University of Toronto Press, 2000, 409 p.

Romanow, Roy, John Whyte et Howard Leeson, *Canada... Notwithstanding: The Making of the Constitution, 1976-1982*, Agincourt, Carswell/Methuan, 1984, 286 p.

Thatcher, Margaret, *The Downing Street Years*, New York, HarperCollins, 1993, 914 p.

Trudeau, Pierre Elliott, *Mémoires politiques*, Montréal, Éditions Le Jour, 1993, 347 p.

Trudeau, Pierre Elliott et Axworthy, Thomas S., *Towards a Just Society: The Trudeau Years*, Toronto, Markham Penguin Books, 1992, 466 p.

Monographies

Agulhon, Maurice, *Coup d'État et République*, Paris, Presses de la Fondation nationale des sciences politiques, 1997, 100 p.

Behiels, M., *Prelude to Quebec's Quiet Revolution: Liberalism versus neo-*

nationalism, 1945-1960, Montréal/Kingston, McGill/Queen's University Press, 2003, 366 p.

Berger, Thomas R., *One's Man Justice: A Life in the Law,* Seattle, University of Washington Press, 2002, 346 p.

Bernard, André et Bernard Descôteaux, *Québec. Élections 1981,* Montréal, HMH, 1981, 233 p.

Burelle, André, *Pierre Elliott Trudeau. L'intellectuel et le politique,* Montréal, Fides, 2005, 480 p.

Cairns, Alan C., *Charter versus Federalism: The Dilemmas of Constitutional Reform,* Montréal/Kingston, McGill/Queen's University Press, 1992, 150 p.

Campbell, John, *Margaret Thatcher,* vol. 1 : *The Grocer's Daughter,* Londres, Vintage Book, 2007, 512 p.

—, *Margaret Thatcher,* vol. 2 : *The Iron Lady,* Londres, Vintage Book, 2007, 913 p.

Cook, R., « Provincial Autonomy, Minority Rights and the Compact Theory, 1867-1921 », *Studies of the Royal Commission on Bilinguism and Biculturalism,* Ottawa, 1969.

Dickason, Olive Patricia, *Les Premières Nations du Canada. Depuis les temps les plus lointains jusqu'à nos jours,* Québec, Septentrion, 1996, 511 p.

Doern, G. Bruce, *The Politics of Energy: The Development and Implementation of the National Energy Policy,* Toronto, Methuen, 1985, 523 p.

English, John, *The Life of Pierre Elliott Trudeau,* vol. 1 : *Citizen of the World, 1919-1968,* Toronto, Knopf Canada, 2006, 568 p.

—, *The Life of Pierre Elliott Trudeau,* vol. 2 : *Just Watch Me, 1968-2000,* Toronto, Knopf Canada, 2009, 789 p.

Girard, Philip et Bora Laskin, *Bringing Law to Life,* Toronto, University of Toronto Press, 2005, 648 p.

Godin, Pierre, *René Lévesque. L'espoir et le chagrin,* Montréal, Boréal, 2001, 632 p.

—, *René Lévesque. L'homme brisé,* Montréal, Boréal, 2005, 610 p.

Graham, Ron, *The Last Act: Pierre Trudeau, the Gang of Eight and the Fight for Canada,* Toronto, Penguin, 2011, 322 p.

Granatstein, J. L. et Robert Bothwell, *Pirouette: Pierre Trudeau and Canadian Foreign Policy,* Toronto, University of Toronto Press, 1991, 477 p.

Hillmer, Norman et J. L. Granatstein, *Empire to Umpire: Canada and the World to the 1990s,* Toronto, Copp Clark Longman, 1990, 373 p.

Hurley Ross, James, *Amending Canada's Constitution: History, Processes,*

Problems and Prospects, Ottawa, ministère des Approvisionnements et Services, 1996, 297 p.

Kelly, J., *Governing with the Charter: Legislative and Judicial Activism and Framer's Intent*, Vancouver, UBC Press, 2005, 336 p.

Lasch, Christopher, *The Revolt of the Elites and the Betrayal of Democracy*, New York/Londres, W. W. Norton & Company, 1995, 276 p.

Mandel, Michael, *The Charter of Rights and the Legalization of Politics in Canada*, Toronto, Thompson Educational Publishing, 1994, 550 p.

McRoberts, K., *Misconceiving Canada: The Struggle for National Unity*, Don Mills, Oxford University Press, 1997, 395 p.

McWhinney, Edward, *Canada and the Constitution*, Toronto, Toronto University Press, 1982, 227 p.

Morton, F. et R. Knopff, *The Charter Revolution and the Court Party*, Toronto, University of Toronto Press, 2000, 227 p.

Peacock, Anthony A. (dir.), *Rethinking the Constitution: Perspectives on Canadian Constitutional Reform, Interpretation and Theory*, Don Mills, Oxford University Press, 1996, 286 p.

Roy, Jean-Louis, *Le Choix d'un pays. Le débat constitutionnel Québec-Canada, 1960-1976*, Montréal, Leméac, 1978, 366 p.

Russel, Peter H., *Constitutional Odyssey: Can Canadians Become a Sovereign People ?*, Toronto, University of Toronto Press, 2004, 364 p.

Sheppard, Robert et Michael Valpy, *The National Deal: The Fight for a Canadian Constitution*, Toronto, MacMillan, 1982, 360 p.

Sowell, Thomas, *A Conflict of Visions: Ideological Origins of Political Struggles*, New York, Basic Books, 2007, 329 p.

Tierney, Stephen (dir.), *Multiculturalism and the Canadian Constitution*, Vancouver, UBC Press, 2007, 248 p.

Trudeau, Pierre Elliott, *Lac Meech. Trudeau parle…*, textes réunis par Donald Johnston, Montréal, HMH, 1989, 168 p.

Wapshot, Nicolas, *Ronald Reagan and Margaret Thatcher: A Political Marriage*, New York, Markham Penguin Books, 2007, 341 p.

Articles de périodiques

Abernathy, G., « Should the United Kingdom Adopt a Bill of Rights », *The American Journal of Comparative Law*, vol. 31, n° 3, 1983, p. 431-479.

Ajzenstat, Janet, « Reconciling Parliament and Rights: A. V. Dicey Reads the Canadian Charter of Rights and Freedoms », *Canadian Journal of*

Political Science/Revue canadienne de science politique, vol. 30, nᵒ 4, décembre 1997, p. 645-662.

Bernatchez, Stéphane et Marc-André Russell, « Grandeur et misère de la théorie du dialogue en droit constitutionnel canadien », article tiré du site *Le droit public existe-t-il,* 62 p., [en ligne]. [dev.ulb.ac.be/droit public/index.php ?id=26]

Lippman, M., « The Debate Over a Bill of Rights in Great Britain: The View from Parliament », *Universal Human Rights,* vol. 2, nᵒ 4, 1980, p. 25-42.

Romney, P., « Provincial Equality, Special Status and the Compact Theory of Canadian Confederation », *Canadian Journal of Political Science/ Revue canadienne de science politique,* vol. 32, nᵒ 1, mars 1999, p. 21-39.

Uberoi, Varun, « Multiculturalism and the Canadian Charter of Rights and Freedoms », *Political Studies,* vol. 57, 2009, p. 805-827.

Vipond, R., « Whatever became of the compact theory ? Meech Lake and the new politics of constitutional amendment in Canada », *Queen's Quarterly,* vol. 96, nᵒ 4, 1989, p. 793-811.

Index

Table des matières

CRÉDITS ET REMERCIEMENTS

Les Éditions du Boréal reconnaissent l'aide financière du gouvernement
du Canada par l'entremise du Fonds du livre du Canada (FLC) pour leurs activités
d'édition et remercient le Conseil des arts du Canada pour son soutien financier.

Les Éditions du Boréal sont inscrites au programme d'aide aux entreprises du livre
et de l'édition spécialisée de la SODEC et bénéficient du programme de crédit
d'impôt pour l'édition de livres du gouvernement du Québec.

Les documents d'archives en anglais ont été traduits par Serge Paquin.

Couverture : Bob Carroll, © Bettmann/Corbis.

Ce livre a été imprimé sur du papier 100 % postconsommation,
traité sans chlore, certifié ÉcoLogo
et fabriqué dans une usine fonctionnant au biogaz.

MISE EN PAGES ET TYPOGRAPHIE :
LES ÉDITIONS DU BORÉAL

CE TROISIÈME TIRAGE A ÉTÉ ACHEVÉ D'IMPRIMER EN AVRIL 2013
SUR LES PRESSES DE MARQUIS IMPRIMEUR
À MONTMAGNY (QUÉBEC).

54 150 162 164